Kohlhammer

Die Autoren

Alexander Glas, Prof. Dr. phil., von 2006 bis 2021 Professor für Kunstpädagogik/Ästhetische Erziehung an der Universität Passau. Studium der Malerei, Kunstpädagogik, Kunstgeschichte und Philosophie. Tätig als Kunstpädagoge im gymnasialen Lehramt. Mitherausgeber des Lehrwerks KUNST und der IMAGO-Reihe, Zeitschrift für Kunstpädagogik. Arbeitsschwerpunkte: Kinder- und Jugendzeichnung. Relation von Bild – Wort – Text. Begriffs- und Sprachbildung durch Aisthesis.

Jochen Krautz, Prof. Dr. phil., Professor für Kunstpädagogik, Bergische Universität Wuppertal; zuvor Lehrer für Kunst und Latein. Gründungsmitglied kunstpädagogischer Forschungsverbund IMAGO. Arbeitsschwerpunkte: Kunstpädagogik, Kunstdidaktik, Bildungstheorie, Bildungspolitik.

Hubert Sowa, Prof. Dr. phil., 2001 bis 2021 Professor für Kunst und ihre Didaktik an der pädagogischen Hochschule Ludwigsburg; davor 20 Jahre im gymnasialen Lehramt in Bamberg. Mitarbeiter im kunstpädagogischen Forschungsverbund IMAGO; Mitherausgeber von Schulbüchern (Lehrwerk KUNST im Klett-Verlag); Mitherausgeber von IMAGO, Zeitschrift für Kunstpädagogik.

Alexander Glas
Jochen Krautz
Hubert Sowa

Didaktik des Kunstunterrichts

Ein Lehrbuch für Studium und Praxis

Verlag W. Kohlhammer

Dieses Werk einschließlich aller seiner Teile ist urheberrechtlich geschützt. Jede Verwendung außerhalb der engen Grenzen des Urheberrechts ist ohne Zustimmung des Verlags unzulässig und strafbar. Das gilt insbesondere für Vervielfältigungen, Übersetzungen, Mikroverfilmungen und für die Einspeicherung und Verarbeitung in elektronischen Systemen.

Die Wiedergabe von Warenbezeichnungen, Handelsnamen und sonstigen Kennzeichen in diesem Buch berechtigt nicht zu der Annahme, dass diese von jedermann frei benutzt werden dürfen. Vielmehr kann es sich auch dann um eingetragene Warenzeichen oder sonstige geschützte Kennzeichen handeln, wenn sie nicht eigens als solche gekennzeichnet sind.

Es konnten nicht alle Rechtsinhaber von Abbildungen ermittelt werden. Sollte dem Verlag gegenüber der Nachweis der Rechtsinhaberschaft geführt werden, wird das branchenübliche Honorar nachträglich gezahlt.

Dieses Werk enthält Hinweise/Links zu externen Websites Dritter, auf deren Inhalt der Verlag keinen Einfluss hat und die der Haftung der jeweiligen Seitenanbieter oder -betreiber unterliegen. Zum Zeitpunkt der Verlinkung wurden die externen Websites auf mögliche Rechtsverstöße überprüft und dabei keine Rechtsverletzung festgestellt. Ohne konkrete Hinweise auf eine solche Rechtsverletzung ist eine permanente inhaltliche Kontrolle der verlinkten Seiten nicht zumutbar. Sollten jedoch Rechtsverletzungen bekannt werden, werden die betroffenen externen Links soweit möglich unverzüglich entfernt.

1. Auflage 2023

Alle Rechte vorbehalten
© W. Kohlhammer GmbH, Stuttgart
Gesamtherstellung: W. Kohlhammer GmbH, Stuttgart

Print:
ISBN 978-3-17-037595-6

E-Book-Formate:
pdf: ISBN 978-3-17-037596-3
epub: ISBN 978-3-17-037597-0

Vorwort

Das vorliegende Buch ist eine grundlegende Einführung in das didaktische Denken und unterrichtliche Handeln in der Kunstpädagogik. Es richtet sich an Studierende, Referendare und Lehrende, die das Fach Kunst unterrichten, sowie an die zahlreichen Berufsquereinsteiger aus den vielen fachverwandten künstlerischen Feldern. Es bietet einen systematischen und schulformübergreifenden Überblick über die didaktischen und methodischen Aufgaben, die mit der Vorbereitung und Durchführung von Kunstunterricht in Verbindung stehen. Kern des Buches ist die Gestaltungspraxis: Diese wird in der Vielfalt der fachbezogenen Handlungs- und Gegenstandfelder deutlich gemacht und in ihrer jeweils inhaltlich-bildungstheoretisch und didaktisch-methodischen Ausrichtung erläutert.

Konzipiert wird eine profunde praxisbezogene Kunstdidaktik, die sich aus den gegenwärtigen Hauptsträngen kunstpädagogischer Forschung generiert. Damit reagiert dieses Lehrwerk auf die spezifischen Herausforderungen, die sich dem Fach im aktuellen Bildungsdiskurs stellen. So gehört es zu den Grundlagen künftiger Lehrkräfte, über ein differenziertes Verständnis nicht nur der Kunst zu verfügen, sondern generell des Bildes in den diversen Kontexten und medialen Konstrukten der Gegenwart. Die Kunst selbst soll jedoch bei allen diesen Fragen als orientierende Größe im Mittelpunkt stehen. Mit Hilfe der Kunst lernt man, die Phänomene der Welt in ihren verschiedenen Dimensionen, Zuständen und Veränderungen zu lesen, zu begreifen, zu reflektieren, zu gestalten und auch die Relation zur heutigen Bildpraxis und den damit verbundenen Bildkulturen herzustellen. Seit ihren Anfängen bildet die Kunst bis hin zur Gegenwart das existenzielle anthropologische Fundament; sie ist Spiegel der menschlichen Wahrnehmungs- und Handlungsfelder und hat ihren Ausgangspunkt im *Humanum* des menschlichen Daseins.

Letztlich gilt es, ein solches grundlegendes Verstehen in methodisch-didaktische Vermittlungsprozesse überzuführen und Heranwachsenden in der Erschließung von Wirklichkeit mittels der Kunst und des Bildes eine Leitlinie des *Sich-zurecht-findens* zu geben. Kunstdidaktik ist eine Lehrkunst auf wissenschaftlicher Basis. Offenheit und Regel werden hier in ein besonderes abwägendes Verhältnis gesetzt. Die *Lehre* ist dabei immer auf den zu interpretierenden Einzelfall abzustimmen. Das bedeutet: Schülerinnen und Schülern in fruchtbaren Entwicklungsmomenten mit geeigneten Aufgabenstellungen eine größtmögliche Förderung zukommen zu lassen. Neben der theoretischen Fundierung werden daher in diesem Band an Beispielen umfassend praxisorientierte Themenfelder und deren didaktische Anwendung vorgestellt. Ziel ist, hier nicht nur einen Überblick zu geben, sondern die Elemente kunstdidaktischer Begründungs- und Entscheidungsfelder in einer Systematik aufeinander zu beziehen und diese als Gesamtaufgabe wahrzunehmen.

Der Band spiegelt diesen Ansatz in vier Kapiteln wider: Aufbauend auf den beiden einleitenden Kapiteln mit grundlegender *Orientierungsfunktion* über (I) *Grundlagen* und die *Bildungsziele* sowie (II) die *didaktischen* Strukturen *der künstlerischen Lehre* spannt sich der Bogen über (III) die Ausfaltung der *Gegenstandsfelder* bis hin zum (IV) konkreten *Planen und Durchführen* des Kunstunterrichts.

Die Vorstellung der Gegenstandsfelder in Teil III bildet den Hauptteil des vorliegenden Lehrwerks. Es stellt zunächst die grundlegenden Handlungsfiguren in Bezug auf das Wahrnehmen, Vorstellen und Darstellen vor. Weil es sich um ein grundlegendes Lehrbuch handelt, wird keine Schwerpunktbildung auf eine bestimmte Altersstufe vorgenommen, vielmehr werden die Aufgaben der Kunstdidaktik in ihrer ganzen Breite dargestellt – oft im Vorschulalter beginnend bis zum Ende des allgemeinbildenden schulischen Bildungsweges. Der daraus abzuleitende Abriss zur curricularen Struktur der Lehre und zu den gattungsspezifischen Gegenstandsfeldern wie Plastizieren, Skulptieren, Zeichnen, Malen, Spielen/Performieren etc. bis hin zum Werken und den angewandten Bereichen des Designs werden knapp charakterisiert und im Fokus der didaktischen Anwendung betrachtet.

Das Methodenkapitel (IV) folgt ebenfalls der Logik bildungstheoretischer Begründung und fachdidaktischer Strukturierung. Es entspricht damit der fachlichen Überzeugung, dass kunstpädagogische Theoreme und Modelle sich direkt auf Entscheidungen im methodisch-didaktischen Bereich auswirken. Insbesondere in dieser Konzeption ist das Buch nicht nur als ein Kompendium von Techniken und Methoden des Kunstunterrichts zu verstehen, sondern begründet diese durch Hinweise auf aktuelle Forschungen bis hin zu einer inhaltsorientierten Didaktik mit Themenstellungen, die sich aus dem bildungstheoretischen Rahmen herleiten. Hinweise zu einer Kultur der Aufgabenstellung und zu einem rhythmisierten strukturierten Ablauf des Kunstunterrichts runden schließlich das Kapitel IV zur Planung und Durchführung des Kunstunterrichts ab.

Allen Kolleginnen und Kollegen danken wir ausdrücklich, die Schülerarbeiten zum Abdruck zur Verfügung gestellt haben.

Inhalt

Vorwort 5

Kapitel I
Grundlagen und Begründung des Faches Kunst

1	Gegenstände und Inhalte des Kunstunterrichts	13
2	**Das Bildungsverständnis der Kunstpädagogik**	24
	2.1 Kunstdidaktik und Bildung	24
	2.2 Menschenbild und Kunstauffassung	25
	2.3 Relationalität und Verkörperung	26
	2.4 Kunstdidaktische Folgerungen	27

Kapitel II
Didaktische Strukturen des Kunstunterrichts

Überblick 33

1	**Lehren im Fach Kunst – die künstlerische Lehre**	34
	1.1 Das Wesen der künstlerischen Lehre	36
	1.2 Einheit von Schaffen, Betrachten, Kritik und Historie in der Kunst	37
	1.3 Wahrnehmen, Vorstellen, Darstellen	40
	1.4 Inhalt, Handwerk, Gestaltung	43
	1.5 Der Bezug zur Struktur des Kunstunterrichts	45
	1.6 Mimesis, Deixis, Impuls/Energie/Begeisterung	46
2	Die Linien des curricularen Aufbaus der Lehre	50

Kapitel III
Didaktik der Gegenstandsfelder des Kunstunterrichts

Überblick 55

Inhalt

1 Inhaltsfelder des Kunstunterrichts **56**
   1.1 Inhalte als existenzielle und relationale Sinndimension 56
   1.2 Themenfelder und deren Bearbeitung 57
   1.3 Kunstunterricht als erziehender Unterricht 59
   1.4 Didaktische Folgerungen 60
      1.4.1 Themen relational und komplementär anlegen 60
      1.4.2 Inhaltliche Relevanz zeit- und gattungsübergreifend erfassen und begründen 62
      1.4.3 Orte und Wege der thematischen Einführung variieren 63
      1.4.4 Themen curricular konzipieren 64

2 Gestaltungsfelder des Kunstunterrichts **68**
   2.1 Die didaktische Systematik der Gestaltungsfelder 68
      2.1.1 Körperhaft-räumliche Gestaltungskünste 74
      2.1.2 Flächenhaft-bildliche Darstellungskünste 76
      2.1.3 Konzeptuelle Kunstformen 77
      2.1.4 Übergänge – Zeitkünste und Digitalität 78
      2.1.5 Fazit 79
   2.2 Die einzelnen Gestaltungsfelder und ihre Didaktiken 81
      2.2.1 Zeichnen 82
      2.2.2 Malen 96
      2.2.3 Plastisches Formen 105
      2.2.4 Skulpturales Gestalten 111
      2.2.5 Keramisches Formen 118
      2.2.6 Bauen, Montieren, Konstruieren 125
      2.2.7 Fotografieren 132
      2.2.8 Film und Filmen 140
      2.2.9 Drucken 150
      2.2.10 Werken 158
      2.2.11 Produktdesign 168
      2.2.12 Typografie, Grafik-Design und Kommunikationsdesign 176
      2.2.13 Architektur 186
      2.2.14 Performative Kunstformen 194
      2.2.15 Konzeptuelle Kunstformen 204

3 Didaktik der Betrachtung, der Kritik und der Historie **210**

Kapitel IV
Kunstunterricht planen und durchführen

Überblick **221**

1	**Unterrichtsplanung**	222
	1.1 Vorbereitung und Planung des Unterrichts	222
	1.2 Sachanalyse und didaktische Reduktion	226
	1.3 Aufgabenkonstruktion	232
	1.4 Fächerverbindendes und fachübergreifendes Unterrichten, Projektunterricht	241
	1.5 Außerschulische Lernorte: Natur, Stadt, Museum	243
2	**Methodik des Kunstunterrichts**	249
	2.1 Unterrichtsmethodische Grundfiguren, Organisation des Unterrichts – Einstiege, Übergänge, Vertiefung, Transfer	249
	2.2 Praxisphasen – Verstehen und Helfen	253
	2.3 Beurteilen und Bewerten	256
	2.4 Präsentieren	267

Kapitel V
Was lehrt ein Lehrbuch der Didaktik? Was lehrt es nicht?

Die Selbstbegrenzung der didaktischen Lehre **275**

Kapitel VI
Anhang

Literatur **281**

Bildbeiträge **296**

Stichwortverzeichnis **297**

Kapitel I
Grundlagen und Begründung des Faches Kunst

1 Gegenstände und Inhalte des Kunstunterrichts

Die Frage nach dem Fachgegenstand und den Inhalten des Kunstunterrichts verlangt von Anfang an eine Präzisierung, denn vorschnell könnte man bei dieser Frage allein auf die Phänomene der Kunst und insbesondere der Bildenden Kunst verweisen. Ein Lehrbuch der Kunstdidaktik wie das vorliegende wäre dann ausschließlich eine Didaktik der Kunst. Gegenstand des Kunstunterrichts sind aber auch die Bereiche der angewandten Gestaltung sowie kulturelle Bildphänomene aller Art, insbesondere auch Bilder der medialen Kommunikation. Folglich kann sich Kunstdidaktik nicht unkritisch als eine Didaktik »der Kunst« verstehen (Krautz 2020, S.15). Vielmehr ist sie die Didaktik dieses ganzen, breiten Gegenstandsfeldes.

Gerade von den angewandten Gestaltungen, aber auch aus der Geschichte der Lehre der Kunst lässt sich zudem lernen, dass der in der Moderne aufgeworfene Zweifel an der *Lehrbarkeit von Kunst* in der Radikalität unbegründet ist. Und selbst das, was nicht direkt lehrbar ist, ist im Unterrichtsgeschehen durchaus erfahrbar, also etwa Inspiration, individueller Ausdruck, Kreativität (vgl. ebd., S. 17 f.). Insofern wenden wir uns hier den *lehrbaren Fachgegenständen* und ihren *Inhalten* zu im Wissen, dass in deren sinnvoll aufgebauter Lehre auch nicht direkt Lehrbares mit vermittelt werden kann. Dies bedeutet, dass die Mittel und Verfahren, mit denen man Werke der Bildenden Kunst und der angewandten Gestaltung hervorbringen kann, den Kernbereich ausmachen. Eine Kunstdidaktik ist daher vor allem eine Didaktik des Zeichnens, Malens, Plastizierens, Performierens usw. Explizit wird dies im Hauptkapitel III dieses Lehrbuches ausgeführt.

Die Frage nach dem Fachgegenstand und den Inhalten erfordert darüber hinaus eine weitere Präzisierung: Kunstpraxis und Kunstwissenschaft begründen das Fach Kunst. Zugleich sind es diese Felder, die das Fach bildungstheoretisch im Projekt allgemeiner Bildung verankern (▶ Kap. I.2). Dem Anteil der *Kunstpraxis* kommt dabei eine herausragende Stellung zu. Dies konturiert in besonderer Weise das Fachprofil der Kunstpädagogik. Damit rückt aber ein weiterer Kernbereich in den Fokus der Didaktik, nämlich die Gestaltungspraxis der Kinder, Jugendlichen und Erwachsenen mit ihren je eigenen Entwicklungspotenzialen. Ihr Impuls, etwas für sich und/oder für andere darstellen zu wollen, ist immer auf *Inhalte* bezogen. Daher wird die Frage nach den Inhalten auch wiederholt aufgegriffen (▶ Kap. III.1). Diese sind der motivierende Kern, in dem sowohl die Welterfahrung der Kinder und Jugendlichen als auch die bildende Kunst und die gegenwärtige visuelle Kultur zusammenkommen.

Die Frage nach den Gegenständen und Inhalten des Faches verweist auf ein komplexes Bezugssystem. Im Folgenden versuchen wir, die kunstdidaktische Theoriebildung in der komplexen Bezugnahme auf verschiedene Bezugsfelder zu verorten, die in ihrer wechselseitigen Spannung balanciert werden müssen, um zu einer konsistenten Didaktik des Kunstunterrichts zu kommen.

(a) Der Bezug zu Inhalten

Die Kunst mit ihren unterschiedlichen Bildformen ist traditionell immer auf *Inhalte* bezogen. Inhalte bilden in den Darstellungsprozessen den anleitenden und motivierenden *Sinn*. Letztlich sind sie der Entstehungsgrund der Darstellung, in der Regel repräsentiert durch kulturell bedingte Narrative. Inhalte werden so zu einem Impuls der Darstellung, der Menschen dazu antreibt, Bilder und *Werke* zu schaffen, um anderen Menschen etwas aufzuzeigen oder etwas zu bedeuten. Inhalte können sein: Die kosmische und planetarische Natur, die Pflanzen und die Tiere, die menschliche Person mit ihrem Körper, ihren Gedanken, ihren Empfindungen, die menschlichen Beziehungen und Handlungen, die Affekte, Träume, Hoffnungen, Visionen, Leid und Freude, die Arbeit, die gesellschaftliche Wirklichkeit, die Umwelt, die Geschichte, die Mythen und Erzählungen der Menschen, die Rituale, der Glaube, die Liebe, die Hoffnung und der Tod usw. All diese Inhalte wiederholen sich in je neuer Form in den visuellen Darstellungen der Menschheitsgeschichte in der Plastik, der Zeichnung, Malerei, Fotografie, Film und Video und wurden im evolutionär-kulturellen Rahmen immer wieder von Menschen in ihrer bildhaften Darstellungstätigkeit thematisiert.

(b) Der Bezug zum anthropologisch und entwicklungsmäßig begründeten Bildbedürfnis von Kindern und Jugendlichen

In der Fachgeschichte der Kunstdidaktik wurde – bis auf wenige Ausnahmen – der Gestaltungspraxis mit unterschiedlichen Begründungen und Konzepten stets ein hoher Stellenwert eingeräumt[1]. Gegenwärtig wird die Gestaltungspraxis vor allem durch eine in den letzten Jahren eingeleitete Wende hin zur philosophischen und humanwissenschaftlichen Anthropologie begründet. Als eine relativ junge Disziplin beschäftigt sich die Anthropologie mit den Bedingungen des menschlichen Daseins, den Möglichkeiten des Weltzugangs, dem Verlangen, die Phänomene der Welt zu verstehen und sich diese bildlich und sprachlich zu vergegenwärtigen. Diese Rückbesinnung auf die Anthropologie ist insofern bemerkenswert, als dadurch dem *homo pictor* (Jonas 1994) mit seinem Bedürfnis nach Bildern eine philosophische Fundierung zuteil wird, ein Ansatz, der das Bild in seinen vielfältigen Funktionen als eine in der Menschheitsgeschichte durchgängige Konstante ausweist. Die Besinnung auf die anthropologischen Grundlagen verhindert auch, dass das Fach Kunst sich ausschließlich in gesellschaftlicher und geschichtlicher Aktualität verliert.

Dieser Leitlinie folgend stellt das vorliegende Lehrwerk der Kunstdidaktik die Frage, wie eine bildungsrelevante Vermittlung der Phänomene der Kunst und der

---

1 Die vorliegende Didaktik wendet sich ausschließlich didaktischen Fragestellungen zu. Einen Überblick über die verschiedenen Konzepte der Kunstpädagogik bis zur Gegenwart geben etwa Peez (2018) und Legler (2011).

Bilder einschließlich ihrer Geschichte und ihrer aktuellen kunsttheoretischen Diskurse für Schülerinnen und Schüler verschiedener Altersstufen, Entwicklungs- und Bildungsvoraussetzungen realisiert werden kann. Im Rahmen dieser Prämisse rückt das individuelle und gemeinschaftliche Bild-, Gestaltungs- und Kommunikationsbedürfnis des Menschen in den Mittelpunkt. Dies bedeutet, dass die bildnerisch-künstlerische Praxis der Heranwachsenden einschließlich ihrer reflexiv-theoretischen Kontextualisierung Voraussetzung, Mittelpunkt und Ziel des kunstdidaktischen Handelns sind.

Um zu verstehen, worauf die Didaktik des Kunstunterrichts aufbaut, ist daher die Auseinandersetzung mit der Entwicklung der Kinder- und Jugendzeichnung eine unverzichtbare Größe (Glas 2015a). Die Förderung des Vermögens, sich innere Bilder vorzustellen, in Bildern zu denken und diese auch darzustellen, ist ein grundlegendes Bildungsziel der Kunstpädagogik. In der hier postulierten Wertschätzung des Bildbedürfnisses und der Bildfähigkeit äußert sich der Mensch in seiner Verbundenheit mit den Objekten und Phänomenen der Welt und mit seinen Mitmenschen. Erst in dieser Verflechtung entstehen Bilder und Artefakte zwischen Wahrnehmen, Vorstellen und Darstellen (▶ Kap. II.1.3). Bildnerische Prozesse sind dabei stets Prozesse der verstehenden und sinnbezogenen Weltaneignung; sie thematisieren das, was die Menschen immer schon bewegt – mit ihren Biografien, ihrer Lebenswirklichkeit und kulturell-sozial-historischen Kontexten.

(c) Der Bezug zur gestaltungspraktischen Erfahrung

Das Wissen, wie man Bilder herstellt, muss daher ein zentraler Teil allgemeiner Bildung sein. Prinzipiell ist es nicht abtrennbar von anderen Formen der Weltbegegnung wie der Sprache oder den Bedingungen des Handelns und Urteilens. Mit Hilfe von Bildern stellen alle Menschen ihre Wirklichkeit und die unterschiedlichen Formen der Auseinandersetzung vor und dar. Bildhaftigkeit konkretisiert sich u. a. als basales Ausdrucksgeschehen von Gefühl und Imagination, als sinnlich-haptische und ästhetische Erfahrung oder als dialogisches und kommunikatives Geschehen. Letzterem ist mit Blick auf bildungstheoretische und mediale Bedingungen eine gewisse Priorität zuzusprechen, da sich auf der Ebene der gemeinsam geteilten Bildvorstellungen ein gemeinsam geteilter Sinn bildet und darstellt. In der Unterrichtspraxis mit Kindern und Jugendlichen geschieht das immer wieder, besonders dann, wenn sich auf der Basis der eigenen künstlerischen Praxis ein gemeinsames, vertieftes Bildverständnis bildet.

Das Wissen, wie man Bilder herstellt, muss daher ein zentraler Teil allgemeiner Bildung sein. Prinzipiell ist es nicht abtrennbar von anderen Formen der Weltbegegnung wie der Sprache oder den Bedingungen des Handelns und Urteilens. Dieses »Wissen« ist jedoch kein kognitives, sondern ein praktisches, also ein Können. Auch wer weiß, wie Rubens gemalt hat, kann deshalb noch nicht wie dieser malen. Kunstdidaktik als die Frage danach, wie man kunstpraktisches Können lehrt, muss daher Bezug auf gestaltungspraktische Erfahrung nehmen: Nur im retro- und introspektiven Nachvollzug und im genauen Verstehen, was man eigentlich tut, wenn man malt, zeichnet, fotografiert oder eine Performance macht, lassen sich die

Schritte herausarbeiten, die man lehren muss, damit anderen dies lernen können. Kurzum: Gestaltungspraktische Erfahrung ist die fundamentale Voraussetzung jeder tauglichen Kunstdidaktik. Gestaltungspraxis lässt sich nicht allein aufgrund kunsttheoretischen oder kunsthistorischen Wissens anleiten.

(d) Der Bezug zu aktuellen Bildkulturen (1): Digitalisierung

Mit dem Stichwort »Digitalisierung« wird ein weiteres Bezugsfeld des neueren kunstpädagogischen Diskurses angerissen. Die Digitalisierung erfasst derzeit alle Lebensbereiche, so auch die Prozesse des Herstellens, Verbreitens und Rezipierens von Bildern. In großer Selbstverständlichkeit unterstützen sich heute wechselseitig analoge und digitale Verfahren und bilden Schleifen in den Produktionsprozessen. In ihrer qualitativen Wertigkeit werden sie in der heutigen kunstpädagogischen Praxis auch kaum mehr gegeneinander ausgespielt. Allerdings plädieren manche besonnene Fachvertreter – nicht nur aus der Kunstpädagogik – für eine *schrittweise Näherung* und fordern eine *aufbauende Didaktik* von analogen hin zu digitalen Verfahren. Auch die vorliegende didaktische Theorie folgt weitgehend dieser Maxime und betont explizit fließende Übergänge zwischen den analogen und den digitalen Bildverfahren.

Doch haben die analogen Bildverfahren auch weiterhin ein Eigenrecht und können durchaus in sich selbst sinnhaft sein – man denke an die Handzeichnung oder die Skulptur. Die übergreifenden Fragen im Umgang mit verschiedenen Bildverfahren und Bildmedien sind jedoch immer die: Welche *Inhalte* sollen mit welchen Mitteln/Verfahren und welchen Gestaltungsformen zur Darstellung gebracht werden? Diese Fragen sind grundsätzlicher Natur und können zunächst unabhängig von digitaler oder analoger Technik betrachtet werden. Daher wird in unserem Lehrwerk den digitalen Verfahren auch kein eigenes Kapitel gewidmet (▶ Kap. III.2.1.4).

(e) Der Bezug zu aktuellen Bildkulturen (2): Globale Medienpräsenz

Das Medium »Bild« hat in den letzten Jahrzehnten aufgrund der von Medien dominierten Kommunikationsprozesse einen enormen Bedeutungszuwachs erfahren. Das Fach Kunst und mit ihm die Kunstpädagogik sieht sich daher heute – bildungstheoretisch betrachtet – mit einer Vielfalt an Herausforderungen konfrontiert. Diese sind nicht nur durch den alltäglich-privaten, sondern vor allem durch den öffentlich medialen Umgang gegeben. Bilder konstruieren ihre eigene Wirklichkeit, interagieren im Kontext, tauchen u. U. im Netz durch fortwährendes Teilen in veränderten Bedeutungszusammenhängen auf, gezielte Bildunterschriften verkehren Aussagen ins Gegenteil, die digitale Technik macht Bildmanipulationen jederzeit möglich etc. Dadurch haben Bilder einen enormen »Machtzuwachs« erfahren und sind heute unverzichtbarer Bestandteil in den öffentlichen und politischen Diskursen. Ihre Funktion als argumentativer Bildbeweis erscheint unverzichtbar. Mehr denn je dienen Bilder der Verifizierung von Wirklichkeit (▶ Abb. 1). Botschaften kommen nicht ohne die begleitende Omnipräsenz des Bildes aus. Was nicht im Bilde ist, was nicht im Datennetz zur Erscheinung gebracht wird, verschwindet im Strom der Nachrichten, kommt nicht zu öffentlichem Bewusstsein. Trotz der oben angedeuteten Problematik gelten Bilder als Garant einer Repräsentation von faktischer »Wirklichkeit«, als Beleg für die Tatsache, dass etwas so und nicht anders gewesen sei. Durch ihre Allgegenwart und Verbreitung stellen sie eine teilnehmende Öffentlichkeit her, die sowohl den privaten Bildgebrauch als auch den der öffentlichen und politischen Diskurse erfasst. Deutlich zeigt dies Abbildung 1, eines der wenigen Bilder, die nach gängiger Lesart erstmals der Pandemie ein Gesicht gaben. Bis heute wird allerdings diskutiert, wie die Situation zustande kam. Auf Anordnung der italienischen Regierung sollten die Corona-Toten verbrannt werden, was als Bestattungsart in Italien unüblich ist und daher zu »Staus« führte. Trotz unsicherer Faktenlage verfehlte das Bild jedoch nicht seine politische Wirkung: Entscheidend war, dass die Pandemie eine bildliche Entsprechung erhielt und dadurch weltweit der Druck auf die Regierungen erhöht wurde. Auch dieses Beispiel zeigt die Tatsache, welch hoher Stellenwert Bildern heute in der öffentlichen Meinungsbildung zukommt.

Die Reflexion der in diesen Prozessen enthaltenen und sich entfaltenden politischen Dimension ist daher ein unverzichtbarer Teil der Kunstpädagogik und damit auch der politischen Bildung: Das Fach steht in der Verantwortung, die Herstellungs- und Wirkmechanismen von Bildern kritisch zu hinterfragen. Im Sinne einer *Bildung zur Mündigkeit* ist die Kunstpädagogik darum bemüht, die Wirkungsweisen bildkommunikativer Prozesse offenzulegen und einsehbar zu machen.

Verstärkt ist das heute deswegen nötig, weil durch die omnipräsenten Wirkfelder der technisch-digitalen Medien der/dem Einzelnen ein besonderer Verantwortungsbereich zugewiesen wird. Mittels Sozialer Medien ist es heute jedermann möglich, in Kommunikationsprozesse einzugreifen und diese mit Hilfe von Bildern zu steuern und zu manipulieren. Dabei spielen gleichermaßen rezeptive wie produktive Formen der Teilhabe eine gewichtige Rolle. Kunstpädagogik praktiziert, begleitet und reflektiert solche Prozesse, die durch Wissen und Können zu einer verantwortlichen Teilhabe einer visuellen Kultur führen sowie zu einem produktiv wie rezeptiv mündig differenzierten Umgang befähigen (vgl. Bering/Niehoff 2013). Ein dieser Art gefordertes kritisches Medienbewusstsein wird im Kunstunterricht vorrangig durch die eigene Gestaltungspraxis, im Umgang mit allen Gattungen und Fachgegenständen und in der Auseinandersetzung mit den Phänomenen der Kunst gefördert (vgl. z. B. Buschkühle 2017).

Kunstunterricht vermittelt also im Fächerkanon der Schule in der ganzen Breite (a) die *historisch gewachsene* und (b) die *aktuelle gesellschaftliche* Bedeutung des Bildes. Hinzu kommt (s. o.): Kinder und Jugendliche wachsen mit einem *anthropologisch begründeten Bedürfnis* nach Bildern auf. Weil dieses Bedürfnis nach Herstellung und Gebrauch von Bildern besteht, bedarf es auch notwendigerweise einer inter- und trans*kulturellen Orientierung*. In der didaktischen Anwendung geschieht dies durch die enge *Verflechtung von bildproduktiven und bildrezeptiven Methoden*. Die dadurch sich schrittweise aufbauende Urteilskraft empfiehlt sich als zentraler Schlüssel zur allgemeinen Bildung.

Abb. 1: Massenmediale Bildverwendung: Am 18.03.2020 gehen die sog. Bilder von Bergamo um die Welt: Militärfahrzeuge transportieren Corona-Tote ab. Foto: Emanuele di Terlizzi (https://www.sueddeutsche.de/kultur/coronavirus-italien-bergamo-bilder-1.5237063)

(f)   Der Bezug zur Kunst (1): kulturstiftende und gesellschaftliche Bedeutung

Doch kommt in der Kunstpädagogik – wie wir nun zeigen möchten – auch der *Kunst* im traditionellen Sinn eine besondere Bedeutung zu. Aufgrund ihrer paradigmatischen semantischen Dichte und der in ihr aufscheinenden existenziell-menschlichen Dimension setzt die Kunst Maßstäbe, an denen kein verantwortungsvoller Kunstunterricht vorbeikommt. Kunstunterricht ist nicht bloßer »Bildunterricht« und keine bloße Medienpädagogik. In der dezidiert kunstbezogenen Lehre werden Maßstäbe und Prinzipien deutlich, die durchaus auch (wie vorher gezeigt) den kritisch emanzipierten Umgang mit Bildern der Medienkultur fördern können. Das *Feld der Kunst in seiner gesamten gesellschaftlichen, kulturellen und kulturübergreifenden Breite* soll und muss daher weiterhin ein zentraler Gegenstand des Kunstunterrichts sein. An zwei Beispielen kann dies aufgezeigt werden.

(1) Kunstunterricht hat z.B. die Aufgabe, auf Zeugnisse und Denkmäler des geschichtlich-kulturellen Erbes im öffentlichen Raum hinzuweisen und deren politisch-historische Dimension zu erörtern. So ist der Plastik von Eduardo Chillida vor dem Kanzleramt in Berlin (▶ Abb. 2) – vor allem durch die mediale Berichterstattung in Verbindung mit politischen Themen – ein besonderer Stellenwert zugewachsen. In ihrer Zeichenhaftigkeit und den ineinandergreifenden Formen ist Chillidas Plastik mehr als nur eine Ergänzung zur ihrerseits bedeutungsgeladenen

1 Gegenstände und Inhalte des Kunstunterrichts

Abb. 2: Eduardo Chillida (2000), Berlin, Bundeskanzleramt, Corten-Stahl, Höhe 5,50 m. Foto: Hans Peter Schaefer

architektonischen Gestaltung des Sitzes eines der höchsten Ämter im Staat: Sie ist zu einem (durchaus auch medienwirksamen) Symbol der (wiedervereinigten) deutschen Nation, auch zum Symbol einer demokratisch gewählten Staatsverfassung und der Notwendigkeit des lebendigen Austauschs in einem demokratischen Staatswesen geworden.

Hinzu kommt die Tatsache, dass die Plastik vor einem deutschen Kanzleramt von einem baskisch-spanischen Bildhauer stammt, was zugleich ihre transkulturelle[2] Bedeutung unterstreicht. Es gibt wohl kaum Staaten, die nicht ihr kulturelles Erbe für derartige Identifikationsmomente nutzen und die politische, identitätsstiftende Funktion von Kunstwerken herausstellen. Architektonische Beispiele wären z.B. auch das Kapitol in Washington, der Élysée-Palast in Paris, der Reichstag in Berlin oder die Downingstreet in London usw.

---

2 Die aktuelle Fachdiskussion behandelt gegenwärtig diese Thematik unter dem Begriff der Transkulturalität. Hier zeigt sich, dass Kunst generell ein Feld ist, um transkulturelle Beziehungen aufzuzeigen. Museen (▶ Kap. IV.1.5) sind dazu Orte mit bestmöglichen Voraussetzungen. Sie stellen Erfahrungsräume bereit, die wertvolle Einsichten in formale und inhaltliche Zusammenhänge gewähren (vgl. Beyer/Dolezalek 2021, S. 344 ff).

Kapitel I Grundlagen und Begründung des Faches Kunst

Abb. 3: Venus vom Hohlefels, Mammut-Elfenbein, ca. 35–40.000 Jahre. Entdeckt im September 2008 in der Höhle »Hohlefels« im Achtal bei Schelklingen. Foto: Ramessos, CC BY-SA 3.0

(2) Diese Funktion der Kunst, in einer Menschengemeinschaft sinn- und identifikationsstiftende Bezüge zu vereinen, kann man bis in die *Ursprünge der Kunst* zurückverfolgen. So sieht der Archäologe und Frühgeschichtswissenschaftler N. J. Conard in dem wohl ältesten bisher gefunden Bildwerk, der Venus vom Hohlefels (▶ Abb. 3), vor allem die symbolische und eine gesellschaftsbildende Funktion:

> »Auf einer einfachen Ebene können wir die gewaltige Ausbreitung von symbolischem Ausdruck, Informationsspeicherung, Religion und neuen Formen der Kommunikation einschließlich figürlicher Kunst und Musik als den Kitt betrachten, der diese größeren gesellschaftlichen Einheiten zusammenzuschweißen half und der den sozialen Zusammenhalt förderte, welcher das gesamte menschliche Leben kennzeichnet, wie wir es heute kennen« (Conard 2017, FAZ, 08.02., S. N2).

Was Conard treffend als »Kitt« bezeichnet, erweist sich in der weiteren Entwicklung als fundamental für die Herausbildung von Gemeinschaften, Kulturen und die notwendige Kommunikation in einem globalisierten Miteinander. Dazu gehört die Fähigkeit, eine *gemeinsame und/oder auch kollektive Vorstellungskraft* zu bilden und diese Ausrichtung intentional mit anderen Menschen zu teilen (vgl. Tomasello 2006, 2010; Wulf 2014, 2017; Sowa 2015). Die Ausrichtung auf ein zu verstehendes Kunstwerk schafft dabei eine basale Grundlage für die, natürlich kooperativen Fähigkeiten des Menschen. So lässt sich zeigen, dass schon in der Zeit des Frühmenschen im Jungpaläolithikum die Kunst mit der Herstellung von Objekten und Bildern eine »neue«, nicht zu unterschätzende Werteorientierung und eine Gemeinschaft stiftende Bedeutung erlangte. Experten der Frühgeschichte wie Conard werten das Auftreten solcher Bildwerke als klares Kriterium einer sich entwickelnden Kultur.

(g) Der Bezug zur Kunst (2): existenzielle und personale Sinndimension

Nicht allein die kulturellen, sozialen und geschichtlichen Bildungsbezüge sind der Grund dafür, dass das Fach »Kunst« sich mit der Sache »Kunst« beschäftigt. Es kommt der wichtige Grund dazu: Die Kunst (und dazu gehören auch die literarischen, musikalischen, theatralen usw. Kunstformen) bringt die existenzielle Energie der Humanität als solche zur verkörperten Erscheinung. Zu Recht haben Philosophen wie Kant, Hegel, Schelling, Nietzsche, Dilthey, Cassirer, Heidegger, Gadamer usw. auf diese tiefe Sinndimension der Kunst verwiesen und sie als zentralen Bildungsinhalt begriffen. Was schon im antiken Denken als der Zuspruch der Götter und Musen galt, was in der neuplatonischen Denktradition als der »emporführende« (anagogische) Sinn des *Schönen* galt, weist in dieselbe Richtung. In den Künsten – das wurde und wird in dieser Denktradition so verstanden – geschieht das Sich-Finden, das Sich-Positionieren und zugleich das Sich-Transzendieren des Menschen. Deswegen zielt auch ein wirklich guter Kunstunterricht nicht nur auf mediale Bildung, kulturelle Bildung, Kreativität, geschichtliche Bildung, ästhetische Bildung usw., sondern in besonders zentraler Weise auf *künstlerische Bildung* in dem Sinne, den in der neueren Kunstpädagogik vor allem Carl-Peter Buschkühle (2017) besonders gründlich herausgearbeitet hat – auch in der Nähe zu Religion und Philosophie. Kunstdidaktik – neben all den oben explizierten Bezügen – auf diesen finalen Kunstbezug hin zu durchdenken, ist nicht »rückwärtsgewandt«, sondern emanzipativ, inklusiv, partizipativ und zukunftsweisend.

Nachtrag: Ein kunstpädagogisches Scheindilemma

Die hier vorgelegte didaktische Theorie hat also zum Ziel, die zwei tragenden Säulen des Kunstunterrichtes – einerseits die Kunst/Kunstgeschichte/Kunstwissenschaft und andererseits die Gestaltungspraxis der Schülerinnen und Schüler in ihrer Entwicklung – als *gleichwertige Bestandteile* zu behandeln. Dieser Hinweis ist insofern entscheidend, als manche der neueren kunstpädagogischen Diskurse den Phänomenen der Kunst – oft eingeschränkt auf die jeweils aktuellsten Erscheinungsformen – einen weitaus größeren Stellenwert einräumen als den Entwicklungsvoraussetzungen im bildnerischen Gestalten der Kinder und Jugendlichen.

Seit den Tagen der Kunsterzieherbewegung und vor allem im Zuge der Reformpädagogik legitimierte sich das Fach gerade umgekehrt, nämlich durch eine primäre (und manchmal sogar ausschließliche) Hinwendung zum Kind. Schon damals geriet das Fach in eine unauflösbare Dilemmasituation, auf die u. a. auch Helene Skladny (2009) in ihrer umfangreichen historischen Studie zur Ideengeschichte des Kunstunterrichts hinwies: »Wenn es so ist, dass Kinder Kunst aus sich hervorbringen und zu Kunstwerken einen unmittelbaren Zugang haben, dann bedürfen sie auch keiner Lehre. Der Kunstunterricht hat quasi sein eigenes Paradox produziert...« (ebd., S. 286). Aus diesem Grund lehnen viele Fachvertreterinnen und -vertreter bis heute eine Didaktik des Kunstunterrichts ab.

Hinzu kommt, dass die Faszination »Kinderzeichnung« nicht nur die einschlägigen Fachvertreter aus Pädagogik und Psychologie erfasste: Auch Künstlerinnen und Künstler blick(t)en im »Jahrhundert des Kindes« (20. Jahrhundert) immer wieder fasziniert auf kindliche Bilddarstellungen. In der Annahme einer vorgeblich »unverbildeten Ursprünglichkeit« des kindlichen ästhetischen Verhaltens wollten sie oft selbst wieder wie Kinder sein, idealisierten die kindliche »Authentizität«. So gilt bis heute (z. B. bei Klee, Dubuffet, Miró, Wurm, Meese etc.) das kindliche Ausdrucksbedürfnis als Antrieb der Kunst.

Seit der Entdeckung der freien Kinderzeichnung war die moderne Kunstpädagogik mehr oder weniger erfolgreich darum bemüht, die beiden Begründungspfeiler *Kind* und *Kunst* in eine stimmige Beziehung zu bringen. Aber was heißt »stimmige Beziehung«? Häufig zeigten sich in der Fachgeschichte Unstimmigkeiten, z. B. eine programmatisch geforderte didaktische Abstinenz und eine romantisch verklärte Bewahrpädagogik kindlicher »Authentizität«, wie etwa bei Gustav Hartlaub, der in der Kinderzeichnung die Gebärde expressiver Wahrheit zu erkennen glaubte. Oder auf der anderen Seite: Naive thematische Übernahmen von vermeintlichen Parallelerscheinungen zwischen den Spielarten der Kunst und kindlichem ästhetischem Verhalten (vgl. Hartlaub 1922, S. 25; Schuster 2000, S. 2). Entsprechende Vorbilder boten sich insbesondere in der klassischen Moderne und aktuellen Kunstrichtungen an. Die Kunst selbst schien hier besonders »kindgerecht« zu sein und lud regelrecht zu ihrer didaktischen Verwertung ein. Themen wie z. B. Malen nach Miró, Dubuffet, Schumacher, Rizzi, Spurensuche, Mapping, Sammeln/Auslegen, Entwickeln von *One Minute Sculptures* etc. wurden in diesem Sinn, meist beschränkt auf formal bildnerische Aspekte, direkt in den Unterricht übertragen. Allerdings verfehlt ein solcher Unterricht häufig die beabsichtigte Wirkung: Die Schülerinnen und Schüler fühlen sich entweder über- oder unterfordert, da ihr eigentliches Bildinteresse weitgehend unberührt bleibt.

Denn Kinder und Jugendliche folgen in ihrer bildnerischen Auseinandersetzung einem ganz anderen Bildbedürfnis: Sie wollen den von ihnen erlebten Bezug zur Welt mit Hilfe von Bildern in ein kommunikatives, erzählendes und damit auch relationales Verhältnis zu den Mitmenschen bringen (vgl. Krautz 2017). Die Sinnfrage stellt sich dabei nicht im Ausdrucksbedürfnis eines autonomen Subjekts und seiner »künstlerischen« Freiheit, sondern im Bemühen um eine mimetisch-nachahmende und auf Verstehen sowie Mitteilung hin ausgerichtete Weltsicht.

Hinsichtlich der Bildbedürfnisse ist der Entwicklungsprozess von Kindern und Jugendlichen sehr dynamisch angelegt: Die Heranwachsenden selbst verlassen das von den Anhängern des »kindgemäßen Ausdrucks« so gefeierte »spontane, naive und ursprüngliche« Kinderbild und wenden sich unter dem Einfluss von Vorbildern anderen Bildtypen zu, die häufig von diversen aus der Kultur übernommenen Bildschemata gekennzeichnet sind und dann später im Jugendalter oft besonders *formelhaft* auftreten (vgl. Glas 1999). Insbesondere Jugendliche favorisieren einen realistischen Darstellungsstil, den kunstpädagogische Fachvertreter oft als manieristisch, symbolgeladen oder klischeehaft missbilligen, der für die Heranwachsenden jedoch eine ernsthafte Auseinandersetzung mit Bildern ist. Wenn dieses dynamisch sich fortentwickelnde Bildbedürfnis nicht angemessen pädagogisch aufgegriffen und didaktisch erfolgreich gefördert wird, kann auch im Kindesalter schon sehr früh das Interesse am Zeichnen und anderen bildnerischen Verfahren nachlassen oder ganz zum Erliegen kommen. Die Kinder nehmen bei sich selbst enttäuscht wahr, dass Darstellungsabsichten nicht gelingen, ihr Können schnell an Grenzen stößt und dass es auch in der Mitwelt auf kein Interesse stößt.

Aus genannten Gründen ist daher das Interesse einiger heutiger Fachdidaktiker, die Entwicklungslinien der Gestaltungspraxis in angemessener Weise didaktisch zu begleiten und in Orientierung an den Lernenden zu fördern, als eher gering einzuschätzen. Die didaktische Orientierung findet häufig nicht an den Kindern und Jugendlichen, sondern überwiegend an den (meist aktuellen) Phänomenen der Kunst statt. Die Folge ist, dass die Lernenden häufig nicht in der Lage sind, auf das kunstpädagogische Angebot wirklich einzugehen, weil entsprechend resonante Kontexte bezüglich ihrer Lebenserfahrung nicht vorhanden sind, auch weil Kenntnisse kunsthistorischer Entwicklungslinien, erweiterter Bildformen usw. fehlen, ästhetische Empfindungen für radikale künstlerische Ausdrucksformen aber *noch* nicht nachvollzogen werden können usw.

Das oben erwähnte kunstpädagogische Dilemma zeigt sich in der didaktischen Nichtbeachtung entwicklungsbedingter Voraussetzungen oft in fast tragischer Weise – man denke etwa an die bedauernswerten Grundschulkinder, die sich auf Anweisung von Lehrpersonen als »Minutenskulptur« kopfüber in den Papierkorb stellen müssen, um sich Erwin Wurms Kunst »anzueignen«.

Literaturauswahl

Buschkühle (2017); Glas/Heinen/Krautz/Miller/Sowa/Uhlig (2015); Jonas (1994); Krautz (2020); Paul (2016); Sowa (2015f, 2016, 2019)

2 Das Bildungsverständnis der Kunstpädagogik

Schon Aristoteles dachte den Zeichenunterricht als Teil der allgemeinen staatsbürgerlichen Erziehung und Bildung (Politik, 1337b23 ff.), also nicht nur als die bloße Lehre der Fähigkeit zum Zeichnen. Seit den Anfängen des modernen Schulfaches »Kunsterziehung« hat sich dieses Verständnis verstärkt: Wie in anderen Schulfächern auch wird die künstlerische Lehre nicht vorrangig als *Unterricht* in einer Kulturtechnik verstanden, sondern als *Bildungsprojekt* von größerer Tragweite. In dieser Hinsicht ist »künstlerische Bildung« mehr als die Vermittlung von Können und Wissen, was auch an das Projekt »Kunstdidaktik« mehr als nur technische Anforderungen der Wissensübertragung stellt. Die Klärung dieses fachlichen Bildungsverständnisses steht daher am Anfang der systematischen Darstellung der fachlichen Didaktik.

2.1 Kunstdidaktik und Bildung

Kunstdidaktik als Lehre der Kunst (▶ Kap. I.2) fragt nach dem *Wie* des Lehrens: Wie lehrt man den breiten Bereich von Kunst, Bild und Gestaltung (▶ Kap. I.1)? Diese Frage ist jedoch nur sinnvoll zu beantworten, wenn geklärt ist, *warum* man diese Gegenstände lehren sollte. Erst wenn die Begründungen und Ziele des Kunstunterrichts klar sind, kann man begründet sagen, wie die einzelnen Bereiche zu unterrichten sind (Krautz 2020).

Diese Gründe gewinnt man einerseits aus den gesellschaftlichen Kontexten (▶ Kap. I.1), aus der Sache der Kunst selbst (▶ Kap. I.2) und aus der Entwicklungspsychologie des bildnerischen Gestaltens. Doch reicht dies nicht aus: Um ein Fach in der öffentlichen Schule zu rechtfertigen, muss geklärt werden, was es zur allgemeinen Bildung des Menschen beiträgt. Es genügt nicht, bestimmten gesellschaftlich-ökonomische Forderungen nachzukommen oder zu zeigen, wie schön und wichtig die Kunst selbst ist. *Auch Kunstunterricht muss vielmehr in Hinsicht auf die Bildung des Menschen begründet sein.* Erst daraus lassen sich didaktische Schlüsse ziehen.

Bildung meint dabei einen Vorgang, in dem wir uns Gegenstände der Kultur, also etwa Kunst und Gestaltung, nicht nur äußerlich als Wissen und Können aneignen, sondern in dem diese für uns bedeutsam werden, uns angehen und uns womöglich verändern (Dörpinghaus/Poenitsch/Wigger 2013). Erst unter dieser Bildungsperspektive erhalten Bilder, Kunst, Gestaltung einen Sinn für die Schülerinnen und Schüler. Sie sollen diese Dinge nicht deswegen lernen, weil sie im Lehrplan stehen oder um eine gute Note zu erhalten. Vielmehr muss Kunstunterricht ihnen eine *Sinnperspektive* eröffnen: Kunst, Bilder, Gestaltung sind etwas, dem man einen persönlichen und überindividuellen Sinn abgewinnen kann. (Eben darum haben die meisten Kunstpädagoginnen und -pädagogen selbst Kunst studiert.) Das Kulturgut Kunst und Gestaltung wird so in der sich bildenden Person verlebendigt und individuell neu gedeutet. So können Bilder, so kann Gestaltung lebensbedeutsam werden, weil sie nicht äußerlich bleiben, sondern uns angehen.

Das kann Unterricht nicht erzwingen – aber durch eine sinnorientierte Didaktik ermöglichen oder etwa als »kompetenzorientierte« auch verhindern. Denn Fähigkeiten und Fertigkeiten, die heute als »Kompetenz« beschrieben werden, zielen nicht notwendig auf Bildung. Doch sind anderseits fachliches *Können und Wissen* sehr wohl *Voraussetzung* von Bildungsprozessen: Wer nicht gestalten kann und Bilder nicht versteht, kann auch keine qualifizierten Bildungserfahrungen machen.

Daher ist es zentrale Aufgabe einer Kunstdidaktik, die auf Bildung zielt, mit dem vermittelten kunstfachlichen Können und Wissen in Gestaltung und Betrachtung den Schülerinnen und Schülern *zugleich* Wege zu eröffnen, diesem einen persönlichen und kulturellen Sinn abzugewinnen, der sie mit anderen und anderem in Bezug setzt, auf diese Weise potenziell neue Sichten auf sich selbst, die anderen und die Welt eröffnet und so ihr Leben bereichern kann.

2.2 Menschenbild und Kunstauffassung

Dazu ist es gerade im Feld der Kunst wesentlich zu klären, von welchem Menschenbild und welcher Kunstauffassung man ausgeht. Oft gilt gerade die Kunst vor allem als innerer Ausdruck eines autonomen Subjekts, das sich im ästhetischen Erleben und bildnerischen Tun selbst verwirklicht. Dem entspricht die romantische Auffassung vom »Künstlerkind«, das sich am besten in Freiheit und ohne Anleitung selbst entfalte. Auffassungen wie diese prägen den Kunstunterricht bis heute stark.

Im Anschluss an umfangreiche Forschung (Krautz 2017) wird hier davon ausgegangen, dass der Mensch immer schon *in Beziehungen zu anderen Menschen und in Bezügen zur Welt* existiert, die ihn nicht in seiner Freiheit einschränken, sondern diese erst ermöglichen. In Beziehung zu anderen und im Bezug zur Welt findet der Mensch erst ein Verhältnis zu sich selbst – nicht in direkter »Selbstverwirklichung«.

Damit erhalten auch Kunst und Gestaltung einen anderen Stellenwert: Sie sind gerade nicht vorrangig innerster Ausdruck isolierter Subjektivität, sondern die bildgewordene Form menschlicher *Selbst-, Mit- und Weltverhältnisse*. Im bildhaften Gestalten deutet der Mensch diese Bezüge aus. Die Bilder der Kunst und visuellen Kultur waren immer schon und sind auch heute Versuche des Menschen, seiner Existenz einen Sinn zu geben – das gilt von der Höhlenmalerei bis zum Instagram-Post.

Bildung in der Kunstpädagogik meint demnach ein Sich-bilden an den Gegenständen von Kunst und visueller Kultur im Horizont der aus der gemeinsam geteilten Existenz erwachsenden Beziehungen und Bezogenheiten und der daraus resultierenden Verantwortung (Krautz 2020).

2.3 Relationalität und Verkörperung

Diese Verhältnishaftigkeit unseres Lebens und der Kunst beschreibt der Begriff der *Relationalität* (Krautz 2017). Das damit angesprochene *dialogische Verhältnis* zeigt sich gerade in Kunst und Gestaltung: Im eigenen Gestalten wie im Betrachten von Bildern erschließen wir uns die Welt nicht nur, sondern wir werden von ihr auch erschlossen. Das gestalterische Tun resultiert nicht allein aus unserem Impuls, sondern *antwortet* immer schon auf Sicht- und Wahrnehmbares, auf Vorgestelltes und Gedachtes. Etwas, das nicht wir selbst sind, spricht uns an und bringt uns auf eine Idee, veranlasst uns, zu Stift, Pinsel, Kamera oder Holzblock zu greifen und zu gestalten. Gestalten und Bildverstehen stehen insofern in einem *Antwortverhältnis:* Was wir sinnlich wahrnehmen, spricht uns an, mit unserer Gestaltung und unserem Verstehen antworten wir darauf – und wir stehen mit dieser Antwort auch in einer *Verantwortung.* Es ist eben nicht rein subjektiv und beliebig, was wir wie gestalten und wie wir ein Bild verstehen. Denn unsere gestaltete oder verstehende Antwort stellen wir ja wieder in die gemeinsame Welt, weshalb wir sie verantworten müssen.

Kreativität resultiert in einem solchen relationalen Verständnis daher nicht allein aus unserem subjektiven Inneren, sondern aus diesem Antwortverhältnis: *Kreativ sind wir im Finden gestalterischer und verstehender Antworten* (Krautz 2020, Fröhlich/Krautz 2021).

Dabei ist dieser gestaltend-verstehend antwortende Weltbezug keineswegs rein kognitiv-intellektuell: Wir nehmen sinnlich mit dem ganzen Leib wahr und gestalten und verstehen ebenso gesamthaft leiblich. Wir *verkörpern* also diese Selbst-, Mit- und Weltverhältnisse (Etzelmüller/Fuchs/Tewes 2017). Das ist beim Plastizieren mit Ton, beim Werken oder bei einer Performance (▶ Kap. III.2.2) unmittelbar einsichtig: Wir stehen mit unserem Körper gestaltend in direkter *Resonanz* zum »Weltstoff«. Doch ist das beim Malen, Zeichnen, Fotografieren und Filmen nicht anders: Farbdarstellung resultiert aus der Resonanz auf Farbempfindungen und übersetzt diese in eine eigene malerische Logik. Jede Zeichnung ist ein verkörperter Akt kreativer Übersetzung eines kontinuierlichen Wahrnehmungseindrucks oder einer Vorstellung in diskontinuierliche Linien: Hier ist Linie, dort nicht; so umreißen wir eine Form. Das geübte Setzen von Schraffuren resultiert aus Darstellungsformeln, die in der Hand und im ganzen Körper verankert sind: Wir überlegen nicht jeden Strich einzeln, sondern folgen dem motorisch verankerten Ausführungswissen der Hand. Und noch die Regler im Bildbearbeitungsprogramm übersetzen solche leiblichen Wahrnehmungsverhältnisse in die virtuelle Darstellung.

Kunst, Gestaltung und Bildverstehen sind insofern verkörperte Selbst-, Mit- und Weltbezüge (Krautz 2020).

2.4 Kunstdidaktische Folgerungen

Dieses non-egologische (nicht ichbezogene) personale Menschenbild und die daraus resultierende Auffassung von Kunst, Bild und Gestaltung haben fundamentale kunstdidaktische Konsequenzen, die sich in den einzelnen Lehrbereichen konkretisieren werden.

Grundsätzlich steht damit auch Kunstdidaktik vor der Aufgabe, sowohl der Sache der Kunst als auch dem Bildungsbedürfnis der Schülerinnen und Schüler gerecht zu werden, denn »Bildung ist, didaktisch gesehen, nur zureichend definierbar als die *vermittelnde* Kategorie zwischen den Ansprüchen der objektiven Welt und dem Recht auf Selbstsein des Subjekts.« (Blankertz 2000, S. 45).

Damit ist zunächst ausgeschlossen, dass Kunstunterricht vor allem subjektives ästhetisches Erleben und *Sich-ausdrücken* in den Mittelpunkt stellt oder auf Anleitung verzichtet, weil dies Kinder verderben würde, oder einem unscharfen Verständnis von Kreativität folgt, das jedes Matschen und Basteln als irgendwie originell interpretiert. Genauso wenig ist damit ein Kunstunterricht vereinbar, der vor allem formale Bildmittel und Techniken einübt (Farbenkreis, Drucktechnik etc.), aber vergisst, diesen Mitteln in einer Darstellung einen relationalen Sinn zu geben; und genauso wenig löst den Bildungsanspruch ein sog. »kompetenzorientierter« Unterricht ein, der Kriterienlisten abarbeitet, ohne nach deren Bedeutung für die Person der Schülerinnen und Schüler zu fragen. All das ist durchaus übliche Praxis im Kunstunterricht.

Es geht dagegen um einen *mittleren* Weg, der nicht nur als Mitte zwischen den Extremen zu verstehen ist, sondern *die Ansprüche der Sachen – Kunst, Bild, Gestaltung – mit dem Bildungsrecht und Sinnbedürfnis der Schülerinnen und Schüler verbindet*. Dazu ist entscheidend: Ansprüche an Schülerinnen und Schüler in Hinsicht auf ihr Gestalten und Verstehen zu stellen ist *kein* Widerspruch zu deren Selbstsein als Subjekte. Nicht der Verzicht auf kunst- und gestaltungsgemäßes Arbeiten zugunsten scheinbar »ursprünglichen« Ausdrucks oder naiven Bastelns bildet, sondern eine didaktisch strukturierte Lehre, die Schülerinnen und Schüler ermöglicht, ihre Darstellungswünsche und Sinnbedürfnisse fachlich angemessen und ihrem Alter entsprechend zu verwirklichen.

Dementsprechend werden im Weiteren die einzelnen Felder kunstdidaktischer Lehre (▶ Kap. III) so aufgeschlossen, dass deren relationale Qualität für ein bildendes Lernen als verantwortliche Gestaltung der Selbst-, Mit- und Weltbezüge deutlich wird. Dazu gehört ganz zentral eine in der Kunstdidaktik eher ungewohnte Orientierung der Didaktik nicht an Techniken oder Ausdrucksformen, sondern an den *Inhalten* der Gestaltung. Erst kulturell und individuell relevante Themen und Inhalte geben überhaupt eine Motivation, eine bildnerische Gestaltung anzugehen oder ein Bild verstehen zu wollen. Nur über altersadäquate Themen kann den Schülerinnen und Schülern ein Sinnhorizont eröffnet werden, der bildende Wirkung haben kann.

Dazu gehört aber auch, dass die *künstlerisch-gestalterischen Gattungen und Techniken* auf ihre relationalen Qualitäten befragt und in dieser Weise unterrichtet werden. Ebenso hat das relationale Paradigma wichtige Folgen für die *Methodik* des Kunstunterrichts und dessen Planung. So kann etwa die verbreitete Skepsis gegenüber dem Zeigen und Nachahmen als Lehr- und Lernform korrigiert werden, denn relational verstanden sind dies die zentralen Unterrichtsformen eines verkörperten Teilens und Mitteilens von bildhaften Vorstellungen.

Kurzum: Eine relational verstandene Kunstdidaktik holt Kunst, Gestaltung und Bildverstehen aus der isolierten Subjektivität oder technisch-kritischen Distanz zurück *in den sozialen Raum geteilter Welterfahrung*, worin die Kunst erst ihren Sinn entfaltet und ihn historisch gesehen immer auch hatte. Diese geteilte Welterfahrung wird dabei im gemeinsamen Arbeiten im Kunstraum ganz anschaulich deutlich.

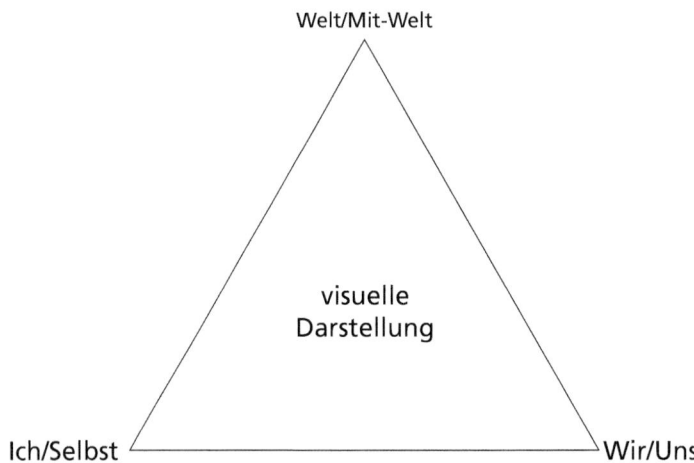

Abb. 4: Relationale Bildung in der Kunstpädagogik (Krautz 2020, S. 58)

Der Zusammenhang lässt sich in einer Grafik systematisieren (▶ Abb. 4) und als Ausblick für die nachfolgenden Kapitel zusammenfassen:

- Das Fach Kunst ist in den Relationen von Kunst, Mensch und Gesellschaft begründet und bestimmt hieraus seine Ziele (▶ Kap. I).
- Aufgrund der relationalen Sinnorientierung des kunstpädagogischen Bildungsanspruchs wird didaktisch die Frage der Themen und Inhalte zentral (▶ Kap. III.1).
- Wahrnehmen, Vorstellen und Darstellen sind als relationale Fähigkeiten im relationalen Gestalten und Bildverstehen zu bilden (▶ Kap. II.1.3).

- Kunst und Gestaltung sind geprägt von der Relation von Inhalt, Handwerk und Gestaltung, weshalb deren Bezug für die Konzeption kunstdidaktischer Aufgabenstellungen maßgeblich ist (▶ Kap. II.1.4 und ▶ Kap. IV.1).
- Lehren und Lernen selbst ist ein soziales und relationales Geschehen, weshalb die kunstdidaktische Lehre entsprechend anzulegen ist (▶ Kap. II.1.6).
- Die Gestaltungsdomänen des Faches sind nicht als reine Techniken zu verstehen, sondern didaktisch als je eigene verkörperte, relationale Weltverhältnisse auszulegen und didaktisch zu konzipieren (▶ Kap. III.2 und ▶ Kap. III.3).

Literaturauswahl

Blankertz (2000); Dörpinghaus/Poenitsch/Wigger (2013); Etzelmüller/Fuchs/Tewes (2017); Fröhlich/Krautz (2021); Krautz (2017, 2020).

Kapitel II
Didaktische Strukturen des Kunstunterrichts

Überblick

> Das ist's ja, was den Menschen zieret,
> Und dazu ward ihm der Verstand,
> Daß er im innern Herzen spüret,
> Was er erschafft mit seiner Hand.
> (Friedrich Schiller, Das Lied von der Glocke)

Um Kunstunterricht planen und durchführen zu können, muss man verstehen, was die grundlegenden Strukturen des Lehrens und Lernens im Feld von Kunst und Gestaltung sind. Diese abstrakten Strukturen konkretisieren sich dann im lebendigen Unterrichten.

Das Abstrakte, mit dem wir hier beginnen, ist ein *Grundschema*, das nicht nur jedem einzelnen konkreten Unterricht, sondern *allen* möglichen Konkretisierungen von Kunstunterricht als »didaktische Struktur« zugrunde liegt. Es ist also eine Richtschnur, an der sich die konkrete Planung orientieren kann. Somit handelt es sich nicht um ein Patentrezept für alle Unterrichtsstunden, sondern die Grundstruktur des Schemas ist so variabel, dass es den vielfältigen Gegenständen und den unterschiedlichen Schülerinnen und Schülern angepasst werden kann – und muss. Doch wenn man mit Hilfe der folgenden abstrakten Grundstrukturen plant, dann hat die Planung aller Erfahrung nach relativ große Erfolgsaussichten, auch *guten* Kunstunterricht zu generieren.[3]

Eine schematische Vorstellung des Vorhabens und seiner Probleme hilft also dabei, sich vorgreifend zu orientieren und herauszufinden, worum es überhaupt geht. So fangen wir hier in Kapitel II mit diesen allgemeinen Strukturen an. Worum es dann konkret geht, wird in Kapitel III expliziert: um die Lehre der einzelnen bildenden und angewandten Künste.[4]

---

3 Zur Unterrichtsplanung vgl. ausführlich: Krautz/Amado (2019).
4 Vgl. zu den allgemeinen Grundlagen der Kunstpädagogik näher: Krautz (2020).

1 Lehren im Fach Kunst – die künstlerische Lehre

Wir gehen davon aus, dass eine Fachdidaktik im Grunde der *Logik ihres eigenen Faches* folgen muss: *Fachliches Lehren* leitet sich aus fachlichem *Können* ab. Und umgekehrt: Fachliches Können wird durch fachliches Lehren und Lernen erzeugt. In unserem Fall bedeutet dies: Kunstlehre leitet sich von Kunstkönnen ab und umgekehrt (vgl. Sowa 2020b). Nun wirkt diese Aussage heute auch irritierend: Zu oft hört man, dass Kunst ohne Können auskomme, niemand genau wisse, welches Können zur Kunst gehöre, oder gar, dass Kunst überhaupt nicht lehrbar sei.

Wir halten diese Behauptungen für zwar verbreitete, aber irrige Meinungen, die erst im Laufe der Moderne entstanden sind. Tatsächlich wurde nachweisbar seit der Antike mit der Kunst zugleich die Kunstlehren tradiert. Es waren die Künstler selbst, die begannen, Lehrwerke zu entwickeln, um ihr Können weiterzugeben. Sobald man aber beginnt, das eigene Können zu durchdenken, um es anderen zu vermitteln, beginnt die Didaktik. Die Didaktik der Kunst setzt an mit dem Fragen danach, woraus denn ein Können besteht und wie man dieses schrittweise am besten lehren kann: durch Zerlegung (Analysis) und Re-konstruktion (Synthesis) eines gegliederten und zugleich organisierten Könnens.

Was in der Antike sehr konkret für die Ausbildung in Handwerker- und Künstlerwerkstätten entwickelt wurde, tritt heute in den Kontext *allgemeiner Bildung*, in dem es nicht um die Ausbildung von Künstlerinnen und Künstlern geht, sondern um Beiträge des Faches Kunst zur Erziehung und Bildung aller Heranwachsenden. Doch auch diese Idee findet sich schon beim griechischen Philosophen Aristoteles (384–322 v.Chr.): Er hielt das vom *Können* (Techne, ars, Kunst) her kommende *Wissen* der Künstler und Handwerker für so stark, wichtig und eigenständig, dass er dessen Lehre *für jedermann* als notwendig erachtete, weil ja jedermann in der von Handwerkern und Künstlern geschaffenen »technischen«[5] Kultur leben und entscheiden müsse. Genau deswegen forderte er einen allgemeinbildenden Zeichenunterricht für alle Bürger, denn dort lerne man das Denken der Künste durch eigenes Tätigsein kennen (vgl. Aristoteles, Politik 1337b23–27, 1338a17–19, 1338a40-b2).

Diese Argumentation hat in unserer heutigen von Bildern und Gestaltung geprägten Welt massiv an Bedeutung gewonnen. Unser Fach kann sich dadurch ermutigt fühlen, die Eigenständigkeit des Könnens, das wir Kunstlehrerinnen und -lehrern vermitteln, in die Mitte unseres schulischen Faches zu stellen: Es geht in

---

5 »Technisch« meint bei Aristoteles: alle Künste betreffend – beginnend beim Handwerk, ausgreifend auf alle praktischen Tätigkeiten und »Künste« und hinreichend bis zum dem, was wir heute unter »Kunst« verstehen.

unserem Fach um *poietisches, also werkschaffendes Können und Wissen.* Die *Poiesis* (griech.: Machen, Schaffen, Herstellen) ist ein Merkmal, das das Fach Kunst mit den Fächern Musik und Sprache/Literatur, mit Tanz, Werken/Technik, Theater teilt. Doch das unterscheidende Spezifikum (das »*proprium*«, das Eigenste) unseres Faches »Bildende Kunst« ist das die *visuellen Künste* prägende poietische Können/Wissen – das Können und Wissen, das man braucht, um Werke der bildenden und angewandten Künste zu schaffen. Dabei wird im Fach nicht nur über Bilder und Gestaltungen gesprochen, sondern sie werden selbst geschaffen.

Abb. 5: Pierfrancesco Alberti, Kunstakademie, Kupferstich, 1600–1638. An dem Bild ist zu erkennen, wie sich in der Lehrwerkstatt künstlerische Arbeit und künstlerische Lehre in einem *mimetischen Resonanzraum* entwickeln, einem Raum der *kooperativen Vorstellungsbildung*. Es wird gleichermaßen gearbeitet, betrachtet, gezeigt, verglichen, nachgeahmt, geforscht – allein oder in Gruppen, im Einzel-, oder Gruppenunterricht wie im selbstständigen Lernen. Fertige Werke, Modelle, Naturobjekte usw. bilden das selbstverständliche Umfeld der Unterrichtung.

1.1 Das Wesen der künstlerischen Lehre

Die Abb. 5 zeigt die klassische Lehrsituation der Kunstunterrichtung, so wie sie aus den handwerklich-künstlerischen Werkstätten stammend in die späteren »Kunstakademien« überführt wurde und im Prinzip auch im normalen schulischen »Kunstraum« (oder »Zeichensaal« oder »Werkstattraum«) stattfindet.

In der hier gezeigten Lehrwerkstatt wird das komplexe künstlerische Können und Wissen – und das ist das Wesen der künstlerischen Didaktik – in verschiedene *Phasen* und *Lernaspekte* zerlegt (Analysis), um verschiedene *Teilfertigkeiten* gezielt einzuüben und anzueignen. In im Raum verteilten Lehr-Lernsituationen findet eine Konzentration auf verschiedene Teilaspekte statt – hier des malerischen und zeichnerischen Schaffens: Anatomie, Perspektive, Geometrie, Plastizität, Licht und Schatten usw. Dabei werden verschiedene Lernstationen in einer Reihe durchlaufen (»Curriculum«). Die einzelnen Fähigkeitsbereiche sollten dann aber selbstverständlich wieder im Werk zusammengeführt werden (Synthesis).

Der Lernweg durchläuft didaktisch gut durchdachte Stationen: vom Nachzeichnen von Vorlagen (vorne rechts) über das Zeichnen nach Gipsabgüssen (vorne links) bis zum forschenden Untersuchen der Natur (hinten links). Es galt also die prinzipielle Lehr-Lern-Struktur, das komplexe Wissen und Können des Malers in einzelne Teilfähigkeiten zu zerlegen und entsprechende, aufeinander aufbauende Lernsituationen zu schaffen.

Damit wird das genuine fachdidaktische Prinzip der Kunstdidaktik sichtbar: Didaktik der Kunst bedeutet das *Auseinandernehmen* und *Zusammensetzen* von Könnensvollzügen, um sie lehren zu können. Im Entwickeln der didaktischen Strukturen achten die Lehrenden immer darauf, woraus denn ein Werkprozess besteht, um ihn entsprechend schrittweise anleiten zu können. Das wiederum setzt voraus, dass man das selbst beherrscht und ausprobiert, was man andere lehren will. Und dann gilt es, diesen Prozess im Unterricht so anzulegen, dass er für die Schülerinnen und Schüler zu einer sie selbst bildenden Erfahrung in der Auseinandersetzung mit der Sache, der Welt und sich selbst werden kann. Das ist das Spezifische der künstlerischen Didaktik.

Was für die Gestaltung der Lehre gilt, gilt auch für das Lernen der Schülerinnen und Schüler: Auch dieses hat neben der existenziellen Dimension eine »technische« Struktur, denn auch die Lernarbeit ist eine Art des schrittweisen »Fertigbringens«: methodisches und vollständiges Einüben und Memorieren von Lehr-Stücken zum Zweck der *Verfügbarkeit* in der synthetisierenden Anwendung.

Im Mittelpunkt der künstlerischen Lehre stehen also das künstlerische Tätigsein und das es durchwirkende poietische Können und Wissen.[6] Das ist der Inhalt des Faches. Genau darin liegt seine unersetzliche bildende Funktion. Und genau aus

---

6 Vgl. zu diesem gesamten Begründungsgang ausführlich: Krautz (2020). Eine andere, aber im Grunde auf ähnliche fachliche Denkformen, Inhalte und Lehrformen hinauslaufende Begründung legte schon vor mehreren Jahren Carl-Peter Buschkühle (2017) vor. Ihm ist auch das Verdienst zuzusprechen, unser Fach schon vor zwei Jahrzehnten aus seinem »ästhetischen« Dornröschenschlaf aufgerüttelt zu haben (vgl. Buschkühle 2003).

diesem Grund ergibt sich daraus eine Vielzahl weiterer allgemeinbildender Funktionen (▶ Kap. I), die wir weiter unten (▶ Kap. III) ausführlich darstellen werden.

1.2 Einheit von Schaffen, Betrachten, Kritik und Historie in der Kunst

Spricht man von »der« Kunst, dann denkt man meistens an den Bildenden Künstler bzw. die Bildende Künstlerin und das, was er oder sie macht. Dieses enge Verständnis ist aber nicht hinreichend, um das Phänomenfeld angemessen zu begreifen. Das, was ein Künstler oder eine Künstlerin wirklich kann und tut, lässt sich mit folgender Frage präzisieren: »Wie stelle ich etwas (ein Bild, eine Plastik, einen Videoclip, ein Bauwerk usw.) so her, dass es eine bestimmte *Wirkung* erzielt?« Es geht also in der Kunst um das *Kunstwerk* und seine möglichst intensive *Attraktions-* und *Wirkkraft* auf andere Menschen, die dem Werk *Aufmerksamkeit* schenken, es in *Gebrauch* nehmen, ihm *Anerkennung* schenken sollen. So tritt unvermeidlich die *Relation* zwischen Künstlerin oder Künstler, Welt und Mitmenschen sowie die entsprechende von Werk, Welt und Betrachtenden in den Blick, wenn man von der »Kunst« spricht. Deren *duale* Verfasstheit lässt sich auch als *Resonanz* verstehen (vgl. Krautz 2020): Kunst entsteht nicht aus dem einsamen Inneren, sondern aus der Auseinandersetzung mit den *Beziehungen* und *Bezügen* zur Welt in Geschichte und Gegenwart, zu Mitmenschen und uns selbst (vgl. Krautz 2017). Das *Kunstwerk* ist der Ort, an dem sich die gemeinsame Aufmerksamkeit von Künstlerin oder Künstler und Betrachtenden im Sinne eines wechselseitigen Resonanzverhältnisses treffen. Dieses Verhältnis schließt auch die *Kunstkritik* ein, denn ein Kunstverständnis, das Kunst als *für andere* gemacht versteht, sieht das Werk notwendigerweise und überall ständig im Schnittpunkt von intensivster Betrachtung, Vergleich, Beurteilung, Wertschätzung oder Verwerfung. Tatsächlich sind meist die Künstlerinnen und Künstler selbst die kritischsten Beurteilenden ihrer Werke!

So verstanden verbietet sich die subjektiv isolierende Sicht auf künstlerisch schaffende Menschen: Sie sind gar nicht alleinige Urheber ihrer Werke, sondern eher resonante Empfänger für das, was sie sehen und hören, was sie an Welt und Mitmenschen, in anderen Kunstwerken in Geschichte und Gegenwart anspricht. Als Empfangende sind sie eine Art Brennpunkt oder Schnittstelle. Doch sie heben etwas hervor, was sie besonders berührt. Sie zeigen, deuten, bündeln all ihr Empfinden in eine *Darstellung für Andere*. Darüber hinaus ist künstlerisch tätigen Menschen auch noch eine andere Relation wirksam, die zur Kunst fest dazugehört: die Lehre und das ihr symmetrisch entsprechende Lernen. Der Künstler oder die Künstlerin ist gleichsam die »Durchlaufstation« oder der Katalysator eines Impulses, einer überpersönlichen Kraft, die durch ihn oder sie hindurchgeht.[7]

---

7 Diesen alten, aber in Moderne und Gegenwart oft verdrängten Gedanken fasst der Kunst-

Zum künstlerischen Prozess wie zum Lernen in der Kunst gehören also sowohl das »technische« Können der Kunst wie diese nicht direkt erwirkbare »Inspiration«, die kein Mysterium ist, sondern ein Resonanzerleben bedeutet. Beides umreißt damit schon grundlegende Aufgaben der Kunstdidaktik. Ein wunderbares Beispiel dafür ist die Ergriffenheit durch die *Schönheit*.

Fasst man diese Überlegungen zusammen, so liegt letztlich eine mehrgliedrige Beziehung vor (▶ Abb. 6, rechter Teil).

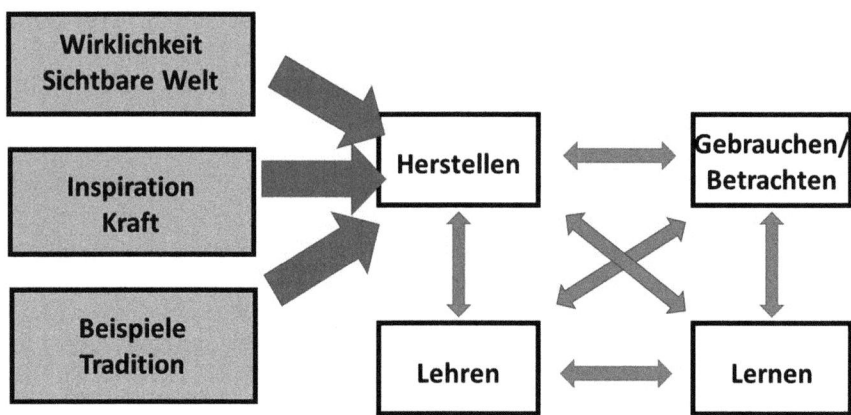

Abb. 6: Der viergliedrige systemische Zusammenhang der Kunst. Rechts das System selbst, links die einwirkenden Kräfte (erweitert nach Sowa 2019)

(a) Das Herstellen der Kunst hat eine Schlüsselstellung, aber alles andere gehört systematisch dazu. Der Kasten rechts oben stellt im umfassenden Sinn die »*In-Gebrauch-Nahme*« des Kunstprodukts oder Kunstwerks durch die Gemeinschaft der Menschen dar, sei es das Benutzen eines Designgegenstandes, das Betrachten eines Bildes, das Hören eines Konzerts, das Bewohnen eines Bauwerkes usw. In diesem gemeinschaftlichen Gebrauch liegt die *kulturgenerierende* Kraft der Kunst. Vergleichbar mit der Sprache erzeugt sie Gemeinschaft, in der *Vorstellungen geteilt werden* (vgl. Conard/Kind 2017, Tomasello 2006). Nicht nur die komplette visuelle Kultur aus Bildern, Gegenständen, Bauten usw. bezeugt diese gemeinschaftsstiftende Kraft. Auch die damit zusammenhängende und die Künste erst ermöglichende Lehr-Lernkultur wird als gemeinschaftsbildende kulturelle Struktur generiert. Insofern haben alle Menschen an dieser Kultur der *Techne/ars*/Kunst teil – als Erzeugende, als Benutzende, Betrachtende usw. (vgl. auch Krautz 2020, Kap. 4 und ausführlich Sowa 2019, S. 301 ff).

---

theoretiker und Schriftsteller John Berger treffend zusammen: Es sei »eine Illusion der Moderne (und selbst die Postmoderne konnte nichts daran ändern), dass der Künstler ein Schöpfer ist. Eher ist er ein Empfänger. Was wie eine Schöpfung wirkt, ist ein Prozess, in dem das von ihm Empfangene eine Form findet.« (Berger 1996, S. 35; vgl. dazu auch: Krautz 2004)

Was aber das ganze Feld energetisch durchströmt, ist das, was wir zuvor als *Kraft*, als Inspiration verstanden (▶ Kap. II.1.6; zum Verständnis der Kunst als »Kraft« vgl. auch Freedberg 1989, Menke 2013 und Sowa 2019). Die Kraft der Kunst wirkt aus der Tradition und aus dem, was die Werkschaffenden sichtbar und erlebbar umgibt, auf sie ein: aus der Begegnung mit Welt und Mitmenschen, aus den inspirierenden Beispielen, dem kulturellen Gedächtnis, der Kontinuität der Überlieferung, die über Jahrtausende die Künste auf den Stand gebracht haben, auf dem sie jeweils standen, und die ihr die *Macht* gegeben haben, Kultur zu stiften (vgl. auch Freedberg 1989, Kohl 2003, Bredekamp 2015, Dörrenbacher/Plüm 2016, Krautz 2020, S. 62 ff.).

Der Anthropologe Tomasello bezeichnet die generationenverbindende Wirkung dieser Kraft als »Wagenhebereffekt« (vgl. Tomasello 2006, 2020): Der Mensch und seine Künste generieren und entwickeln sich kulturell – und das nicht nur in der geschichtlichen Phylogenese der Menschheit, sondern auch in der individuellen Ontogenese der »Menschwerdung« des heranwachsenden Kindes. Der »Wagenheber« dieser kulturellen Entwicklung aber sind Lehre und Lernen: Sie sichern, dass das einmal von der Menschheit Errungene nicht wieder verlorengeht, sodass jede Generation wieder von vorne beginnen müsste. Das ist ein entscheidender Hinweis auf die Aufgaben, die die Kunstpädagogik/Kunstlehre in der kulturellen Entwicklung der Künste einnimmt.

(b) Das obige Schema (▶ Abb. 6, linker Teil) deutet an: Die Kraft der Kunst speist sich noch aus einer anderen inspirierenden Energiequelle als der der Tradition der Beispiele. In der antiken Kunsttheorie schrieb man dieses Phänomen, dass der Künstler sich gar nicht als alleinigen Schöpfer des Werks versteht, dem Wirken der »Musen« zu, also Göttinnen, die »Inspiration« geben (lat. *in-spirare*: einhauchen; vgl. Sowa 2019). Das ist ein für heutige Ohren so befremdlicher wie herausfordernder Gedanke, aber es ist eine sehr substanzielle Vorstellung für das Verständnis von Kunst und auch der Kunstlehre. Wie er zu verstehen ist, wird später erörtert (▶ Kap. II.1.6)

Zusammenfassend kann nun zunächst festgehalten werden, dass in dem von uns vorgetragenen relational-systematischen Verständnis »der« Kunst nicht nur Künstlerinnen und Künstler, Werk und Betrachtende in enger Relation gedacht werden müssen, sondern auch die Weltbegegnung, die Tradition der Lehre und so etwas wie »Inspiration«. Im systematischen Prozess der Selbstgenerierung und Selbsttransformation der Künste spielt dabei das *kritische Kunsturteil* die durchgängige regulative Rolle: künstlerische Entscheidungen im Herstellen wie im Betrachten sind immer ein *Urteilen*. Das *Machen* und das *Betrachten* sind die Generatoren und Katalysatoren des Bildungsprozesses, sie sind das Schlüsselkönnen und -wissen des Faches. Daraus hat sich im Fach eine eigene Lernkultur entwickelt – signifikant verschieden von anderen Fächern.

1.3 Wahrnehmen, Vorstellen, Darstellen

In der Didaktik der Kunstpädagogik hat sich ein didaktisches Schematisierungsverfahren bewährt, welches das poietische Prozedere der Bildenden Kunst von drei anthropologisch begründeten Polen her einteilt, die im künstlerischen Handeln ein starkes Resonanzfeld bilden: *Wahrnehmen, Vorstellen und Darstellen* (▶ Abb. 7; vgl. auch Sowa 2015a, Krautz 2020, Kap. 5).

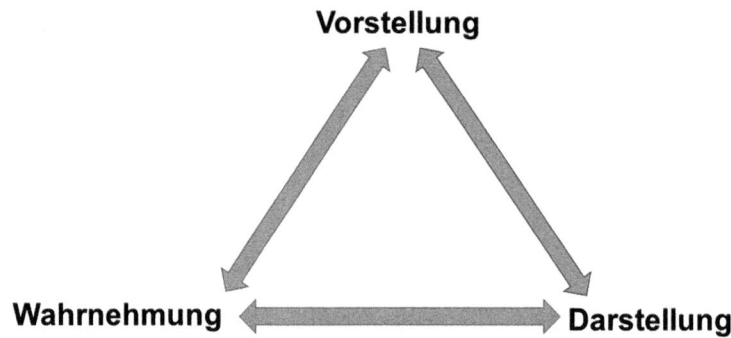

Abb. 7: Anthropologisches und zugleich didaktisches Grundschema des künstlerischen Prozesses (vgl. Sowa 2015a)

Dieses Schema lässt sich so erläutern: Jedes künstlerische Gestalten beruht auf einer mehr oder weniger ausgeprägten und intensiven Beziehung auf *Wahrnehmungen*. Im Fall der Bildenden Kunst ist es das Sichtbare. In der Beziehung auf Sichtbares gründet das *mimetische* Wesen der Bildenden Kunst.[8] Diese Wahrnehmungen werden – willentlich oder unwillentlich – von *Vorstellungen* durchdrungen (mit ordnenden Schemata, Verbesserungen, Klärungen, Assoziationen, Handlungsabsichten, Erinnerungen, begrifflichem Wissen usw.) (vgl. dazu ausführlich: Sowa 2012, 2015b). Auf dieser Basis erfolgt die *Darstellung* – z. B. als Bild, als Geste, als plastische Form usw.

Die Pointe dieser Schematisierung (▶ Abb. 7) liegt darin, dass *keiner* der drei Pole ohne den anderen denkbar ist, dass zwischen ihnen auch keine Hierarchie oder Kausalbeziehung (im Sinne von Ursache und Wirkung) herrscht, sondern eine bis in jedes Detail *resonante Wechselwirkung*.

a) *Darstellungsabsicht und Vorstellungen formen die Wahrnehmungen:* Wenn ich z. B. ein Portraitmodell betrachte, das ich zeichnen will, dann ist meine Beobachtung schon vom Darstellungsmedium (Zeichnung) bestimmt. Ich werde also meine Wahrnehmung *unter zeichnerischem Aspekt* vereinfachen. Das heißt aber: Ich muss schon *zeichnen können* (also darstellen können), muss also bereits über einen erworbenen Fundus von *Darstellungsformeln* verfügen (▶ Kap. III.2.2.1; umfas-

---

8 Vgl. zur zentralen Stellung der Mimesis für die Kunst ausführlich Gebauer/Wulf (2003), Wulf (2017), Krautz/Sowa (2017), Sowa (2017b).

send Glas 1999), um meine Beobachtungen entsprechend fokussieren und strukturieren zu können. Dazu gehört auch ein bis zu einem bestimmten Grad gebildetes Vorstellungswissen, das ich in die Wahrnehmung einbringen muss (»schöpferisches Auge«). Dieses Vorstellungswissen »schematisiert« meine Wahrnehmung und wird dann auch in die Darstellung eingehen. Das können z. B. erlernte Proportionssysteme der Künstleranatomie sein, es könnten aber auch Vor-Bilder anderer Künstlerinnen und Künstler sein. Es ist mithin unmöglich, meine Wahrnehmung als solche zur Darstellung zu bringen, sondern ich kann nur eine mit bestimmten Vorstellungen durchdrungene Wahrnehmung zur Darstellung bringen, wobei die Darstellungsabsicht schon von vornherein Wahrnehmungen und Vorstellungen bestimmt (vgl. hierzu Gombrich 1977, Arnheim 1972, 2000).

b) *Wahrnehmungen und Darstellungserfahrungen formen die Vorstellungen:* Das »Etwas«, das ich mir vorstelle, wenn ich mir einerseits das Portraitmodell ansehe, wenn ich andererseits an eine geplante Zeichnung denke, ist ein komplexes Resonanzprodukt von beidem. Die Vorstellungstätigkeit oszilliert ständig zwischen meinen Wahrnehmungen und der entstehenden Zeichnung, entwickelt dabei schon verfügbare Darstellungsformeln vor der Anschauung weiter. Die Augen gehen hin und her zwischen Zeichenblatt und Modell. Wenn ich zum Modell blicke, sehe ich die Zeichnung nicht, sondern stelle sie mir vor, plane sie usw. Und wenn ich auf meine Zeichnung sehe, sehe ich das Modell nicht, sondern stelle es mir vor. Dazwischen oszilliert ständig meine Imagination. Je mehr Erfahrung ich mit dem Zeichnen habe, desto besser weiß ich, auf welche Stellen ich blicken muss. Und je genauer ich das Sehen gelernt habe, desto reicher wird meine Vorstellung und desto sicherer meine Darstellung sein.

c) *Darstellungen werden aus Wahrnehmungen und Vorstellungen gespeist:* Es scheint selbstverständlich, dass ich etwas gesehen haben muss, um es zeichnerisch darstellen zu können. Der permanente *Rückkopplungsprozess* zwischen einer gegebenen Wahrnehmung (z. B. der Anblick des Portraitmodells), ihrer Verwandlung in eine Formvorstellung und eine Darstellungsformel, ihrer Niederschrift mit Hilfe der Hand und der daraus wiederum entstehenden Wahrnehmung der zeichnenden Hand und der entstehenden Zeichnung ist die Herzmitte des Geschehens. Wird die Wahrnehmung des Modells vom Sehen künstlich abgekoppelt – etwa in Settings des »Blindzeichnens« oder »Doppelblindzeichnens« – dann wird dieser komplexe Rückkoppelungsprozess unterbrochen und das Zeichnen wird zur rein motorischen Ausdrucksbewegung. Das kann als Trainingsmethode für die Hand nützlich sein, trägt aber wenig zur Vorstellungsbildung und zum Darstellungskönnen bei.[9]

Diese Erörterung zeigt, wie eng die drei WVD-Pole im Resonanzfeld zusammengehören (▶ Abb. 8). Sie zeigt aber noch etwas anderes, was stets mit zu bedenken ist:

---

9 Auch Formen des »vorstellungslosen« Zeichnens sind aus der Kunstpädagogik bekannt: Rein mechanische Abreibungen, Übertragen von Bildvorlagen mittels Quadratraster usw. Hier muss die Imagination nicht schöpferisch tätig sein. Diese Formen sind daher nicht besonders »kreativ« und ihr Bildungswert müsste genau begründet werden.

Die drei Pole des WVD-Dreiecks kreisen um eine *Mitte*. Diese Mitte ist ein Etwas, ein *Inhalt*: Wahrnehmung ist nicht leere, pure Wahrnehmung, sondern immer schon gerichtet auf ein Etwas. Die philosophische Phänomenologie (Husserl, Merleau-Ponty usw.) hat das so formuliert: Wahrnehmung ist »intentional gerichtet auf ein Etwas«, auf ein »Gemeintes«: Ich nehme »etwas« wahr, also z.B. einen vorbeilaufenden Hund. Die Vorstellung/Imagination ist immer intentional gerichtet auf ein Etwas: Ich stelle »etwas« vor. Also: Auch wenn ich den laufenden Hund nicht scharf und klar und von allen Seiten wahrnehmen kann, kann ich ihn mir doch vorstellen. Und schließlich: Ich kann ihn darstellen – z.B. sprachlich, indem ich »ein Hund« rufe, oder zeichnerisch, indem ich einen Hund zeichne. Der Inhalt »Hund« verbindet also Wahrnehmung, Vorstellung und Darstellung. Er ist die *Mitte* des Wechselverhältnisses von WVD (▶ Abb. 8, ▶ Kap I.1).

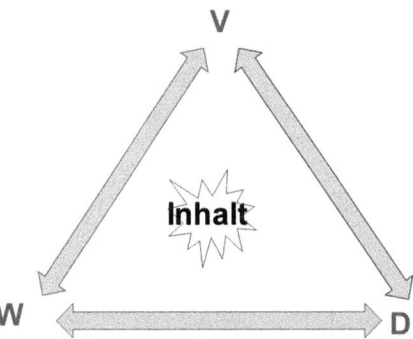

Abb. 8: Die Inhaltsbezogenheit des WVD-Schemas

Kunstdidaktisch ist an allen drei Polen ständig zu arbeiten und zu lehren, damit sich Wahrnehmungsvermögen, Vorstellungsvermögen und Darstellungsvermögen *aneinander* bilden. Die manchmal vertretene didaktische Meinung, nur das Gestalten aus der Vorstellung sei »kreativ« und mimetische Bezüge auf Anschauungen verdürben diese »Kreativität«, ist eine romantische Vorstellung, die der langen Tradition der Kunstlehre wie den Erfahrungen des Lehrens und Lernens in der Schule konträr widerspricht. Und sie ist anthropologisch gesehen schlicht falsch (vgl. Fröhlich/Krautz 2021).

Doch gilt das WVD-Schema genauso im Feld der *Werkbetrachtung*. Darauf beruht das künstlerische Wesen der Betrachtung – die *Betrachtungskunst*. Die Betrachtung folgt genau demselben Schema: Sie gründet auf Wahrnehmung, bezieht sich also *mimetisch* auf das Werk, durchdringt diese Wahrnehmung mit Vorstellungen (die schon erworben, gelernt, erinnert, angewendet, »gebildet« sein müssen). So ist auch das Betrachterauge wissend und »schöpferisch« – immer in Abhängigkeit vom jeweiligen Bildungsstand. Und die Betrachtung muss sich auch schöpferisch zur Darstellung bringen, sonst bliebe sie stumme Empfindung: Sie kann in geordneten Worten ausgesprochen oder niedergeschrieben werden, als »Bildgespräch« dialogisch stattfinden, auch als zeichnerische Studie, als Kopie, als mimische und gestische Darstellung (Standbild), als szenisches Spiel usw. (vgl. Meyers 1961). So leuchtet es ein, dass zum System der Künste die Betrachtungskunst als schöpferische Kunstform gehört: Indem sie das Kunstwerk »nachschafft«, ahmt sie es nach und »bewahrt« seinen Inhalt und sein schöpferisches Wesen.[10]

1.4 Inhalt, Handwerk, Gestaltung

Doch was ist – kunstdidaktisch gesehen – das »Darstellen«, auf das der ganze künstlerische Prozess immer wieder hinausläuft? »Zur-Darstellung-Bringen« hat eine doppelte relationale Bedeutung: die der *Repräsentation* von Vorstellungen und Wahrnehmungen (Sachbezug), und die des »Zur-Erscheinung-Bringens« für *Andere* (kommunikativer Bezug). Darstellung ist wesenhaft *Mitteilung* – Teilung meiner Vorstellungen und Wahrnehmungen mit Anderen (vgl. auch Krautz 2020, Kap. 2). Die bildende Kunst als solche ist in diesem Doppelsinn die Kunst des visuellen Zur-Darstellung-Bringens – egal ob es sich um einen Faustkeil oder um ein Deckenfresko, eine Handyfotografie oder eine Bronzeplastik, eine Kinderzeichnung oder den Petersdom handelt.[11]

Um den Darstellungsprozess zu verdeutlichen, hat sich auch hier ein kunstdidaktisches Schema bewährt, das wiederum aus drei Polen besteht: Handwerk – Gestaltung – Inhalt (HGI; ▶ Abb. 9; vgl. auch Sowa 2015a, Krautz 2020, Kap. 6). Dieses HGI-Schema ist so ein Modell, das die Bedeutung des Wortes »Darstellen« strukturell auffaltet: In der Darstellung greifen das Handwerk des Darstellens, die Ausgestaltung der Darstellung und der dargestellte Inhalt eng ineinander, bedingen einander. Insofern kann man sagen: Die Pole HGI kreisen um eine innere Mitte, die »Darstellung« selbst. Schematisch kann man das so vorstellen, wie es in Abb. 9 dargestellt ist.

Vergleicht man die Schemata Abb. 8 und Abb. 9 miteinander, so fällt auf, dass die Mitte des WVD-Schemas auch eine Rolle im HGI-Schema spielt. Umgekehrt spielt die Mitte des HGI-Schemas auch eine Rolle im WVD-Schema. So kann man sich die Konstellation der beiden Schemata auch so vorstellen (▶ Abb. 10): Letztlich geht es in beiden Modellen um den Inhalt. Aber das HGI-Schema ist die Explikation dessen, was die *Darstellung eines Inhaltes* ist.

---

10 Die »*Ekphrasis*« (das »Heraussprechen«), d.h. die Beschreibung und Interpretation von Bildern und anderen Kunstwerken, war eine klassische Textform innerhalb der Rhetorik (vgl. hierzu umfassend: Lützeler 1975, Boehm/Pfotenhauer 1995). Dem folgend werden noch heute in der Deutschdidaktik die Bildbeschreibung oder auch Filmanalyse als kreative Aufsatzformen gelehrt, eine Aufgabe, die sie sich mit der Kunstdidaktik teilt (vgl. dazu Abraham/Sowa 2016).

11 Dieses Verständnis von »Darstellung« unterscheidet sich signifikant von der verbreiteten Vorstellung, die »Darstellung« als Abbildverhältnis versteht – also ein Bild von einem Stuhl als seine »Darstellung« usw. In unserem Verständnis ist jede zeichenhafte Äußerung, die ein Mensch bewusst für andere hervorbringt, eine Darstellung. Insofern sind auch das Ausstellen eines »Ready-mades« oder eines leeren Blattes Papier Formen der Darstellung.

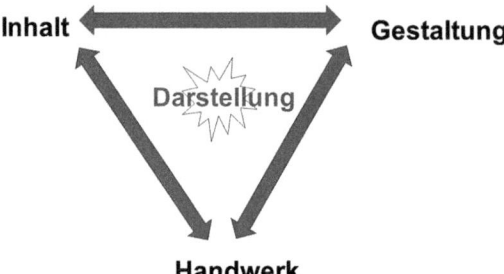

Abb. 9: Das HGI-Schema als Explikation des Sinns von »Darstellung«

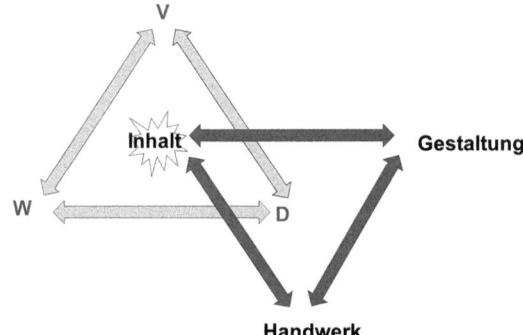

Abb. 10: Das Schema zeigt die Pole Handwerk – Gestaltung – Inhalt (HGI) in der künstlerischen Darstellung. Um zu verdeutlichen, dass es seinen Ort am Pol der »Darstellung« hat und eine Ausfaltung des Begriffs der »Darstellung« aus Abb. 8 ist, wurde es hier ins WVD-Schema integriert. Es ist auch zu erkennen, dass der »Inhalt« die eigentliche Mitte und der energetische Kern des Gesamtfeldes ist. Aber es ist zu betonen: *Alle* Momente des Gesamtfeldes stehen in resonanter Wechselwirkung.

Der Doppelzusammenhang dieser drei Pole WVD und HGI bestimmt *jeden* künstlerischen Prozess und gilt in *allen* poietischen Künsten. Zusammen explizieren sie die poietische Struktur dessen, was wir allgemein eine »künstlerische Darstellung« nennen.

Dementsprechend bestimmen sie auch die didaktische Lehre und werden in den Didaktiken im Grunde aller künstlerischer Fächer angewandt. Mühelos lässt sich diese Struktur im musikalischen Instrumentalunterricht wiedererkennen, im deutschen Schreibunterricht, im Tanz, Theater usw. In der Kunstdidaktik lassen sich die Lehrverfahren aller *Gestaltungsgattungen* nach diesem Schema beschreiben, gliedern, strukturieren (▶ Kap. III.2), aber ebenso die Lehre der *Betrachtungskünste* (▶ Kap. III.3): Auch hier gibt es ein Handwerk zu lernen (Betrachtungstechnik, kunstwissenschaftliche und kunsthistorische Fachsprache, Ikonografie, Methodik der Prüfung von Deutungen usw.), es gibt Gestaltungsmittel zu lernen (Aufbau einer Bildbeschreibung, Aufsatzgliederung, Betrachtungs- und Schreibstil usw.) und in der Mitte steht hier ebenfalls der Inhalt, der mit Mitteln der Interpretation verdeutlicht werden soll.

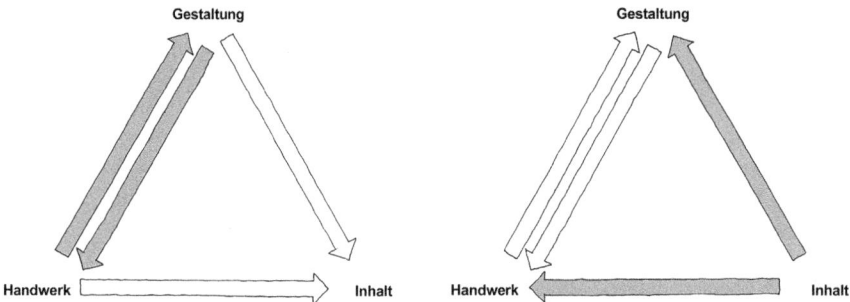

Abb. 11: Schematisierte Darstellungsprozesse mit verschiedenen Schwerpunkten. Links wird die didaktische Leitvorstellung von den Polen Handwerk und Gestaltung bestimmt, rechts kommt sie vom Inhalt her. Entsprechend verschieden können kunstdidaktische Aufgabenstellungen strukturiert werden. (vgl. Sowa 2015a)

1.5 Der Bezug zur Struktur des Kunstunterrichts

In jeder kunstdidaktischen Aufgabenstellung – es sei denn, es handle sich nur um eine isolierte praktische Übung – müssen stets die drei Pole HGI in sinnvoller Weise ins Spiel gebracht und didaktisch durchdacht werden (▶ Kap. IV.1). Bei Aufgabenstellungen können die Schwerpunkte im Dreieck HGI sehr verschieden gesetzt werden (▶ Abb. 11): Es gibt Aufgaben (▶ Kap. IV.1.3 Aufgabenkonstruktion), bei denen der Wechselbezug von Handwerk[12] und Gestaltung im Vordergrund steht (z. B. beim Formen einer keramischen Daumenschale oder beim kalligrafischen Üben einer Antiquaschrift) und der Inhalt im Sinne eines Themas nebensächlich ist. Hier werden Handwerk und Gestaltung selbst zum Thema. Es gibt andererseits Aufgaben, die primär von starken inhaltlichen Impulsen ausgehen (z. B. »Krieg«, »Weltbild«, »Beziehungen«) und bei denen man sich vom Inhalt her an gestalterische und handwerkliche Probleme herantastet. Auch in Diagnose und Intervention ist immer zu unterscheiden, an welchem der drei Pole Förderbedarf für die Lernenden besteht. Einzelübungen können an allen drei Polen verstärkend eingesetzt werden.

So ist das HGI-Schema sozusagen *der* kunstdidaktische Generalschlüssel für die Planung, Analyse und Beurteilung von Unterricht (▶ Kap. II.2), aber auch für die Analyse und Beurteilung der Gestaltungsleistungen und anderen Ergebnissen der Lernenden (▶ Kap. IV.2.3).

---

12 In unserem Zusammenhang ist »Handwerk« nicht notwendigerweise nur als händisch-materielle Arbeit zu verstehen. Wir folgen vielmehr dem umfassenderen Handwerks-Begriff des Soziologen Richard Sennett (2008), der z. B. auch digitale Arbeit einbegreift.

1.6 Mimesis, Deixis, Impuls/Energie/Begeisterung

Die bisherige Darstellung der didaktischen Strukturen des Kunstunterrichts galt den »technischen« Strukturen, also genau der Seite der Kunst, die Werkherstellung und Werkbetrachtung und die dafür verantwortlichen Könnensstrukturen umfasst. Wie oben aber schon hervorgehoben wurde, gibt es noch eine zweite Seite der Kunst, nämlich die *energetische Kraft*, die in ihr wirkt, die sich sowohl beim schaffenden Künstler bzw. der Künstlerin wie bei dem/der Betrachtenden als Ergriffenheit, Mitteilungsdrang, Schaffenskraft, Emotion, Affekt, Hingerissenheit, Pathos, Leidenschaft, Passion usw. zeigt. Die Griechen sahen darin das Wirken von Gottheiten (Musen), auch das Wirken einer Macht, die den Künstler wie die Betrachtenden in eine göttliche Sphäre entführt (*Enthusiazein* = im-Gott-sein, vgl. der »Enthusiasmus«).[13]

Drei Aspekte dieser hin- und mitreißenden Kraft der Kunst seien daher genannt, die für das Lehren von zentraler Bedeutung sind: (a) die *Mimesis*, (b) die *Deixis* und (c) der Enthusiasmus/die Begeisterung.

(a) *Mimesis* (Nachahmen): Aristoteles sah in der Freude der Menschen an der Mimesis (der Nachahmung) die zentrale Bewegkraft der Kunst – eine Begabung, die dem Menschen schlicht angeboren ist: »Denn sowohl das Nachahmen selbst ist den Menschen angeboren […] als auch die Freude, die jedermann an Nachahmungen hat.« (Aristoteles, Poetik, 1448b) Mimesis beruht auf einem anthropologisch begründeten Nachahmungstrieb, der zugleich *erfreut*. Mimesis zielt dabei nicht auf eine Kopie, sondern ist »gestaltende Nachahmung«, »also Nachschaffen und Verändern in einem« (Gebauer/Wulf 1998, S. 82). Insofern ist es verkürzend, den griechisch-antiken Mimesis-Begriff als »Abbildung der Natur« durch menschliche *Poiesis* (Herstellen, Machen) zu verstehen. Mimesis ist vielmehr *schöpferisch* (vgl. Krautz/Sowa 2017).

Wenn man Säuglinge und kleine Kinder beobachtet, sieht man die Macht der Mimesis in ihnen wirken – und die Freude daran. Der Nachahmungstrieb wirkt in ihnen so mächtig, dass er gleichsam bis ins antizipierende Verstehen ihrer Beziehungspersonen reicht (vgl. Tomasello 2020). Und genauso treibt die Schülerinnen und Schüler die Freude an der Nachahmung des Sichtbaren, an der Nachahmung von Mitschülerinnen und Mitschülern, von Lehrenden oder von Kunstwerken voran. Insofern ist so unverständlich wie falsch, dass sich der Kunstunterricht oft ein »Nachahmungsverbot« auferlegt hat. Nachahmung galt in der Kunstdidaktik mitunter als »unkreativ«. In Wahrheit ist sie ein Hauptteil des Motors des künstlerischen Lernens und Schaffens. Dieser Motor muss in jeder Phase des Unterrichts didaktisch sinnvoll genutzt werden, denn er treibt das Schaffen wie das Betrachten von Werken an und verbreitet Freude.

---

13 In der antiken Kunsttheorie wurde diese rätselhafte Energie auch *Peitho* genannt – das Überzeugende, Einnehmende, Hinreißende, Mächtige, das, womit die Kunst Freude oder auch Trauer macht und den Menschen tragen und bewegen kann. Auch die Attraktionskraft der Schönheit ist ein Wirken der *Peitho*. Vgl. hierzu ausführlich Sowa (2019).

(b) *Deixis* (Zeigen): Dem Trieb der Nachahmung entspricht die Aufgabe und Fruchtbarkeit des Zeigens. Daher ist auch die Macht des Zeigens (vgl. Boehm 2007, Boehm/Egenhofer/Spies 2010) eine zentrale Antriebskraft der Erziehung wie des künstlerischen Prozesses: Etwas wird *von jemandem gezeigt*, sodass es nachgeahmt werden kann, oder etwas *zeigt sich* (vgl. Mersch 2002), *entbirgt sich* dem Menschen im sichtbaren Bereich und holt auffordernd seine Aufmerksamkeit ein.[14] Die Zeigegeste, der deutende Finger, mit dem sich Menschen gegenseitig etwas zeigen, vermögen die Aufmerksamkeit zu binden und zu lenken, vermögen etwas aus der Unauffälligkeit zu entreißen. Auch das Bild zeigt etwas, macht es sichtbar, unverborgen. Jedes Bild zeigt auf sich selbst und deutet zugleich in die Welt hinaus (»ikonische Differenz«, vgl. umfassend Boehm 2007). Die Kunst ist wesenhaft ein Zeigen und Deuten. Sie selbst wie die aus ihr begründete und auf sie deutende Kunstpädagogik ist eine zeigende Unterweisung der Blicke und des Denkens von Heranwachsenden (vgl. Prange 2005, Teutenberg 2019). Der Finger der Mutter führt den Blick des Kindes durch die Welt und durch die Bilderbücher. Die Finger der Kunstlehrenden deuten die Kunstwerke so deutlich (kunstvoll) aus, dass die Augen der Lernenden mit ihrem Blick unwillkürlich folgen müssen. Die Schülerinnen und Schüler zeigen sich beständig wechselseitig, was sie tun, wie weit sie sind, wie es auch gehen könnte (vgl. Fröhlich 2021). Und sie zeigen auch den Lehrenden, wo sie im Arbeitsprozess stehen, was sie verstanden haben usw. Die wechselseitigen Zeigebewegungen und Blickbewegungen der Lehrenden und Lernenden spiegeln eine Blickkultur des gebildeten Sehens (vgl. dazu Glas 2014).[15] Daran ist auch zu erkennen, wie Mimesis und Deixis zusammengehören. Sie beide sind »Mächte«, die die Kunst ebenso wie die Pädagogik antreiben. Der einer Zeigegeste folgende Blick (vgl. hierzu ausführlich Tomasello 2020) ist ein nachahmender und lernender Blick – und er hat Freude daran. Ein zeichnender Stift, eine zeigende Blickbahn usw.: alles Formen der Resonanz von Mimesis und Deixis.

(c) Enthusiasmus (Begeisterung): Wahrscheinlich schon immer wurde die magisch erscheinende Macht der »Verrückung«, die von den Darstellungen der Bildenden Kunst ausgeht, mit göttlichen Mächten in Verbindung gebracht: Sie lässt eine von der physischen Lebenswelt verschiedene andere Form von Präsenz erscheinen. Nicht nur die Rede von den »Musen«, sondern auch die Rede von der »Inspiration« (Einhauchung), die dem Künstler oder der Künstlerin seine bzw. ihre Kräfte verleiht, weist in diese Richtung (vgl. Müller 1972). Für den Philosophen Hegel hieß Begeisterung, »von der Sache ganz ergriffen zu werden, ganz in der Sache gegenwärtig zu sein und nicht eher zu ruhen, als bis die Kunstgestalt ausgeprägt und in sich abgerundet ist« (Hegel 1970, Bd. 13, S. 327 f.). Auf Empfänglichkeit beruhende, resonante »Ergriffenheit« (z. B. von Schönheit) ist etwas anderes als aktives und beherrschtes Tun und Machen. Ergriffenheit ist passivisch, eher ein »Erleiden« als ein Tun. Die Griechen nannten das »*Pathos*« (Leidenschaft, Passion). Die Kunst

---

14 Vgl. die Theorie der *affordance* des Wahrnehmungspsychologen Gibson (1986): *affordance* meint den Aufforderungscharakter der sichtbaren Dinge für unsere Augen und unsere Vorstellung.
15 Gutes, d.h. mitreißendes und fesselndes Zeigen-Können müssen Lehrende lernen und üben. Es gibt begnadete Zeiger, in deren Zeigebewegungen *sich für alle sichtbar etwas zeigt*.

zeigt diesen »pathischen« Wesenszug nicht nur im aktiven Schaffen, das manchmal auch ein fast »rauschhafter« Flow sein kann (man denke etwa an ekstatische Formen des Expressionismus!), sondern auch im hingerissenen »enthusiastischen« Betrachten. In kunstpädagogischen Lehr-Lernsituationen haben diese Erfahrungen eine Schlüsselstellung: Die Begeisterung muss die Lehrenden wie die Lernenden vorantreiben und sie gemeinsam zusammenbinden, eine mächtige Resonanzsituation erzeugen.

Verglichen mit der »technischen« Seite der Kunst wirkt der pathische Wesenszug fast irrational. Dennoch kann das Konstrukt der »musischen« Inspiration (Einhauchung)[16] in moderne Termini übersetzt werden. Auch der von John Berger angesprochene Begriff der »Empfänglichkeit« (s. Fußnote 7) weist in diese Richtung: »Empfänglichkeit« ist eine Eigenschaft, die im Bereich der Künste eine ungemein wichtige Rolle spielt.[17] Schon die humanistische Bildungstheorie weist darauf hin, dass Menschen sich im Wechselverhältnis von »Selbsttätigkeit« und »Empfänglichkeit« bilden (Humboldt 1985, S. 26). Kunst wie Bildungsprozess: Beide setzen nicht nur eigene Aktivität, sondern Empfänglichkeit voraus. Uns spricht etwas an, ein Bild, ein Musikstück, ein Mitmensch, das oder der uns begeistert und inspiriert. Das bewirken nicht wir, sondern wir geben uns hin.

Für dieses Phänomen gibt es auch aus heutiger Sicht wissenschaftliche Erklärungsmodelle:

- das ansteckende *Überspringen von Affekten* zwischen Menschen, das in der neuronalen Theorie der »Spiegelneurone« erklärt wird (vgl. Bauer 2006);
- das *Übertragen von Intentionen* und Vorstellungen, das in der modernen anthropologischen Theorie der »Vorstellungsteilung« und »Kooperation« als ein evolutionäres Spezifikum des Menschen erklärt wird (vgl. Tomasello 2006, 2020); hier werden Phänomene des Überspringens von Affekten und Vorstellungen wissenschaftlich sehr ernst genommen, und auch umgekehrt Phänomene des »Ergriffenwerdens«;
- die in der Kreativitätspsychologie entwickelte Theorie des *Flows* (Csikszentmihalyi/Aebli 2010), in der u. a. am Beispiel von Leistungssportlerinnen und -sportlern, Musikerinnen und Musikern sowie Künstlerinnen und Künstlern gezeigt wird, dass es Zustände der menschlichen Person gibt, in der Anstrengung, Gelingen und Glückserleben unmittelbar vereint auftreten. Dann stellt sich ein »Fließen« des Tuns ein, in dem der Mensch alles um sich herum, die Zeit und auch sich selbst vergisst und dennoch ganz bei der Sache ist (vgl. Soiné 2019). Auch die Theorie des *Flows* deutet in die Richtung, in der die Griechen das Wirken der »Musen« sahen;

---

16 Die »musische« Kunstpädagogik der 1950er Jahre nahm diese affektive Seite der Kunst sehr ernst und baute darauf eine äußerst wirkungsvolle expressive Didaktik auf.
17 Man denke z. B. an Musikalität: Ein musikalischer (also für Musik empfänglicher) Mensch lässt sich von der Musik hinreißen, selbst wenn er selbst kein Instrument spielen kann. Er wippt mit, wiegt sich, tanzt, wenn er Musik hört. Der Rhythmus »springt über«, reißt mit. Es fällt den meisten Menschen schwer, von Musik nicht ergriffen zu sein – wenigstens in bestimmten Situationen.

- die in der neueren Soziologie entwickelte Theorie der »Resonanz« (vgl. Rosa 2016), die zugleich eine pädagogische Grundlagentheorie ist. Gerade die letztere Theorie hat den Vorteil, dass der Begriff der »Resonanz« recht anschaulich beschreibt, was gemeint ist: Das »Mitschwingen« mit einem inneren oder äußeren Impuls, so wie der Resonanzkörper der Gitarre schwingt, wenn die Saite angeschlagen wird.

All diese Erklärungsansätze kreisen um dasselbe Kernphänomen: die nicht vom Menschen selbst gemachte, sondern ihn wie von außen treffende Hingerissenheit und Bewegtheit in der Beschäftigung mit der Kunst. Pädagogisch und didaktisch ist dieses Phänomen von zentraler Bedeutung in der künstlerischen Bildung.

Als Fazit lässt sich feststellen: Gute Kunstlehrende schaffen begeisternde Aufgabenstellungen und Arbeitssituationen für Lernende jedes Alters. Sie reißen die Schülerinnen und Schüler durch die eigene Freude an der Kunst mit, »holen« sie ins Kraftfeld der Kunst. In gewissem Sinn müssen also Kunstlehrerende die Rolle der »Musen« übernehmen und die Lernenden inspirieren. Dann kann die Kunst selbst ihre eigenste Kraft entfalten.

Daher gehört zu gutem Kunstunterricht auch, dass Lehrende auch das »Loslassen« von Planung und Entwurf verstehen, dass sie an der richtigen Stelle die Ereignisse »laufen lassen«. Regel und Spiel, Tun und Loslassen gehören wie in jeder Kunst so auch hier zusammen.

Deswegen ist guter Kunstunterricht so schwer zu lehren und für Studierende und Referendare so schwer zu erlernen: Man muss nicht nur das didaktisch-methodische »Machen« sehr genau beherrschen, sondern auch wissen, wo man die Planung offenlassen und das Geschehen freigeben muss.[18]

---

18 Vgl. Koch (2023). Sie zeigt auf, dass im antiken Kunstverständnis der Maler Apelles von Plinius deswegen besonders gelobt wurde, weil er nicht nur außerordentlich sorgfältig zu arbeiten verstand, sondern auch die Kunst beherrschte, »die Hände im richtigen Moment vom Bild zu nehmen« und z. B. auch Umrisslinien an bestimmten Stellen offen zu lassen. Die vollständige Kunstlehre – so Koch – denke auch immer »Exitstrategien« mit. Der Virtuose schaffe es, »[…] die Techne derart unsichtbar zu machen, dass der Betrachter sie für verschwunden hält«.

2 Die Linien des curricularen Aufbaus der Lehre

Es gibt bisher nur sehr wenige Ansätze zu einer systematischen kunstpädagogischen Forschung bezüglich der Entwicklung sinnvoller curricularer Folgen (vgl. hierzu Krautz 2020, Kap. 9). Wir legen im nächsten Kapitel (III) die Grundlinien der Curricula in den einzelnen Gestaltungsgattungen und in der Kunstbetrachtung dar. Es scheint uns sinnvoll zu sein, diese Curricula *konkret* zu denken. Daher hier nur zwei allgemeine Überlegungen vorweg:

a) Das kunstpädagogische curriculare Denken bezieht sich immer auf die drei zentralen Aspekte des künstlerischen Gestaltungkönnens: Handwerk, Gestaltung und Inhalt. Da das Lernen in all diesen drei Teilaspekten nachhaltig sein soll, muss es nicht nur einfach akkumulativ fortschreiten, sondern immer auch Wiederholungen enthalten. Wiederholungen dienen dem Einüben, dem Miteinander-Verwachsen des Erlernten. Deswegen arbeitet man in der Kunstdidaktik sinnvollerweise mit einem Spiralcurriculum, das aus drei miteinander verwobenen Teilspiralen besteht (▶ Abb. 12). Auf jeder Aufgabenebene wiederholen sich immer wieder inhaltliche Themen, technische und gestalterische Könnensvollzüge. Das Zeichnen einer menschlichen Figur z. B. wird immer wieder im Unterricht vorkommen. Es ist nicht beim ersten Mal »abgehakt«. Auch das Modellieren von Tieren hat inhaltlich, gestalterisch und technisch viele Vertiefungs- und Könnensstufen, die auf unterschiedlichen Niveaus altersgemäß wieder aufgegriffen werden können und müssen.

Ein üblicher, aber problematischer kunstdidaktischer Fehler ist dagegen das permanente »Themenhopping«, das (vermeintlich »kreative«) Springen von Thema zu Thema, von Überraschungseffekt zu Überraschungseffekt, von einem »ästhetischen Erlebnis« zum nächsten, ohne dass irgendein aufeinander aufbauender Zusammenhang ersichtlich wäre. Leider sind bislang noch viele Lehrpläne von dieser Art eher zufällig angeordneter, unzusammenhängender Themen und Techniken geprägt, weshalb sie meist gerade Anfängerinnen und Anfängern wenig Orientierung bieten.[19]

Kohärenz ist daher das oberste Gebot der kunstdidaktischen Unterrichtsplanung. Herrscht insgesamt eine curriculare Kohärenz vor, dann findet im Sich-Emporarbeiten der künstlerisch Lernenden beständig *Verbesserung* statt. Das Streben nach Verbesserung ist ein Grundzug des künstlerischen wie pädagogischen Denkens und Könnens (vgl. hierzu auch Koch 2020) – und die Schüler wollen auch von sich her

---

19 Vgl. hierzu auch Buschkühle (2017). Sein didaktisches Konzept des »künstlerischen Projektes« zeigt, wie man in länger getakteten Rhythmen didaktische *Sinneinheiten* entwerfen kann und der künstlerischen Arbeit im Rahmen einer Themenstellung hinlänglich Zeit und Raum gibt.

2 Die Linien des curricularen Aufbaus der Lehre

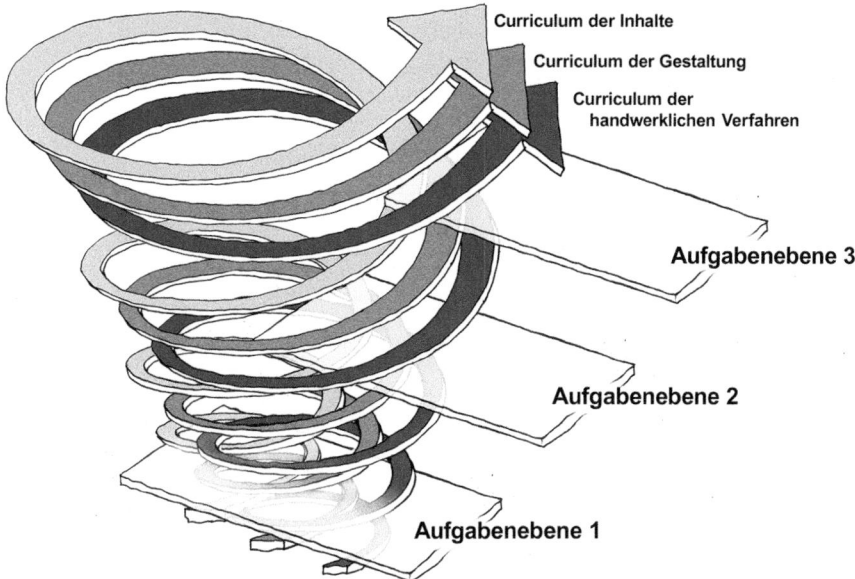

Abb. 12: Die Verbindung der curricularen Lernfolgen im handwerklichen, gestalterischen und inhaltlichen Lernen zu einer spiralcurricularen Gesamtfolge (vgl. Sowa 2015a)

diesen Grundzug erfahren: Sie wollen auf den gestalterischen Gebieten *besser* werden, beäugen sehr selbstkritisch die eigenen Mängel, fordern vom Unterricht eine Zunahme ihres Könnens ein.[20] Diese Chance muss man ihnen durch einen sinnvollen curricularen Unterrichtsaufbau geben. Legt man am Jahresende die gestalterischen Ergebnisse nebeneinander aus, dann sollte für alle Schülerinnen und Schüler der eigene Fortschritt (im Malen, Zeichnen, Plastizieren usw.) erkennbar werden – Werk für Werk – und nächstes Jahr geht es wieder weiter ...[21] Der Lauf des Curriculums ergibt sich aus der Sache: der möglichst vollkommenen Beherrschung eines Könnens.

b) Doch das ist nur die »technische« Seite der Unterrichtsfolge. Gleich wichtig ist die »resonante« Seite: Hier geht es nicht um »Fortschritt«, nicht um lineare Zeitfolge. Wenn die »Musen« dazwischentreten, also im Moment der Resonanzerfahrung, steht die Zeit. Das ist die Gegenwärtigkeit des intensiven Arbeitens, der Augenblick der Werkvollendung, des Gelingens, im besten Falle: des Glücks. In dieser Hinsicht muss der Kunstunterricht immer auch das Moment der Gegenwartserfüllung im Auge haben: Es geht nicht nur darum, *zukünftig* etwas zu können,

---

[20] Das soll aber nicht heißen, dass ein ganzes Jahr nur gezeichnet werden soll. »*Varietas delectat*« (Abwechslung erfreut) ist ebenso ein alter Grundsatz der Kunstlehre. Die Kunst der Lehrkunst liegt darin, Abwechslung mit Kohärenz sinnvoll zu verbinden.

[21] Wir folgen in dieser Argumentation den Lerntheorien Vygotskijs (2002) und Tomasellos (2020): Die »Zone der nächsten Entwicklung« muss der Leitfaden der pädagogischen Unterweisung und Unterstützung sein. Aus ihr ergeben sich die Entwicklungsaufgaben, die kunstpädagogisch den Maßstab für Aufgabenstellungen geben.

sondern *jetzt* ein Erlebnis der Sinnerfüllung zu haben. In den Augenblicken der Gelingenserfahrungen gibt es keinen Fortschritt: Es sind in sich jeweils *ganze* Augenblicke, welche die künstlerische Werkerfahrung ausmachen.

Jedes Werk hat seine eigene Zeit – und diese ist nicht linear, sondern *zyklisch* (vgl. hierzu Fuchs 2020): Im Anfangen mit der Werkarbeit öffnet sich der Kreis, im Abschließen des Werkes schließt er sich wieder. Die Anspannung löst sich. Das ist der Rhythmus des Kunstunterrichts, der sich immer wiederholt, Aufgabe für Aufgabe (vgl. Sowa 2015a, S. 502). Auch diese sinnerfüllte Gegenwärtigkeit und die zirkulären Erfahrungen der Zufriedenheit muss der Kunstunterricht den Lernenden schenken und eröffnen.

Literaturauswahl

Boehm (2007); Buschkühle (2017); Gebauer/Wulf (2003); Krautz (2020); Sowa (2015a, 2019); Wulf (2017).

Kapitel III
Didaktik der Gegenstandsfelder des Kunstunterrichts

Überblick

In Kapitel I wurden die Grundlagen des Faches Kunst definiert und erörtert, in Kapitel II die didaktischen Grundstrukturen der Lehre formuliert. Kapitel III hat nun die Aufgabe, die Gegenstandsfelder des Kunstunterrichts in systematischer Form vorzustellen und zu begründen. Die schon im Allgemeinen benannten didaktischen Strukturen sollen nun konkret auf die verschiedenen Gegenstandsfelder bezogen werden:

- Kapitel III.1 stellt die *Inhaltsfelder* der Kunstpädagogik hinsichtlich ihrer didaktischen Möglichkeiten und Erfordernisse vor.
- In Kapitel III.2 geht es um die verschiedenen *Gestaltungsfelder*. Bei diesen wird zunächst ihr systematischer Zusammenhang aufgezeigt (III.2.1) und im Hauptteil der vorliegenden Einführung alle Gestaltungsfelder in ihrer spezifischen didaktischen Struktur konkretisiert (III.2.2).
- Kapitel III.3 ist ganz der Didaktik der *Betrachtung* gewidmet.

1 Inhaltsfelder des Kunstunterrichts

Die Darstellung der Gegenstandsfelder des Kunstunterrichts beginnt hier bewusst mit den Inhalten, nicht mit den Gattungen. Dies folgt aus der Grundlegung in Kapitel I. Da Kunst und Gestaltung relationale Phänomene sind, zielen sie im Kern auf die Herstellung von etwas, das einen inhaltlichen oder auch funktionalen *Sinn* hat: ein Bild, eine Performance, ein Gebäude, eine App… Das hergestellte Kunstgebilde (Werk, Ding) hat stets die Funktion der »Darstellung« im Doppelsinn von Repräsentation und Kommunikation: Es teilt seinen Sinn mit, stellt ihn dar, und dieser Sinn realisiert sich als *Wirkung* entweder im Gebrauch oder in der Betrachtung. Daher muss auch jedes Planen von Kunstunterricht mit diesen Inhalten und Intentionen beginnen: Es muss erst klar sein, *was warum* dar- oder hergestellt werden soll (Inhalt, Gehalt, Funktion), um zu klären, *wie* und *womit* das geschehen kann (Gestaltung, Handwerk, Material, Medium) (vgl. Krautz 2020).

Diese von uns hier vorgetragene didaktische Denkweise weicht von der verbreiteten Praxis ab, die sich auch oft in schulischen Lehrplänen spiegelt, zuerst eine Gattung bzw. Technik zu benennen (Drucken, Ton, Experimentieren usw.) oder ein isoliertes Gestaltungsphänomen (Komplementärkontrast, Schraffur, Raumwirkung auf der Fläche etc.) und dazu ein mehr oder weniger passendes Thema zu ersinnen, mit dem sich diese Technik oder die Gestaltungsweise umsetzen lässt: Das widerspricht der Logik von Kunst und Gestaltung und dem Sinn der Bilder. Daher erscheinen die Ergebnisse solchen Kunstunterrichts den Schülerinnen und Schülern auch oft ohne Bedeutung – sie werden im Regal stehen gelassen oder landen im Papierkorb.

1.1 Inhalte als existenzielle und relationale Sinndimension

Mit Inhalten sind nicht beliebige Einfälle gemeint, sondern *existenzielle Themen*, die für Schülerinnen und Schüler in ihrer Entwicklung altersgemäß *persönlich relevant, darin und zugleich aber von kultureller, historischer, gesellschaftlicher und ethischer Bedeutung* sein können (vgl. Buschkühle 2017). Es sind die großen und kleinen Fragen des Menschseins, die sich in Kunst und Gestaltung der historischen Epochen, der unterschiedlichen Kulturen und der Gegenwart ausdrücken (vgl. Glas/Sowa/Seydel

2008, Sowa/Glas/Seydel 2012, S. 109). Solche Inhalte sind Ausdruck unseres entweder gemeinsam geteilten oder auch sich individuell unterscheidenden Selbst-, Mit- und Weltverhältnisses (▶ Kap. I.2). Sie sind zwar von persönlicher Bedeutung, aber *übersubjektiv:* Insofern steht Kunstdidaktik vor der Aufgabe, Themen existenziell und relational zu begründen und Unterricht von dort aus zu denken.

Inhalte geben der Gestaltungsarbeit und dem Bildverstehen erst Grund, Richtung und motivierenden *Sinn* (vgl. ebd., S. 108). Denn ohne Inhalte oder Funktionen wäre die visuelle Darstellung sinnlos, das Gebrauchsobjekt zwecklos, das Kunstwerk überflüssig: Es gäbe keinen Grund, sie zu schaffen, zu betrachten, zu benutzen. Gestaltung beruht also auf Weltwahrnehmung, auf weltbezogener Imagination, auf deren Reflexion und Mitteilung (vgl. Marr 2014, S. 44). Auch nichtgegenständliche Darstellungen beruhen auf Inhalten und Intentionen. So kann gegenstandslose Malerei geistige Gehalte zur Wahrnehmung bringen, und die Farbgebung eines Autos kann bestimmte Emotionen ansprechen.

1.2 Themenfelder und deren Bearbeitung

Einen guten und konkreten Überblick über solche relationalen und existenziellen Themen aus Geschichte und Gegenwart für die Mittelstufe gibt das »KUNST Arbeitsbuch 2« (Sowa/Glas/Seydel 2010, S. 92–127), die im Lehrhandbuch didaktisch begründet werden (vgl. Sowa/Glas/Seydel 2012, S. 108–118). Dort werden als Themenfelder genannt: Mensch, Kultur, Vorbilder, Schönheit, Träume, Liebe, Gefühle, Symbole, Landschaft, Lebewesen, Gestaltung, Lebensraum, Geschichte, Politik, Welt und Glauben. Diese Themenbereiche sind einerseits existenziell an das Menschsein gebunden, sie sind künstlerisch und bildkulturell in Geschichte und Gegenwart von hoher Bedeutung, und zugleich schülergemäß, weil sie in der speziellen Ausrichtung Fragen und Entwicklungsaufgaben gerade des Jugendalters fokussieren: Das, was die Jugendlichen potenziell persönlich beschäftigt, wird hier als überpersönliche Frage in Form von Kunst und Gestaltung bearbeitet und ermöglicht so eine übersubjektive gestalterische Auseinandersetzung, mit der sich die Schülerin, der Schüler in einen selbst gestalterisch ausgedeuteten Bezug zu diesen Fragen setzen kann.[22]

Hierin liegt auch der grundsätzliche Unterschied zu anderen Unterrichtsfächern: Ähnliche Themen bearbeitet auch der Deutsch-, Biologie-, Religions- oder Geschichtsunterricht. Aber: Im Kunstunterricht geschieht dies nicht primär kognitiv-diskursiv, sondern gestalterisch, leiblich, mit emotionaler Beteiligung und vor allem werkbezogen produktiv wie rezeptiv: Es bringt die Themen in der spezifischen Auslegung der Schülerinnen und Schüler zur Darstellung. Die Sinnfragen werden

---

22 Vgl. für Beispiele eines so verstandenen Kunstunterrichts auch die Webseite der Kunstpädagogin Katia Tangian: https://www.artsetc.de.

also mit den genuinen Mitteln der Kunst und Bildgestaltung in handwerklich und gestalterisch qualifizierter Form bearbeitet.

Bei der Identifikation der Themenfelder spielen die Bildende Kunst, aber auch darüber hinaus die Literatur, der Film oder die darstellenden Künste eine entscheidende Rolle. So begründet sich die Themenauswahl aus den Themen und Inhalten, die in Kunstwerken der Weltkunst immer wieder vorkommen und als Werke der Weltdeutung interpretiert werden können. Exemplarisch seien die sich ontogenetisch und phylogenetisch entwickelnden Themen aus dem kindlichen Nah- und Erfahrungsbereichs des »Ich« und »Wir« bis hin zu komplexen Weltbildern und Lebensentwürfen genannt. Diese entwickeln sich aus der spezifischen Weltsicht der Kinder und Jugendlichen und den vielen Fragen individueller Erfahrung im eigenen Lebensraum bis hin zu gesellschaftlichen Zusammenhängen, zum gesellschaftlichen *Wir* und der Zugehörigkeit zu einer sozial-kulturellen Gemeinschaft. Exemplarisch zeigen sich diese in den Themenfeldern (▶ Tab. 1, links):

Tab. 1: Inhaltliche Themenfelder am Beispiel »Mensch«

Mensch ◄──►	Menschlicher Körper in: ◄──►	Inhaltliche Themen:
Ding	Plastik/Skulptur	Menschlicher Körper im Portrait,
Natur	Zeichnung/Malerei	Bildnis, Akt
Raum	Performance	Traum
Zeit	Fotografie	Tod, Trauer, Schmerz
Welt	Video etc.	Freude
		Sehnsucht, Hoffnung etc.
	Gesellschaft Familie; Gemeinschaft; Freundschaft; Zusammenleben in der Gesellschaft; Arbeit; Freizeit; Sport; Tanz; Körper in Bewegung; Interkulturelles Zusammenleben; Beziehungen; Liebe; Macht; Religion; sakrale Kunst; Spiele; Feste; Gewalt etc.	

Übertragen auf Kunstwerke zeigt sich z. B. das Themenfeld »Mensch« in den verschiedenen Gattungen von Portrait, Bildnis, Akt etc., verbunden mit den jeweiligen menschlichen Erfahrungsgründen wie Trauer, Schmerz, Tod, Freude, Traum, Sehnsucht, Hoffnung etc. Gesellschaftlich finden die Themen ihren Niederschlag in Bildern zu: Familie, Gemeinschaft, Freundschaft, in der Darstellung von Festen, Spiel, Arbeit, Freizeit, Liebe, Beziehung, Krieg/Frieden, Wohnen/Flucht, Bekanntes und Fremdes, etc.

Das Verhältnis zur Natur spiegelt sich in der Naturstudie (Tier, Pflanze), im Landschaftsbild, der Naturkunst oder Land Art wider.

Tab. 2: Themenfelder, die in der Kunst angesprochen werden

Ding/Objekt	Natur
• Objekt • Alltagskultur • Design • Technik • Maschinen, Bewegung • fantastische Objekte, Erfindungen • Stillleben • etc.	• Naturstudie • Landschaftsbild • Naturkunst • Natürliche Umwelt • Leben und Vergänglichkeit • Tiere • Pflanzen
Raum/Zeit	**Welt**
• Raum- und Zeiterfahrung in den Bereichen Architektur, Film, Video, Performance etc. • Raumdarstellung, Perspektive • Wohnen, Interieur • Rauminstallation • Kulturelle Räume • Ort/Situation/Augenblick • Stadt • Lebensraum • Heimat	• Europäische und außereuropäische Kulturen • Migration, Fremdheit im nahen und fernen Lebensraum • Konflikte • Krieg und Frieden • Mythen, Religionen • Kosmos, Himmel/Erde • Weltbilder • Weltordnungen

1.3 Kunstunterricht als erziehender Unterricht

Ein solcher Kunstunterricht versteht sich als *erziehender Unterricht*. Damit beschreibt die Erziehungswissenschaft eine Unterrichtsform, in der mit dem fachlichen Können und Wissen zugleich *Sinn-, Norm- und Wertfragen* verbunden werden (vgl. Rekus 2010). Dazu ist es kunstdidaktisch nötig, den humanen Gehalt der Fachgegenstände zu erschließen: Was tragen sie über das engere fachliche Können und Wissen hinaus zu Entwicklung und Bildung von Humanität bei?

Dazu braucht Kunstunterricht *pädagogische Führung*. Wo heute allerorten von vermeintlicher »Selbststeuerung« des Lernens die Rede ist, klingt dies ungewohnt. Gemeint ist, dass auch Kunstlehrkräfte ihre Verantwortung dafür wahrnehmen, welche Inhalte auf welche Weise in ihrem Unterricht thematisch werden. Diese Aufgabe wird heute umso wichtiger, da Schülerinnen und Schüler das, was sie in digitalen Bildmedien an Mobbing, Gewalt und Sexualität rezipieren, als entsprechende innere Bilder mit in den Kunstunterricht bringen und dort auch in vermeintlich »harmlose« bildnerische Themen einfließen lassen. Umso wichtiger sind nicht nur reaktive pädagogische Stellungnahmen dazu, sondern die pädagogisch und didaktisch proaktive Entscheidung für sinnvolle Themen und positive Werte, gerade dann, wenn man sich medial oder thematisch den Lebenswelten der Kinder und Jugendlichen nähert.

So wird deutlich: Kunst zu unterrichten, fordert *die Kunstpädagogin, den Kunstpädagogen als ganze Person*. Um solche Sinn- und Wertfragen zu bearbeiten, bedarf es eines eigenen Interesses an den weitergehenden Fragen des Menschseins, die über das engere Fachliche hinausgehen, etwa Interesse an Literatur, Film, Musik, Philosophie, Geschichte, Politik und Zeitgeschehen etc. So verstandene *Selbstbildung der Kunstlehrkraft* ist jedoch weniger ein belastender Anspruch als vielmehr eine belebende Chance dieses Berufs: Denn prinzipiell kann alles, was uns umgibt und beschäftigt, Thema des Kunstunterrichts werden. Unterrichtsvorbereitung beschränkt sich nicht auf den heimischen Schreibtisch, sondern kann bei wachem Bewusstsein jede Minute stattfinden. Aus dem eigenen Erleben und Gestalten der Welt und der Begegnung mit Mitmenschen sowie mit Natur und Wissenschaft, Kunst und Gestaltung, Bildkultur und geformter Umwelt in Geschichte und Gegenwart können jederzeit Unterrichtsideen mit lohnenswerten Themen für den Unterricht erwachsen. In Abwandlung eines Mottos der Avantgarde der 1960er Jahre könnte man formulieren: »Kunst(unterricht) ist Leben, und Leben ist Kunst(unterricht).«

1.4 Didaktische Folgerungen

Was folgt daraus für die Frage, wie nun Themen für Aufgaben im Kunstunterricht gefunden, konzipiert und didaktisch angelegt werden können?

1.4.1 Themen relational und komplementär anlegen

Damit Themen ihr mögliches relationales Bildungspotenzial entfalten können, müssen sie entsprechend *relational angelegt* sein. Am Beispiel: Im Kunstunterricht wird in der Mittelstufe gerne und häufig das Thema »Identität« bearbeitet. Häufig wird dazu inszenierte Fotografie im Stile Cindy Shermans eingesetzt. Begründet wird dies mit soziologischen Theorien der »Identitätskonstruktion«. Unbedacht bleibt dabei meist, wie und wozu sich die Jugendlichen dabei »konstruieren«, ob sie sich also als YouTube-Influencerin und Fußball-Superstar inszenieren – und ob es nicht sinnvollere Identitätsangebote gibt. Eine relationale Auslegung des wichtigen Themas »Identität« würde daher nicht nur auch Krisen und Brüche in der Identitätsbildung einbeziehen, sondern *komplementär* nach dem Bildungswert dessen fragen, was ich gerade *nicht* selbst bin und mir unmittelbar einfällt. Denn tatsächlich bildet sich Identität nicht vorrangig in der Beschäftigung mit dem eigenen Selbst, sondern in der Auseinandersetzung mit anderen, mit Mitmenschen und Mitwelt: Im Bildungsprozess geht das Selbst in die Welt hinaus und kehrt von dort womöglich bereichert und anders zum eigenen Ich zurück. Konkret: Es wäre für Jugendliche eine gerade von der eigenen Selbstunsicherheit entlastende Möglichkeit der Identitätsbildung, sich etwa zeichnerisch oder fotografisch Menschen in einem Altenheim, einem Supermarkt, in Freizeit- und Sporteinrichtungen, in Schulen und

Kindergärten, in der Stadt, im Dorf etc. zuzuwenden, diese bildnerisch zu erfassen und zu charakterisieren, dabei menschliche Resonanz zu erleben und so künstlerisch-fachliche wie persönliche Selbstwirksamkeitserfahrungen zu machen.

Diese *komplementäre* Anlage von Themen schützt auch vor reiner Illustration und plakativen Lösungen (vgl. dazu kritisch Buschkühle 2017) etwa in Formen der berüchtigten »kritischen Collage«, die gestalterisch ungeklärt Zeitungsbilder zusammenstellt. In diesem Sinne sei nachfolgend die *relationale und komplementäre didaktische Anlage* einiger Themenbereiche beispielhaft benannt, um das Prinzip nachvollziehbar zu machen:

- Wenn etwa »Umwelt- und Klimaschutz«, neuerdings als »Nachhaltigkeit« auch in einzelnen Lehrplänen verankert, thematisch wird, reicht es gestalterisch kaum, ein Plakat für die Klima-Demo zu malen. Komplementär könnte gerade das genaue zeichnerische oder malerische Naturstudium zur Achtsamkeit für die Schönheit und Vielfalt des Lebendigen beitragen – eine Grundvoraussetzung für jeden ernsthaften Schutz der Mitwelt (vgl. Penzel 2019). Hierzu gibt die Kunst von Dürer bis David Hockney unendliche Anregungen.
- Wo an Selbstportraits gearbeitet wird, die den Blick intensiv auf das Ich richten, kann sich dieses komplementär und relational in der Gemeinschaft verorten, wenn die Portraits anschließend zu einem Klassen- oder Kursportrait zusammengestellt werden.
- Wo Themen aus Mythen und Märchen bearbeitet werden, sind diese gerade durch ihre komplementäre Ferne zur Lebenswelt der Schülerinnen und Schüler geeignet, bildnerische Relationen zu den darin angesprochenen existenziellen Fragen zu stiften, die eben auch Fragen der Kinder und Jugendlichen sind.
- Bei heiklen Themen wie dem Körper oder Schönheitsidealen kann gerade die historische oder kulturelle Differenz zu Körperbildern der Kunstgeschichte die Fragwürdigkeit eigener innerer Bilder deutlich machen, oder die geradezu immersive Naherfahrung des plastischen Gestaltens einer Figur kann ein anderes Verhältnis zur Körperlichkeit eröffnen (vgl. Sowa 2017 f).
- Wenn Landschaft in der Romantik zum Sehnsuchtsort wurde, könnte Malen heute Beziehungen zur eigenen, unspektakulären Heimat im urbanen oder ländlichen Raum stiften.
- Usw.

1.4.2 Inhaltliche Relevanz zeit- und gattungsübergreifend erfassen und begründen

Abb. 13: Fra Angelico, Haupttafel des Altarretabels zum Leben Marias. Verkündigung. 1433–1434, Tempera auf Holz, 150 × 180 cm. Cortona, Jesuitenkirche. Ursprünglich in San Dominico, Cortona

Die Beispiele machten bereits deutlich: Eine inhaltsorientierte Kunstdidaktik muss die inhaltliche Essenz und Existenzialität sowie relational-komplementäre Relevanz thematischer Ideen erfassen, herausarbeiten und begründen. Das ist in der Unterrichtsvorbereitung die Aufgabe von Sachanalyse und didaktischer Reduktion (▶ Kap. IV.1.2). Dort muss zeit- und gattungsübergreifend nach dem Bildungssinn der Inhalte gefragt werden.

Am Beispiel: Fra Angelicos »Verkündigung« (▶ Abb. 13) ist nicht allein deshalb relevant, weil es ein kunsthistorisch bedeutsames Werk einer zentralen Szene christlicher Überlieferung ist. Beides liegt heutigen Schülerinnen und Schülern meist völlig fern. Doch eine zeitlose und transkulturelle Essenz ist z. B. das Moment der Mitteilung einer unerwarteten Botschaft und die Reaktion darauf. Empfängt Maria eine gute oder eine schlechte Nachricht? (Hierzu muss man die Geschichte nachlesen!) Wie reagiert Maria auf das Auftauchen des Engels? Woran kann man das erkennen? Wie gestaltete der Künstler die Szene? Was unterscheidet exaltiertes Freuen oder Weinen von Marias Haltung? Gibt es in unserem Leben ähnliche Momente? Wie würden wir reagieren? (z. B.: Der Postbote bringt eine Todesnachricht oder einen Lottogewinn …) Wie wäre das pantomimisch, dann bildnerisch darstellbar? Usw.

Das sind alles Anknüpfungspunkte, mit denen wohl jeder Mensch etwas verbinden kann, mit denen er empathische Beziehungen eingehen kann. Doch damit muss nicht genug sein: Gibt es z. B. ähnliche Darstellungen in anderen Kulturen? Ergeben sich hier nicht zahlreiche Anknüpfungspunkte für interkulturelle, transkulturelle und interreligiöse Vergleiche? Advent, Weihnachten, die religiös begründeten Feste in unserer Kulturtradition. Wie hängen sie mit diesem Bild zusammen? Geburt Gottes? Was könte das sein – für uns oder für andere? Fast unausweichlich ergeben sich aus all diesen inhaltlichen Deutungsperspektiven Gesprächsmöglichkeiten, die für den interkulturellen und interreligiösen Dialog und das Einüben von Toleranz heute so dringend nötig sind (vgl. hierzu aus kunst- und religionspädagogischer Perspektive Meier 2021). All diese Fragen umkreisen einen überzeitlichen und transkulturellen Sinnkern, der sich mit dem Kennenlernen des historischen Bildes und der christlichen Ikonografie verbindet und im Transfer für das Leben und Erleben heutiger Jugendlicher bedeutsam machen könnte. Kunsthistorische Fakten und Methoden der Bildanalyse sowie Mittel der bildnerischen Darstellung sind notwenige Kenntnisse und Fähigkeiten, die zu erwerben sind. Zentrale Begründung sind aber die überhistorische und interkulturell verstehbare Relationalität der Szene und die Komplementarität des Werks, also sein Bildungspotenzial in Hinsicht auf die Schülerinnen und Schüler.

Die Inhalte, mit denen das Fach Kunst Heranwachsende in Berührung bringt, sind tief berührend, eröffnen Fragen, bewirken Staunen und führen unweigerlich zum Nachdenken und Nachschauen.

1.4.3 Orte und Wege der thematischen Einführung variieren

Themen und daraus erwachsene inhaltliche Intentionen sind systematisch gesehen der Ausgangspunkt von Kunst und Gestaltung und damit auch der Dreh- und Angelpunkt der Unterrichtsvorbereitung im Fach Kunst (vgl. Uhlig et al. 2017 und ▶ Kap. IV.1). Doch im Unterricht selbst muss dies nicht die Reihenfolge der Erarbeitung vorgeben. Keineswegs muss immer mit einer Bildbetrachtung begonnen werden, um von dort ein Thema abzuleiten, das dann praktisch bearbeitet wird.

Zunächst können gerade bei älteren Lernenden Phasen inhaltlicher Recherche zu komplexeren Themen eigenständige Anteile des Unterrichts bilden. Zum anderen kann sich ein Thema auch erst aus einer Materialbegegnung, aus gestalterischen Versuchen oder individuellen Resonanzen auf Stichworte u. a. ergeben. Zwar sollte seitens der oder des Unterrichtenden eine thematische Rahmenrichtung vorliegen, doch kann deren Ausgestaltung auch mit den Schülerinnen und Schülern gemeinsam entwickelt werden.

Zudem können zumindest zeitweise auch die Gestaltung sowie Material, Medium und Handwerk selbst thematisch werden: Aus Gestaltungsübungen mit organischen Flächenformen kann sich ein Thema im Bereich »Landschaft« oder »Mikrokosmos« entwickeln. Aus der ersten Begeisterung für die Werkarbeit mit Holz kann sich erst entwickeln, was man materialadäquat damit gestalten könnte. Zudem haben Formgestaltung und handwerkliche Materialbearbeitung auch selbst Bildungswirkungen (vgl. Krautz 2020): Sie können nicht dauerhaft, aber doch zeitweilig auch selbst das Thema des Unterrichts sein.

1.4.4 Themen curricular konzipieren

Im Zentrum jeder didaktisch begründeten und curricular geordneten Unterrichtskonzeption/Aufgabenstellung steht prinzipiell das kunstdidaktische HGI-Schema, dessen Sinn, Bedeutung und Anwendung oben ausführlich dargestellt wurde (▶ Kap. II.1.4). Von diesem Dreieck aus kann jede Form von Kunstunterricht durchdacht werden – egal ob es um eine explorative Stunde zu Materialeigenschaften geht, um ein umfassendes und lang angelegtes künstlerisches Projekt (vgl. Buschkühle 2017), ein klassisches »Malthema«, eine Sachzeichnung, ein ästhetisches Forschungsprojekt oder eine Stadtraumerkundung usw. Was in der kunstpädagogischen Tradition das »Thema« des Unterrichts heißt, kann von jeder der drei Ecken in diesem Schema seinen Ausgangspunkt nehmen. Entsprechend kann sich auch der Schwerpunkt der jeweiligen Aufgabenstellung beweglich verschieben – je nach dem (handwerklichen, gestalterischen, themenbezogenen usw.) Lernstand der Schüler, nach der curricularen Logik, nach dem verfügbaren Zeit- und Raumrahmen usw. Das konzeptionelle Planungsdenken fängt an einem Punkt im HGI-Dreieck an, trifft von hier anfangend die ersten Entscheidungen und bezieht zunehmend die anderen zwei Pole sinnvoll ein. Dies ist ein komplexer Prozess, in dem beweglich, ganzheitlich und resonant gedacht werden muss, um zu einer in sich stimmigen Planungsidee zu kommen (vgl. Krautz/Amado 2019). Insofern ist dieser Planungsprozess in der Lehre der Kunst selbst eine Kunst – und die integrale Formulierung eines guten »Themas« gleicht einem Kunstwerk, bei dem Form und Inhalt, Teile und Ganzes, sinnvoll ineinander aufgehen (vgl. Krautz 2021).

Doch es geht bei gutem Kunstunterricht nicht um das eine, in sich stehende Thema, um die eine solitäre Aufgabenstellung. Die Qualität zeigt sich nur im Blick auf das Ganze des Lernganges: Themen und Inhalte müssen schulstufengemäß curricular konzipiert sein, sind also so anzulegen, dass sie die Schülerinnen und Schüler in ihren alters- und erfahrungsbedingten fachlichen und persönlichen Entwicklungsaufgaben ansprechen und herausfordern (▶ Kap. II.2).

Genauso wenig wie Kunstunterricht ein aufgereihtes »Abarbeiten« verschiedener kanonisierter Techniken ist (»150 künstlerische Techniken«), genauso wenig wie er das Abarbeiten kanonisierter »Gestaltungsregeln« ist (»Kontrast vs. Angleichung«, »serielle vs. integrative Komposition« usw.), genauso wenig ist er das Abarbeiten von kanonisierten »Themenlisten« (Chamäleon im Urwald, bunter Fisch im Aquarium, Stillleben, Landschaft, Portrait usw.). Vielmehr geht es in der Konzeption langer Linien künstlerischer Lehre um ein Zusammendenken verschiedener curricularer Linien, die sich aus den Repertoires der handwerklichen Verfahren, der gestalterischen Regeln und der Inhalte speisen, aber in jeder einzelnen Aufgabenstellung in einem »Thema« zusammenlaufen, das sowohl für die Lernenden in ihrer Situation und ihrer Entwicklung bedeutsam ist als auch im allgemeinen kulturellen und geschichtlichen Rahmen Bedeutung hat. Die Folge dieser Themen ergibt den künstlerischen Bildungsgang (▶ Abb.12).

Dazu zwei Beispiele:

> Das Thema »Natur« könnte in der Grundschule eher im Zugang narrativer Identifikation auftreten, also etwa als Bilderzählung über ein Naturerlebnis oder in Anlehnung an eine literarische Darstellung (Naturgedicht). In der Unterstufe der weiterführenden Schule gewinnt der Anschauungsbezug an Bedeutung, Gestaltung aus der Beobachtung, das Naturstudium wird wichtig. Das Pubertätsalter der Mittelstufe öffnet dann auch kritische Perspektiven auf Natur und unseren Umgang mit ihr. Und in der Oberstufe wird es möglich, Strukturen und Kräfte der Natur auch ungegenständlich in künstlerischer Darstellung zu erfassen.
>
> Wenn in Klasse 5 ausgehend vom »Mädchen mit Katze« von Paula Modersohn-Becker (▶ Abb. 14) das Thema »Die gehören zu mir« gewählt wird (Glas/Seydel/Sowa/Uhlig 2008, S. 8–19, und Krautz 2020, Kap.8), dann werden die menschliche existenzielle Verbundenheit und der Zusammenhalt altersgemäß in der Nahbeziehung von Mensch und Tier erfahren. Rembrandts »Verlorener Sohn« (▶ Abb. 15) thematisiert die Unbedingtheit und gleichzeitige Gebrochenheit der familiären Nahbeziehung in intensiver künstlerischer Übersetzung und Überzeugungskraft der Bibelstelle, was die pubertären Konflikte in der Familie von Mittelstufenschülerinnen und -schülern behutsam und indirekt ansprechen kann. Käthe Kollwitz' Grafik »Solidarität« (▶ Abb. 16) hebt das Thema »Zusammenhalt« auf die politisch-weltanschauliche Ebene, was dem erwachenden politischen Bewusstsein und sich ausweitenden Gemeinschaftsgefühl von Schülerinnen und Schülern der Oberstufe entgegenkommt.

Im guten Fall könnte also ein schulisches Curriculum Themenfelder relational und komplementär akzentuiert über die Schuljahre hinweg wieder aufgreifen, weiterentwickeln und vertiefen.

Teil III Didaktik der Gegenstandsfelder des Kunstunterrichts

Abb. 14: Paula Modersohn-Becker: Mädchen im Birkenwald mit Katze, ca. 1904

Abb. 15: Rembrandt: Die Heimkehr des verlorenen Sohnes, 1666/1669

Abb. 16: Käthe Kollwitz, Solidarität, 1931–32, Lithokreide, NT 1229, Kölner Kollwitz Sammlung © Käthe Kollwitz Museum Köln

2 Gestaltungsfelder des Kunstunterrichts

Die verschiedenen künstlerischen Gestaltungsfelder – also z.B. Malerei, Plastik, Schrift, Fotografie usw. – sind das zweite große Gegenstandsgebiet der Kunstpädagogik. Sie repräsentieren *die gesamte fachliche Breite* des Unterrichts. Die *Lehre verschiedener Gestaltungskünste* macht einen Großteil des Unterrichts aus, ohne dass es aber – wie oben schon betont – um ein reihenweises Abarbeiten verschiedener Techniken und Gestaltungsprinzipien ginge. Das Erlernen der Gestaltungskünste ist freilich – wie aus den obigen Ausführungen in Kapitel I und II hervorgeht – kein Selbstzweck, sondern dient insgesamt der Auseinandersetzung mit den oben benannten Inhalten.

Im nun folgenden Kapitel wählen wir einen doppelten Weg, um die gestalterischen Verfahren in eine didaktische Ordnung zu bringen: Zunächst liefern wir den Grundriss einer didaktischen *Systematik* (▶ Kap. III.2.1), dann aber – in der eigentlichen Darstellung der Didaktik der verschiedenen Gestaltungsfelder – wählen wir eine *topisch aufreihende Darstellungsmethode* (▶ Kap. III.2.2). Warum wir uns für diese doppelte Methodik entschieden haben, wird im nun folgenden Kapitel 2.1 erkennbar.

2.1 Die didaktische Systematik der Gestaltungsfelder

Jede didaktische Theoriebildung steht vor der anfänglichen Aufgabe, ihr Gegenstandsfeld *einzuteilen* (*Analyse, Disposition*). Aus dieser *Einteilung* geht dann der Aufbau, die *Komposition* oder *Synthese* der Lehre hervor.

Die Kunstdidaktik bediente sich in der Tradition des 20. Jahrhunderts eines breiten Repertoires (kunst-)geschichtlich und kulturell tradierter Gestaltungsformen im Bereich von Visualität, Bildlichkeit und Körperlichkeit, griff aber auch zahlreiche bildbezogene Gestaltungsverfahren der aktuellen Kultur auf. Doch dieses Repertoire befindet sich im Zustand eines weitgehend ungeordneten Feldes.[23] Die

---

23 Die gründliche Fachsystematik des »Handbuchs der Kunst- und Werkerziehung« von Herbert Trümper (u. a., 1953 ff.) wurde später mehr oder weniger eliminiert und z. B. durch die völlig unsinnige »Systematik« von »Material – Collage – Experiment« (Otto 1969) ersetzt – eine der verhängnisvollsten Zerstörungsaktionen der neueren Kunstdidaktik.

didaktisch unumgängliche Frage ist: Wie lässt sich dieser uferlos erscheinende Gegenstandsbereich definieren, einteilen, begründen und ordnen?

Ein vergleichender Blick auf die plurale Landschaft der heutigen deutschen Lehr- und Bildungspläne im Fach Kunst zeigt: Es herrscht hier wenig Einstimmigkeit, vielmehr große Unsicherheit und im Grunde Hilflosigkeit. Mitunter entsteht der Eindruck reiner didaktischer Aleatorik – verursacht durch das seit Jahrzehnten bestehende Fehlen einer die Kollegenschaft verbindenden didaktischen Grundlagentheorie, die wenigstens die wichtigsten Anhaltspunkte für eine Einteilung und Systematisierung der fachlichen Lehre bieten könnte.

Welche begründete Ordnung lässt sich auf dem Boden didaktischer Theoriebildung in das Gegenstandsfeld der verschiedenen Gestaltungsverfahren bringen? Welche haben tatsächlich »Relevanz« und warum? Gibt es gar einen verbindlichen Kanon der Gestaltungsverfahren – oder ist es völlig beliebig, welche Verfahren gelehrt werden? Gibt es vielleicht eine *Hierarchie* der Verfahren? Gibt es begründbare didaktische Entscheidungen über ihre *Auswahl* (im Sinne einer »didaktischen Reduktion«), über das *quantitative Gewicht* und über den *curricularen Rang und Ort*, den sie im Gesamtcurriculum des Faches Kunst (vom Kindheitsalter bis zur Abiturprüfung) einnehmen?

Bildungstheoretische Fachbegründungen im Allgemeinen können *historisch* oder *systematisch* verfasst sein (vgl. Krautz 2020). Wir legen in dem vorliegenden Lehrwerk eine Begründung vor, die beides zusammenführt: Wir greifen zum einen in einer Inventarisierung die komplexen *Gattungsfelder der historisch gewachsenen Bildenden Künste und der Angewandten Gestaltung* (a) in ihrer Einteilung als tradierte »Topoi«[24] auf – wohl wissend, dass sie nicht restlos trennscharf sind und dass es unzählige Übergänge und Vermischungen gibt. Selbst noch der Oberbegriff »Bildende Künste« ließe sich problematisieren und diskutieren, obwohl er weitgehend konsensuell und historisch abgesichert zu sein scheint.

Mehrere Begründungsmöglichkeiten bieten sich hier an und sind auch teilweise recht verbreitet in der didaktischen Argumentation. Es ist aber klar, welch großen Einfluss sie darauf haben, wie das Fach »Kunst« sich selbst versteht und welche Gestaltungsverfahren darin zum Gegenstand der Lehre werden.

Als didaktische Begründungsinstanzen werden im pluralen Feld didaktischer Entwürfe und Behauptungen häufig benannt:

- die historische Tradition der Kunst (a);
- die aktuelle Kunst (b);
- die gesamte aktuelle visuelle (Bild-)Kultur (c);
- die allgemeine Anthropologie (d);
- die Domänentheorie (»Begabung«) (e)[25];
- die Fachtradition des schulischen Faches »Kunst« (f).

---

24 Unter »Topos« versteht man in der Kunstlehre einen Begriff, der schlicht aus dem üblichen Gebrauch aufgefunden und als üblich anerkannt wird.
25 Zum angemessenen Verständnis des mitunter ideologisch verwendeten Begriffs »Begabung« vgl. umfassend die klärende Diskussion in Miller/Bonath (2020).

Diese geläufigen Topoi der didaktischen Begründung sind zunächst kurz zu erläutern und kritisch zu beurteilen:

(a) Die Geschichte der Künste: Die Wege der geschichtlichen Ausdifferenzierung der verschiedenen Künste sind kompliziert. Sie beginnen mit den einfachsten Methoden der skulpturalen Werkzeugherstellung (Faustkeil) und mit der »Urkunst« des Bauens/Montierens, der Bekleidungsherstellung usw., führen dann im Neolithikum zu Ornament, Zeichnung und Malerei. Später folgt die »hochkulturelle« Ausdifferenzierung dieser Künste in Antike, Mittelalter und Neuzeit bis in die Moderne und die Gegenwart. Diese Gestaltungskünste hängen einerseits miteinander zusammen, sind z.T. auseinander hervorgegangen, unterscheiden sich andererseits in z.T. prinzipieller Weise voneinander. Oft wurde über diese Unterschiede gestritten, es wurden Grenzen gesetzt – etwa im mittelalterlichen Zunftwesen. Oft wurden diese Grenzen aber auch überschritten – namentlich in der Moderne. Es gab seit der Antike historische Debatten über Führungsrollen und Hierarchien zwischen den Kunstgattungen (»Paragone«[26]). Aristoteles war der Meinung, die *Zeichnung (Graphike Techne)* sei von so *allgemeiner* Bedeutung für alle Handwerkskünste, dass sie als Schlüsselkunst und Allgemeinwissen zu lehren sei. Michelangelo argumentierte von der Bildhauerkunst her und sah in ihr die Schlüsselrolle usw. Der Blick auf die Geschichte zeigt: Es gibt in der sich vielfältig entfaltenden Geschichte der Künste gewisse Traditionslinien und »Familienähnlichkeiten«, die z.B. die Malerei mit der Zeichnung, die Zeichnung mit der Druckgrafik, die Bildhauerei mit der Architektur verbinden, oder die Skulptur mit der Plastik, Ingenieurskunst mit Produktdesign, Fotografie mit Malerei und Film, Film mit Theater usw.[27] Dennoch muss eine Didaktik diese in einer begründeten Form trennen und unterscheiden, um sie lehren zu können. Dabei stellen sich auch Fragen nach didaktischen Hierarchien und Lernfolgen zwischen den einzelnen Gattungen.

(b) Die aktuelle Kunst: Der fachliche Begründungsgestus, der sich – oft in ausschließlicher Weise – auf die Aktualität der »Hochkunst« bezieht – auf die Kunst der Avantgarden, des Kunstbetriebes und Kunstmarktes, der großen Weltausstellungen, der Feuilletons und sonstigen Medien –, ist sehr verbreitet, besonders bei Kunstpädagoginnen und -pädagogen, die an Kunstakademien bzw. -hochschulen studiert haben. Ebenso verbreitet ist allerdings auch die entschiedene Abweisung dieser kunstzentrierten Begründung. Weshalb diese Begründung pädagogisch nicht hinreichend, ja in ihrem Ausschließlichkeitsanspruch z.T. sogar unhaltbar ist, wurde schon vorstehend (▶ Kap. I.1) erörtert: Wohl gibt es gute Gründe, dass das Gesamtcurriculum der Bildenden Kunst junge Erwachsene auch an die Erscheinungen

---

26 Seit der Antike, aber auch in der Renaissance gibt es häufig schriftlich ausgetragene Debatten darüber, welche der Künste als die allen anderen überlegene zu gelten hat. Diese Art der Kunstliteratur nennt man »Paragone«.

27 Historisch gesehen gab es Bildhauer, die auch Architekten waren (Michelangelo, Bernini usw.), es gab auch Bildhauer, die Performancekünstler waren (Serra, Nauman, Beuys usw.). Lässt das auf eine »Verwandtschaftsbeziehung« zwischen diesen Gattungen schließen? Aber es gibt auch Personalunionen von Zeichner und Architekt, Bildhauer und Fotograf, Performer und Maler usw. Das Feld der Bildenden Künste ist vielfältig vernetzt und auch genealogisch verbunden. Es gibt auch Doppel- und Mehrfachbegabungen in mehreren Künsten.

der jeweils aktuellen Kunst heranführt, aber es gibt ebenso unabweisbare Gründe, dies aufbauend, also im Sinne der pädagogischen Annäherung zu tun, und nicht in der Weise einer Schocktherapie, die vor allem die »Irritation« der kulturellen Erwartungen und die Enttäuschung der jugendlichen Bildbedürfnisse ins Zentrum stellt. In jedem Fall trägt diese Begründung nur einen Aspekt bei, kann aber nicht als sinnvoller Grund für das Ganze des didaktischen Systems gelten.

Ein weiteres Problem ist in diesem Zusammenhang der aktuellen Kunstformen anzusprechen: Die Trennschärfe der gestalterischen Verfahren, wie sie aus der Tradition überliefert ist, hat sich in der Moderne zunehmend verloren. Mit dem Werkbegriff hat sich auch der Begriff des Verfahrens verflüssigt. Um dennoch die Verfahren noch hinlänglich unterscheiden zu können, ist die Reflexion zur Anthropologie der Künste (d) und auf die Geschichte der Künste (a) sinnvoll.

(c) Die gesamte aktuelle visuelle (Bild-)Kultur: »Bildgestöber«, »*iconic turn*«, »Bilderberg«, »Bildkompetenz«, »visuelle Kommunikation«, »Medienkompetenz«, »Digitalisierung«, *»social media«*, »mixed reality«, »augmented reality« usw. sind die Stichworte, die die kunstdidaktische Begründung in eine Richtung zu bringen versuchen, die vorrangig, manchmal gar ausschließlich das Leitziel der Teilhabe an der ganzen Breite der gegenwärtigen visuellen Kultur verfolgen.

Dem liegt die Überzeugung zu Grunde, dass die historische Vielfalt der Bildenden Künste und ihre anthropologische Struktur irrelevant für das Schulfach »Kunst« seien, dass dort vielmehr ausschließlich Gestaltungsfelder zu lehren seien, die heute in der Berufswelt und Kultur »Relevanz« haben.

Die Folge wäre aber im Grunde eine Reduktion auf apparative und digitale Darstellungs- und Kommunikationstechniken, weil diese gerade aktuell erscheinen: keine Zeichnung, keine Skulptur, keine Malerei, keine Keramik usw. Gegen diese Auffassung sprechen in unseren Augen die in den Punkten (a), (b), (d), (e) und (f) vorgetragenen Gesichtspunkte. Auch hierzu wurde oben schon Prinzipielles gesagt (▶ Kap. I.1) – und es gilt Ähnliches wie im vorstehenden Punkt (c). Würde die gegenwärtige Bildkultur der digitalen Parallelwelten zum vorrangigen oder gar einzigen Maßstab der Bestimmung des Gegenstandsfeldes der Kunstpädagogik werden, würde diese jede kritische Distanz verlieren. Die besonneneren unter den heutigen Fachdidaktikern haben deshalb niemals den Bezug zur *primären Realität* des Körpers, der Dinge, der Natur, der Landschaft der Stadt, der Erde, des Weltraums, der Lebenswelt aufgegeben, um nicht erneut einen fachdidaktischen Fehler zu machen, der schon in manchen früheren Formen des »Zeichenunterrichts« gemacht wurde: dass das Fach nur zum Zuträger von geschultem »Humankapital« für die Bedürfnisse der kapitalistischen Verwertung gemacht wird. Worin die Kräfte der kritischen Distanzierung liegen, wird im nun folgenden Punkt (d) klarer:

(d) Die Anthropologie der Künste: Der *homo creans*, der *homo pictor*, der *homo aedificans/sculpens*, der *homo ludens* usw. sind Spezifizierungen allgemeiner, *transhistorisch wie transkulturell stabiler Grundfähigkeiten und Grundbedürfnisse der Menschheit* seit weit über 40.000 Jahren (vgl. Mithen 1996, Menninghaus 2011, Wulf 2014, Conard/Kind 2017). In diesem Zusammenhang sind die anthropologischen Phänomene der »Herstellung« und der »Darstellung« von zentraler Bedeutung: Die technische *Herstellung* von Dingen und Werken (*Techne, Poiesis*) ist ein bleibendes »Standbein« des großen Bereiches, den man mit »Bildende Kunst« bezeichnet.

Spezieller geht es darin aber um das Phänomen der *Darstellung* im Doppelsinn der *Repräsentation* und der *Kommunikation*, also um die Herstellung von Sinngebilden, die eine Vorstellungsteilung im Sinne von *gemeinschaftsstiftender Kultur* ermöglichen (vgl. Wulf 2014, Tomasello 2006, Sowa 2019). Diese anthropologische Grundlage – die Darstellung von kulturstiftenden Sinngebilden – teilen sich die Bildenden Künste mit der Musik, der Literatur, dem Sport. Doch gibt es auch eine »spezifische Differenz«, die die Bildenden Künste von diesen anderen Kulturformen unterscheidet – trotz zahlreicher möglicher Misch- und Übergangsformen: Das Feld der dezidiert *Bildenden* Künste zeichnet sich durch einen intensiven Bezug zur *Visualität* und *Bildlichkeit* und der auf sie hinzielenden *Gestaltung* aus. Die Bildenden Künste in ihrer Gesamtheit begründen das, was man »visuelle Kultur« nennt – und diese Kultur in all ihren Spielarten und Ausfaltungen ist etwas Anderes als die musikalische Kultur, die sportliche Kultur (Körperkultur) oder die Sprachkultur.

Innerhalb der Bildenden Künste gibt es wiederum eine anthropologische Unterscheidung, nach der sie sich im Groben einteilen und gruppieren lassen:

- körperhaft-räumliche Darstellungskünste (▶ Kap. III.2.1.1);
- flächig-bildhafte Darstellungskünste (▶ Kap. III.2.1.2);
- konzeptuelle Kunstformen (▶ Kap. III.2.1.3);
- Übergangsformen – Zeitkünste und Digitalität (▶ Kap. III.2.1.4).

Jede dieser Großgattungen geht auf eine anthropologische Grundlage zurück und birgt in sich etliche Untergattungen (▶ Kap. III.2.2), sodass zumindest gesagt werden kann: Alle diese Großgattungen müssen im Gesamtcurriculum der Kunstdidaktik in angemessener Weise berücksichtigt werden, um dem anthropologisch angelegten Potenzial der sich-bildenden Schülerinnen und Schüler gerecht zu werden.

(e) Die Domänentheorien (»Begabungs«-theorien): In der Psychologie und Pädagogik wird oft von »Domänen« als von Fähig- und Fertigkeiten gesprochen, die bestimmte Könnensfelder begründen und sich voneinander relativ deutlich unterscheiden lassen. Ähnlich wurde und wird gerade in der Kunst von speziellen voneinander unterscheidbaren oder aber zusammenhängenden »Begabungen« gesprochen (also z. B. eine »malerische« oder »plastische« Begabung), wobei der Begriff meist zu statisch verstanden wird: Denn »Begabungen« sind nicht fest gegeben, sondern in Lernprozessen unter Einwirkung gezielter didaktischer Unterweisung entwickelte und gebildete Fertigkeiten.[28] Unter dem Gesichtspunkt der allgemeinen Begabungsförderung müsste kunstdidaktisch entschieden werden, welche separaten Gestaltungsdomänen gelehrt werden sollen, um der Vielfalt der menschlichen Fähigkeiten der Lernenden gerecht zu werden.

(f) Die Fachtradition der Kunstpädagogik: Im alten elementaren »Zeichenunterricht« war das gestalterische Gegenstandsfeld noch klar eingegrenzt: Es wurde ge-

---

28 Vgl. im Überblick Miller/Bonath (2020). Um ein historisches Beispiel zu benennen: Der Künstler Albrecht Dürer erfuhr innerhalb des Nürnberger Zunftsystems *zwei* Lehren: zuerst die des Goldschmiedes und Graveurs und dann die des Zeichners/Malers. Obwohl er dann in Personalunion beide Könnensstrukturen verband, sind sie doch zu unterscheiden, z. B. in seinem sehr spezifischen Umgang mit grafischen und farbigen Mitteln.

zeichnet. Seit etwa 1900 aber weitete es sich unter dem Titel der »Kunsterziehung« viele Jahrzehnte lang aus. Zeichnung, Malerei, plastisches Formen und Kunstbetrachtung waren dabei zunächst noch ein überschaubares Feld. Doch dann traten in rascher Folge neue fachliche Felder hinzu: Druck, Scherenschnitt, Ornament, Skulptur, Bauen, Fotografie, Film, Architektur, Szenisches Spiel, Umweltgestaltung, Kommunikationsdesign, digitale Gestaltung, Performance usw. Am Ende dieser Ausweitung versammelten sich unter Oberbegriffen wie »visuelle Kommunikation«, »ästhetische Bildung«, »ästhetische Forschung«, »Bildkompetenz«, »Kunstpädagogik 2.0«, »künstlerische Forschung« usw. zunehmend ein Panorama von Gegenstandsfeldern. In diesem unübersichtlichen Feld war und ist kaum mehr eine sinnvolle Bestimmung der Eigenheiten des Faches und der Unterscheidung von anderen Fachdisziplinen möglich – mitunter gar nicht mehr erwünscht. Auch eine schlüssige innere Einteilung des Faches wurde zunehmend unmöglich. Auf halbem Weg der Fachgeschichte entstand das klassische Beispiel einer systematisch geordneten »Inventarisierung« der gestalterischen Arbeitsfelder: Herberts Trümpers »Handbuch der Kunst- und Werkerziehung« (1957 ff.). Trümper legte eine Einteilung in Großgattungen zugrunde, die zwar schon während der Entstehung korrigiert und erweitert wurde, die aber wenigstens im Blick auf die Traditionsgeschichte der »Bildenden Künste« einige Plausibilität für sich hatte.

Fazit: In Abwägung all dieser Überlegungen ist unsere didaktische Entscheidung: Das Gegenstandsfeld der verschiedenen Gestaltungsverfahren wird im Folgenden so eingegrenzt und eingeteilt, dass wir

a) in der Systematik die *ganze anthropologische Breite* anstreben (d), um der ganzen Breite menschlicher Begabungen und Fähigkeiten gerecht zu werden (e);
b) viele Einzelkünste berücksichtigen, um der *Vielfalt der historisch gewachsenen Kunst- und Lehrformen* gerecht zu werden ((a), (b), (f)),
c) die *kulturelle Aktualität* ((b), (c)) in angemessener Weise so einzubringen, dass die anderen Bildungsaufgaben nicht vernachlässigt werden.

Es geht nun um die *systematische Einteilung* des gestalterischen Gegenstandsfeldes, mit dem es die Kunstdidaktik zu tun hat. Die nun folgenden Kapitel 2.1.1–2.1.4 teilen daher die Gesamtheit der Bildenden Künste zunächst nach ihrer anthropologisch fundierten »Gruppenverwandtschaft« in vier Großgattungen ein.[29] Doch *nota bene:* Die Künste werden in dieser Allgemeinheit *so nicht gelehrt.* Also: Es gibt kein künstlerisches »Fach«, das hieße: »körperhaft-räumliches Darstellen«, sondern gelehrt werden die Einzelkünste Skulptur, Plastik, Architektur, Performance usw.

---

29 Diese Einteilung hat in vielen Kunsthochschulen, Universitäten und Bildungsplänen Tradition – etwa, wenn im künstlerischen Grundstudium obligatorisch das Durchlaufen von Lehrgängen im Bereich der Bildkünste, der Raumkünste und der Medien gefordert wird.

2.1.1 Körperhaft-räumliche Gestaltungskünste

Die verschiedenen Gattungen des körperhaft-räumlichen Gestaltens haben ihre fundierende perzeptive Bezugsebene in der *haptisch-taktilen* Berührung und der verkörperten Bewegung im Raum (und seien diese auch in manchen Formen – z. B. der CAD-Darstellung – nur virtuell und imaginativ). Das unterscheidet diese Gattungen deutlich von der primär *visuell fundierten* Bezugnahme z. B. in der Malerei, die sich vor allem auf die Farbe und weniger auf die *taktile Form* konzentriert. Und: Anders als die flächige Darstellung schafft der körperhafte-räumliche Gestaltungsakt körperhafte Formen im Raum und formt damit auch den Raum selbst.

Das gesamte Gegenstandsfeld des körperhaft-räumlichen Darstellens gliedert sich folgendermaßen auf:

a) *Plastisches Formen:* Verformen und/oder Auftragen von händisch oder mit Werkzeugen verformbaren Materialien; Berühren, Umgreifen, Drücken, Schlagen, Kneten, Glätten, usw.; Modellieren, keramisches Formen, Schmieden, Formvorbereitung von Gussverfahren; Ton, Wachs, Plastilin, … (▶ Kap. III.2.2.3).
b) *Skulpturale Formherstellung:* Wegnehmen von Masse in harten Materialien, Schaffung von »Negativräumen«, Durchdringen, Trennen, Werkzeuggebrauch, …; Bildhauerei, z. T. Schreinerei, Metall- und Kunststoffverarbeitung; Schnitzen, Schlagen, Spalten, Fräsen, Feilen, Schaben, Schleifen, Drechseln, Drehen, … (▶ Kap. III.2.2.4 und ▶ Kap. III.2.2.11).
c) *Gestalten von Hohlformen:* Integrales Formen von plastischem Körper und umschlossenem Raum; Formdenken von außen nach innen und von innen nach außen; Körper im Raum und Raum im Körper, …; Keramisches Formen (Gefäß); Textiles Formen (Beutel, Zelt, Kleidung, …); Glasbläserei, Metalltreibarbeiten; Gussverfahren; Hohlformen aus Holz und Metall; im Prinzip auch: Architektur, … (▶ Kap. III.2.2.5).
d) *Bauen, Konstruieren, Montieren:* Legen, Stellen, Schichten, Verbinden, Zusammenfügen von Teilen, additives Prinzip, vom Teil her auf das Ganze denken und umgekehrt; Baukunst, Zimmerei, Schreinerei, Metallbau, Kunststoffbau, Papier, Karton, Naturmaterialien, Hartschaum, Holz, Stein, … (▶ Kap. III.2.2.6, ▶ Kap. III.2.2.10 und ▶ Kap. III.2.2.11).
e) *Performative Formen:* Nicht Objekte herstellende räumliche Formhandlungen; Puppenspiel, Rollenspiel, Szenisches Spiel, Drama, Film, Performance usw. (▶ Kap. III.2.2.14).

Viele dieser Gestaltungsfelder werden in der Kunstpädagogik klassischerweise behandelt (Plastik, Konstruktion usw.), andere stehen oft eher im Hintergrund (Skulptur, Keramik usw.). In den Lehrgebieten der Architektur und des Produktdesigns können komplexe körperhaft-räumliche Gestaltungsweisen von hoher aktueller kultureller Relevanz gelehrt werden. Andere – wie das Modellieren und Formen – tragen eher die Züge des Archaischen.

Gemeinsam haben alle diese Darstellungsformen einen klar ausgeprägten bildenden Wert – in jeweils besonderer Akzentuierung. Im Zentrum steht immer die

2 Gestaltungsfelder des Kunstunterrichts

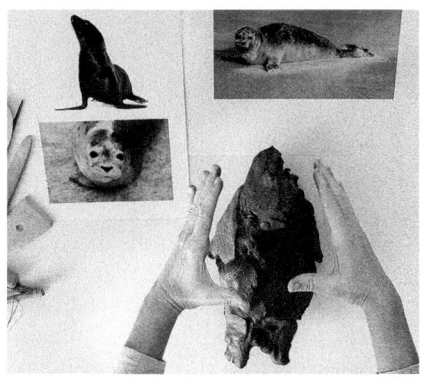

Abb. 17: Visueller Sinn und Tastsinn, visuelles und gestisches Imaginieren im Kunstunterricht – hier am Beispiel didaktischer Wahrnehmungs- und Vorstellungshilfen zum körperhaft-räumlichen Gestalten. Links: Übersetzung eines Fotobildes zuerst in ein mit den Händen geformtes »Lufttier«, dann in eine Tonform (Archiv Caccavale). Rechts: Klärung der Volumenvorstellung durch Einzeichnung von imaginativen »Umrundungen« des Volumens in ein Bild (Archiv Melnychuk)

Begegnung des Menschen als eines körperhaft denkenden und handelnden Wesens mit *Materialien*, mit den *Dingen* im Raum, mit dem Raum selbst, mit der körperhaft-räumlichen *Umwelt*. In besonderer und ganz existenzieller Weise wird in diesem Gestaltungsfeld die personale *Körperhaftigkeit* des gestalterischen Handelns eingefordert, vom händischen Eingriff bis zum Hineinhandeln in den offenen Raum. Im existenziellen Erfahren von Materialität, Widerständigkeit, Körperlichkeit, Bewegung, Kraft, Ausdauer und gedehnter Zeitlichkeit wird zugleich die Erfahrung einer eigenen Art von körperzentrierter Geistigkeit und Spiritualität eröffnet – man denke etwa an die ersten Skulpturen der Menschheit im Neolithikum, an die klassische griechische Plastik, an das Menschenbild Michelangelos oder an den erweiterten Begriff der »Plastik« bei Joseph Beuys. Zugleich bilden sich räumliche Denkformen, die tragend sind für »abstraktes« geometrisches Denken, räumliches Vorstellen im Allgemeinen, auch für sprachliche Intelligenz. Hinzu kommt die vorbereitende Bildungsfunktion für unzählige Berufsfelder in Handwerk, Technik und Gestaltung (vgl. hierzu Fröhlich 2019).

Der entscheidende Inhalt, der die kunstpädagogische Domäne der räumlich-körperhaften Gestaltung bestimmt, ist die *verkörperte Bildung* oder: die Bildung des leiblich-räumlichen Weltverhältnisses. Sie steht am Anfang der menschlichen Kunst vor über 40.000 Jahren, bestimmt das Bauen, Wohnen und Denken der Menschheit, ihr körperhaft-leibliches Selbstverhältnis wie das Verhältnis zu anderen Lebewesen, Personen, zum Natur- und Landschaftsraum, zum urbanen Raum und allgemein zum zwischenmenschlich geteilten Raum (vgl. z. B. Fingerhut/Hufendiek/Wild 2013, Etzelmüller/Fuchs/Tewes 2017). Als kunstpädagogisches Bildungsziel ist verkörperte Bildung auch eine Gegenbewegung zur Entkörperlichung und Virtualisierung von Kultur, zur virtuellen »Entwirklichung« der Welt (vgl. Baudrillard 1978, Koziol 2020) und zum Verlust des Bewusstseins der Leiblichkeit.

2.1.2 Flächenhaft-bildliche Darstellungskünste

Neben der Sprache und der Zahl ist das Bild das kulturprägende Darstellungs- und Denksystem der Menschheit. Wesentlich für das Bild ist: »Das Bild bringt etwas zu Erscheinung, was es selbst nicht ist.« (Brandt 1999, S. 149) In den traditionellen Kunstwissenschaften und den modernen Bildwissenschaften wird die Welt der Bilder in zahlreichen Perspektiven wissenschaftlich erforscht.[30] In der gestalterischen Praxis der Bildherstellung sind nicht mehr – wie früher – vor allem die Bildenden Künstlerinnen und Künstler die Bildschöpfer, sondern im Grunde jedermann – vom kritzelnden Kind über die fotografierende Menschheit bis zu Wissenschaftlern, Technikerinnen, Ingenieuren usw. Dem entsprechend sind Bildverstehen, Bildnutzung, Bildherstellung und Bildkritik unverzichtbare Aufgaben allgemeiner Bildung – wie Schreiben, Lesen, Rechnen usw.[31] Diese Aufgaben hat in Arbeitsteilung mit anderen Fächern vor allem auch die Kunstpädagogik zu übernehmen.

Auch wenn manchmal Kunstpädagogik verengend mit Bildpädagogik gleichgesetzt wird, ist es nach den vorstehenden Darlegungen klar, dass »Bilder« nur ein *spezielles* Gebiet innerhalb der visuellen Künste sind – wenn auch ein Gebiet, das für sich wiederum eine weitgespannte Allgemeinheit beanspruchen kann. Klassischerweise werden zunächst seit der antiken Kunstlehre die lineare und farbige Kunst unterschieden (*Schema* und *Chroma*, *disegno* und *colore*, Form und Farbe, ▶ Kap. III.2.2.1 und ▶ Kap. III.2.2.2). Doch in das größere Feld der Bildkünste gehört traditionell auch der Abdruck, die daraus entstandene Druckgrafik (▶ Kap. III.2.2.9). Weiterhin ist auch die Schriftgestaltung – also die Gestaltung im Bereich der neuerdings sog. »Schriftbildlichkeit« – ein Teil der Bildkünste. Aus dem Zusammenhang von Schriftlichkeit und Bildlichkeit haben sich auch die Künste entwickelt, die man »Visuelle Kommunikation« oder »Kommunikationsdesign« usw. nennt (▶ Kap. III.2.2.12).

Auch im Bereich dieser Bildkünste gilt: Die in den verschiedenen Kunstformen angewandten Entwurfs- und Ausführungsverfahren unterscheiden sich voneinander in z. T. prinzipieller Weise, sodass man durchaus von verschiedenen *Vorstellungs-, Denk- und Handlungsformen* bzw. von verschiedenen *Gestaltungsprinzipien* sprechen kann. Doch das Denken in Bildflächen hat auch manche verbindenden Prinzipien – wie z. B. all das, was traditionell als »Kompositionsregeln« bezeichnet wird.

Das Gegenstandsfeld des flächenhaft-bildlichen Darstellens lässt sich folgendermaßen einteilen:

a) *Linear-grafische Bildgestaltung:* Formdefinition, Formdisposition auf der Fläche, Schraffieren, Strukturieren, Schattieren usw.; Zeichnung, Gravur, Druckgrafik; grafische Bilder und diagrammatische Bildformen; mimetischer Formbezug, Bewegungsausdruck usw.; Stifte, Kreiden, Federn usw. und deren mediale Substitute, … (▶ Kap. III.2.2.1).

---

30 Vgl. im systematischen Überblick Bruhn (2009), Günzel/Mersch (2014).
31 Vgl. grundsätzliche Darlegungen in Schäfer/Wulf (1999), vgl. weiter Abraham/Sowa (2016).

b) *Farbige Bildgestaltung:* Setzen farbiger Flächen, Flächigkeit vs. Modulation, Farbeindruck und -ausdruck, farbiger Eigenwert vs. Darstellungswert, Farbklang, Harmonie und Kontrast usw.; Malerhandwerk, Malkunst, Kommunikationsdesign, Produktdesign, Textildesign, urbanes Design, Haar- und Körperdesign, Lebensmitteldesign, Fotografie, … (▶ Kap. III.2.2.2 und ▶ Kap. III.2.2.9).
c) *Schriftbildlichkeit/Integrale Bildformen:* Schriftgestaltung, kontrastierende, additive und integrale Gestaltung von Bild und (Schrift-)Zeichen; Kalligrafie, Buchkunst, Plakatkunst, Informationsgrafik, Diagrammatik usw. (▶ Kap. III.2.2.12).
d) *Apparative und digitale Bildgenerierung:* Foto und Film, digitales Bild, Mediengestaltung, … (▶ Kap. III.2.2.7 und ▶ Kap. III.2.2.8).

Die in der Kunstpädagogik klassischerweise behandelten Gestaltungsfelder des Malens, Zeichnens, der Druckgrafik, der Kalligrafie, der Typografie und des Kommunikationsdesigns gehören allesamt in den Bereich des flächig-bildhaften Gestaltens, wie auch die Fotografie und der Film sowie die digitalen Bildkünste. Auch hier stehen sich im Kunstunterricht Gestaltungsverfahren von höchster aktueller kultureller Relevanz (z. B. Kommunikationsdesign, Fotografie) und eher archaisch-historische Verfahren (Malerei, Gravur, Kalligrafie usw.) gegenüber.

2.1.3 Konzeptuelle Kunstformen

In seinem Drama »Emilia Galotti« wirft Lessing das Gedankenexperiment auf: Wäre ein »Raffael ohne Hände« denkbar, der also seine Werke rein im Kopf zu ersinnen hätte? Nicht erst seit Marcel Duchamp oder Joseph Kosuth, sondern schon viel tiefer in der Geschichte der Künste wird der »konzeptuelle« Anteil der Kunst mit höchster Aufmerksamkeit kultiviert. Das imaginative »*concipere*« – das »Zusammennehmen« von Wahrnehmungen, Vorstellungen und Gedanken – wird (wie etwa bei Leonardo da Vinci) als Schlüsselleistung des Kunstschaffens verstanden. Das Konzept/*concetto* (Dante) ist gleichsam die imaginative Keimzelle des Werkschaffens. Es ist im Selbstverständnis vieler Künstlerinnen und Künstler aber nicht nur eine *Vorform* des Werks, sondern im Grund das *Werk selbst* – das Werk als *Idee*, als »Anspielung« oder »Gedankenspiel« (vgl. Matsche 1999). Die materielle *Realisierung* als Ausgestaltung ist in diesem Kunstverständnis sekundär, kann sogar unterbleiben. Die Vorstellung davon wird der Produktivität des/der Betrachtenden überantwortet.[32] Das »konzeptuelle« Kunstwerk ist also vor allem energetischer Gedankenimpuls und Vorstellungskatalysator.

Konzeptuelles künstlerisches Denken ist die fluideste Form künstlerischen Schaffens. Zwar ist unumgänglich, dass es sich medial in irgendeiner Form äußert – als Notiz, als Text, als Geste – doch im Unterschied zu den oben aufgeführten »materialen« Gestaltungsakten spielt dabei weder die körperhaften Formherstellung noch die bildliche Gestaltung eine Rolle.

---

32 Marcel Duchamp formulierte das so: »Ich messe dem ›Anschauer‹ mehr Wichtigkeit bei als dem Künstler.« Duchamp (1992), S. 112.

Folgende Formen konzeptueller Kunst lassen sich unterscheiden:

a) *Entwurfsverfahren:* In Entwurfsprozessen treten auf der Stufe der ersten Ideenfindung flüchtige sprachliche oder bildliche Notationen, diagrammatische Darstellungen auf, die noch nicht medial gestaltet sind, die aber Gestaltung in »transmedialen« Spielräumen imaginieren lassen.[33]
b) *Utopische Konzepte:* Eine »Plastik aus Luft« (Apollinaire), eine »Plastik aus Temperatur« (Beuys), eine »unsichtbare Skulptur« (Beuys), »entmaterialisierte Kunst« (Kosuth) usw.: Solche Formulierungen weisen in einen utopischen Raum der nur noch gedanklichen Realisierbarkeit. Gedankenspiele, Bildspiele, Wortspiele, Gesten ins Leere usw., auch dies sind künstlerische Arbeitsformen.
c) *Kontemplation, Meditation:* Meditation, Kontemplation und versunkene Betrachtung – das sind Anteile der Kunst, die die Grenzen des materialen Werkverständnisses überschreiten. Künstlerische Tätigkeit wird nicht mehr als »Veräußerung« verstanden, sondern als Weg nach Innen. In diesem Punkt berühren sich Kunst, Religion und Philosophie.

Die kunstpädagogische Arbeit in diesen Feldern ist gleichsam ein »fluides« Gegenstück zur »soliden« Werkherstellung. Es bedarf einer klugen Balance und einer großen Lehrerfahrung, mit solchen Arbeitsformen pädagogisch verantwortungsvoll umzugehen und sie nicht in bloßes »Luftgitarrenspiel« abgleiten zu lassen (▶ Kap. III.2.2.15).

2.1.4 Übergänge – Zeitkünste und Digitalität

Seit einigen Jahren wird in der Kunstdidaktik die Frage diskutiert: Hat die Digitalisierung den anthropologisch und historisch gesteckten Rahmen der gestaltenden Künste wirklich so grundsätzlich gesprengt, dass ein *prinzipiell* unterschiedenes neues Feld im Bereich *digitaler Virtualität* entstanden ist? Eine andere Frage, die diskutiert wird, ist die, ob die *zeit- und prozessbasierten* Künste eine völlig andere Dimension darstellen als die raum- und bildbezogenen Künste. Sind hier Kunstformen entstanden, die als ganz selbständige Formen neben den vorstehend dargestellten anthropologisch und historisch begründeten Formen eigens zu thematisieren sind (vgl. z. B. Heil/Kolb/Meyer 2012, Meyer 2013, Meyer/Dick/Moormann/Ziegenbein 2016)?

Ähnliche Fragen waren in der Kunsttheorie schon bei der Erfindung der Fotografie aufgeworfen worden, deren apparative Erzeugung sie als eine »andere« Kunst erscheinen ließ als die bisherigen Bildkünste (vgl. z. B. Pohlmann 2004). Waren die Fotografie und später der Film nur eine Transformation bisheriger Kunstgattungen? Sind der Einsatz von *Apparaten* oder *digitaler Mittel* allein schon ein Unterscheidungskriterium – oder bleiben diese Kunstformen im grundsätzlich abgesteckten Bezirk der Raumkünste, der Bildkünste, der konzeptuellen Künste?

---

33 Vgl. dazu im Bereich der Architektur z. B. Schmitz/Groninger (2012).

Das weite Feld der apparativen Generierung von bildlichen oder körperhaften Darstellungen ist ein Feld, das dem Kunstunterricht im Verlauf des 20. Jahrhunderts zunehmend zugewachsen ist – beginnend mit der Fotografie und dem Film und bisher gipfelnd im riesenhaften Möglichkeitsraum der digitalen Darstellungsformen und der Netzkünste. Viele Darstellungsformen in diesem ständig wachsenden Bereich sind nur Ableitungen aus anderen Gestaltungsgebieten – wenigstens, soweit sich bisher sehen lässt: Die Geschichte des Verhältnisses zwischen Malerei und Fotografie im 19./20. Jahrhundert zeigt z. B. ein reiches wechselseitigen Einflussverhältnis zweier »künstlerischer« Disziplinen, aber auch Versuche der um Autonomie ringenden Distanzierung. Doch als Alltags- und Massenmedium hat sich die Fotografie längst weit von dieser Historie entfernt und hat ganz eigene Bildumgangs- und Lebensformen generiert (vgl. Hariman et al. 2016). Andererseits stehen auch diese Bildformen noch immer in einem Zusammenhang mit den anthropologischen und geschichtlichen Traditionen der Kunst – man denke beispielsweise an das Verhältnis von »Selbstbildnis« und »Selfie« (vgl. Müller-Tamm, Schäfer 2015), von perspektivischer Zeichnung und 3D-Simulation (vgl. Schönherr 2020), von Malerei und digitaler Bildbearbeitung usw.

Zwischen anderen »alten« Gestaltungskünsten und den neuen apparativen Gestaltungskünsten gibt es Zusammenhänge, Abgrenzungen und Transformationen. Viele in den Ingenieurskünsten genutzte Darstellungsverfahren (CAD-Darstellung, Hologramm, 3D-Scan und -druck usw.) sind Transformationen alter Werkverfahren und stehen mit ihnen noch immer im gedanklichen Zusammenhang. Völlig neuartig scheinende Formen der visuellen Kommunikation in den sozialen Netzwerken weisen Bezüge zu den traditionelleren schriftbildlichen Darstellungsformen auf, aber ebenso zu theatralen und performativen Darstellungsformen usw. Ähnlich steht es mit den »zeitbasierten« Künsten (Prozesskunst, Film, Performance, …). Auch sie sind nicht wirklich eine eigene Gattung neben der räumlichen oder bildlichen Gestaltung. Im Kunstunterricht finden all diese transmedialen Übergänge fließend statt: Die Lernenden lernen, sowohl mit analogen wie mit apparativen und digitalen Verfahren und auch mit Mischverfahren zu arbeiten, mit ihnen vertraut zu werden. Dadurch wird ein *Tiefenverständnis* der Darstellungs- und Kommunikationsprozesse entwickelt, werden auch die Handlungsmöglichkeiten und der geistige Horizont der Schülerinnen und Schüler erweitert (▶ Kap. I.1).

2.1.5 Fazit

Die hier dargestellte systematische Einteilung der Gestaltungsfelder des Kunstunterrichts macht vor allem klar:

a) Die verschiedenen Genera von »Gestaltungskünsten« (▶ Kap. III.2.1.1, ▶ Kap. III.2.1.2, ▶ Kap. III.2.1.3 und ▶ Kap. III.2.1.4) unterscheiden sich sehr grundlegend voneinander und sind in keiner Weise untereinander austauschbar oder ersetzbar. Es liegen ihnen prinzipiell verschiedene Formen des Wahrnehmens, Vorstellens und Darstellens zugrunde, auch verschiedene handwerkliche und gestalterische Verfahren. Selbst inhaltlich zeigen sich unterschiedliche Affinitäten.

b) Jedes Gestaltungsgenus umfasst wiederum eine mehr oder weniger große Gruppe differenter Unterarten. Auch diese Unterarten sind durch Differenzen geschieden, allerdings nicht in so prinzipieller Weise wie die Oberarten. Im Bereich der Bildkünste sind z.B. die Zeichnung und die Malerei wesentlich stärker untereinander verbunden als es etwa die Malerei und die Skulptur sind.

c) Alle Obergenera beruhen auf anthropologischen Grunddifferenzen und sind tief in der Geschichte der Menschheit verwurzelt. Ein kunstpädagogisches Denken, das diese Verwurzelung ernst nimmt und anerkennt, ist gehalten, den Kunstunterricht prinzipiell auf alle vier Genera von Gestaltungskünsten zu beziehen und *damit der ganzen Breite des Gegenstandsfeldes »Gestaltungskünste« gerecht zu werden*. Dies ist nicht zuletzt unabdingbar, um auch die ganze Breite menschlicher Begabungspotenziale zu fördern. Selbstverständlich können auch nicht *alle* einzelnen Gestaltungsfelder (▶ Kap. III.2.2) unterrichtlich gelehrt werden, schon gar nicht gleichberechtigt und ausführlich. Selbstverständlich geht es auch immer um *Exemplarizität*. Ebenso geht es aber auch um *Breite* und *Vielfalt*. Doch ein Wechsel zwischen den verschiedenen Obergenera ist eine gute kunstpädagogische Tradition.

d) Allerdings ist es nicht möglich, bildliches Darstellen »im Allgemeinen« oder körperhaft-räumliches Darstellen »im Allgemeinen« zu lehren. Seriös lehrbar sind immer nur *einzelne* Künste (wie z.B. Zeichnen, Modellieren, Fotografieren usw.). Dabei gibt es allerdings auch Übergänge, Synergien, Gemeinsamkeiten, Übertragbarkeiten (z.B. die Zeichnung als Hilfsdisziplin der Skulptur usw.).

e) Die *Auswahl*, *Gewichtung* und *curriculare Anordnung* der verschiedenen Lehrbereiche hängt von Faktoren ab, die hier nicht auf allgemeiner Ebene erörtert werden können (▶ Kap. I, ▶ Kap. IV.1.1 und ▶ Kap. IV.1.3).

Wenn wir daher hier im Folgenden die verschiedenen Gestaltungskünste als Teilbereiche der Kunstdidaktik aufführen, geht es nicht um *technische* Anleitungen zum Malen, Drucken, Skulptieren usw., sondern um die systematische Stellung, die Bedeutung und den Bildungssinn dieser Gestaltungsgattungen im Ganzen der kunstpädagogischen Lehre. Die Lehre der bildnerischen »Techniken« kann nicht direkt und komplett aus dem didaktischen Gesamtrahmen abgeleitet werden. Das ist auch nicht nötig, denn hierzu gibt es eine breite und verlässliche Literatur kunsttechnischer Lehrwerke.

Hier aber bewegen wir uns auf einer höheren didaktischen Ebene. Unser didaktisches Lehrwerk hält sich aber auch nicht nur auf der Ebene bloß allgemeiner und prinzipieller Darlegungen (▶ Abb. 18): Zwischen dem *Allgemeinen* (kunstdidaktische Ziele und Methoden) und dem *Einzelnen* (Lehre bildnerischer Techniken, Gestaltungsregeln usw.) steht das *Besondere* und *Typische*. Im Rahmen didaktischer Lehre nimmt dieses Typische – nach dem Grundlegenden – eine zentrale Stellung ein. Dem versuchen wir im folgenden Buchteil gerecht zu werden.

2 Gestaltungsfelder des Kunstunterrichts

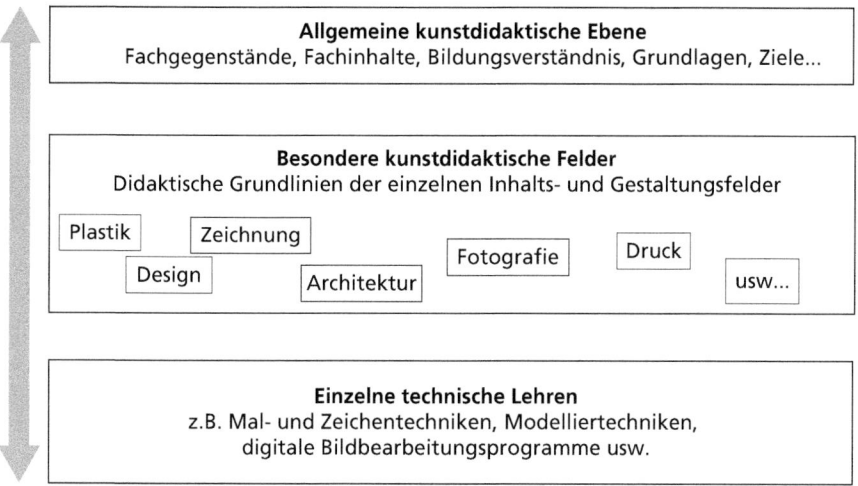

Abb. 18: Die didaktischen Ebenen im Gesamtsystem der Kunstdidaktik

2.2 Die einzelnen Gestaltungsfelder und ihre Didaktiken

Der nun folgende Buchteil (▶ Kap. III.2.2.) ist das Kernstück des didaktischen Lehrwerks. Es geht hier um die Bestimmung der Sache, die im Fach Kunst zentraler Gegenstand der Lehre ist.

Die Darstellung des Gegenstandsfeldes »künstlerische Gestaltungsverfahren« hat – im Unterschied von der vorstehenden systematischen Einteilung – eine topisch aufzählende Form. Im Zentrum stehen nun die künstlerischen Lehrformen selbst in ihren jeweiligen didaktischen Besonderheiten, die auf Unterscheidungsmerkmalen beruhen, die historisch gewachsen sind (Lehrformen der künstlerischen Berufe, der Akademien, der Schulen usw.). Jedes einzelne Kapitel ist so gegliedert:

a) In der *allgemeinen Gegenstandsklärung* wird das jeweilige Verfahren definitorisch erfasst mit Blick auf kunstwissenschaftliche und kunstpädagogische Aspekte. Wichtig ist, dass die »definitorische Erfassung« nicht als absolut trennscharf und normativ zu denken ist, sondern dass auch die Übergänge und Zwischenbereiche der Verfahren mit zu bedenken sind.
b) Dann wird erörtert, an welchen *Inhalten* sich das jeweilige Darstellungsverfahren ausrichtet, für welche Inhalte es vorzugsweise geeignet ist, welche Inhalte sich damit auch in der kunstdidaktischen Anwendung besonders verbinden lassen.
c) Der Abschnitt zur *Struktur des Gegenstandsfeldes* entfaltet dann die verschiedenen Darstellungsmöglichkeiten, die sich mit dem jeweiligen Verfahren verbinden.

Auch Beispiele der Anwendung im Bereich der Kunst und Kultur werden benannt.
d) Sodann werden die *Bildungsziele und -potenziale* benannt, die in dem jeweiligen Verfahren angelegt sind und die seinen Sinn in der schulischen Lehre begründen. Diese sorgfältige Reflexion auf den möglichen Bildungswert des einzelnen Verfahrens ist eine zentrale kunstpädagogische Notwendigkeit, sollen sinnloses »Verfahrens-hopping« (»kreative Techniken« usw.) und leerlaufender Formalismus vermieden werden.
e) Anschließend wird das jeweilige Können, das dem jeweiligen Gestaltungsverfahren zu Grunde liegt, auf seine *Könnensstrukturen* hin analysiert. Das Können in seiner impliziten und operationalen Struktur zu verstehen, eröffnet die Möglichkeit, die Grundlinien der *Lehrstrukturen* daraus abzuleiten. Auch Strukturen des curricularen Aufbaus der Verfahrenslehre können didaktisch nur verstanden werden, wenn wirklich klare Vorstellungen von den Könnensstrukturen vergegenwärtigt werden.
f) Ein kurzer Blick auf den *Altersbezug* des jeweiligen Verfahrens und eine Skizze über den groben curricularen Aufbau der Verfahrenslehre schließt jedes Kapitel ab.

2.2.1 Zeichnen

Allgemeine Gegenstandsklärung

Zeichnen galt historisch als Basisdisziplin der Kunst und ist es faktisch bis heute. Sie ist von grundlegender Bedeutung, da sie in fast allen bildnerischen und gestalterischen Produktionsprozessen eine führende und strukturgebende Rolle übernehmen kann: Keine Druckgrafik ohne Kenntnis zeichnerischer Möglichkeiten, keine Architektur ohne vorbereitende Skizze und detailgenaue Pläne, und selbst Spielfilmregisseurinnen und -regisseure zeichnen Storyboards. Nicht zuletzt spielt das Zeichnen in vielen fachlichen Feldern der Kultur eine tragende Rolle (vgl. Miller/Schmidt-Maiwald 2022).

Zeichnen ist im Kern eine Spurbildung mittels grafischen Materials. Jede Linie definiert, umreißt und grenzt also eine gemeinte Form von einem nicht gemeinten Grund ab. Es entsteht eine Gestalt. Die Formgebung bezieht sich dabei meist auf Gesehenes, das in der Vorstellung als Schema repräsentiert ist. Mittels motorischem Ausführungswissen (Darstellungsformel) wird versucht, hierfür ein zeichnerisches Pendant zu finden, das wesentliche Merkmale des Gesehenen und Vorgestellten aufweist, um es wiedererkennbar für Betrachtende zu machen (vgl. Glas 1999, 2015). Zeichnung ist also relational: gerichtet auf Verstandenwerden, auf Darstellung von etwas, auf Mitteilung.

Das lässt sich phylogenetisch in der Menschheitsentwicklung seit den ersten Höhlenzeichnungen bis zur Gegenwartskunst beobachten und wiederholt sich ontogenetisch in der Entwicklung von Kindern und Jugendlichen (vgl. Richter 1987): Von der Entdeckung, dass man etwa gestaltete Spuren hinterlassen kann, bis zu komplexen Darstellungsabsichten ist die Zeichnung Zeugnis des visuellen menschlichen Weltverhältnisses.

Nach Heinrich Wölfflin (1915, S. 23) wendet sich die Zeichnung anders als die Malerei vorrangig dem Tastsinn, der plastisch empfunden Bestimmtheit des Gegenstandes und der klaren Begrenzung der Körper zu. Insofern kann Kunstunterricht basierend auf dem überreichen Fundus der Kunst und Gestaltung sowohl Techniken und Gestaltungsweisen lehren, um dieses mimetisch bestimmte Darstellenwollen in der Zeichnung alters- und entwicklungsangemessen herauszufordern und zu fördern (vgl. Uhlig 2015b); zum anderen kann der Unterricht ebenso Mittel und Möglichkeiten aufzeigen, wie Kinder und Jugendliche über die ihnen geläufigen Schemata und Darstellungsformeln hinauswachsen, wie sie sich also das kulturell konventionelle Zeichnen-Können aneignen, um es auch zu überschreiten.

Inhalte des Gegenstandsfeldes

Obwohl die Themenfelder der Zeichnung im Prinzip grenzenlos sind, bilden sich in der Zeichnung dennoch medienspezifische Themen aus, die sich aus der Sache heraus mit einer bevorzugt linear-analytischen Herangehensweise begründen lassen. So ist die analytische und Sachverhalte erklärende Bilddarstellung vor allem der Zeichnung vorbehalten (vgl. Brandenburger 2020), ebenso bedient sich z. B. die naturwissenschaftliche Zeichnung vorrangig linear-analytischer Darstellungsmittel (vgl. Miller/Schmidt-Maiwald 2020). Darstellungsverfahren, die normative und verbindliche Leistungen der Wiedergabe und Kommunikation erbringen müssen, wie etwa in der Architektur, im Design oder im Ingenieurwesen, greifen vor allem auf lineare Mittel zurück. Aber auch das künstlerische Interesse am genauen Erfassen, Erkennen und Durchdringen der sichtbaren Welt hat sich vor allem der Zeichnung bedient.

Ausgangspunkt hierfür ist der Mensch mit seiner individuellen Personalität (Identität), die sich z. B. in seinem Verhältnis zu Mitmenschen, Gesellschaft, Natur, Geschichte und Kultur ausdrückt. Im Falle der Zeichnung konkretisieren sich die Inhalte z. B. in der Auseinandersetzung mit der menschlichen Gestalt, in der Akt- oder Figurenzeichnung (Proportion, Handlung und Bewegung, Affekte etc.), der Portraitzeichnung, der Karikatur, der erzählenden Zeichnung (Comic etc.), aber auch in der Auseinandersetzung mit Objekten im Stillleben, im Naturstudium oder der Landschaftszeichnung usw. (vgl. Sowa/Glas/Seydel 2010, S. 92 ff.).

Struktur des Gegenstandsfeldes

Die Zeichnung ist eine vom Körper ausgehende und auf den Körper bezogene bilderzeugende Handlungsform, die sich einerseits in direkter Weise als Reaktion auf die Wahrnehmung äußert. Andererseits entspringt sie einem imaginativen Akt, der in Resonanz zu den Wahrnehmungen steht und der umgekehrt auch Wahrnehmungen präfiguriert und strukturiert. Mimesis von *Wahrnehmung* und produktive *Imagination* konkretisieren sich gemeinsam im verkörperten Bildakt der *Darstellung*. Die Zeichnung ist damit essenziell in den Parametern des Wahrnehmens, Vorstellens und gestaltenden Darstellens (WVD) verortet (▶ Kap. II.1.3). Zeichnen-Lernen verläuft also in einem Modifikationsprozess von Wahrnehmung, schematisierter Vorstellung und Ausführungswissen der Hand, die das Gewollte in Darstellungsformeln realisiert. Insofern muss die Lehre des Zeichnens diese drei Aspekte auch gezielt ansprechen und bilden.

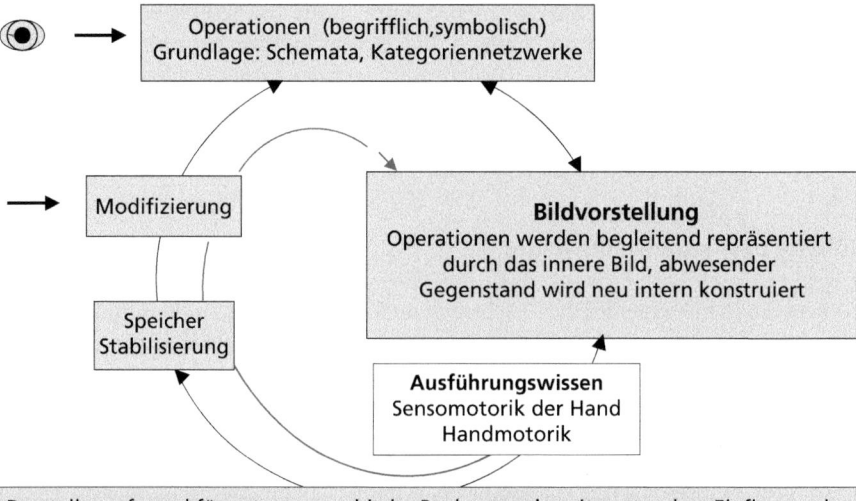

Abb. 19: Zeichnen-Lernen als Wahrnehmungs-Handlungszyklus (Glas 2015, S. 207)

Diese Grundstruktur betrifft die ganze Breite der zeichnerischen Betätigungsfelder (Skizze, Naturstudie, Sach-, Plan- und Entwurfszeichnung, technische Zeichnung etc.) und Zeichenmittel (Bleistift, Kohle, Kreide, Tusche, etc.) und ebenso digitale Zeichnungen. Medienspezifisch sind die jeweiligen Darstellungsformeln (Schraffur mit dem Bleistift, flächiger Grauton mit Kohle, Grautonfeld im digitalen Zeichenprogramm), müssen also auch medienspezifisch gelehrt und gelernt werden, was allein mit »Experimentieren« nicht zu erreichen ist.

In der Praxis, insbesondere im Kunstunterricht, lassen sich dabei grundsätzlich zwei Ausgangssituationen unterscheiden: das Zeichnen aus der *Vorstellung* und das Zeichnen nach der *Anschauung vor dem Modell*, wobei beide Situationen je nach Aufgabenstellung nicht ausschließlich betrachtet werden können: Eine *verstehende Vorstellungsbildung* ist in beiden Fällen unverzichtbare Voraussetzung, denn tatsächlich ist auch das Zeichnen nach der Anschauung im Moment des Zeichnens ein Arbeiten aus der kurzzeitig gebildeten Vorstellung. Sehen muss also auf Verstehen des Gegenstandes gerichtet sein, um dafür zeichenspezifische Übersetzungsmöglichkeiten zu finden.

Tab. 3: Didaktisch relevante Struktur des Gegenstandsfeldes Zeichnen

Herangehensweisen	Handwerks-, Gestaltungsformen	Beispiele, Genres, Gattungen
Ereignisse und Erinnerungen festhalten in klärender Absicht und Dokumentation (▶ Abb. 22, ▶ Abb. 26, ▶ Abb. 27)	Gezielte Auswahl spurgebender Zeichenwerkzeuge (Stifte, Kreide, Feder usw.) für Notationen aller Art; Wiedergabe einfacher Umrissformen mit Hilfe von Skizzen; Gegenstandswiedergabe in der Entwicklung basaler Darstellungsformeln	Skizzenbuch, Werkstattbücher Künstler: Dürer, Menzel, ...
Auf die Sache oder das Objekt ausgerichtete Auseinandersetzung in ganzheitlicher Herangehensweise (▶ Abb. 25, ▶ Abb. 31, ▶ Abb. 32)	Vertiefende Studien mit Detailwiedergabe in räumlich strukturellen Zusammenhängen; linearperspektivische Zeichnung; Beachtung raumplastischer Wirkung mit Licht und Schattenmodellierung, Wiedergabe von Materialität und Oberflächenstrukturen	Landschafts- und Naturstudie, Stillleben, Portraitstudie, Akt- und Figurenzeichnung etc. Künstler: Anatomische und konstruktive Zeichnungen von Leonardo, Rembrandt, ...
Auf die Sache oder das Objekt bezogene Auseinandersetzung in erklärender, analytischer und synthetischer Ausrichtung (▶ Abb. 22, ▶ Abb. 24, ▶ Abb. 28 rechts, ▶ Abb. 34)	z. B. zerlegende Explosionszeichnung; Darstellung funktionaler Zusammenhänge, Erklärung der Handhabung und des Gebrauchs, Bauanleitungen	Sachzeichnung/Erklärende, Zeichnung; Naturwissenschaftliche Zeichnung; Diagramme Künstler: Anatomische Zeichnungen von Leonardo, Konrad Klapheck, ...
Erfindungen und Utopien; Suche nach Lösungen bei Problemstellungen mit Hilfe eines zeichnerischen Entwurfsprozesses (denkende Hand); Experimentelles Zeichnen; Erprobung von Abstraktionsformen (▶ Abb. 23, ▶ Abb. 25, ▶ Abb. 29, ▶ Abb. 33)	Alle spurgebenden Materialien; Erprobung neuer Darstellungs-verfahren hinsichtlich Komposition, Raum, Proportion, Textur und Faktur etc.	Entwurfszeichnung; Skizze, Vorskizze, Kompositionsskizze, Architekturskizze etc. Künstler: Raphael, Michelangelo
Illustrieren und Inszenieren; erzählende Formen im Einzelbild oder Bildfolgen (▶ Abb. 33, ▶ Abb. 35)		Illustration; Comic; *graphic novel*
Konstruierendes Zeichnen (▶ Abb. 24)	Normativ festgelegte Wiedergabeformen mit Bemaßungsregeln zum bauenden oder konstruierenden Nachvollzug	Technische Zeichnung, CAD, Architekturzeichnung, Pläne etc. Diagramme, Schaubilder; Liniennetzbilder für Bus- und U-Bahnfahrpläne
Ausdruckszeichnung (▶ Abb. 28)		Klee, Twombly

Tab. 3: Didaktisch relevante Struktur des Gegenstandsfeldes Zeichnen – Fortsetzung

Herangehensweisen	Handwerks-, Gestaltungsformen	Beispiele, Genres, Gattungen
Diagrammatische Notationen		Partituren, Choreografien, Netzdiagramme usw. Künstler: Jorinde Voigt

Bildungsziele und -potenziale im Kunstunterricht

Zeichen ist eine Kulturtechnik, die aufgrund ihrer Potenziale für die denkende, gestaltende und innovative Auseinandersetzung mit Welt (vgl. Koschatzky 1987, Miller/Schmidt-Maiwald 2020) einen bleibenden Stellenwert in Anspruch nehmen kann. Zeichnung ist damit essenzieller Bestandteil im Projekt allgemeiner Bildung. Ihr Anspruch beruht vor allem auf einer auf Mimesis aufbauenden Grundhaltung im bildlichen Nachvollzug des Wahrnehmens, Verstehens, Klärens und Analysierens, um dieses zu einer Darstellung zu bringen. Generell ist Zeichnen Ausdrucks-, Erkenntnis-, Kommunikations- und Reflexionsmedium (vgl. Lutz-Sterzenbach 2015). Als Visualisierungsform durchdringt die Zeichnung wie auch die Sprache weite Lebensbereiche und zahlreiche Berufsfelder. Vor allem in Entwurfsprozessen, ob in analoger oder digitaler Form, spielt sie ihre Vorteile aus und ist bis heute ein unverzichtbares Gestaltungmittel (vgl. Heinen 2014). Sie befähigt uns zu entdecken, zeichnend Ideen zu generieren und u. U. zu ungeahnter imaginativer und produktiver Aktivität zu gelangen (Brandenburger 2020, S. 137). Unter den zahlreichen Wegen der bildsprachlichen Auseinandersetzung bietet die Zeichnung wohl die direkteste Form der Weltbegegnung. In der Kinderzeichnung finden erste frühe Formen der Bildherstellung statt. Zeichen leitet hier wahrnehmende, lernorientierte und reflexiv klärende (Glas 2015b, S. 318) Entwicklungsprozesse an. Aufbauend auf dieser Vorerfahrung sollen Schülerinnen und Schüler erlernen, wie Phänomene zur Darstellung gebracht werden können, indem sie die Parameter der Wahrnehmung, Vorstellung und Darstellung unter den Bedingungen des Abgleichs von Wahrnehmungsschemata und Darstellungsformeln in Zusammenhang bringen. Die Ausbildung eines breiten Darstellungsrepertoires mit Hilfe geeigneter Themen ist daher von essenzieller Bedeutung für den Kunstunterricht (vgl. Brandenburger 2020, S. 137; Nürnberger 2009).

Struktur des Könnens

Zeichnen lernen zu wollen ist eine zentrale und häufig vorgetragene Forderung der Schülerinnen und Schüler an den Kunstunterricht. In mimetischer Absicht wollen sie ihren individuellen Stand des Könnens weiter ausbauen. Das wiederholte Üben unter Anwendung möglichst vieler inhaltlicher Impulse ist beim Zeichnen-Lernen ein entscheidender Lernweg. Die Aufgaben bewegen sich im schon beschriebenen Spannungsfeld (▶ Kap. I.2) zwischen den entwicklungspsychologisch beschreibba-

2 Gestaltungsfelder des Kunstunterrichts

Abb. 20: Unterstufe (Kl. 5), Mein Kuscheltier. Tafelzeichnung der Kunstlehrerin als Wahrnehmungshilfe und Anleitung zum Aufbau von Darstellungsformeln für Licht/Schatten-Wirkungen und Oberflächenstrukturen (Archiv Amado)

Abb. 21: Mittelstufe (Kl. 10), Zeichenfortschritt als Modifikation von Vorstellungsschema und Darstellungsformel durch zeichnerische Erarbeitung und Übung von Teilelementen des Gesichts und Zusammenführung im Selbstportrait (vor dem Unterricht, Zwischenstand, Endergebnis) (Archiv Scharnowski, Krautz)

ren Denk-, Vorstellungs-, Wahrnehmungs- und Darstellungsmöglichkeiten und den subjektiven Ausdrucksbedürfnissen der Heranwachsenden. Entscheidend für die Förderung des Könnens ist die Beachtung des Stellenwerts bildlicher Vorstellung, die in Form von Darstellungsformeln (Glas 1999) mit Beginn des Zeichnens und der frühen Kindheit entwickelt wird. Wie in Abb. 19 und 21 gezeigt, ist eine Zeichnung ohne den bereits eingeübten Formelbestand als Ausgangspunkt kaum realisierbar. Sowohl beim Zeichnen aus der Vorstellung/Gedächtnis als auch beim Zeichnen vor dem Modell wird dieser abgerufen und muss zum Gelingen der Zeichnung im

Abgleich der Wahrnehmung einer gezielten Modifikation unterzogen werden. Ein körperlich-motorisches Wissen – gleichsam der dazugehörige Ausführungsplan – bildet dazu die Grundlage. So muss jeweils die Umrisslinie aus der Vorstellung der visuellen Gegebenheit angepasst oder die aus dem Gedächtnis niedergelegte Gestalt durch Probieren einer beständigen Korrektur unterzogen werden. Routinierte Zeichner verfügen über größere Flexibilität als Ungeübte, daher gelingt ihnen der Anpassungsvorgang besser. Ausnahmen bilden dabei Gestaltformen, die durch wiederholtes Üben zu einem festen wiederholbaren Formelbestand geworden sind. Hier ist häufig die Gefahr der festgelegten Schemata oder unbedachter Klischeeformen zu verzeichnen.

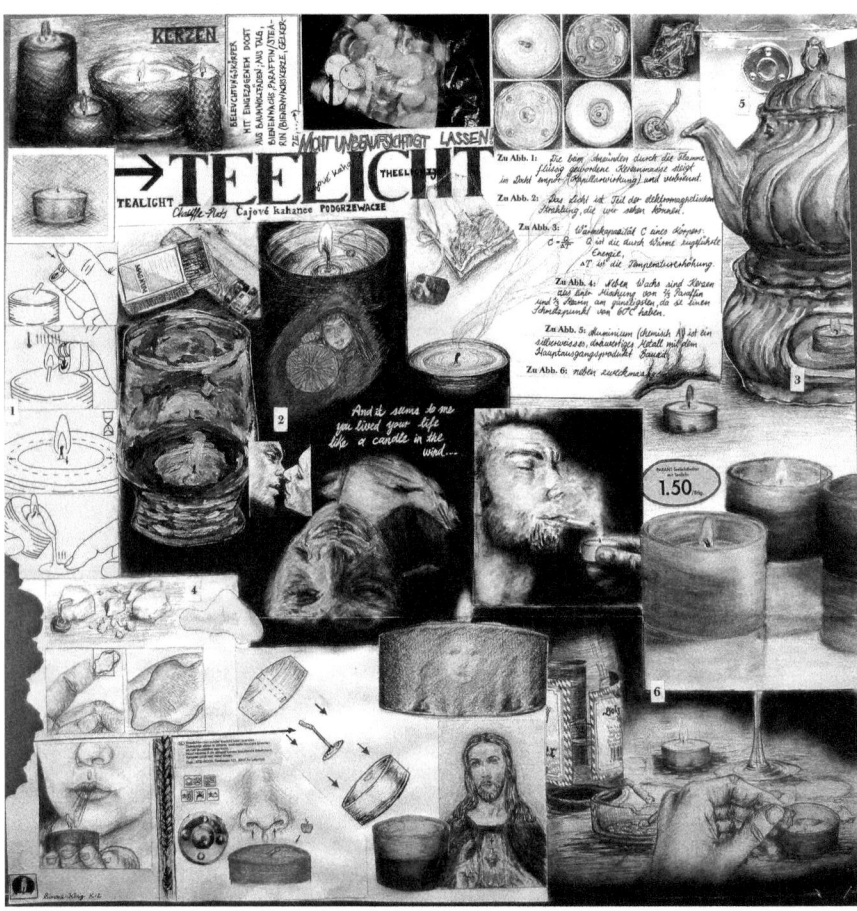

Abb. 22: Oberstufe (Kl. 12), Teelicht – Bleistift, Buntstift und Collage. Erklärende und analytische Sachzeichnung in Verbindung mit thematisch assoziativem Mapping. Die Funktion, Benutzung und die Bedeutung des Gegenstands werden bildlich mit Hilfe einer umfangreichen Recherche zusammengeführt. (Archiv Glas)

2 Gestaltungsfelder des Kunstunterrichts

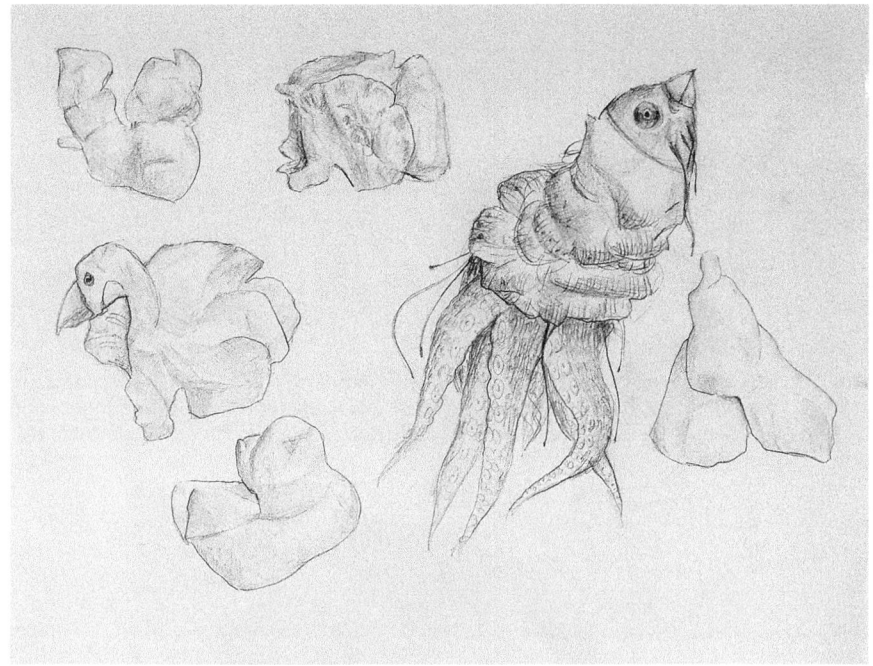

Abb. 23: Oberstufe (Kl. 11), Entwicklung eines imaginativen Mischwesens aus der Kombination von Anschauungsbezügen (biologische Zeichnungen und Popcorn-Formen) (Archiv Bellebaum, Krautz)

Abb. 24: Mittelstufe (Kl. 8), Grundriss und Planzeichnung (Archiv Amado)

Teil III Didaktik der Gegenstandsfelder des Kunstunterrichts

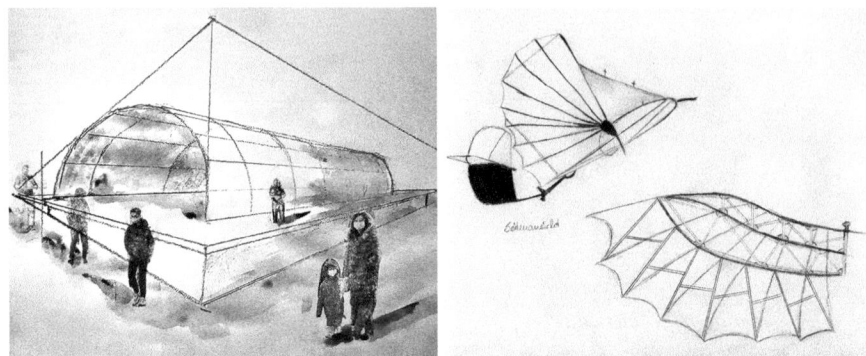

Abb. 25: Links: Mittelstufe (Kl.10), Perspektivische Zeichnung von Räumen und Gebäuden, Transferdruck (Archiv Bonath). Rechts: Oberstufe (Kl. 11), »Erfindungen und Utopien« – Bleistift. Entwerfende Studie nach Lösungen für ein Flugmodell (Archiv Glas)

Abb. 26: Mittelstufe (Kl. 10), Zeichnung/Buntstift und Collage (im Homeschooling entstanden). Thema: »Schließe ich die Augen, dann sehe ich ... – Am Ende des Lockdowns« (Zeichnung: Nele Bier; Archiv Tangian)

Altersbezug und Curriculum

Vorschulisches Feld: Sensomotorisches Erkunden von Spuren erzeugenden Materialien und Zeichenwerkzeugen: Stifte, Kreiden, Hölzer, Pinsel etc. auf bezeichenbaren Untergrund (Pappen, Papiere etc. verschiedener Stärken); Entdecken des Zusammenhangs von Bildzeichen und Bedeutung; Beginn der Entwicklung von Darstellungsformeln; erste elementar topologische Lagebeziehungen der Bildelemente werden in eine zunehmende Organisation des Bildraums übergeführt; Prinzip deutlicher Richtungsunterscheidung; Bedeutungsgröße/Ausdrucksproportion; Beachten von Groß/Klein- Beziehungen

Grundschule: Erweiterung des Formenvokabulars im Zuge komplexerer narrativer Bildinhalte und genauer Beobachtung, z. B. Interagieren von Personen und erste Versuche einer gegenstandsorientierten Zeichnung vor dem Modell (Gegenstände, Pflanzen, Früchte, Tiere etc.); erzählende Themen und Erfassen von Typologien, Verhalten von Tieren und Menschen auf eigener Erlebensgrundlage oder der Medien; körperliche Ausdrucksformen Mimik, Gestik etc.; Anreicherung der Darstellungen mit Motivdetails; weiterhin ganzheitliche Darstellungen, Vermeidung von Überschneidungen, additive Formfügung; das Prinzip Standlinienbild weicht einer komplexeren räumlichen Auffassungen

Unterstufe: zunehmend realistische Bildsprache; additive Darstellungen werden von integrativen abgelöst; abweichend von der Frontaldarstellung sind Figurendarstellungen nun auch im Profil möglich; Binnendifferenzierung mit Strukturen zur Bezeichnung des Gegenstandes; Beachten von Proportionen; Naturstudien, Aufbau bildlicher Erzählformen (Bildgeschichte, Comic); weitere Themen: Erfindungen, z. B. utopische Fahrzeuge oder Flugobjekte; Figuren im räumlicher Situation und Bewegung; Sport, Feste und Feiern; Selbstdarstellung

Mittelstufe: Ausbau eins realistischen Darstellungsrepertoires durch festen Betrachter-Standpunkt; Anwendung von perspektivischen Regeln (z. B. Parallelperspektive, Zentralperspektive); räumlich-plastische Wiedergabe durch Hell/Dunkelmodellierung (Körperschatten, Schlagschatten); Erproben einer ausgeprägten Bildsymbolik für komplexere Bildinhalte in einer Weltbegegnung; weitere Themen: Entwerfen von Gebrauchsgegenständen im angewandten Bereich, z. B. Schmuckobjekte, Mode, Piktogramme, Flyer, Plakat, Websites, Comic, Technische Zeichnung (vgl. Sowa/Glas/Seydel 2010)

Oberstufe: Naturstudium in Ausschnitten; realistische Bildauffassung in Verbindung mit abstrakt symbolischen Darstellungselementen; Berücksichtigung des gesamten Bildraums hinsichtlich einer intendierten Bildaussage; Aufbau einer individuellen künstlerischen Formensprache, auch in Auseinandersetzung mit der Zeichnung der Gegenwartskunst

Literaturauswahl

Glas (1999); Glas/Krautz (2017); Koschatzky (1987); Wölfflin (1915)

Teil III Didaktik der Gegenstandsfelder des Kunstunterrichts

Beispiele (Vorschule, Grundschule, Unterstufe, Mittelstufe, Oberstufe)

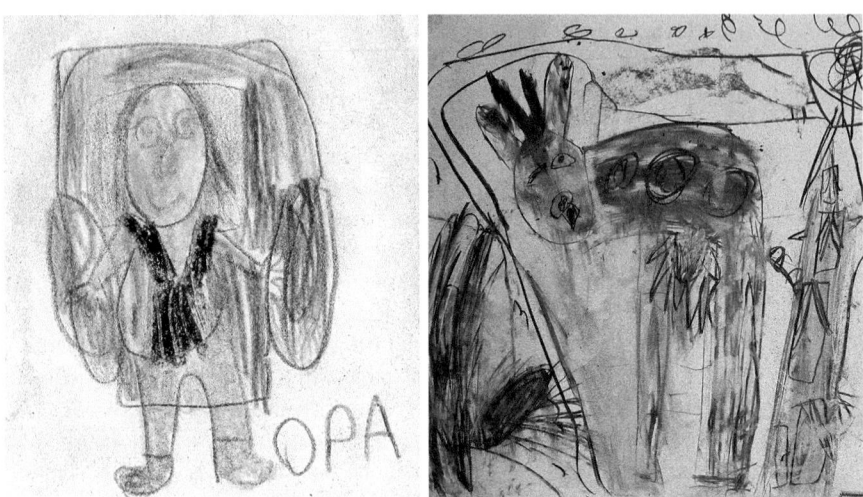

Abb. 27: Vorschulisches Feld (beide Abbildungen ca. 5 Jahre), »Mein Opa im großen Sessel«, »Kuh im Stall« – Bleistift, Buntstift und Zeichenkohle. Die Themen entwickeln sich zunehmend auf der Basis des gewachsenen Darstellungsrepertoires des Kindes und seiner Erlebensgrundlage. Bevorzugt werden Themen aus dem häuslichen und familiären Umfeld: Tierdarstellungen, Spielsituationen, Geschichten und Erzählungen aus Vorstellung und Beobachtung, Bezug zu Natur, Baum und Pflanzen, erste Berührungen mit Inhalten aus den Medien. (Archiv Glas, Morawietz)

Abb. 28: Grundschule (Kl. 3), »Räuber« – Kohlezeichnung auf Packpapier. Größe 30x40 cm. Der Räuber Hotzenplotz als archetypisches Bild aus der Geschichte von Ottfried Preußler. »Mein Fahrrad« – Bleistift und Buntstift. Größe DIN A4. Nach intensiven Studien und Beobachtungen zeichnen die Kinder eine erlebte Fahrradgeschichte aus der Erinnerung. (Archiv Glas, Franke/Limper)

Abb. 29: Unterstufe (Kl. 6), Daedalus und Ikarus – Entwurfszeichnung für Figuren eines Schattentheaters. Bezug und Adaption der Figurenschemata antiker Vasen in Verbindung mit eigenen Darstellungsabsichten (Archiv Lindau, Krautz)

Abb. 30: Unterstufe (Kl. 7), »Imaginative Portraits zum Jugendbuch Tschick« – Kohle, Kreide auf Papier (Archiv Trommer, Krautz)

Teil III Didaktik der Gegenstandsfelder des Kunstunterrichts

Abb. 31: Unterstufe (Kl. 7), »Unser Kunstraum«. Erste Freihandzeichnung nach anschauungsbezogener Erarbeitung der Zentralperspektive (Archiv Mingels, Krautz)

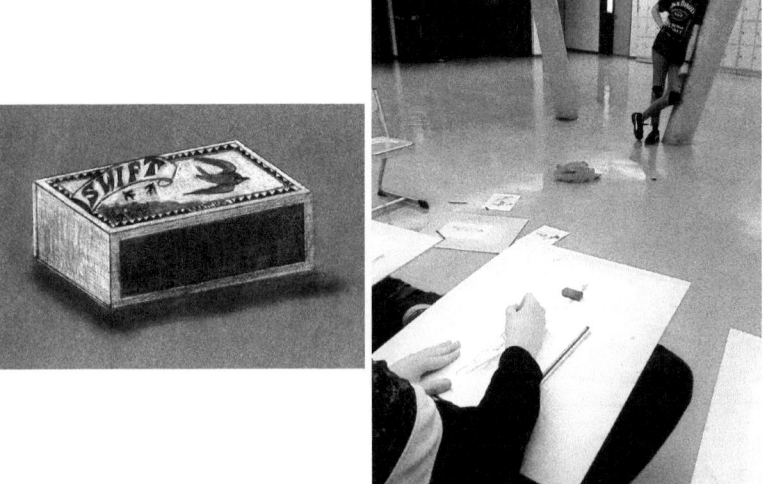

Abb. 32: Links: Mittelstufe (Kl. 8), »Streichholzschachtel« – Buntstift mit Weißhöhung. Größe 20x30 cm. Übungsobjekt zur Beobachtung und Darstellung der Lichtsituation. Raumwiedergabe mittels Körper- und Schlagschatten. Räumlich-plastische Übung und Studie mit linearperspektivischen Mitteln (Archiv Glas). Rechts: Mittelstufe (Kl. 9), Figürliches Zeichnen nach dem Modell (Archiv Tangian)

2 Gestaltungsfelder des Kunstunterrichts

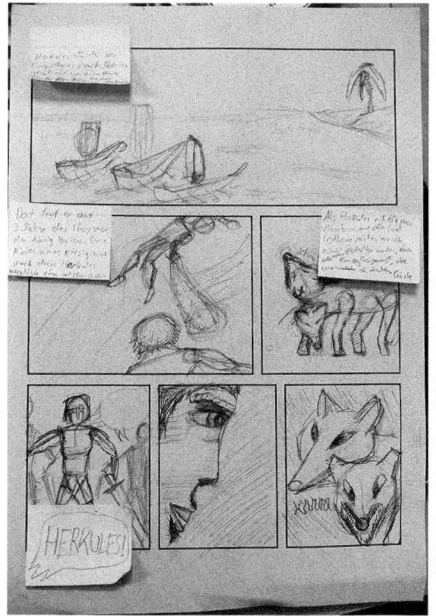

Abb. 33: Mittelstufe (Kl. 8), Erzählendes Zeichnen, »Comic« – Bleistift, Buntstift, Filzstift. Entwurf, Ausführung (Archiv Haase, Krautz)

Abb. 34: Links: Oberstufe (Kl. 11), »Wiesenstück« – Bleistift, Buntstift auf Papier, Collage und Fotokopien. Naturstudium, Recherche zu einem Wiesenstück nach Dürer und heute (Archiv Glas). Rechts: (Kl. 12) Stillleben, Naturstudium (Ausschnitt) – Bleistift auf Papier (Evelin Kosucha, Archiv Tangian)

Teil III Didaktik der Gegenstandsfelder des Kunstunterrichts

Abb. 35: Oberstufe (Kl. 12), »Figur bewegt sich aus dem Bild« – Bleistift, Papier mit einer gerissenen Lochform, auf die die gezeichnete Figur mit einer Geste reagiert. Wiedergabe komplexer räumlicher Zusammenhänge unter Berücksichtigung von Licht- und Schattenwerten. Zeichnen als Zeichensetzung mit klarer Botschaft in kommunikativen Prozessen (Archiv Glas)

2.2.2 Malen

Allgemeine Gegenstandsklärung

Wie im Kapitel zur Zeichnung bereits dargestellt, ist nach Wölfflin (1915) das Malerische weniger der tastenden Empfindung eines im Umriss bestimmten Körpers zuzurechnen als vielmehr seiner in Distanz und mit dem »Fernsinn« wahrgenommen Erscheinung. Die Wahrnehmung von Stimmungen und Atmosphären ist demnach deutlicher der Farbe überlassen. Im Alltag erleben wir die Farbe fast ausschließlich in dieser ganzheitlichen Erscheinung, also kaum als absolute Größe für sich stehend und in ihrem Eigenwert, sondern ortsbezogen und gebunden an das Erleben des Gegenstandes (z. B. das rote Kleid, das schwarze Auto etc.). Farbe fällt uns hier primär in ihrer Signalwirkung oder als Atmosphäre schaffender Stimmungsträger auf. Farbe greift dabei tief in das psychische Empfinden der Menschen ein. Schönes oder Hässliches wird zu hohen Anteilen über die Farbe wahrgenommen.

Die hier vorgenommene Unterscheidung zwischen einer taktil auf den körperlichen Umriss bezogenen Darstellung und der ganzheitlich atmosphärisch bestimmten Erscheinung entspricht der klassischen Unterscheidung von Disegno und Colore, von Schema und Chroma (vgl. Glas 2016): Malerei hat es nicht vorrangig mit Umrissen von Formen zu tun, sondern mit der zusammenstimmenden flächegen Gestaltung mit Farbtönen. Das hat direkte Auswirkungen auf die Maldidaktik: Die Grundaufgabe ist es, den zeichnerischen Umgang mit Farbe bei jüngeren Kindern mittels des Anschauungsbezugs und der Einführung in malerische Gestaltungsmöglichkeiten zu einem im o. g. Sinne künstlerischen Umgang mit Farbe zu bilden. Dies wird besonders in einer auf Mimesis beruhenden Wiedergabe in den Blick genommen. Dagegen wird z. B. der Symbolwert oder die physikalische, farbphysiologische und -psychologische Eigenschaft mit Blick auf die Zielsetzung des Malenlernens als zunächst sekundär betrachtet.

Inhalte des Gegenstandsfeldes

Die Inhalte des Gegenstandsfeldes Malerei begründen sich wie schon bei der Zeichnung anthropologisch und kulturanthropologisch in der grundsätzlichen Affinität zur Farbe und dem besonderen farbsinnlichen Verhältnis des Menschen zur Welt. Farbe unterliegt aber auch einer kulturell und historisch gewachsenen Bedeutungszuschreibung. Wie die Zeichnung ist sie Ausdruck unseres Selbst-, Mit- und Weltverhältnisses. Das zeigt sich in Ritualen, in der Übereinkunft von Zeichen und Symbolwerten, in Religion und Kunst, lebenspraktischen Zusammenhängen wie etwa im Straßenverkehr, in Form von Zeichen und Signalen und in angewandten kommunikativen Feldern der Werbung und Gebrauchsgrafik. In den genannten Feldern tritt Farbe einmal als absolute Farbe, als Dingfarbe in ihrem farbigen Eigenwert in Erscheinung – oder atmosphärisch, meist in Verbindung mit bildlich-mimetischen Wiedergabeformen. In der Kunst sind beide Formen anzutreffen. Hier leiten sich die Gestaltungsakte immer auch von einem leibsinnlich-physischen und psychischen Verhältnis ab – als imitierend-impressives, als expressives sowie als rein konstruktives Verfahren. Die klassischen Themen der Malerei wie die Darstellung des Menschen und der Dinge in Natur, Zeit und Raum unterscheiden sich kaum von anderen Gestaltungsfeldern, gleichwohl im Umgang mit Farbe eine besondere Nähe zu expressiven Ausdrucksmitteln im Spannungsfeld eines existenziellen Lebensentwurfs vermutet werden darf. Diese äußern sich in der Betonung der malerischen Geste und persönlich individuellen Handschrift, wie diese etwa im Spätwerk Tizians, bei Rembrandt, van Gogh, Beckmann, Munch etc. anzutreffen sind.

Struktur des Gegenstandsfeldes

Eine nachbildend mimetische Darstellung geht von der durch die Wahrnehmung gegebenen Farbkonstanz aus, die sich in der erinnerten Darstellungsformel als Farbschema oder auch den Dingen anhaftende Farbe zeigt. Ein maldidaktischer Ansatz muss daher die entwicklungsbedingte Transformation von der durch Schemata bestimmten Anschauung bis hin zur auf Farbautonomie hin angelegten Gestaltung begleiten (▶ Abb. 39 oben). Dies bedeutet, dass im Kunstunterricht Farbe in ihrer materiell sinnlichen Erscheinung als subjektive wie objektive Größe – z. B. wenn es darum geht, Farbe in einem plastisch räumlichen Zusammenhang zur Anwendung zu bringen – bis hin zur Bedeutung der Farbe im Design und Kommunikationsdesign thematisiert werden muss. Die Kunstgeschichte zeigt, dass es viele Malstile, Auftragsweisen, Farbtemperamente, maltechnische Methodiken usw. gibt, die in je individuellen Darstellungsstilen wie etwa bei Tizian oder van Gogh weiterentwickelt wurden und von der künstlerischen Persönlichkeit geprägt sind. Kunstunterricht, der sich nur diesen formal-materiellen Aspekten zuwendet, verzichtet auf das breite Anwendungsfeld der Farbe. Aufgaben, die frei experimentierende und formal-expressive Herangehensweisen bevorzugen, gelten zu Unrecht als besonders kreativitätsfördernd und Fantasie anregend (vgl. Fröhlich/Krautz 2021). Dem umfassenden Phänomen Farbe wird man hier kaum gerecht. Vor allem verkennen solche Ansätze den grundlegenden gegenstandsorientierten Gestaltungswillen der Kinder und Jugendlichen.

Tab. 4: Didaktisch relevante Struktur des Gegenstandsfeldes Malen

Herangehensweisen	Handwerks-, Gestaltungsformen	Beispiele, Genres, Gattungen
Material- und Eigenwert: Farbe erkunden als materielle Erscheinung und Farbsubstanz im subjektiv individuellen Zugriff	Auftragsformen und malerische Verfahren: lasierend, pastos, Farbdripping, spontan expressiver Gestus; Verwendung verschiedener Malmittel, Acryl, Dispersion, Ölfarbe, Lacke, digitale Verfahren; Betonung des materiellen Eigenwerts	expressive Formen der Darstellung, z. B. im Spätwerk bei Tizian; Expressionismus; Action Paiting; Amerikanischer Expressionismus nach 1945: Pollock, de Kooning etc.
Darstellungswert: Farbe erkunden unter den Bedingungen mimetischer Wiedergabe; Farbe als relationale, intersubjektive Größe	Differenzierung der Farbschemata in Abgleich zur optischen Erscheinung des Gegenstands; Unterscheidung von Licht- und Schattenwerten; Farbwert und Form; Figur und Grund; kolorierend, modellierend, modulierend usw.	Expressive, impressive, valeuristische, modulierende Richtungen, Beispiele von Giotto über Cézanne bis Neo Rauch
Malkunde, Maltechniken	Bindemittel und Pigmente; Malgründe und Grundierung	Freskomalerei, Tempera, Öl, Acryl etc.
Ordnungswert	Farbsystematik orientiert an Grundkörpern wie Kreis, Dreieck oder Kugel	Farbsysteme nach Newton, Goethe, Runge, Itten
Farbe im angewandten Bereich, Zeichen- und Signalwert im Kommunikationszusammenhang	Farbe betont gegenstandsbezogen und unterstützend die Erscheinung von Artefakten; Illustrieren von Geschichten und Erzählungen	Plastik, Keramik, Produkt- und Mediengestaltung/Design Ikons, Verkehrszeichen; Architektur, Bilderbuch und Illustration etc.

Bildungsziele und -potenziale des Kunstunterrichts

Farbe ist Teil der sichtbaren Welt. Umgang mit und Verwendung von Farben haben sich in der Geschichte der Farbe und Malerei wie auch bei anderen visuellen Künsten (Plastik, Architektur, Produkt- und Mediengestaltung usw.) kulturspezifisch in einer Folge geschichtlicher Entwicklungen ausdifferenziert. Im kunstdidaktischen Fokus steht daher die farbige *Darstellung* als ein kulturell und lebensweltlich relevantes Feld menschlichen Könnens und Wissens. Die »Bedeutung«, die Farbe im Weltverstehen von Kindern und Jugendlichen einnimmt, ist einerseits subjektiv und individuell geprägt, anderseits in einem umfassenden Gefüge kultureller Bedeutungszuweisungen und Traditionen verwurzelt. Bildung auf dem Gebiet des Farbverstehens und des farblichen Darstellungskönnens heißt daher im Wesentlichen Enkulturierung in einer langen geschichtlichen Linie sozial konventionalisierter Sinnzuschreibung des Farbverstehens und der Farbbenutzung. Farbe ist ein Aspekt unserer Vorstellungswelt und unseres subjektiven Empfindens. Die Kunstdidaktik verfolgt in Unterscheidung davon einen eigenen Zugang: Sie macht Farbe durch Darstellung zugänglich, vermittelt zwischen Wahrnehmung und Vorstellung und der jeweils auch damit verbundenen Empfindung. Die künstlerische Praxis bildet dabei eine entscheidende Grundlage, die Felder subjektiv individuellen Empfindens mit den Vorgaben einer auf das Objekt bezogenen Wiedergabe in Verbindung zu setzen, also im eigenen malerischen Tun in »Wechselwirkung« mit der Welt farbiger Erscheinungen zu treten. In diesem Spannungsverhältnis lernen wir mitzuteilen, wie wir die Welt »farbig« sehen. Damit erschließen sich über das Malen zugleich die Dimensionen von Schönheit und Sinn in dieser Welt. Paradigmatisch ist dies an den Beispielen der Kunst abzulesen.

Struktur des Könnens

Wie bei der Zeichnung bedeutet »Malenkönnen« für Schülerinnen und Schüler: mit farbigen Mitteln etwas darstellen können. Der Anschauungsbezug zu Objekten, aber auch zu Kunstwerken als Vorbilder ist dabei unerlässlich und unverzichtbar (vgl. Gonser 2018, Miller/Gonser 2019). Malenlernen vollzieht sich überwiegend im *vergleichenden Sehen:* Farbwerte müssen sowohl am Gegenstand als auch beim Mischen der Farbe auf der Palette genau beobachtet werden. Dabei gilt es, die Farbwerte in ihrer plastischen Erscheinung im Licht- und Schattenwert zu erkennen, zu isolieren und den Abgleich mit den vorhandenen Vorstellungsschemata bzw. der erinnerten Dingfarbe zu finden. Mit dem wiederholten Blickkontakt auf die farbige Erscheinung soll die farbige Darstellung nicht willkürliche Setzung sein, sondern relational auf das Objekt reagieren (▶ Kap. III.2.2.1). Die Erfahrung zeigt, dass ein ausschließliches »Malen aus der Vorstellung« stets defizitär bleibt – ausgenommen sind hier malerisch extrem erfahrene Künstlerinnen und Künstler. Malenkönnen erwächst daher vor allem aus der Förderung einer gebildeten Wahrnehmungsfähigkeit, die es erlaubt, zwischen den eingebrachten Farbschemata und den Vorgaben der Objekte hin und her zu wechseln.

Eine Übung dazu im vergleichenden Sehen kann sehr hilfreich sein: Der Vergleich erinnerter Farbschemata mit Farblösungen malerischer Vorbilder, verbunden mit dem Versuch, diese Farben selbst nachzuvollziehen, differenziert die Farbvorstellung und verhilft dazu, *gezielt* Farbe einzusetzten und sich nicht nur mit ungenauen und letztlich unbefriedigenden schematischen Wiederholungen abzumühen.

Abb. 36: Vergleichendes Sehen, Lernen von Vorbildern – Claude Monet, »La Pie« mit Farbvergleichspunkt (Gonser 2016, S. 63)

Abb. 37: Mittelstufe (Kl. 10). »Landschaft« – Acrylfarbe auf Papier. Fotografische Schwarz-Weiß-Vorlage und farbige Ausführung (Archiv Amado)

Das Beispiel (▶ Abb. 36) veranschaulicht die Diskrepanz zwischen Vorstellungsbezug und Anwendung der Erscheinungsfarbe in Monets Winterlandschaft. Der weiße Punkt bildet dabei das invariante und gespeicherte Farbschema (»weiß«) aus der Vorstellung, das eine notwendige Differenzierung erst im genauen Wahrnehmungs- und Darstellungsprozess erfahren muss. Zentraler Ansatz im Feld methodischer Vermittlung ist dabei das *vergleichende Sehen*. Der klassische Farbkreis, der in manchen Formen der Kunstdidaktik oft als Vorstellungsmodell benutzt wird, liefert allenfalls ein grobes Modell für buntfarbige Darstellungen, ist jedoch als abstraktes Vorstellungsmodell zu weit von der Wirklichkeit entfernt, um die Wahrnehmung in der Vielfalt der Erscheinungsfarben so zu unterstützen, dass sie darstellbar werden[34]. Abbildung 39 zeigt hingegen zum Thema Portrait das Ergebnis eines gezielten Nachmischens des Hauttons. Im Vergleich entsteht zur Lokalfarbe ein passender Schattenton, der die Darstellung von Körperlichkeit durch Farbmodellierung ermöglicht. Auch in diesem Beispiel wird die erinnerte Farbformel bzw. Schemafarbe mit der Wirklichkeit abgeglichen.

Den didaktischen Umgang mit dieser Problematik verfolgt auch das Beispiel *Landschaft* in Abbildung 37. Ausgehend von Fotografien der Heidelandschaft am Wohnort der Schülerinnen und Schüler werden unter Bezug auf zuvor betrachtete kunsthistorische Vorbilder farbliche Äquivalenzen und Kompositionsmöglichkeiten entwickelt. Dabei wird die direkte Adaption eines Farbschemas durch die Schwarz-Weiß-Vorlage verhindert. Breite Borstenpinsel und die Verwendung pastoser Farbe unterstützen zusätzlich die Übersetzung in eine Farbflächenkomposition. Ein besonderes Augenmerk wird auf die Entwicklung eines kontinuierlichen Farbraumes gelegt. Das Beispiel zeigt das Bemühen der Schülerinnen und Schüler, die spezifische Atmosphäre der ihnen vertrauten Alltagslandschaft wiederzugeben.

Altersbezug und Curriculum

Ein Curriculum des farbigen Darstellens orientiert sich an den entwicklungsbedingten kognitiven Vorgaben der Wahrnehmungs- und Vorstellungsleistungen, wie sie durch die Kinder- und Jugendzeichnungsforschung belegt sind (vgl. z.B. Oswald 2003; Dietl 2004; Glas 2016; Gonser 2018). Die folgende Tabelle (vgl. Gonser 2018, S.96f.) listet die entwicklungsbedingten Schritte einer Transformation der erinnerten Schemafarbe auf:

Tab. 5: Entwicklungsbedingte Schritte im Gegenstandsfeld Malen

Gestaltungs-prinzipien	Didaktische Aspekte bezüglich des »Malenkönnens«	Werkbeispiele und Entwicklung (Schulbezug)
Dingfarbe, Farbflächen Schematisches Farbverständnis	Flächig kolorierende Farbverwendung bzw. Farbauftrag, spontan oder zufällig gestische Setzung, häufig u.a. auch unter Verwendung der Lieblingsfarbe	Henri Matisse, André Derain, Paul Gauguin (Vorschule bis Primarstufe)
Lokalfarbe, Farbübergänge	Einbeziehen von vergleichenden Aspekten zur Wahrnehmungsschulung, Farbe erfüllt verschiedene Funktionen zur Kennzeichnung des Gegenstands z.B. Nachmischen	Van Gogh, Kirchner, August Macke, Alexej Jawlensky, Mittelalterliche Kunst (Primarstufe, untere Sekundarstufe)

---

34 So wurde der Farbkreis auch in der Geschichte der Malerei nur bei einem sehr kleinen Kreis von Künstlern wirklich als Vorstellungsmodell benutzt.

Tab. 5: Entwicklungsbedingte Schritte im Gegenstandsfeld Malen – Fortsetzung

Gestaltungsprinzipien	Didaktische Aspekte bezüglich des »Malenkönnens«	Werkbeispiele und Entwicklung (Schulbezug)
	der Hautfarbe, Farbe aus der Naturbeobachtung	
Hell-Dunkel-Modellierung	Erfassen der Körperlichkeit durch Farbe, Unterscheidung zwischen Körper- und Schlagschatten am einzelnen Gegenstand Variation des Farbauftrags, lasierend, pastos	Georges de la Tour, Rembrandt, Rubens (Mittelstufe)
Farbmodulation, Luft- und Farbperspektive	Räumlichkeit durch Farbe nicht nur am einzelnen Gegenstand, sondern im Bildzusammenhang, Verblauung, Warm/Kalt, zunehmende Grauanteile	Malerei der Renaissance, z. B. Piero della Francesca, Raphael, Caspar D. Friedrich (Mittelstufe)
Erscheinungsfarbe	Farbbeobachtung: Farbbeziehungen durch eine optisch impressive Farbgebung, abhängig von Lichtsituation und Atmosphäre (Pleinair-Malerei)	Malerei der Renaissance, z. B. Piero della Francesca, Raphael, Caspar D. Friedrich (Mittelstufe)
Differenziertes Farbverständnis in Kombination aller Aspekte hinsichtlich einer Darstellungsabsicht: Ausdrucksfarbe, Symbolfarbe, Farbsystematik	Individuelle Farbgebung, Berücksichtigung des gesamten Bildzusammenhangs gemäß einer intendierten Stimmungslage, Bildaussage oder Farbkomposition. Farbe wird als absolute Größe u. a auch hinsichtlich ihres Symbolwerts verstanden	Caspar David Friedrich, Gericault, Kirchner, Andy Warhol (Oberstufe bis Erwachsenenalter)

Literaturauswahl

Glas (2016); Gonser (2016, 2019); Sowa/Glas (2016); Miller/Gonser (2019)

Beispiele (Vorschule, Grundschule, Unterstufe, Mittelstufe, Oberstufe)

Abb. 38: Links: Grundschule (Kl. 3), Rinder – Erdpigmente mit Acrylbinder auf Tapete. Die Darstellung orientiert sich an Bildern und Maltechnik der Höhlenmalerei (Archiv Glas). Rechts: (Kl. 2), Spiegelung am Ufer eines Teiches – Deckfarben. Freie Nachempfindung eines Gemäldes von Peter Doig (Archiv Makstadt, Sowa)

Abb. 39: Unterstufe (Kl. 6), Portraits – Deckfarben. Größe DIN A3. Gezielte Mischung der Hautfarbe durch Vergleich. Festtafel (Kl. 6) – Deckfarbe auf Papier. Gemeinschaftsarbeit mit ausgeschnittenen und montierten Bildelementen. Papierbahn. Größe ca. 1,20x5 m. Farbvergleich und gezielte Mischübung zur Farbdifferenzierung und Modifizierung der erinnerten Schemafarbe (Archiv Butz-Glas)

Teil III Didaktik der Gegenstandsfelder des Kunstunterrichts

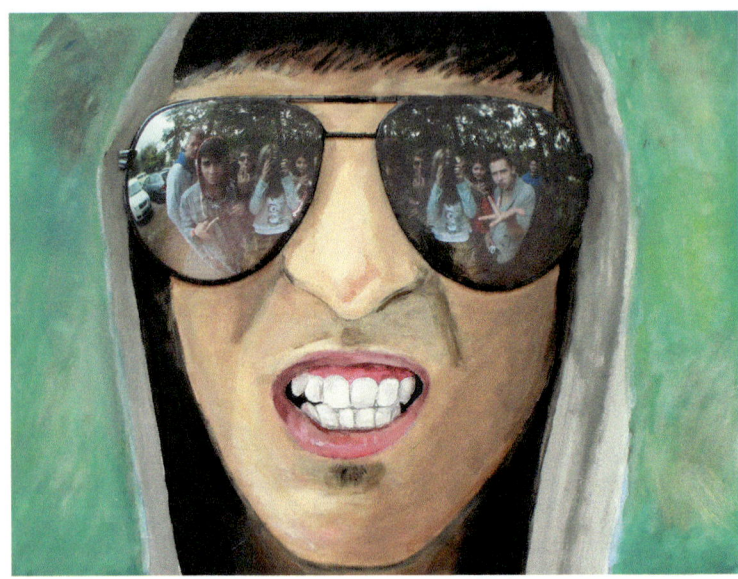

Abb. 40: Mittelstufe (Kl.10), Selbstportrait mit Sonnenbrille – Malerei und Collage. Die spiegelnde Sonnenbrille zeigt, worauf der Gesichtsausdruck reagiert. (Archiv Zülch)

Abb. 41: Mittelstufe (Kl. 9), Vertraute Orte – Deckfarben (Archiv Amado)

2 Gestaltungsfelder des Kunstunterrichts

Abb. 42: Oberstufe (Kl.12), Selbstbildnis – Acrylfarbe auf Karton. Größe ca. DIN A2 (Archiv Krautz). Nächtliche Szene – Deckfarbe auf Papier. Größe ca. DIN A3 (Archiv Glas)

Die beiden letzten Beispiele berücksichtigen eine farbig abgestimmte Gesamtkomposition. Farbe ist Ausdrucksfarbe und Stimmungsträger, sie trägt gezielt zur Steuerung der Atmosphäre im gesamten Bildraum bei. Licht- und Schattenwerte unterstützen zusätzlich die Farbperspektive im Nah- und Tiefenraum.

2.2.3 Plastisches Formen

Allgemeine Gegenstandsklärung

Das plastische Formen von weichen Materialien, auch »Modellieren« genannt, ist eine schon im Neolithikum praktizierte künstlerische Gestaltungstechnik, die als bildhauerische Kunstform in der Kunstgeschichte zur reichen Entfaltung kam, die aber auch in verschiedenen Handwerks- und Industriebereichen als Entwurfs- und Fertigungstechnik genutzt wird. In der Bildenden Kunst ist das Modellieren nicht nur die vorbereitende Formherstellung für Gussverfahren (z.B. Bronze), sondern kann auch als eigenständige Technik z.B. im Bereich der Terrakottaplastik Verwendung finden. Modelliert wird mit den Händen oder auch mit Werkzeugen (vgl. im Überblick Sowa 2016, Amado/Sowa 2020).

Die Bearbeitung von händisch verformbaren Materialien (üblicherweise Ton, Wachs, Knetmassen, auch weicher Gips usw.) vermittelt eine sehr unmittelbare und intensive Erfahrung: Material und Hände treten in sehr engen Kontakt. Das Material wird geknetet, umgriffen, gedrückt, verformt, durchdrungen, zerpflückt, geschnitten, geschabt, gespachtelt, verschmiert, gerollt, geplättet, geglättet usw. Schon kleine Kinder geben sich lustvoll diesen Erfahrungen hin (feuchter Sand, Lehm, Kuchenbacken usw.). Als Hochkunst wurde das Modellieren bei den Griechen (Bronzeplastiken!) oder auch im alten China, in Indien und Benin auf einen Gipfel getrieben und stand als künstlerische Technik im Mittelpunkt vieler Epochen. Noch im 19. Jahrhundert erlebte es einen Höhepunkt und kam auch im 20. Jahrhundert nicht zum Erliegen. Zweifellos kann man von einer Konstante im Bereich der Bildenden Künste sprechen.

Inhalte des Gegenstandsfeldes

Wenn man in die Geschichte der Künste blickt, kann man generell sehen, mit welchen Inhalten sich das plastische Gestalten der Menschheit befasst hat, welchen »Sinn« es vermitteln wollte. Da stehen am Anfang die »heiligen« Tiere, die »schönen« Menschen, die Werkzeuge und die nützliche und schöne Gebrauchsform. Der psychisch-affektive Gehalt tritt zunehmend zu Tage, ebenso wie die Schönheit und die symbolischen Bedeutungen (vgl. näher Sowa 2017c, S. 89 ff.). Im Bereich der Darstellung des Menschen kann man feststellen: Unser Menschenbild wird seit Jahrzehntausenden vor allem im Resonanzraum der plastischen Künste gebildet. Dieses Thema kann niemals überholt sein, auch wenn im Laufe der Geschichte noch viele andere Aufgaben und Formauffassungen dazukamen. Die Inhalte des plastischen Gestaltens sind fast immer Lebewesen. Die Suche nach geeigneten Themen für Aufgabenstellungen in diesem Gestaltungsfeld ist didaktisch von großer Bedeutung. Wichtig sind starke affektive Bezüge – namentlich zur Vitalität von Lebewesen und zur Körperlichkeit menschlicher Personen (Beispiel: »Ich halte meine Katze im Arm«, oder: »Ich verkrieche mich in der Ecke«...).

Struktur des Gegenstandsfeldes

In den Bildhauerkünsten haben sich verschiedene Formtechniken entwickelt, die entweder separat oder gemischt angewendet werden. Die Anwendung der verschiedenen Verfahren bestimmt das Formverständnis sehr grundlegend und erzeugt einen jeweils unterschiedlichen Formcharakter.

Tab. 6: Didaktisch relevante Struktur des Gegenstandsfeldes Plastizieren

Gestaltungsprinzipien	Handwerks-, Gestaltungs- und Kunstgattungen, Materialien	Beispiele
Drücken und Verformen bei gleichbleibender Masse	Kinderspiel, sog. »Plastizieren« als kunstdidaktische Technik ...; Materialien: Plastilin oder andere Knetmassen, Ton, Wachs, Salzteig, Papierpulp ...	Ausrollen oder Auswalzen von Würsten, Platten, Kugeln, Würfeln usw.; Formen kleiner Tier- und Menschenfiguren aus einem Stück usw.
Additives Formen, montierendes Modellieren, Zusammenfügen von Formen aus einzeln geformten Teilen	Spontane Modelliertechnik bei Kindern; auch verwendet im handwerklichen Formenbau ...	Figuratives Formen von Mensch- und Tierfiguren in allen Größen usw., nichtfigurative Formen, Relief, Ornament, Massivformen,

2 Gestaltungsfelder des Kunstunterrichts

Tab. 6: Didaktisch relevante Struktur des Gegenstandsfeldes Plastizieren – Fortsetzung

Gestaltungsprinzipien	Handwerks-, Gestaltungs- und Kunstgattungen, Materialien	Beispiele
		Hohlformen, große Papierplastiken (Pappmaché) usw.
Hinzufügen und Wegnehmen, »Batzel«- oder »Klümpchen«-Technik, Arbeit vom Groben ins Feine	Arbeit mit Auftragen von Modelliermasse auf einem Innengerüst oder einer vorgebauten Grob- oder Hohlform; professionelles Bildhauerhandwerk; Materialien wie oben; auch: Gips (Stuck), auch Papierpulp ...	Figuratives und nichtfiguratives Formen, Modellieren nach dem Modell usw.

Bildungsziele und -potenziale im Kunstunterricht

Das plastische Gestalten hat durch den engen händischen und ganzkörperlichen Materialbezug große Attraktionskraft für Kinder und Jugendliche. Die plastische Arbeit ist anstrengend, fordert die Körperkräfte heraus, aber auch die Anstrengung der Vorstellungskraft, um die Form räumlich von allen Seiten zu durchdenken. Die allseitige Klärung und Durcharbeitung der Form fordert auch eine hohe und ausdauernde Arbeitsintensität. Das plastische Gestalten vermittelt dabei einen direkten leiblichen Weltbezug. Material wird in seiner Gestaltbarkeit und zugleich Widerständigkeit erfahren: Ein eindrucksvolles und wichtiges Bildungserlebnis, das selbst innerhalb des Faches Kunst nicht in allen Gattungen so intensiv erfahrbar ist wie hier. Plastisches Formen ist von hoher Unmittelbarkeit. Körperhafte Gegenstände werden nicht in die Zweidimensionalität übersetzt (wie in Zeichnung oder Fotografie). Die fertig gestalteten plastischen Werke erwachsen aus den Händen, treten zunehmend ihren Schöpfern und Schöpferinnen leibhaft gegenüber. Die Formgenese ist direkt an die leiblichen und geistigen Kräfte gebunden. So wird das Wirksamwerden der eigenen Gestaltungskräfte erfahrbar, weshalb es nicht wundert, dass solchen Selbstwirksamkeitserfahrungen neben erzieherischen auch kompensatorische und therapeutische Wirkungen zugeschrieben werden. All dies sind wichtige Bildungsziele dieser Kunstgattung.

Struktur des Könnens

Die *Einheit der Gestaltform* und die stimmige *Gliederung* der *Durchgestaltung:* Das sind die großen Gestaltungsaufgaben in allen körperhaft-räumlichen Künsten. Plastisches Formen erfordert spezifische Weisen des Vorstellens und Wahrnehmens. Um Lebewesen oder Dinge unter dem Gesichtspunkt ihrer plastischen Form zu sehen und zu »begreifen«, können Hilfsvorstellungen genutzt werden: Knotenpunkte, Proportionssysteme, Raumlinien, abstrakte Grobformen, imaginative Tastbewegungen (z. B. »Lufttiere«) usw. werden in der plastischen Lehre bewusst entwickelt und eingesetzt, um die Komplexität der körperhaften Wahrnehmungen »in den Griff zu bekommen« (vgl. dazu Sowa 2016, Caccavale 2016, Castiglioni 2017, Mileci 2017, Weinmann 2017, Zdraga 2017, Amado/Sowa 2020, Sowa 2020a).

Die beim plastischen Gestalten nötigen Übersetzungsvorgänge sind extrem komplex und müssen in mühsamen und langwierigen Lernprozessen erworben und geübt werden. Auf der Basis von Materialerfahrung, Handfertigkeit und Werkzeugbeherrschung entwickeln sich die Darstellungsmittel. An Beispielen der Kunstgeschichte lässt sich Vieles über die Möglichkeiten der Formsprache lernen. Exemplarisch sei der Begriff der plastischen »Spannung« genannt oder auch der »Ausgleich von Statik und Bewegung«. Der Blick auf eine Sklavenskulptur Michelangelos oder eine Reiterstatue von Marino Marini kann lehren, wie große Künstler mit diesen Gestaltungsprinzipien arbeiten und welche Wirkungen sie damit erzeugen. Das Verstehen der Vorbilder ist das eine, der Weg dahin das andere: Der Lernweg der plastischen Formsprache führt vom Einfachen zum Komplexen, vom schematisch Starren zum lebendig Bewegten, vom kraftlos zum kraftvoll Wirkenden, vom Unsicheren zum Sicheren, von der spannungslosen zur gespannten Form usw.

Sehr guten Einblick in das nötige Darstellungskönnen liefern viele Lehrbücher von Künstlerinnen und Künstlern (vgl. z. B. Chazot 2008, 2009, Hildre 2007, im Überblick Sowa 2020a). Die dort offengelegten Handgriffe und Arbeitsprozesse helfen, die plastische Form aus dem Werkprozess heraus tiefgründig zu begreifen. Unerlässlich für effektive Lernprozesse ist die Umgebung der Werkstatt, in der kooperatives Lernen stattfindet, in der auch plastische Modelle zur Verfügung stehen (Kopfmodelle, Tiermodelle, Gliederpuppen usw.). Die dreidimensionale Anschauung und Erfahrung von Werkbeispielen kann nie vollwertig durch Bilder ersetzt werden. Medienwechsel – von der Fotografie zur Tonplastik oder von der Zeichnung zur Plastik – erzeugt immer Lernschwierigkeiten und ist erst auf höheren Lernstufen sinnvoll zu leisten (vgl. z. B. Mileci 2017). Nur in der realen plastischen Anschauung (auch z. B. am lebenden Modell) kann sich ein resonantes Verhältnis zwischen Gestaltungswille, Problemanalyse und Hilfestellung aufbauen.

Altersbezug und Curriculum

Vorschulisches Feld: erste spielerische Formerfahrung im plastischen Bereich. Unterscheidung von Grob- und Feinformen, Richtungen, gegliederter und organisierter Formzusammenhang, Größenkontrast, Oberflächenbearbeitung (▶ Abb. 43). Hantieren mit formbaren Materialien, z. B. im Sandkasten; Kneten und Formen von Elementarformen, Figuren und kleinen Gefäßen in Plastilin oder Ton

Grundschule: bewusstes Erleben des Volumens; plastisches Formen von mittelgroßen Tier- und Menschenfiguren aus Ton oder Plastilin; bewusste Bezugnahme auf die Anschauung von Lebewesen und Modellen; einfache Gliederungsprinzipien und Proportionen; Lösungsmöglichkeiten für Formübergänge als Ansätze zur Überwindung der Elementarformaddition

Unterstufe: im Prinzip Fortsetzung dieses Lernweges auf wachsendem Niveau (▶ Abb. 44)

Mittelstufe: keramische Hohlformen im Bereich Tier, Kopf, Figur; intensiver Anschauungsbezug und Probleme der Abstraktion; Masken, Köpfe, Tiere, Großplastiken aus Maschendraht und Leimpapier (▶ Abb. 44)

Oberstufe: Entwicklung und Durchführung größerer plastischer Projekte; Auseinandersetzung mit professionellen Arbeitsmethoden des Modellierens; kunstgeschichtliche Auseinandersetzung mit Beispielen (▶ Abb. 46). Eine lebensgroße Figur wurde auf einem Holzgerüst aufgebaut und mit Maschendrahtunterbau modelliert. Das Holzgerüst klärt die Richtungs- und Proportionsbezüge, mit dem Maschendraht werden Volumina gebildet. Mit Leimpapier wird die Oberfläche gestaltet und anschließend farbig gefasst.

> **Literaturauswahl**
>
> Sowa (2016); Amado/Sowa (2020); Hildre (2007); Chazot (2008, 2009)

Beispiele (Vorschule, Grundschule, Unterstufe, Mittelstufe, Oberstufe)

Abb. 43: Links: Vorschulisches Feld (4 Jahre), Kuh – aus Tonstücken »zusammengebatzelt« und nach dem Brand bemalt. Größe ca. 10 cm. Rechts: Grundschule (Kl. 4), Vogel – Terracotta. Größe ca. 12 cm. Voluminöse und klar gegliederte Durchgestaltung der Form mit detaillierter und strukturierter Oberfläche (Archiv Sowa)

Abb. 44: Links: Unterstufe (Kl. 5), Eishockeytorwart – Ton, nach dem Brand mit Wasserfarbe bemalt. Höhe ca. 20 cm. Gesteigerte Volumenerfahrung, gespannte Wölbung, Formübergänge und Detailgestaltung (Archiv Sowa). Rechts: Mittelstufe (Kl. 8), Kopf – keramischer Ton, massiv modelliert, später ausgehöhlt. Höhe ca. 30 cm. Intensives Arbeiten nach der Anschauung. Studium von Gliederung, Proportionen, Formübergängen und Details. Lösung von Einzelproblemen wie Mund, Ohr, Auge, Haar (Archiv Salzer)

Abb. 45: Mittelstufe (Kl. 8), Mensch und Tier, Ton, modelliert (Archiv Amado)

Abb. 46: Oberstufe (Kl. 12), Träger der Sonnenscheibe – Pappmaché, Lebensgroße Figur auf Holzgerüst aufgebaut und mit Maschendrahtunterbau modelliert, farbig gefasst (Archiv Sowa)

2.2.4 Skulpturales Gestalten

Allgemeine Gegenstandsklärung

Älter noch als die Plastik ist die Skulptur: eine der ältesten Werktechniken der Menschheit. Vor 40.000 Jahren entstand die Kleinskulptur der »Venus vom Hohlefels« – eine aus Mammutelfenbein geschnitzte Menschendarstellung (▶ Abb. 3). Doch schon hunderttausende Jahre davor arbeiten Menschen an skulpturalen Formen: Die Werkzeugherstellung aus Stein erfolgte nach dem skulpturalen Prinzip: durch Wegschlagen von Splittern von einer angestrebten Endform, die im Ausgangsstein imaginiert wurde. Dieses »Wegnehmen« von hartem Material mittels Werkzeugen und das Sich-heran-tasten an eine imaginierte Endform macht das Gestaltungsprinzip der Skulptur aus, das sich von der Plastik damit im Prinzip unterscheidet – wenn auch die Endform vergleichbar erscheinen mag. Doch für die Skulptur ist ein ganz anderes und im Grunde schwierigeres Formvorstellen und Procedere nötig: Das Formdenken vom *Wegnehmen* her.

Die klassischen Materialien waren Knochen, Elfenbein, Stein und Holz. In der Moderne kamen neue Materialien hinzu – wie Paraffin, Hart- und Weichschäume. Auch in weichen Materialien wie Ton kann man skulptural arbeiten – und auch bei manchen Modellierprozessen mischen sich skulpturale Phasen ein, wenn ein Zuviel an Material wieder abgeschnitten wird. Im skulpturalen Vorstellen muss man die Endform imaginativ-antizipativ in eine vorliegende Ausgangsform (z. B. Steinblock, Holzstamm) hineinprojizieren. Skulpturales Arbeiten muss geplant erfolgen – in

Schritten von der Grobform zur Feinform. Zur Erleichterung werden dabei häufig Modelle (Bozzetti) zur Orientierung benutzt (was sich besonders bei Lernenden empfiehlt).

Höhepunkte der Skulpturkunst fanden sich im antiken Ägypten, in Griechenland, im präkolumbischen Südamerika, in Asien, in verschiedenen afrikanischen Kulturen, in Ozeanien, Indien, im europäischen Mittelalter der Kathedralen, in Renaissance, Barock und Klassizismus. Aber gibt es auch zahllose Werke in der Moderne – bis in die Gegenwart.

Inhalte des Gegenstandsfeldes

Die Inhalte des skulpturalen Gestaltens der Menschheit ähneln denen des plastischen Gestaltens: die menschliche und die tierische Gestalt sind dominant. Hinzu kommen aber auch die weiten Felder des ornamentalen, konstruktiven, geometrischen Gestaltens, oft bezogen auf Bauwerke oder Gebrauchsgegenstände.

Ein sich deutlich vom plastischen Gestalten unterscheidender Inhalt ist aber die Begegnung mit dem Material. Die klassischen Materialien Stein und Holz sind Naturmaterialien, die der Erde selbst entstammen oder auf ihr gewachsen sind. Auch Knochen oder Elfenbein sind archaische skulpturale Materialien – oft mit magisch-animistischer Bedeutungszuschreibung. Ähnliches gilt für das Holz: Der Baum ist ein Lebewesen, in dessen Wachstumsstrukturen sich der skulptierende Mensch hineinarbeitet und auf die er reagiert. Auch der Stein hat seine »gewachsenen« Strukturen. Die Widerständigkeit skulpturaler Materialien erfordert ein Kräftemessen, das immer wieder die Grenzen des Leist- und Machbaren sichtbar werden lässt.

Struktur des Gegenstandsfeldes

Werkzeugherstellung, Baukunst, Ingenieurskünste sind die Heimat des skulpturalen Gestaltens. Die figurative Darstellung der Hochkunst baute auf den Erfahrungen der Werkzeugmacher und Baumeister auf und verfeinerte sie umfassend (vgl. Bredekamp 2016, Conard/Kind 2017, Haidle et al. 2017). Das Gesamtfeld lässt sich grob so einteilen:

Tab. 7: Didaktisch relevante Struktur des Gegenstandsfeldes Skulpturales Gestalten

Gestaltungsprinzipien	Handwerks-, Gestaltungs- und Kunstgattungen, Materialien	Beispiele
Regelmäßiges Behauen, Bossieren, Scharrieren, Strukturieren, Abschleifen, Einkerben, Ritzen, Bohren …; Formperfektionierung, geometrische und komplexere Formen	Steinmetzkunst, Zimmermannskunst, Werkzeugherstellung aus harten Materialien, Schmuckherstellung usw.	Archaische skulpturale Verfahren der Frühzeit, Werkzeugentwicklung, Entwicklung der Baukunst, Schmuckherstellung usw.
Formgestaltung nach dem Vorbild organischer Körper – mit oder ohne Bozzetto	Figurative Skulptur (Mensch und Tier), Bauskulptur, Ornament, Großformen und Kleinformen usw.	Geschichte der künstlerischen Skulptur vom Neolithikum bis in die Gegenwart
Schnitzen, Schaben, Drechseln, Feilen, Fräsen, Drehen, Bohren usw.	Schnitzwerk, Edelsteinbearbeitung, Metallbearbeitung usw.	Zahllose Herstellungsfelder in Handwerk und Industrie

Im schulischen Zusammenhang ist vieles davon möglich, wenn man die Materialien und Werkzeuge klug und altersgemäß auswählt: das Schnitzen von weichen Hölzern (z. B. Balsa), von Schulkreidestücken, Blumensteckschaum, Ton- oder Wachsklumpen usw., das Behauen von Ytongsteinen, Paraffin- und Hartschaumblöcken usw.; der reliefhafte Gipsnegativ- oder Linolschnitt (mit folgendem Abguss), ja selbst das Aushöhlen und Schnitzen von Kürbis-, Rüben- oder Kartoffelköpfen – all das sind »leichte« Formen des skulpturalen Arbeitens. In Mittel- und Oberstufe – auch im Rahmen von Projektwochen oder Workshops – können auch Baumstücke (Pappel, Linde) und Steinbrocken (Sandstein, Marmor) in Angriff genommen werden.

Bildungsziele und -potenziale im Kunstunterricht

Viele der im Kapitel über Plastik (▶ Kap. III.2.2.3) genannten Bildungsziele und -potenziale gelten uneingeschränkt auch für die Skulptur. Unterscheidend aber ist: Die Skulptur stellt andere und höhere Anforderungen an das körperhaft-räumliche Vorstellungsvermögen und an das planerische Vorstellen von Prozessverläufen (vgl. Fröhlich 2019). Des Weiteren ist natürlich der Werkzeugeinsatz erheblich komplizierter und erfordert deutlich mehr Kraft und Geschicklichkeit. Je widerstandsfähiger das Material, desto mehr wird das skulpturale Arbeiten zum existenziell herausfordernden Kraftakt. Geduld, Durchhaltevermögen und Selbstvertrauen sind in hohem Maße gefordert und entwickeln sich mit dem Fortschreiten der Arbeit. Es stellen sich beeindruckende Selbstwirksamkeitserfahrungen und Erfolgsgefühle ein, die stärkend für die ganze Persönlichkeit sein können. Aus diesen Gründen wird skulpturales Arbeiten auch häufig im therapeutischen Bereich und auch in (sozial-) pädagogischen Zusammenhängen eingesetzt, wo emotionaler und sozialer Förderbedarf vorliegt.

Ein anderer Bildungseffekt liegt darin, dass durch die selbsttätige skulpturale Arbeitserfahrung die Kompetenz der Betrachtung von skulpturalen Kunstwerken der ganzen Geschichte ungemein gestärkt wird (vgl. Reuter 2020). Wer selbst schon einmal eine bescheidene Skulptur gefertigt hat, wird mit völlig anderen Augen auf die Meisterwerke des Naumburger Meisters oder Michelangelos blicken: Er beginnt etwas von dieser Kunst zu verstehen und seine Wertschätzung wird sich steigern.

Struktur des Könnens

Auch hier gilt vieles von dem, was schon zum plastischen Formen gesagt wurde (▶ Kap. III.2.2.3). Doch die Prozeduren des skulpturalen Vorstellens und Wahrnehmens haben auch viele Besonderheiten, sodass nicht jeder gute Plastiker bzw. jede gute Plastikerin zugleich ein guter Skulpteur sein muss – ein Umstand, auf den Michelangelo immer wieder stolz verwiesen hat. Die Schlüsselfertigkeiten der Skulptur liegen einerseits im imaginativen *Konzipieren der Form*, andererseits im gekonnten *Werkzeugeinsatz*.

Das *Konzipieren der Form* erfordert ein Hineindenken in die Rohform (z. B. Holzstamm, Steinblock) *von allen Seiten*. Dabei muss, wie es Michelangelo ausdrückte, die Figur »im« Stein »gesehen« oder »aufgefunden« werden. Eine imaginierte Werkform, z. B. ein Mensch oder ein Tier ist dabei sozusagen ein Kompromiss, der sowohl dem Darstellungsziel als auch der Eigenart des Blocks gerecht wird. Der Block kann – wie in der Romanik – mehr frontal angegangen werden. Dann entstehen blockhafte Figuren. Oder er kann auch – wie z. B. in Naumburg oder Bamberg oder auch bei Michelangelo oder Bernini – über Eck angegangen werden. Dann entsteht eine völlig andere Dynamik und eine komplexere Raumstruktur. All das, was in der Kunstgeschichte in jahrhundertelangen Entwicklungsprozessen geschah, ist in Lernprozessen nur sehr mühsam zu erlernen.

Auf der Basis des Formkonzeptes muss dann der *Werkzeugeinsatz* erfolgen. Das erfordert Kraft, Geschicklichkeit, Bewegungskoordination (beidhändiges Arbeiten!) und vor allem: viel Übung. Die fachgerechte Auswahl der Werkzeuge (z. B.: Spitzeisen, Zahneisen, Flacheisen, Feilen usw.) muss erlernt und in den Auswirkungen erfahren werden. Die Handhaltung und Arbeitsrichtung beim Holzschnitzen, die verschiedenen Einschlagwinkel beim Bearbeiten verschiedener Steine usw.: All das gehört zum komplexen Können und Wissen der Bildhauerei.

Altersbezug und Curriculum

Vorschulisches Feld: Erster Gebrauch des Schnitzmessers, Kerbschnitte in Stecken, Rübenkopf, Kartoffeltier, …

Grundschule: Gesteigerte Schwierigkeitsgrade des Schnitzens, kleine Tier- oder Menschenfiguren aus geeigneten Materialien: Gips, Ytong, Hartschaum, Weichschaum, Speckstein, Paraffin, Kreide, Blumensteckschaum, Kürbis, Kartoffel, Rübe, Ton, Wachs Handpuppen aus Weichschaum; Kerbschnittverfahren, Schnitzen von Stecken; bewusstes Gliedern des Volumens; Arbeit an der Perfektionierung der Form (»Handschmeichler« aus Holz …), Training des projektiven Sehens

Unterstufe: Fortsetzung dieses Lernweges auf wachsendem Niveau. Härtere Werkstoffe wie Ytong, Hartschaum, Gipsnegativschnitt usw.; hölzerne Marionettenpuppen, Spielfiguren aus Weichschaum, kleine Tierfiguren; »Im Kreidestück steckt eine Figur«, Totempfahl, Vogeltränke aus Stein usw.; Training mit verschiedenen Werkzeugen

Mittelstufe: Einweisung in fachgerechte Bildhauertechniken mit Holz oder Stein; Projektarbeit – vom Entwurf bis zur Perfektionierung; Gipsnegativschnitt und Abgussverfahren; Erlernen von bildhauerischen Entwurfsverfahren; Aufzeichnen auf dem Block, Training des projektiven Sehens, Training in darstellender Geometrie, Zeichnen von mehrseitigen Entwurfszeichnungen (Vorderansicht, Seitenansicht, Draufsicht, Schrägsicht) usw.

Oberstufe: Entwicklung und Durchführung größerer skulpturaler Projekte; Auseinandersetzung mit professionellen Arbeitsmethoden der Holz- und Steinbildhauerei; auch Maschineneinsatz; kunstgeschichtliche Auseinandersetzung mit Beispielen

Literaturauswahl

Castiglioni (2017); Groll (2017); Sowa (2017d); Sowa/Smolka (2021).

Beispiele (Vorschule, Grundschule, Unterstufe, Mittelstufe, Oberstufe)

Abb. 47: Vorschule (5 Jahre), Figur – Fichtenholz, geschnitzt und gekerbt. Höhe ca.12 cm. Menschengestalt, auch geeignet zum Puppenspiel. Deutliche Gliederung und Übergänge. Angestrebte Perfektionierung der Form (Archiv Glas)

Teil III Didaktik der Gegenstandsfelder des Kunstunterrichts

Abb. 48: Grundschule (Kl. 3), Drache – Schaumstoff, geschnitzt und bemalt (Archiv Miller)

Abb. 49: Mittelstufe (Kl. 8), Gähnendes Nilpferd – Pappelholz geschnitzt. Höhe ca. 40 cm. Entstanden im Rahmen eines Workshops (Archiv Smolka)

2 Gestaltungsfelder des Kunstunterrichts

Abb. 50: Links: Oberstufe (Kl. 11), Sitzende Figur mit Sonnenball – Sandstein. Höhe ca. 60 cm. Entstanden im Rahmen eines Bildhauerkurses. Rechts: Oberstufe (Kl. 12, Leistungskurs Kunst), Apollo und Daphne – Lindenholz, Höhe ca. 3 m (Archiv Sowa)

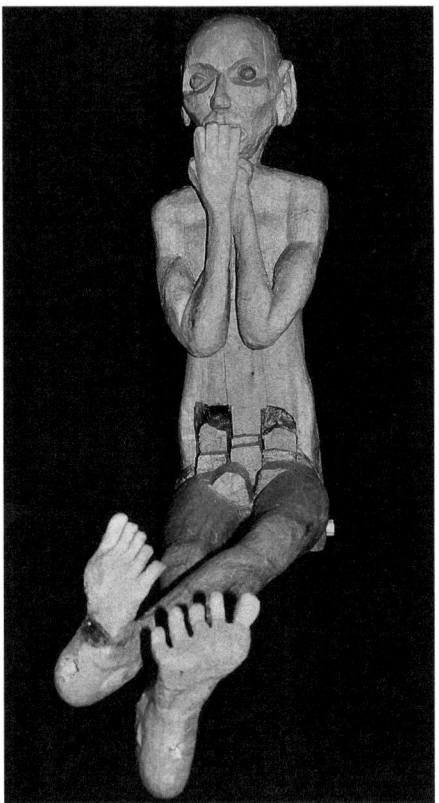

Abb. 51: Oberstufe (Kl. 12, Leistungskurs Kunst), Erschrockener Mann – Lindenholz, lebensgroß (Archiv Sowa)

2.2.5 Keramisches Formen

Allgemeine Gegenstandsklärung

Obwohl mit dem plastischen Formen (▶ Kap. III.2.2.3) verwandt, unterscheidet sich das keramische Formen doch deutlich davon, nämlich durch das imaginative Prinzip von *innen* und *außen*, *Hülle* und *Leerraum*. Das *Gefäß* ist im keramischen Formen das klar bestimmende Gestaltungsprinzip. Es ist eine Gestaltungsweise, bei der ein Körper gleichermaßen von seiner *Außenform* her wie von seinem negativen, leeren *Innenraum* her vorgestellt und geformt wird. Das Hineingreifen in den Körper ermöglicht gleichermaßen eine elementare Erfahrung von Körperlichkeit und Räumlichkeit. In der simultanen Außen- wie Innenerfahrung der Haut ähneln sich die Formvorstellungsprozesse des textilen wie des keramischen Gestaltens: Der hohle Innenraum des Körpers wölbt *von innen* die äußere Hülle und schwingt in der Formvorstellung ständig mit. Das Wölben und das Formen von innen und außen zugleich wurzeln in beidhändigen Handlungen des Hineinschlüpfens und Gegengreifens. Die Elastizität und Flexibilität von Textilien, Häuten, Wandungen aus feuchtem Ton ermöglichen das Formen von Gefäßen und anderen Hohlformen[35]. Selbst der Menschen- und der Tierkörper können als Innenraum mit äußerer »Hülle« begriffen werden, wie auch viele Früchte. Textile Gewebe haben ihre Vorstufen in Fellen und Häuten, Häuser in Höhlen. In dieser Erfahrungsdimension wurzelt ein Formprinzip *sui generis*.

Deswegen hat das keramische Formen einen unverwechselbaren Platz in der Kunstpädagogik und sich als unersetzliches propädeutisches Verfahren auch in der Didaktik der Plastik und Architektur bewährt. Doch wird seine didaktische Bedeutung für das enaktive Körper- und Raumvorstellen oft nur unzulänglich verstanden und manchmal auch als dekoratives »Kunsthandwerk« unterschätzt.

Inhalte des Gegenstandsfeldes

Die Spannung zwischen der Außenform und dem umschlossenen Hohlraum ist ein sehr grundlegender Inhalt des hohlen Gestaltens. Man kann vom »Prinzip Gefäß« sprechen. Das Gefäß ist eine uralte Erfindung der menschlichen Kultur, in der sich auf eine sehr existenzielle Weise das Sammeln und die Nahrungsaufnahme zur Darstellung bringen. Entsprechend wurde es in der Kunst oft sehr intensiv gestaltet, stand auch im Zentrum von Ritualen des Alltags wie des Fests. In vielen Ritualen und Zeremonien ist das Gefäß Gegenstand meditativer Handlung und Versenkung (japanische Teezeremonie, Abendmahlskelch, ...). Auch im Alltag ist das Gefäß omnipräsent – vom Morgenkaffee bis zum Abendbrotteller. Entwürfe von modernen Designern stehen in einer Jahrtausende alten Tradition (Teller, Glas, Flasche usw.), haben aber das Prinzip »Gefäß« immer wieder neu interpretiert – und damit die elementaren und existenziellen alltäglichen Lebensvollzüge geistig ausgedeutet. Die Auseinandersetzung mit dieser Dimension des Lebens ist eine wertvolle kunstpädagogische Bildungsaufgabe.

Struktur des Gegenstandsfeldes

Einige Gestaltungsweisen lassen sich auf dem Gebiet der Keramik unterscheiden:

Tab. 8: Didaktisch relevante Struktur des Gegenstandsfeldes keramisches Formen

Gestaltungsprinzipien	Handwerks-, Gestaltungs- und Kunstgattungen, Materialien	Beispiele
in den Händen durch Ausdrücken von innen und Ge-	»Daumenschalen«, kleine Gefäße von Handgröße	Trink-, Schmuck- und Aufbewahrungsschälchen, ...

---

35 Die Höhle, das Nest, das Zelt sind die »architektonischen« Grundtypen dieser Raumvorstellung: Das Kleid, die Tasche und das Gefäß sind die im Maßstab kleineren Varianten desselben Raumprinzips.

Tab. 8: Didaktisch relevante Struktur des Gegenstandsfeldes keramisches Formen – Fortsetzung

Gestaltungsprinzipien	Handwerks-, Gestaltungs- und Kunstgattungen, Materialien	Beispiele
gendruck von außen geformte Gefäßkeramik		
Aufbaukeramik aus Wülsten oder Bändern	größere und differenziertere Gefäßformen und Hohlplastiken	Schalen, Vasen, Krüge, Teller usw., Figurengefäße, Tier- und Menschenfiguren, Köpfe usw.
Aufbaukeramik aus Platten	große plastische Formen aller Art	organisch geformte Plastiken aller Art – bis hin zu lebensgroßen Tieren und Menschen (China!); auch architektonische Modelle, ...
Freies Montieren	Übergang zur montierenden Plastik	ungegenständliche Plastik, nicht-organische Formgebilde, durchbrochene Formen usw.

Bildungsziele und -potenziale im Kunstunterricht

Viele Bildungsziele und -potenziale, die hier zu nennen sind, wurden schon im Kapitel über das plastische Formen (▶ Kap. III.2.2.3) benannt. Hinzu kommt: Das keramische Formen führt nicht nur in die archaischen Wurzeln unserer gesamten Gefäßkultur hinein und hat auch bleibende Relevanz im modernen Design, sondern erweitert das räumliche Verständnis von organischen Körperformen um die einzigartige Innen-Außen-Erfahrung. Damit fördert es ein spezifisches körperhaft-räumliches Selbst- und Weltverhältnis. Auch Probleme von Statik, Symmetrie und Formspannung sind hier intensiv zu erfahren. Im Bauen großer hohler Figuren kommen Lernende meist weit über Lernstände hinaus, die sie im normalen plastischen Formen kleinerer Figuren erreicht haben. Der Umgang mit großen und voluminösen Hohlformen hat eine ganzkörperliche und affektive Wirkung, weil man im Werkprozess gewissermaßen einem lebendigen Körper, den man selbst gestaltet, direkt begegnet (vgl. Sowa 2017a). Zudem intensiviert dies das Raumvorstellen ungemein. Obendrein bringt der Umgang mit keramischen Großformen eine unvergleichliche Begeisterung in die Werkarbeit. Sind die Werke im Ofen gebrannt, erfahren die Lernenden die Verwandlung des weichen ins unzerstörbare steinharte Material mit Staunen und Stolz. Farbe, Bemalung, Glasur können noch dazukommen, die Drehscheibe wenigstens kennengelernt werden.

Struktur des Könnens

Handwerk: Das Hineingreifen, Hineinschlüpfen, Dehnen und Verformen, das Ausfüllen und Formen von innen und das Anfassen, Umschließen und Formen von außen erzeugen komplexe konkav-konvexe Raumvorstellungen, die sowohl mit dem Plastischen und Skulpturalen wie mit dem Bauen (siehe dort) verwandt sind, aber doch eine eigene irreduzible und kaum in anderen Medien ausbild- und darstellbare Vorstellungswelt von körperhafter Räumlichkeit bedingen. Der Bau keramischer Hohlformen stellt auch rein technisch eine Herausforderung dar und erfordert große Disziplin und Umsicht. Handwerkliche Fehler werden spätestens beim Ofenbrand bestraft.

Gestaltung: Die Auseinandersetzung mit dem Gestaltungsprinzip der Wölbung (konvex und konkav) und der Kraft des Volumens stellt viele Anforderungen, vermittelt aber auch viele positive Erfahrungen. Spannung, Symmetrie, Regelmäßigkeit usw. sind Gestaltungsprinzipien, die beim keramischen Formen sehr gründlich erlernt werden können. Auch das Urteilsvermögen im Bereich funktionaler Gestaltung wird dadurch geschärft.

Altersbezug und Curriculum

Das keramische Formen wird besonders deutlich von handwerklichen Problemen dominiert. In relativ frühem Alter (Kindergarten) können schon erste Gefäße – Daumenschalen oder auch einfache flache Schalen in Wulsttechnik – gebaut werden. Im sukzessiven Beherrschen der handwerklichen Verfahren (Ausrollen von Wülsten, Aufbauen, Verstreichen, Durchziehen und Glätten mit Spachteln usw.) können Größe und Volumen gesteigert werden, Wandstärken, Symmetrien und Formspannung besser beherrscht werden. Der Schritt vom mittelgroßen Gefäß zur Figuren- oder Tiervase (Zypern, Peru, Picasso, ...) und dann zur Hohlfigur ist didaktisch leicht zu bewältigen. Bei Beherrschung der Technik können ernsthafte Großplastiken in Angriff genommen werden (vgl. hierzu auch Arlt 1982, Krumbach 2004, Sowa 2006a, b, Weber 2014).

Vorschulisches Feld: einfache, zunächst spielerische und materialexplorative Werkvorgänge mit Ton, Wülsten, Spiralen usw., Pizza, Daumenschale usw., richtiger Umgang mit Wasser und Ton

Grundschule: Erlernen der Aufbautechnik mit Wülsten, einfache Aufbaukeramik, einfache Tiervase usw. Materialien: Keramischer Ton, schamottiert; Steinzeugton; Themen für figurative Sujets: Delphin, Frosch, Nilpferd, Robbe, Schnecke, eingerollte Katze, stämmiger Wasserbüffel, Monstertier, Eishockeyspieler, Sumoringer, kauernde Figur, großer Kopf usw.

Unterstufe: im Prinzip Fortsetzung dieses Lernweges auf wachsendem Niveau; Differenzierung von Gefäßformen, Tier- und Figurenvase, Adventsengel mit Kerze, kleine Duftlampen, kompakte hohl aufgebaute, größere Tier- oder Menschenfiguren, plastisch geschlossene auch ungegenständliche Formen; auch: Bemalung von gebrannten Gefäßen mit farbigen Engoben[36]; Bemalung von Kacheln in Auf- oder Unterglasurmalerei; Arbeit mit Glasuren, Ornamenten; keramische Gebäudemodelle – z. B. im Zusammenhang des Kunstgeschichtsunterrichts (vgl. Penzel 2017) usw.

Mittelstufe: Fortsetzung der Arbeit auf höherem Niveau, größere hohl aufgebaute Mensch- und Tierfiguren, statische Probleme bei Vierbeinern und Zweibeinern, in den Raum ausgreifende Figuren usw., Engobenmalerei, Sinterengoben, Glasuren, Majolikamalerei, Farbe

Oberstufe: Entwicklung und Durchführung größerer künstlerischer Projekte in den Bereichen Gefäß und Hohlplastik

Literaturauswahl

Rindfleisch (1972); Arlt (1978); Krumbach (2004); Sowa (2006a, b); Weber (2014); Sowa/Fröhlich (2017)

Beispiele (Vorschule, Grundschule, Unterstufe, Mittelstufe, Oberstufe)

Abb. 52: Rechts: Unterstufe (Kl. 5), »Trinkschalen«, sog. »Daumenschalen« – grob schamottierter Ton. Größe ca. 12–15 cm. Links: Mittelstufe (Kl. 10), »Bodenvase« – Ton mit Wülsten aufgebaut, Kupfer- und Zinnglasur, Reduktionsbrand, Höhe ca. 80 cm (Archiv Sowa)

---

36 Vgl. dazu viele kunstgeschichtliche Beispiele aus der Weltkunst: Griechenland, China, Südamerika usw.

2 Gestaltungsfelder des Kunstunterrichts

Abb. 53: Links: Unterstufe (Kl. 6), »Modell einer romanischen Basilika« – Keramik, Plattenbauweise. Höhe ca. 50 cm. Gruppenarbeit von 4 Schülern (Archiv Frey). Rechts: Unterstufe (Kl. 7), »Frierender Mann« – hohl aufgebaute Keramikfigur, glasiert, Höhe ca. 25 cm (Archiv Sowa)

Abb. 54: Unterstufe (Kl. 6), »Sportler« und »Festumzug« – Malerei mit Sinter-Engoben auf Kachel und Gefäß. (Archiv Sowa)

Teil III Didaktik der Gegenstandsfelder des Kunstunterrichts

Abb. 55: Unterstufe (Kl. 7), »Kore« – hohl aufgebaute Keramikfigur, in Teilen gebrannt und zusammengesetzt, Farbige Fassung mit Engoben, Höhe ca. 120 cm (Archiv Butz-Glas)

Abb. 56: Mittelstufe (Kl. 9), »Ziege« – hohl aufgebaute Keramikfigur, bemalt, Höhe ca. 60 cm. Rechts: Oberstufe (Kl. 11), »Gekreuzigter« – in zwei Teilen hohl aufgebaute Keramikfigur, Höhe ca.120 cm (Archiv Sowa)

2.2.6 Bauen, Montieren, Konstruieren

Allgemeine Gegenstandsklärung

Bauen, Montieren, Konstruieren: Das sind anthropologisch tief verankerte technische Handlungsformen im körperhaft-räumlichen Bereich – schon von Kindern im frühen Alter spontan praktiziert und bis zur Hochkunst kultiviert z.B. im Bereich von Ingenieurskunst und Architektur. Die elementare Handlung des *Bauens* besteht darin, Gegenstände zueinander und aufeinander zu legen oder zu stellen. Sie aneinander zu befestigen führt zum *Montieren* und *Konstruieren*. Den Variationsmöglichkeiten der Materialien sind hier keine klaren Grenzen gesetzt, wenn auch die härteren und klar greifbaren Materialien diesen Bereich dominieren.

An bauenden und montierenden Handlungen, in denen sich Raumvorstellungen körperhafte Gestalt geben, richtet sich die Raumvorstellung des *homo aedificans*, des Menschen als eines bauenden Lebewesens, in basalem und das Leben bestimmendem Sinn aus. Bauen ist gleichsam eine menschliche »Urkunst«, von den Griechen »Architektur« genannt, also das »anfängliche Errichten und Zusammenfügen«, durch das Lebensraum geschaffen und geformt wird, gleichsam die Mutter aller anderen Künste.

Bauen und Montieren sind ein Zusammenfügen, entweder von großen Mengen gleicher und ähnlicher Elemente zu übergeordneten Ordnungsgebilden oder von verschieden geformten Teilen zu einer Gesamtform.[37] Von technisch-zweckmäßigen Gegenständen (z.B. Stuhl, Brücke) bis zu avantgardistischen Kunstwerken (z.B. »Objektmontage«) können dabei vielerlei Produkte entstehen. Selbst im Feld von Fotografie, Film und Medienkunst konkretisiert sich in anderer Form das Prinzip der Montage.

In der Kunst- und Werkpädagogik wird dieses Feld traditionell bearbeitet[38] – entweder mit eher technischem Schwerpunkt (technisches Werken) oder mit gestalterischem Schwerpunkt (Architektur, Produktdesign usw.).[39]

Inhalte des Gegenstandsfeldes

Die Inhalte, die sich im Medium des Bauens, Montierens und Konstruierens zur Darstellung bringen lassen, sind sehr vielfältig und umfassen im Grunde, wie sich in den unten gezeigten Beispielwerken zeigt, die ganze Vielfalt des menschlichen Lebens und seiner technischen und natürlichen Lebenswelt.

Das Bauen, Montieren und Konstruieren dient von seinen Ursprüngen her dem Herstellen von Werkzeugen, Geräten, Apparaten, Maschinen, Bauwerken, später auch von Fahrzeugen aller Art. Diese Welt der Gebrauchsdinge steht daher im

---

37 Vgl. ausführlich: Sowa (2017a), S. 331 ff., Miller/Sowa (2016).
38 Vgl. Miller (2016a); Kälberer (1997, 2005, 2012), Kälberer/Hüttenmeister (2002); Beins (2005); Bohl (2010).
39 Im vorliegenden Buch sind sowohl den Bereichen des Werkens (▶ Kap. III.2.2.10), als auch des Produktdesigns (▶ Kap. III.2.2.11) und der Architektur (▶ Kap. III.2.2.13) eigene Kapitel gewidmet. Die Gründe dafür werden dort benannt.

Mittelpunkt der Auseinandersetzung mit diesem Gestaltungsfeld im Kunstunterricht. In dieser Hinsicht ist der Übergang zum Werken und Design fließend. Doch auch im Bereich der freien Kunst sind diese Gestaltungsweisen zuhause – man denke nur an den Konstruktivismus oder die konkrete Kunst. Dort kann das Prinzip des Bauens auch auf andere Bereiche übertragen werden – etwa auf die Figur. Einen menschlichen oder tierischen Körper unter dem Gesichtspunkt des »Bauens/Konstruierens« zu betrachten, kommt einer völligen Verwandlung seiner organischen Wachstumsprinzipien gleich. Hier liegen herausfordernde Fragen inhaltlicher Art verborgen, für die sich in der Kunst zahlreiche Beispiele finden.

Die beim Bauen auftretenden Gestaltungsprinzipien haben ebenfalls mit Inhalten zu tun – auf ganz konkreter oder auf geistig-abstrakter Ebene: Aufbauen, Ausspannen, Zusammenfügen, Stützen und Lasten, Rhythmisieren, Proportionieren usw.

Struktur des Gegenstandsfeldes

Die Spanne des Gegenstandsfeldes ist sehr groß, ebenso die kunstpädagogischen Bildungsmöglichkeiten. Das geistige Prinzip des Gegenstandsfeldes besteht im Zerlegen und Zusammenfügen – angefangen von materiellen Teilen bis hin zu gedanklichen Strukturen (»Softwarearchitektur«). Viele Bereiche des Gegenstandsfeldes gehören ins Handwerk und die technischen »Ingenieurskünste«, andere in die »freien« und »angewandten« Künste. Aus pädagogischer und didaktischer Sicht gibt es Überschneidungen zum (technischen) Werken und zu einigen Naturwissenschaften (z. B. Physik, Werkstoffkunde usw.). In handwerklicher Hinsicht sind die Bezüge zu diesen Gebieten sehr eng. In gestalterischer und inhaltlicher Sicht gibt es aber viele Eigenheiten des kunstpädagogischen Zugriffs auf dieses Gegenstandsfeld. Hier ein grober Überblick:

Tab. 9: Didaktisch relevante Struktur des Gegenstandsfeldes Bauen, Montieren, Konstruieren

Gestaltungsprinzipien, Herangehensweisen	Handwerks-, Gestaltungs- und Kunstgattungen, Materialien	Beispiele
»wildes« Basteln	Kinderspiel, experimentelle Werkelei (»bricolage«), ...	Stapeln, Stecken, Kleben, Zelt- und Hüttenbau, Modellbau, anarchische Gegenstandszusammenfügungen, Spielzeuge, surrealistische Objektmontage, konstruktivistischer Objektbau, ...
bauend-konstruierendes Werken	professionelles Handwerk, Holz-, Metall-, Kunststoff-, Steinbau, diverse Materialien, Ingenieurswesen, ...	Modellbau, Produktherstellung, Bauwerke, ...

Tab. 9: Didaktisch relevante Struktur des Gegenstandsfeldes Bauen, Montieren, Konstruieren – Fortsetzung

Gestaltungsprinzipien, Herangehensweisen	Handwerks-, Gestaltungs- und Kunstgattungen, Materialien	Beispiele
konzeptuelles Planen	Ingenieurswesen in allen Arbeitsfeldern, Architektur, …	Baukonstruktion, Städtebau, Fahrzeugbau usw.

Bildungsziele und -potenziale im Kunstunterricht

Ähnlich wie in anderen Bereichen des körperhaft-räumlichen Gestaltens ist beim Bauen ein intensiver Bezug zu Materialien, zum Raum und zum Werkzeuggebrauch gefordert. Darüber hinaus aber auch spezifische gestalterische Denkweisen, die sich etwa signifikant vom plastischen, skulpturalen, performativen usw. Gestalten unterscheiden. Monika Miller, die sich intensiv mit der Erforschung der Didaktik des Bauens befasste, benennt folgende Bildungsziele:

> »Beim Bauen wie auch beim Arbeiten in anderen dreidimensionalen Bereichen werden die Schülerinnen und Schüler auf verschiedenen Ebenen gefördert: Beim Bauen lernen sie [sic] in komplexen kognitiven, aufeinander aufbauenden und aufeinander bezogenen Schritten zu denken und zu arbeiten. Die Vorstellung von gebauten und montierten Gebilden hat sowohl mit der Von-innen-Imagination zu tun, [sic] als auch mit der Von-außen-Imagination. Dabei wird das Verständnis von Körper und Raum entwickelt und gefördert sowie der Blick für plastische Grundformen und deren Beziehung zueinander geschult. Im konstruktiven Bauen gilt es [sic] konstruktive Probleme zu erkennen und zu lösen, vorhandene Formen aus ihren ursprünglichen Zusammenhängen herauszunehmen, ihren bisherigen Zweck zu entfremden und in neue Zusammenhänge einzufügen (Umdeuten von Formen).« (Miller 2016a, S. 16)

Weiterhin ist in diesem Bereich zu erlernen: Ein fundiertes Wissen über Werkstoffe, ihre Eigenschaften und ihre materialgerechte Verarbeitung, Fertigkeiten im Umgang mit Werkzeugen, Verbindungstechniken usw.

Darüber hinaus wird im Felde des gestaltungsbezogenen Bauens, Montierens und Konstruierens ein intensiver Bezug zum technischen Denken insgesamt angebahnt und auch die Grundlage gelegt für die vertiefte Auseinandersetzung mit Architektur (▶ Kap. III.2.2.11) und Produktdesign (▶ Kap. III.2.2.10) als zwei zentralen gestalterischen Domänen unserer Kultur.

Struktur des Könnens

Handwerk: Der sach- und fachgerechte Umgang mit Materialien, Werkzeugen und komplexen Herstellungsprozessen ist ein vertieftes Können, das über die kindlichen spielerisch-experimentellen Bauaktivitäten hinausführt. Handfertigkeit und strukturiertes Denken sind unumgängliche Anforderungen in handwerklichen Prozessen. Naturwissenschaftliches Denken muss dabei durchaus häufig einbezogen werden.

Gestaltung: Konstruktive Gestaltungsprozesse sind von strenger Folgerichtigkeit und analytisch-synthetisch durchdachten Gliederungsprinzipien bestimmt. Gedankliche Konzepte müssen in die Möglichkeiten der verwendeten Materialien übersetzt werden. Das Denken in mitunter extrem hohen Komplexitätsgraden gipfelt in solchen Gestaltungsprozessen, wie sie etwa bei Bauingenieuren und -ingenieurinnen und Architektinnen und Architekten bewältigt werden. Konstruktive Gestaltung ist ein Denken in Prozess- und Gliederungshierarchien, die vom Größten bis ins Kleinste durchdacht sind. Allein schon deswegen ist das konstruktive Können eine zentrale Domäne innerhalb der kunstpädagogischen Fachlichkeit und bildet einen klaren Gegenpol zu intuitiven oder expressiven Gestaltungsansätzen.

Inhalt: Sowohl die gebaute wie die technisch gestaltete Kultur sind zentrale inhaltliche Bezugsfelder in diesem kunstpädagogischen Gegenstandsfeld. Bauen, Montieren und Konstruieren haben propädeutische Funktion und schlagen eine Brücke zu all den Inhalten, die sich mit dem Begriff der »gestalteten Umwelt« verbinden. Neben den »realistischen« Zielsetzungen können aber auch utopische und fantastische Bauvorhaben unterrichtlich relevant sein (z. B. die fantastischen Flugmaschinen Leonardo da Vincis oder moderne Raumschiffe usw.). Auch die konstruktiv-dekonstruktiven Formgebilde der freien Kunst (z. B. Tatlin, Tinguely, Pevsner, Caro, Judd, Serra usw.) und der künstlerischen Architektur (Corbusier, Hadith, Gehry, Ando, Zumthor usw.) formulieren kunstpädagogisch bedeutsame geistige Inhalte, die intensiv mit der Leiblichkeit und Räumlichkeit der menschlichen Existenz verbunden sind.

Altersbezug und Curriculum

Vorschulisches Feld: einfache Karton- oder Holzmodelle, einfache Werkprozesse von Schneiden, Kleben, Nageln, Falzen, Bauen von Türmen, Zelten und Hütten usw.

Grundschule: spielendes und konstruierendes Bauen von Hausmodellen (Innen und Außen), beweglichen Fahrzeugen; einfache Gliederungsprinzipien und Proportionen; Lösungsmöglichkeiten für Verbindungen und Konstruktionen; Auseinandersetzung mit Hauskonstruktionen usw. Materialien: Papier, Karton, Holz, Kunststoffe, Metall, Abfall, Naturmaterialien, Textilien usw.

Unterstufe: im Prinzip Fortsetzung dieses Lernweges auf wachsendem Niveau; Modelle oder freie Konstruktionen; Auseinandersetzung mit konstruktiven Grundprinzipien von Architektur und Handwerk (z. B. Hochsitz, Fachwerk, Skelettbau…) usw. (vgl. Seydel/Glas/Sowa/Uhlig 2008, S. 96–107)

Mittelstufe: Innenraum- und Außenraumgestaltung; komplexe bewegliche Modelle (vgl. Sowa/Glas/Seydel 2010, S. 40–47); architektonischer Modellbau z. B. in Bezugnahme auf historische Bauten oder auf Bauten der Moderne; kinetische Konstruktionen; einfache Beispiele aus dem Produktdesign; Großplastiken mit Holzlattengerüsten für Maschendraht und Leimpapier usw. Verfahren: Kleben, Fügen, Schrauben, Nageln, Spannen, Löten, Falzen usw.

Oberstufe: Entwicklung und Durchführung größerer künstlerischer Projekte im konstruktiven Bereich (▶ Kap. III.2.2.11 und ▶ Kap. III.2.2.10)

Literaturauswahl

Miller/Sowa (2016); Kälberer (2005); Kälberer/Hüttenmeister (2002)

Beispiele (Vorschule, Grundschule, Unterstufe, Mittelstufe, Oberstufe

Abb. 57: Vorschulisches Feld (ca. 5 Jahre), Imaginatives Haus zweier Geschwister – Areal aus Fundstücken. Spielendes, realräumliches Bauen. Spontan angewandte Formprinzipien: Eingrenzen, Ausgrenzen, Stapeln, Reihen, einfache Tektonik (Archiv Glas)

Teil III Didaktik der Gegenstandsfelder des Kunstunterrichts

Abb. 58: Grundschule (Kl. 4), Bewegliches Modell eines Lastwagens – farbiger Karton, Holzstäbchen und Plastikabfall, Länge ca. 30 cm. Entwurf, Planung und Zusammenbau einer dreidimensionalen Form mit Innenräumen. Bedenken funktionaler und statischer Aspekte – der LKW kann auch zum Spiel benutzt werden. Weitere Themen des spielenden Bauens: Haus für Tiere, Skaterbahn... (Archiv Miller)

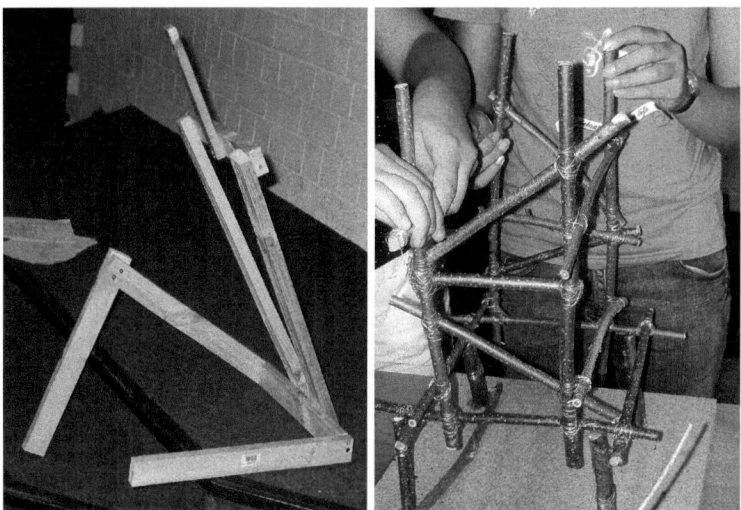

Abb. 59: Links: Unterstufe (Kl. 6), Holzlattengerüst für eine lebensgroße sitzende Figur in Gruppenarbeit. Zeichnerische Vorplanung auf der Basis des Vermessens der menschlichen Figur und der Beobachtung von Sitzhaltungen. Berücksichtigen der Proportionen, Winkel und Raumrichtungen. Das Holzgerüst diente dann als Innengerüst für eine voluminöse Umhüllung mit Maschendraht und Leimpapier. (Archiv Sowa)
Rechts: Unterstufe (Kl. 7), Mein Turmhaus – Konstruktives Modell eines Turmes aus Naturmaterialien und Draht. Endhöhe ca.1,5 m. Gezielte Anwendung der vorher an Hochsitz und Hochspannungsmast erlernten konstruktiven Prinzipien. Sägen, Schnitzen, Leimen, Umwickeln mit Draht. Alternative Materialien: Blech, Draht, Karton, Kunststoff, Textilen, usw. Alternative Verfahren: Fügen, Nageln, Spannen, Löten, Falzen usw. (Archiv Sowa)

2 Gestaltungsfelder des Kunstunterrichts

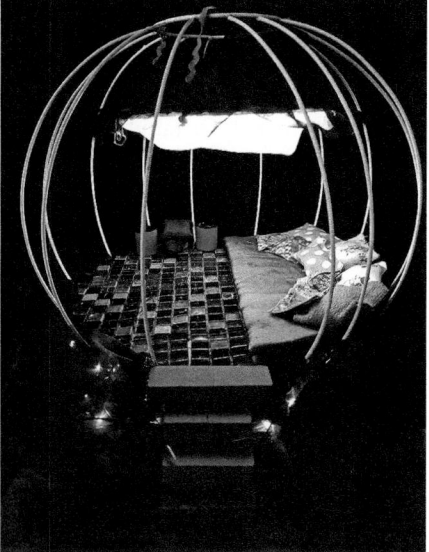

Abb. 60: Oben links: Mittelstufe (Kl. 8), Apollo auf dem Sonnenwagen – Konstruktion aus Holzlatten, mit Pappmaché übermodelliert (vgl. auch ▶ Abb. 46) Lebensgroß, bestehend aus drei Grundgerüsten: Wagen, Pferd und Apollo. Lösung komplexer statischer, funktionaler, technischer und proportionaler Probleme; Auseinandersetzung mit Raumrichtungen, Winkeln usw., Gruppenarbeit. Arbeitszeit ca. 2 Monate, 2-stündiger Unterricht (Archiv Sowa)
Oben rechts: (Kl. 8), »Mein Lockdown-Kokon«, Insel auf dem Meer – Fundstücke (Emma Frevert, Archiv Tangian)
Unten: Oberstufe (Kl. 12, Profilfach), Konstruktivistische Plastiken aus Latten und Möbelresten, mit Acrylfarbe bemalt. Höhe ca.1,5–2 m. Kunstgeschichtliche und zeichnerische Auseinandersetzung mit Werken von Tatlin, Pevsner, Picasso, Caro: Thematisiert wurden Raumrichtung, Raumverschränkung Formrhythmen, Statik und Dynamik (Archiv Sowa)

2.2.7 Fotografieren

Allgemeine Gegenstandsklärung

Fotografieren ist als Gestaltungspraxis allgegenwärtig im Leben heutiger Kinder und Jugendlicher. Smartphone-Kameras strukturieren und prägen sowohl die Wahrnehmung, die Vorstellung von Werten und Schönheit wie die Darstellungsmuster der ungezählten Fotos auf »Social Media«-Plattformen. Dem entspricht, dass angewandte Gestaltung in Form von Werbung, Internetposts und Imagekampagnen zentral auf Fotografie baut. In der Bildenden Kunst ist Fotografie längst ein etabliertes Medium, das heute oft mehr Ausstellungsbesucher anzieht als sonstige zeitgenössische Kunstformen.

Nachdem die Foto- und Medientheorie das Medium lange skeptisch beäugt hat, weil sein Realitätsgehalt im Gegensatz zum Naturalismus der technischen Darstellung eher fragwürdig ist, deutet sich in der jüngeren Zeit eine Wende in diesem Diskurs an (Ferretti-Theilig 2017), der stärker die relationalen Qualitäten des Mediums betont. Denn so wird Fotografie auch im Alltag als Medium der Mitteilung, der Erinnerung, des Inszenierens und Zeigens, des Überredens und Verlockens, der Dokumentation und Interpretation, der Reflexion und Kritik u. a. genutzt. Gleichwohl stellen auch diese Praxen sowie die weitgehende Manipulierbarkeit digitaler Fotos tiefergehende Fragen danach, was ein Foto wirklich ist und zeigen kann: Was hat es für unser Selbstbild zu bedeuten, wenn kein Portrait oder Model-Foto mehr ohne skin-cleaning per Photoshop und kein Selfie ohne Gesichtsmorphing mittels App auskommt? Was sagen Fotobeweise, mit denen auch Kriege begründet werden, angesichts der zahlreichen Manipulationsmöglichkeiten tatsächlich aus?

Inhalte des Gegenstandfeldes

Die alltägliche wie künstlerische und gestalterische Praxis des Fotografierens wie deren Reflexion und Kritik sind somit Gegenstandsfelder des Kunstunterrichts. Inhalt sind alle Themenfelder, die auch die Bildende Kunst bearbeitet, hinzu kommen die Felder angewandter Gestaltung (▶ Tab. 1). Spezifisch für das Medium ist dabei der sehr unmittelbare und direkte Zugriff auf sichtbare Wirklichkeit, womit Themen vor allem einen engen Lebensweltbezug haben können und zugleich die Möglichkeit bieten, diesen auf seine existenziellen Dimensionen zu befragen und die mediale Brechung durch die Fotografie kritisch zu reflektieren. Auch die Möglichkeit, kürzeste Momente einzufangen, um Sinn im Foto zu verdichten, ist medienspezifisch und kann sich entsprechend in inhaltlichen Schwerpunktsetzungen niederschlagen (Ereignis, Erzählung, Reportage etc.).

Struktur des Gegenstandsfeldes

Gerade weil medientheoretisch gesehen ein Foto, und erst recht ein digitales Foto, nicht an sich wahr oder unwahr ist, ist Fotografieren – noch stärker als andere künstlerische Medien – von der Weltsicht und dem Menschenbild der/des Fotografierenden abhängig: *Fotografieren ist eine Frage der Haltung* – der Haltung gegenüber der Welt und anderen Menschen, die man fotografiert. Damit bezieht sich die ethische Frage nach der Verantwortung für Erstellung und Verwendung eines Fotos auf den Bildurheber bzw. die Bildurheberin und diejenigen, die es verbreiten. Diese Haltung kann anmaßend wie einfühlsam, distanziert wie nah, auf Täuschung wie auf Wahrheit aus sein. Das ist nicht Sache des Mediums, sondern der Ethik der oder des Fotografierenden.

Insofern *ist Fotografieren eine relationale Praxis*: Sie antwortet auf Gesehenes, sie steht in Bezügen zum Sichtbaren, sie gestaltet Beziehungen zu Anderen und Anderem und die fotografisch gestalteten Antworten muss sie verantworten (vgl. Krautz 2004, 2014). Daher lässt sich die große Breite fotografischer Praxis auch nach den jeweils eingenommenen Haltungen gliedern. Diese Sachstruktur der Fotografie bietet damit zugleich eine didaktische Struktur, die mögliche Zugänge für den Unterricht aufzeigt. Den Haltungen sind nachfolgend beispielhafte Genres und Formen der Fotografie sowie beispielhafte fotografische Praxen und Fotografinnen und Fotografen zugeordnet, die als Anregung herangezogen werden können.

Tab. 10: Didaktisch relevante Struktur des Gegenstandsfeldes Fotografieren

Fotografische Haltung, Herangehensweisen	Genre und Form	Werkbeispiele, Gattungen
Ereignis und Erinnerung festhalten	Erinnerungsfotografie, Chronistik	Alltagsfotografie; Nicholas Nixon (Brown Sisters), Eugène Atget
Sachlichkeit	Dokumentarfotografie	Bernd und Hilla Becher, Laurenz Berges, Lewis Baltz
Flanieren und begegnen	Street Photography	Lisette Model, Henri Cartier-Bresson, Martin Parr
Berichten	Journalismus, Reportagefotografie	Robert Capa, Anja Niedringhaus
Erzählen	Einzelbild, Sequenz, Bildinteraktion, Bild und Text, visuelle Poesie	Duane Michals, John Berger, Rinko Kawauchi
Kommunizieren und Überzeugen	Illustration, Werbung	Werbung, politische Bildkommunikation
Engagement	Sozialdokumentarismus	Dorothea Lange, Martha Rosler, Sebastiao Salgado
Nähe suchen, sich Einfühlen	Portraitfotografie, Menschenbilder	Helga Paris, Rineke Dijkstra, Zoltan Jokay, Tobias Zielony
Formästhetik, Schönheit	Amateurfotografie, künstlerische Fotografie	www.fotocommunity.de; Ansel Adams, Josef Sudek, Terri Weifenbach

Tab. 10: Didaktisch relevante Struktur des Gegenstandsfeldes Fotografieren – Fortsetzung

Fotografische Haltung, Herangehensweisen	Genre und Form	Werkbeispiele, Gattungen
analogisch, kohärent, universalistisch	künstlerische Fotografie	Paul Strand, Robert Adams, »The Family of Man«, Wolfgang Tillmans
Inszenieren	inszenierte Fotografie	Helmut Newton, Cindy Sherman, Gregory Crewdson, Jeff Wall, Tim Walker
Medien- und Wahrnehmungsreflexion	künstlerische Fotografie	David Hockney, Thomas Ruff, Thomas Demand
Subjektivität	subjektive Fotografie	Otto Steinert, Peter Keetmann, Robert Frank (Spätwerk)
Abstrahieren	abstrahierende und abstrakte Fotografie	Minor White, Harry Callahan, Heidi Specker
Elementarisieren	Gestaltungslehren	Lazlo Moholy-Nagy, Walter Peterhans
Generieren	generative Fotografie, virtuelle Fotografie, digitale Montage	Gottfried Jäger; In-Game-Fotografie; Beate Gütschow, darktaxaproject

Bildungsziele und -potenziale im Kunstunterricht

Bildungspotenzial hat das achtsame Wahrnehmen der Selbst-, Mit- und Weltbezüge, das verantwortliche Antworten auf das, was sichtbar entgegenkommt in bewusst gestalteten Fotografien, sowie deren Präsentation auf unterschiedlichen Wegen, mit der das dialogische, kommunikative und resonante Moment des Fotografierens unterstrichen wird (Krautz 2004). Im begrenzten Zeitkontingent des Kunstunterrichts sind daher gerade die genuin fotografischen Zugangsweisen (siehe Tab. 1–10.) als zu erprobende Haltungen gegenüber der Welt und Anderen lohnenswert, während etwa Abstraktion und subjektiver Ausdruck sich ebenso und besser in anderen Gattungen realisieren lassen. Das Bildungspotenzial des Fotografierens liegt somit eher im Absehen vom eigenen Ego und im Blick auf Welt und Mitmenschen. Didaktische Entscheidungen für und gegen o. g. Haltungen des Fotografierens begründen sich darin, ob und wie sie Relationalität betonen sowie humane Orientierung, Achtsamkeit und Verantwortlichkeit stärken. Dabei ist die Leitfrage, wie im Sinne eines solchen humanistischen Bildungsverständnisses relevante Inhalte mit fotografischen Haltungen verbunden werden können.

In Bezug auf die grundlegenden Systematiken des Kunstunterrichts (WVD, HGI) bedeutet das im Einzelnen:

Wahrnehmung schulen: Zentral ist, zum längeren und genaueren Hinsehen anzuleiten. Das lange, genaue, achtsame Betrachten widerspricht dem Alltagsmodus des Sehens sowie der durch digitale Bildmedien reduzierten Aufmerksamkeitsdauer, muss also zugemutet und angeleitet sowie in seiner Bedeutung verbalisiert und reflektiert werden (vgl. Krautz 2011). Hinzu kommt das Einüben der spezifischen Modi des sog. »fotografischen Sehens« (vgl. Feininger 1985, Mante 2007).

Vorstellung bilden: Fotografische Vorstellung bildet sich durch die Anforderung, genauer zu überlegen und zu beschreiben, welche Wirkung von einem Foto erwartet wird, was also bei einer Aufnahme herauskommen soll (vgl. Shore 2009). Auch dies ist ein retardierendes Moment. Weniger sinnvoll ist es, von Schülerinnen und Schülern vorab Skizzen zu verlangen, weil das Zeichnen neue und andere Probleme mit sich bringt. Wichtiger ist, die Erwartungen genau mit den entstandenen Aufnahmen und deren Wirkung zu vergleichen und herauszuarbeiten, woran es liegt, wenn ein Foto anders oder nicht so wirkt, wie beabsichtigt.

Darstellungsfähigkeit entwickeln: Da die Darstellung selbst die Kamera übernimmt, geht es hierbei vor allem um die inhaltlichen, gestalterischen und technischen Fragen. Zur Darstellungsfähigkeit gehört aber auch, Fotos gültig auszuarbeiten und über Ausdrucke als reale oder als netzbasierte Ausstellung zu präsentieren. Eine gültige Ausarbeitung des Darstellungsanliegens ist gerade angesichts der leichten Verfügbarkeit und Verbreitung digitaler Bilder eine wesentliche didaktische Aufgabe.

Relevante Themen und fotografische Haltungen wählen: Um die vorgenannten Fähigkeiten zu bilden, müssen bildungsrelevante Themen und Haltungen (s. o.) gewählt werden. Bildungsrelevant heißt zum einen, dass die Themen und Haltungen wesentliche fotografische Möglichkeiten vermitteln; sie müssen also *sachrelevant* sein. Zum anderen müssen sie entwicklungs- und altersadäquate Fragen der Schülerinnen und Schüler in Bezug auf deren Selbst-, Mit- und Weltverhältnis aufgreifen; sie müssen also *personale und existenzielle Relevanz* haben. Bildende Fotodidaktik verbindet Sachrelevanz mit persönlicher und existenzieller Sinngebung.

Fotografische Gestaltungsmittel erarbeiten und üben: An den Themen müssen die dafür relevanten fotografischen Gestaltungsmittel erarbeitet und geübt werden (vgl. im Überblick Feininger 1985, Mante 2007). Anders als in diesen eher formalistischen Gestaltungslehren dürfen diese jedoch nicht isoliert werden, sondern müssen im Kontext von sinnvollen thematischen Aufgabenstellungen erarbeitet werden. Wie tragen also fotografische Gestaltungsmittel wie Licht, Form, Farbe, Ausschnitt, Perspektive, Brennweite, Schärfe/Unschärfe etc. zu einer angestrebten Bildwirkung bei? Und wie kann das technisch realisiert werden (vgl. Meyerowitz 2016, Shore 2009)?

Dabei empfiehlt sich aufgrund der schnellen Machbarkeit digitaler Fotos, entsprechende Übungen zunächst auch ohne Kamera anzuregen (z. B. Ausschnitt- und Perspektivwahl mittels Motivsucher aus Karton; Lichtwirkungen beobachten und beschreiben; Übungen zur Bilderzählung mit vorgefundenen Fotos usw.). Zudem profitiert auch das Fotografieren-Lernen von mimetischen Zugängen: Ein bekanntes Foto nachzustellen, neu zu interpretieren oder einen kontrastierenden »Partner« zu erstellen kann die tatsächliche Komplexität fotografischen Könnens verdeutlichen und deren Erlernen unterstützen (vgl. Bsp. unten).

Einen technisch-handwerklichen Arbeitsablauf entwickeln: Hierzu gehört auch das Kennenlernen und Beherrschen der technischen Eigenheiten von Kameras: ein

Smartphone erzeugt andere Bilder als eine Systemkamera mit Wechselobjektiven, eine Sofortbildkamera oder eine Lochkamera. Und auch die digitale Bildbearbeitung braucht eine klare Struktur. Gerade die verbreitete, aber illusorische Annahme, per Bildbearbeitungsprogramm jedes Bild »retten« zu können, gilt es aufzuklären. Daher lautet die didaktische Maxime für die digitale Bildbearbeitung: *Effektminimierung*. Fotografische Bildbearbeitung verstärkt und korrigiert die für die Fotografie zentralen Gestaltungsmittel (Ausschnitt, Farbe/SW, Helligkeit, Kontrast, Retusche etc.), erzeugt aber keine neuen Bilder. Zudem ist die starke Reduktion der Bearbeitungsparameter auch aufgrund der faktischen Komplexität der Programme angeraten. Die Anwendung vorprogrammierter Filter per Smartphone-App schließt sich aufgrund von deren Unkontrollierbarkeit eher aus.

Struktur des Könnens

Was heißt »Fotografieren können«? Die Könnensstruktur des Fotografierens bezieht sich auf die zu bildenden Fähigkeiten Wahrnehmung, Vorstellung und Darstellung (▶ Kap. II.1.3): Fotografisches Können beruht einerseits auf einer gebildeten, ausdifferenzierten Wahrnehmungsfähigkeit, die man als »fotografisches Sehen« beschreibt. Die Wahrnehmung verfährt nicht allein gegenstandsorientiert-wiedererkennend (»Das ist dies und dies ist das.«) oder selektiv-interessegeleitet (»Das Detail ist interessant, jenes gefällt mir nicht.«), sondern gesamthaft-situativ. Dabei beruht dies nicht allein auf visueller Wahrnehmung, sondern auch auf leiblichem Beteiligt- und Involviertsein, sei es beim Anblick eines Menschen, sei es beim Betrachten einer Landschaft oder dem Erleben einer Situation.

Diese Wahrnehmung ist dabei immer schon von fotografischer Vorstellung durchsetzt, also von fotografischen Vorstellungsschemata. Man sieht in der wahrgenommenen Szene ein mögliches Bild, worin sich imaginative Muster aus dem vorhergegangenen Sehen und Fotografieren vieler Bilder mischen. Solche fotografischen Schemata müssen ggf. auch erst überwunden werden, um zu einer eigenen Sicht durchzudringen (z. B. die Instagram-Schemata der Selbstdarstellung beim Portraitfotografieren).

Herausragende Könner in der Fotografie haben im Sekundenbruchteil des Auslösens schon eine vollständige Vorstellung vom späteren Bild inklusive der Ausarbeitung von Farbe, Licht, Kontrasten usw., früher in der Dunkelkammer, heute mittels Bildbearbeitungsprogramm. Die Qualität von Fotografien nimmt also zu, wenn ihnen ein größeres Maß an fotografischer Imaginationsfähigkeit zugrunde liegt.

Fotografische Darstellungsfähigkeit beruht auf einem geübten Workflow, also dem Einschätzenkönnen der Bildparameter (Belichtung, Schärfe, Kontrast, Ausschnitt, Komposition etc.) in Hinsicht auf die beabsichtigte Bildwirkung und der Fähigkeit, Kamera und Bildverarbeitung entsprechend handhaben zu können.

Am Beispiel: Cartier-Bressons Aufnahme des Bildhauers Alberto Giacometti, der für seine ausgemergelten Skulpturen berühmt geworden ist, ist eine präzise Verdichtung der Wahrnehmung der Situation und ihrer kompositorischen Momente, einer Vorstellung von Giacomettis Person und Werk, dem Wissen darum, dass aus

2 Gestaltungsfelder des Kunstunterrichts

Abb. 61: Henri Cartier-Bresson, Alberto Giacometti, Rue d'Alésia, Paris, France, 1961 (Henri Cartier-Bresson / Foundation Henri Cartier-Bresson / Magnum Photos / Agentur Focus)

der Wetter- und Lichtsituation ein tristes, flaches Grau resultierten kann, was den Fotografen insgesamt den leichten Schritt nach links machen lässt, um den Baumstamm gewissermaßen als Stellvertreter für des Künstlers Skulpturen mit dessen verhuschter Gestalt in eine spannungsvolle Hochformat-Komposition zu bringen, die die Existenzialität von Giacomettis Kunst ebenso spiegelt wie die Skurrilität seiner Person. Dieses Sinn-Bild aber hat Cartier-Bresson vorher-gesehen.

Das Beispiel zeigt zugleich den Zusammenhang von Inhalt, Gestaltung und Handwerk im fotografischen Können: Erst eine tiefgründigere Intention gibt dem Gestaltungskönnen und der fotografischen Technik einen Sinn. Ohne Sinnabsicht bleiben Fotos entweder beliebig oder schematische Wiederholungen von Vorbildern oder formal-technische Spielereien, so wie man sie zu abertausenden in Foren von Fotoamateurinnen und -amateuren oder etwa bei Instagram sehen kann. Weder ausgefallene Filter-Apps noch bizarre Brennweiten noch vermeintlich »künstlerische« Effekte wie Unschärfe oder Falschfarben füllen mangelnde inhaltliche Durchdringung. Dabei scheint das Handwerk der Fotografie heute aufgrund der Digitaltechnik kaum noch erwähnenswert: Während Cartier-Bresson noch den fummeligen Entfernungsmesser der Leica blitzschnell bedienen und die Belichtung richtig schätzen musste, läuft dies heute automatisch. Aber: Je mehr die Automatik übernimmt, desto weniger Möglichkeiten der bewussten Entscheidung bleiben.

Fotografische Könner wissen, was die Automatik tut, und können sie gezielt einsetzen.

Altersbezug und Curriculum

Grundschule: Erzählen (in Einzelbildern und linearen Bildfolgen) auch in Formen der Inszenierung (Table-Top); Ereignis und Erinnerung (Nahraum Familie, Freunde, Schule etc.); Schönheit (im subjektiven Empfinden)
Unterstufe: Nähe und Einfühlung (zu anderen Menschen und deren Leben, zu Tieren u. a.); Kommunizieren (was uns für andere wichtig ist)
Mittelstufe: Nähe und Einfühlung (auch zu Fremden und Fremdem); Sachlichkeit (genaues Erfassen, Bericht); Engagement (sich für etwas einsetzen); Schönheit (auch kritisch gewendet); Kommunikation und Persuasion (in Werbung, sozialen Medien)
Oberstufe: Dokumentation (als komplexere Serie); Engagement (auch gesellschaftskritisch) und Nähe (auch zu Unbekanntem); Kommunikation und Persuasion (auch in politischer Bildkommunikation und im historischen Vergleich); Erzählen (Serie, Sequenz, Tableau, Bild und Text, Bild-Poesie); Inszenieren (von komplexeren Themen); Medien- und Wahrnehmungsreflexion

Literaturauswahl

Feininger (1985); Krautz (2008, 2011); Mante (2007); Meyerowitz (2016); Shore (2009)

Beispiele (Grundschule Unterstufe, Mittelstufe, Oberstufe)

Abb. 62: Grundschule (Kl. 4), »Kleine Welten ganz groß«. Narration in einem Bild. Szenische Inszenierung mit Spielzeugfiguren im Schulumraum. Bezug auf die Arbeiten Slinkachus. Erarbeitung fotografischer Gestaltungsweisen (Perspektive, Makromodus, Format/Ausschnitt, Tiefenschärfe). Ausstellung im Schulgebäude (Archiv Kraemer)

2 Gestaltungsfelder des Kunstunterrichts

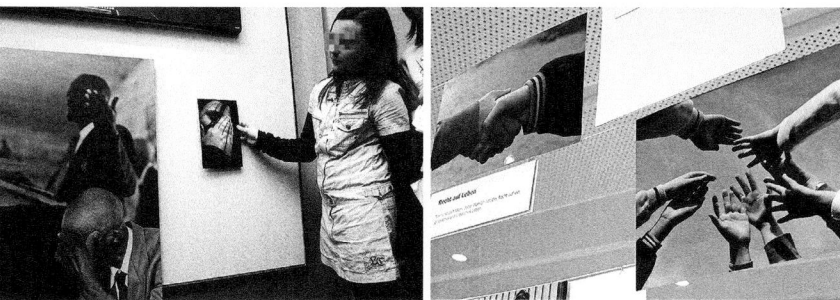

Abb. 63: Unterstufe (Kl. 6), »Gefühle verbinden Menschen«. Nähe und Einfühlung in andere Menschen wird über den universalistischen Ansatz der Ausstellung *The Family of Man* besprochen. Aufgabe ist, entsprechende Szenen zu inszenieren. Im Anschluss erfolgt eine digitale Bearbeitung der Fotos (Ausschnitt, Kontrast, SW). Exkursion mit Verortung der eigenen Fotos in der historischen Ausstellung *The Family of Man*, Clervaux (Lux.). Präsentation der Fotos im Schulfoyer; Bezug zu Menschenrechten (Archiv Krautz)

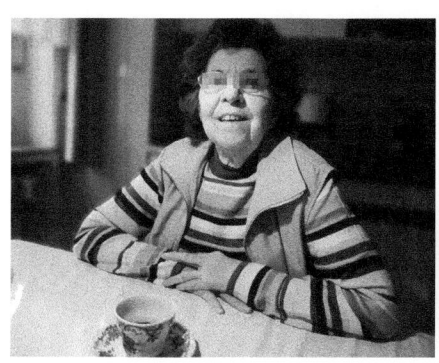 

Abb. 64: Mittelstufe (Kl. 8), Menschen in ihrer Umgebung portraitieren. Links: »Meine Großmutter in ihrer Küche«. Rechts: »Meine Clique«. Mensch und Umgebung in Bezug sehen und setzen. Erfassen eines charakteristischen Moments. Wahrnehmen und respektieren von Individualität. Umgehen und Komponieren mit vorhandenem Licht. Bildbearbeitung (Ausschnitt, Kontrast, Farbe, Schärfe/Unschärfe) (Sowa/Glas/Seydel 2010, S. 63, Archiv Krautz)

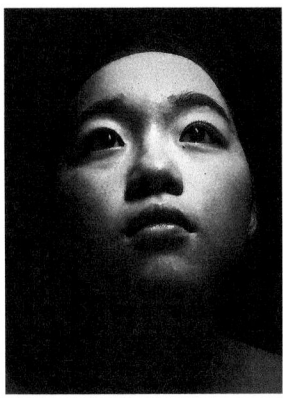  

Abb. 65: Mittelstufe (Kl. 9), »Selbstinszenierung: Gendertrouble«. Re-Inszenierung von Kunst- und Werbefotografien. Einsatz von Mimik, Gestik. Thematisierung von Geschlechteridentität und Rollenzuschreibungen. Dazu erfolgt ein kritisches Befragen der Selbstinszenierung in sozialen Medien. Beachten von Hintergrund, Licht, Kontrast, Farbe/SW. Entsprechende Bildbearbeitung Helligkeit, Kontrast, Farbe/SW. Anschließende Präsentation und Reflexion der Ergebnisse in der Klassengemeinschaft (Archiv Bellebaum)

Abb. 66: Oberstufe (Jg. 10/11), Projekt »Revier«. Auseinandersetzung mit verlassenen Dörfern nahe dem Braunkohletagebau Hambach zwischen dokumentarischer und subjektiver Fotografie; Schulausstellung mit öffentlicher Einladung (Archiv Artner)

2.2.8 Film und Filmen

Allgemeine Gegenstandsklärung[40]

Film und Filmen sind heute ebenso lebensweltlich, kulturell und künstlerisch präsent wie das Fotografieren (▸ Kap. III.2.2.7). Die Möglichkeiten videofähiger digi-

---

40 In das Kapitel sind wichtige Hinweise von Christian Besuden, Osnabrück, eingeflossen.

taler Endgeräte (Smartphone, Tablet etc.) haben die Verfügbarkeit und Selbstverständlichkeit des Filmens sogar noch stärker revolutioniert als im Falle des Fotografierens. Video-Plattformen[41] sind zu zentralen Darstellungs- und Kommunikationswegen nicht allein für Kinder und Jugendliche, sondern ebenso für gesellschaftliche Kommunikation und auch für Kunst und Kultur geworden (vgl. Küchmeister 2018). Zudem prägen neben dem klassischen Hollywood-Film zunehmend Film- und Serienformate von Streamingdiensten die Sehgewohnheiten. Filmkunst findet auf vielen Niveaustufen und Formaten statt – von »High« bis »Low«, von Netz bis Kino, vom Handy bis zur Studioproduktion, von TV bis zum Hobby, vom linearen Film bis zur Multimediainstallation und netzbasierten Kunstprojekten. Auch in der Kunst der Bildenden Moderne und Gegenwart spielt er eine zunehmend wichtige Rolle. Aufgrund dieser Vielfalt ist eine einheitliche Definition des Films schwierig (vgl. als hilfreiche Kartierung der Phänomene den »Filmkompass« von Klant/Spielmann 2008, S. 21). Es sollen daher hier mit kunstdidaktischem Blick wesentliche Elemente herausgestellt werden.

Als das Spezifikum des Filmischen kann die Einstellung gelten, die durch Montage aus einzelnen Bewegtbildern (filmischen Einstellungen) zu Sequenzen verbunden wird, um eine übersummarische Raumzeit zu illusionieren (vgl. Katz 2010). Hier schließt der Film an das alte Bemühen der Kunst an, mit Bildern *Geschichten* zu erzählen. Bilder verdichten erzählte Zeit in einer Szene, die in einem Moment zu erfassen ist (vgl. Heinen 2017). Bildfolgen, wie heute auch der Comic, lösen Handlungen in Szenen auf, die sukzessive und simultan zu betrachten sind. Im Film wird dies zu einem Nacheinander auf derselben Projektionsfläche, womit ein spezifischer zeitlicher Ablaufzwang eintritt, der gestalterisch zu bewältigen ist.

Das Daumenkino ist ein einfaches Beispiel für eine Bewegungsanimation durch die Überlagerung von Phasen-Bildern. Die Chronofotografie eines Edward Muybridge (ab ca. 1870) zerlegte die Bewegung eines Pferdes in fotografische Einzelbilder. Sobald es dann technisch möglich war, diese Lichtbilder hintereinander ablaufen zu lassen und sie zu projizieren, war der Film erfunden (vgl. Klant/Spielmann 2008). Dabei wurden schon in den ersten Filmen zwei Grundelemente des Films deutlich: Die dokumentarische Darstellung fließender Bewegung (»Arbeiter verlassen die Lumière-Werke« der Gebrüder Lumière, 1895) und die Möglichkeit des – auch fiktionalen – filmischen Erzählens (»Der begossener Rasensprenger«, Gebr. Lumière, 1895) (vgl. Kracauer 1985). Somit kann man festhalten:

Spezifisch für den Film sind die bildhafte Darstellung von Bewegung und Veränderung sowie Narration in der Zeit und im Raum mit den Mitteln der Montage als Analyse und Synthese filmischer Einstellungen. Hinzu tritt Ton als Geräusch, Sprache oder Musik. Dabei nimmt der Film eine Erzählzeit in Anspruch, die aber nicht mit der erzählten Zeit identisch sein muss (vgl. Klant/Spielmann 2008, S. 23).

---

41 Film und Video werden hier der Einfachheit halber begrifflich gleichgesetzt, da beide heute auf digitaler Technik beruhen.

Inhalte des Gegenstandfeldes

Die Kenntnis der Bildsprache des Films gehört heute zu den zentralen Aufgaben der Medienbildung, eine Forderung, die in ihrem Umfang kaum ein Fach allein bewältigen kann und die daher eine interdisziplinäre Ausrichtung erfordert. Traditionell sind daran die Fächer Deutsch (Anders et al. 2019, Abraham 2020), Musik und Kunst (Küchmeister 2012, Klant/Spielmann 2008) beteiligt. Das Fach Kunst betont bei der Auseinandersetzung mit den filmischen Mitteln vor allem die bildnerische Praxis, in der die Schülerinnen und Schüler selbsttätig die *Produktion* kleiner Film- bzw. Videosequenzen vornehmen.

Ausgangspunkt ist wie in allen anderen Gegenstandsfeldern ein inhaltlich motivierender Kern, der in einzelnen Schritten organisatorisch und gestalterisch umgesetzt wird (▶ Kap. III.1). Beispiele aus den zahlreichen Genres des Films können hier anregend sein. Begleitet wird die praktisch bildnerische Arbeit mit ausgewählten Beispielen aus der Filmkunst und Filmindustrie.

Gerade die die Vorstellung von Kindern und Jugendlichen prägende mediale und (jugend-)kulturelle Realität des Filmens und Rezipierens von Videoclips wirft dabei die Frage nach Verantwortung auf: Kunstunterricht kann nicht beliebige Praxen der Selbstdarstellung und Exhibition, des Mobbings und der Gewaltdarstellung aufgreifen, sondern muss gerade beim Filmen wertbezogene Themen anregen, die dem Erziehungsauftrag der Verfassungen und Richtlinien entsprechen.

Struktur des Gegenstandfeldes

Grundsätzlich ist der Film in seinem Weltverhältnis der Fotografie ähnlich: Auch beim Filmen ist die Haltung der oder des Filmenden zu den Mitmenschen/der Mitwelt entscheidend. Allerdings fokussieren sich diese Haltungen aufgrund der o. g. Charakteristik des Films auf einige zentrale Genres:

Tab. 11: Didaktisch relevante Struktur des Gegenstandsfeldes Film und Filmen

Filmische Haltung	Genre
Ereignis und Erinnerung festhalten	Reportage, Erinnerungsfilme, Videoclip, Vlog (YouTube, TikTok)
Sachlichkeit	Dokumentarfilm, Erklärvideo, Tutorial
Berichten	Journalismus, Nachrichten, Magazin (TV, Streaming, YouTube)
Erzählen (fiktional, non-fiktional)	Kurzfilm, Spielfilm, Serie
Kommunizieren und Überzeugen	Werbespot, Influencervideo
Inszenieren, Illustrieren, Übersetzen	Musikvideo
Wahrnehmung erweitern, experimentieren, irritieren, reflektieren	Videokunst, Experimentalfilm

Selbstverständlich gehen die hier systematisch unterschiedene Genres ineinander über: So weisen manche Musikvideos Elemente der Videokunst auf; wann eine Dokumentation ins Narrative übergeht, ist oft schwer zu entscheiden und ebenso schwierig ist das Problem des Übergangs von journalistischem Berichten ins politische Überzeugen usw.

Dabei durchzieht das inszenierende Moment vor der Kamera die meisten filmischen Genres sehr stark, insbesondere den narrativen Spielfilm im weitesten Sinne, aber auch die meisten selbstdarstellenden Clips auf Videoplattformen. Doch wird beim Filmen immer auch mit der Kamera sowie mittels Schnitt und Montage inszeniert (vgl. Katz 2010, Strauch/Engelke 2019). Daher bezieht sich das *relationale Moment beim Film* auch stark auf die innerfilmischen Bezüge: Aufgrund der Komplexität der Filmerstellung etwa von Spielfilmen ist das abgestimmte und kooperative Zusammenwirken von ganzen Teams notwendig (Drehbuchautor, Regisseurin, Schauspieler, Kamerateam, Lichtsetzerin, Ausstatter, Komponistin usw.). Zudem ist die Zeitdimension als zentrales Gestaltungsmittel selbst relational: Der Film ist als Gestaltung eines Zeitverlaufs immer in sich vor- und rückverweisend (vgl. Strauch/Engelke 2019).

Mit diesem komplexen Gestaltungsanspruch ist zugleich ein zentrales didaktisches Problem markiert: Nur wenige Filmgenres lassen sich linear hintereinander filmen, und auch diese bedürfen einer filmischen Auflösung. Daher sind genaue Planung, Einteilung in Szenen, Schnitt und Montage nötig, um die relationalen Bezüge zu einer überzeugenden Gestaltung zu bringen. Das aber setzt ein hohes Imaginationsvermögen voraus.

Bildungsziele und -potenziale im Kunstunterricht

Auch das Filmen stellt das Ich in Bezug zu sich selbst, den anderen und der Welt (vgl. für ein relationales Modell der Filmbildung Spielmann 2011, S. 22). Wie auch beim Fotografieren hat dabei das dialogische, kommunikative und resonante Moment eine wesentliche Bildungsbedeutung: Film gestaltet bildhafte und auch verbale Dialoge, ist ein Kommunikationsmedium par excellence und antwortet auf Erlebtes, Gesehenes und Gehörtes, indem er daraus kleine und große Erzählungen gewinnt und inszeniert. Film kann viele Inhalte und Gestaltungsweisen des Kunstunterricht aufgreifen und diese interpretieren. Enge Bezüge zu Bild/Fotografie und performativen Kunstformen (▶ Kap. III.2.2.14) sind ebenso bestimmend wie fächerverbindende Bezüge z. B. zu Deutsch und Musik (vgl. Spielmann 2011, S. 96ff.).

Das zentrale fachliche Bildungspotenzial liegt neben den schon für die Fotografie wesentlichen Gestaltungselementen in der Gestaltung von Zeit und Bewegung in Verbindung mit Ton (vgl. Katz 2010). Dies fordert und fördert eine spezifisch auf Bewegung gerichtete und szenische filmische Wahrnehmung von Welt sowie eine raumzeitliche Imaginationsfähigkeit, die Bewegung und Verläufe nach inhaltlichen Intentionen szenisch strukturieren und komponieren kann (vgl. Strauch/Engelke 2019). Auch Perspektivwechsel und Rollenübernahmen werden von der filmischen Bildsprache ermöglicht und legen sich nahe – darin liegt ein wichtiges Bildungsmoment von ethischer Bedeutung.

Diese Fähigkeiten sind sukzessive zu entwickeln und durchlaufen in Bezug auf den narrativen Film erfahrungsgemäß drei Stufen:

- das lineare Erzählen mittels filmischer Auflösung, d. h. als Einstellungsfolge;
- das elliptische Erzählen mit Zeitsprüngen und Ortswechseln;
- das dramaturgische Erzählen mit Differenzen in der Perspektive zwischen Protagonist oder Protagonistin und Rezipient bzw. Rezipientin (Suspense, Mystery, Surprise etc.).

Dabei sind folgende didaktische Aspekte wesentlich:

Didaktische Reduktion und Komplexitätsaufbau: Angesichts der Komplexität von avanciertem filmischem Können muss der Unterricht dieses in Teilmomente zerlegen, die dennoch in sich abgeschlossene und sinnvolle Möglichkeiten der Erarbeitung ergeben. Solche altersbezogene didaktische Reduktion findet ihren Niederschlag in entsprechenden Teilaufgaben, Formen und Genres des Films.

Entsprechend bietet es sich an, mit den Übergängen von narrativen Bildfolgen und nichtfilmischen Bewegtbildern zu animierten Trickfilmen (Stop-Motion) zu beginnen (vgl. Kaiser 2011). Hierbei treten bereits zentrale Aspekte des komplexen filmischen Könnens auf, bleiben aber aufgrund der Überschaubarkeit des Sets und der Möglichkeit, linear zu arbeiten, beherrschbar. Andere Reduktionsmöglichkeiten sind die Begrenzung der Filmlänge in Kurzfilmen (vgl. Besuden 2014, Pfeiffer 2020), Minutenfilmen (vgl. Küchmeister 2012) oder auf die »Micro-Movie«-Dauer wie die 15 Sekunden bestimmter Videoplattformen. Solche Kurzfilme kommen auch ohne Dialog aus, zwingen zu narrativer Verdichtung und regen experimentelle Formen an (vgl. Abraham 2020).[42] Viele filmische Gestaltungsmittel lassen sich zunächst zeichnerisch und fotografisch üben, bevor überhaupt gefilmt wird (vgl. Schilling/Krautz 2015). So können einzelne Elemente wie der narrative Entwurf, der Spannungsaufbau, die bildnerischen Mittel usw. aus der Komplexität gelöst und auch zu eigenen Gestaltungsvorhaben werden (▶ Abb. 67). Schließlich kann in Verbindung mit dem Deutschunterricht über die Filmrezeption das Verständnis für Strukturen des Films erarbeitet werden (vgl. Müller-Hansen 2014, Anders et al. 2019). In Kooperation mit dem Musikunterricht ist das Erarbeiten der Elemente Sound und Musik möglich (vgl. Spielmann 2011).

Übergangsformen nutzen: Weitere Möglichkeiten der Komplexitätsreduktion und zugleich fließenden Einbindung des Filmens in den Kunstunterricht sind gattungsverbindende kleinere Projekte und ergänzende Aufgaben. Filmen ist hier Mittel der gestalterischen Weiterführung, Visualisierung und Präsentation, woran jeweils Aspekte der Filmgestaltung in reduzierter Komplexität erarbeitet werden können. Arbeits- und Themenbereiche sind z. B.:

- Animationen in Verbindung mit oder im Anschluss an Themen im Zeichnen, Drucken, Collagieren, Plastizieren;
- Dokumentation und Reflexion von Arbeitsprozessen (Portfolio);

---

42 Künstlerische Anregungen findet man über das Portal https://ag-kurzfilm.de/ sowie auf der DVD »Grundkurs Film 3 – Kurzfilme!« (Schroedel-Verlag).

- Präsentationen von bildnerischen Arbeiten;
- Recherchen zu Inhalten von Themenstellungen;
- Vor- und Nachbereiten von Exkursionen und Museumsbesuchen etc.;
- Lehrfilme und Tutorials zu Gestaltung und Handwerk (»how to do«);
- Interpretation von und Erfahrungen mit Kunstwerken (»how to understand«).

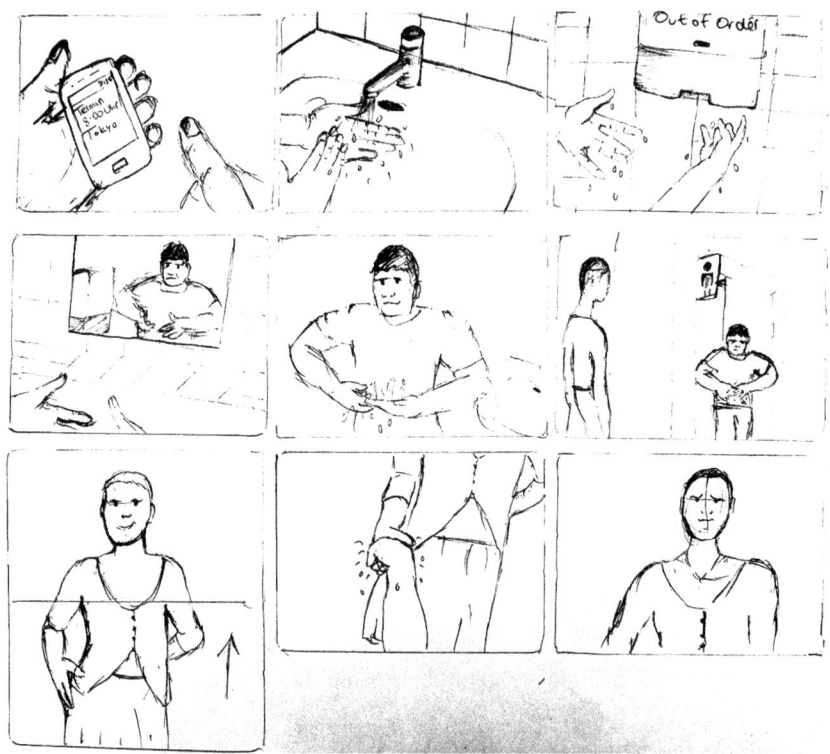

Abb. 67: Oberstufe, Storyboard zum Thema »peinlich« (Archiv Schilling)

Wahrnehmung schulen: Filmische Wahrnehmung zeichnet sich neben den für die Fotografie relevanten Aspekten (▶ Kap. III.2.2.7) vor allem durch das Wahrnehmen von Bewegung und Eigenbewegung vor und mit der Kamera im sich dadurch verändernden Raum aus (▶ Abb. 67). Wie im performativen Gestalten (▶ Kap. III.2.2.14) verbinden sich hierin Zeit- und Raumbezug mit narrativer Strukturierung, denn filmisches Wahrnehmen zielt auf Mitteilung. Diese Wahrnehmungsweise kann zunächst auch ohne Kamera durch entsprechende Übungen, etwa mit Ausschnittrahmen im Raum geübt werden. Experimentelle Arbeitsweisen, die mit Smartphones leicht möglich sind, zeigen zudem neue Blickwinkel und Sichtweisen auf (vgl. Küchmeister 2012, S. 6–9; Sowa/Glas/Seydel 2010). Dabei kann dann die vertiefte Wahrnehmung des »fließenden Blicks« (vgl. Schilling/Krautz 2015, S. 42 f.)

auf dessen Darstellungswert befragt werden: Was zeigt eine Fahrt durch den Raum auf welche Weise? Was kann damit zum Ausdruck gebracht, welche Emotion angesprochen, was kommuniziert werden? Filmische Wahrnehmung kann auch durch die aktive Rezeption von Filmsprache gebildet werden, etwa durch Übungen zur Wirkung von Schnitt und Montage (»Kuleschow-Effekt«), zu Einstellungsverbindungen (match-cut, »unsichtbarer Schnitt«), mittels des Remakes von Filmszenen (vgl. Müller-Hansen 2014, S. 13 ff.) oder durch das Auslegen, Zuordnen und Kombinieren von (fotografischen) Einzelbildern zu Bildsequenzen.

Mit der Schulung filmischen Wahrnehmens kann zugleich die Kritikfähigkeit gegenüber dem Angebot an Filmen und Videos gebildet werden, da Macharten und Beeinflussungswege transparent und nachvollziehbar werden.

Vorstellung bilden: Vorstellungsbildung bezieht sich beim Film auf die Entwicklung einer narrativen Struktur etwa ausgehend von einem Ort (z. B. Bushaltestelle als Aufenthalts- und Begegnungsstätte, Ankunfts- und Abfahrtsort) oder einer Textvorlage (Märchen, Sage, Gedicht, Kurzgeschichte) mittels vorwegnehmender szenischer Imagination der dazu notwendigen Teile der Handlung sowie deren formal gestaltete visuelle Darstellung (▶ Kap. III.2.2.14).

Auf diese Weise kann die Differenzierung der Wahrnehmung helfen, die Vorstellung zu klären: Man nimmt Bilder zur Hilfe, baut hilfsweise kleine Szenen als Tabletop-Fotografien von Spielzeug-Figuren oder Getränkeflaschen auf oder stellt szenische Zusammenhänge nach und hält sie fotografisch fest. Die didaktisch geführte Wahrnehmung leitet an, die komplexen szenischen Vorstellungen zu klären und in eine der Erzählintention angemessene Darstellung zu überführen.

Übungen zur Vorstellungsbildung zielen dabei vor allem auf schrittweises Aufschließen der filmischen Strukturen. Dazu können Vorstellungshilfen, die aus dem Filmgenre selbst kommen, genutzt werden. Eine »LogLine« formuliert etwa eine ganze Filmhandlung in wenigen Sätzen. Visuell gefasst könnte die Schilderung der Geschichte in drei Bildern sein, die gezeichnet, fotografiert oder aus gefundenem Material collagiert werden. Dies zwingt zur Konkretisierung und Strukturierung der Imagination und enthält schon Fragen der Dramaturgie. Die fotografische Recherche von möglichen Filmschauplätzen kann inhaltliche Ideen anregen, unterstützen, modifizieren usw. (eine Vielzahl solcher Vorstellungshilfen findet sich in Schilling/Krautz 2015). Diese Vorstellungen sind in ihrer zeitlichen und narrativen Struktur äußerst komplex. Zudem sind sie nicht nur bildhaft, sondern beinhalten auch Sprache, Geräusche, Bewegungen, Musik. »Filmische Vorstellungen« sind also räumlich, zeitlich, kinästhetisch und bildsynthetisierend.

Die filmischen Vorstellungen der Schülerinnen und Schüler orientieren sich zunächst oft an bekannten Genres, Fernseh-, Spielfilmformaten, arbeiten also schematisch. Um sich tatsächlich eigene Filmideen vorzustellen, bedarf es Inspirationsquellen in der Lebenswelt, in der wahrnehmbaren Welt, weshalb entsprechende inhaltliche Orientierungen wichtig sind. Überlässt man die »Fantasie« der Kinder und Jugendlichen sich selbst, werden sie meist die Schemata von Comedy, Fantasy, Horror und Gewalt reproduzieren, die sie kennen. Allerdings erscheint ihnen die medial nicht aufbereitete Welt im Vergleich zur Kino- oder Computerwelt leicht langweilig, weshalb es didaktisch wichtig ist, die Wahrnehmung für erzählerisch interessante Momente des Alltags zu schärfen und daraus entsprechende narrative Imaginationen zu entwickeln, die Personen-, Ding- und Raumvorstellungen in einen sinnvollen Zusammenhang bringen.

Darstellungsfähigkeit entwickeln: Zur filmischen Darstellungsfähigkeit gehört daher wesentlich das entwerfende Zeichnen (oder andere Techniken wie Collagen, Knetfiguren, Fotografieren usw.), womit die raum-zeitliche Vorstellung verdichtet in Szenen sichtbar und verhandelbar wird. Das muss daher entsprechend geübt werden (vgl. Schilling/Krautz 2015). Zur filmischen Darstellungsfähigkeit (vgl. Katz 2010) gehören zudem z.B. plastische Figurengestaltung und Kulissenbau im Trickfilm, aber auch schauspielerische Darstellung, die leiblich-performatives und sprachliches Können verlangt, zudem literarische und musikalische Darstellungsfähigkeiten, die am besten in Kooperation mit den entsprechenden Fächern zu entwickeln sind.

Den Darstellungsvorgang des Filmens selbst übernimmt zwar der Apparat, gleichwohl müssen dessen Möglichkeiten und Bedingungen geübt und beherrscht werden, z.B. Voreinstellungen (Format, fps, Videoauflösung, Bildstabilisierung, Optik, …), Equipment (Stativ, Gimbal, Drohne, Handkamera, …), Schärfeführung, Kamerabewegung, Abschätzung der Einstellungslängen, Aufnahmebedingungen (Wetter), Licht usw. Gleiches gilt für die Postproduktion in entsprechenden Programmen (Sichtung, Schnitt, Montage, Vertonung) (vgl. Strauch/Engelke 2019). Dies wird allerdings durch entsprechende, leicht bedienbare Apps auf Smartphone oder Tablet inzwischen stark erleichtert.

Relevante Themen und filmische Genres wählen: Das Filmen im Kunstunterricht greift einerseits massenkulturelle Formen und alltägliche Filmpraxis der Kinder und Jugendlichen auf. Der Bildungsanspruch des Kunstunterrichts verlangt aber andererseits, dass nicht unreflektiert die damit verbundenen Themen aufgegriffen werden. Lässt man Themen unbestimmt, adaptieren Schülerinnen und Schüler oft, was sie aus den kulturindustriellen Produkten kennen (s.o.). Auch Genres wie Musikvideos und Werbespots liegen zwar als Kurzformen nahe, sind aber kaum aus deren fragwürdigen Markt- und Selbstdarstellungsgesetzen zu lösen.

Themen auch und gerade für das Filmen sollten also entsprechend existenziell, relational und komplementär angelegt sein, wie in Kapitel III.1 erörtert. Gerade mit den Mitteln filmischer Narration lassen sich diese dezidiert bearbeiten. (Ein Beispiel auf höchstem für Schule möglichen Niveau gibt der Kurzfilm »Zwischenraum« auf cineschool.ph-freiburg.de).

Dabei unterscheidet sich die Didaktik des Films im Kunstunterricht durch die enge Verbindung von fachlichen und inhaltlichen Bildungszielen von medienpädagogischen Ansätzen, die entweder gestalterische oder erzieherische Aspekte vernachlässigen. So erscheinen etwa die zahlreichen gut gemeinten Projekte, in denen Mobbing per Film »aufgearbeitet« wird, als fragwürdig, wenn viel Zeit mit der Reinszenierung von Gewaltbeziehungen verbracht, aber keine sozial konstruktiven Lösungen gefunden werden. Zudem legt ein kunstdidaktischer Zugang anders als die rezeptive Filmdidaktik des Deutschunterrichts den Schwerpunkt auf den gestalterisch-produktiven Teil, der selbstverständlich nicht ohne reflexive Rezeption sinnvoll ist. Daher kann eine entsprechende Arbeitsteilung gerade mit den Fächern Deutsch und Musik entlastend und befruchtend wirken (vgl. Spielmann 2011, S. 96 ff.).

Didaktische Besonderheit: Filmarbeit ist aufgrund der Komplexität oft Teamarbeit. Das fordert eine intensive Auseinandersetzung mit exakten Planungs- und Organisationsverfahren, bietet dadurch aber auch Chancen zum sozialen Lernen. Doch entsteht dies nicht von selbst, sondern muss pädagogisch angeleitet werden, damit es gemeinschaftlich und fachlich produktive Formen annimmt.

Struktur des Könnens

Gerade anhand der Großproduktionen des Hollywood-Kinos wird die Komplexität des filmischen Könnens deutlich (vgl. Katz 2010, Strauch/Engelke 2019): In der *Vorproduktion* bedarf es zunächst einer inhaltlichen Grundidee dessen, was gezeigt und erzählt werden soll (Exposition, Logline, Plot). Diese narrative Idee muss zu einem Drehbuch werden, aus dem dann visuelle Vorstellungen von den zugehörigen Szenen und deren Verbindung untereinander entwickelt werden (Storyboard inkl. Vor- und Rückblenden, Casting und Rollenbesetzung, Finden von Drehorten und Requisiten, Kostümgestaltung etc.). Damit diese nicht an der Realität scheitern, sind daher mit Schülerinnen und Schülern Besichtigungen der Orte, Räume, Objekte etc. nötig. Das Ab- und Angleichen von Vorstellungen und per Foto oder Skizzen festgehaltenen Wahrnehmungen sind für die schulische Filmpraxis essenziell.

Schon hierbei können die Gestaltungsmittel der Kamera konzipiert werden (Kameraperspektiven, Kamerabewegung, Einstellungsgrößen, Bildkomposition, Licht, Farbe, Schärfe/Unschärfe). Hinzu tritt der Ton als Sprache, Geräusch oder Musik.

Die Realisation solcher Filmproduktionen ist auf das fachspezifische Können einer Vielzahl von Beteiligten angewiesen, welches die Regie zusammenführen muss: Das Können von Schauspielerinnen, Maskenbildnern, Requisiteurinnen, Kulissenbauern, Kameraleuten, Lichtsetzern, Komponistinnen u.a.m.

Entsprechend ist auch im Unterricht Filmarbeit in der Regel Teamarbeit. Im Einzelnen baut diese auf Erfahrungen und Kenntnissen auf, die schon in der vorangehenden bildnerischen Praxis erbracht wurde. So kann das Puppen- oder Szenische Spiel in der Vor- oder Grundschule mit seinen abgestimmten Handlungsabläufen durchaus als Vorstufe des filmischen Könnens betrachtet werden. Überlegungen zur Gestaltung passender Schauplätze und Bühnenprospekte, Beschaffung von Requisiten, Kostüme etc. sind ebenfalls wertvolle Vorarbeiten. Auch Zeichnung und Fotografie sind erprobte Mittel, um die vielfältigen Aufgaben planend vorzubereiten. Dies betrifft nicht nur die sequenzielle Abfolge der Szenen, sondern auch bildgestaltende Überlegungen: Bildausschnitt, Perspektiven, Komposition, Lichtführung, Anschluss der Szenen untereinander, Schuss und Gegenschuss etc. sind hilfreich, um filmische Vorhaben in ihrer Komplexität zu realisieren. Stop-Motion-Filme lassen sich gut mit Materialien wie Ton oder Plastilin verwirklichen, doch auch hier sind Materialerfahrung und handwerkliches Geschick eine unverzichtbare Voraussetzung.

Die *Postproduktion* gestaltet das Filmmaterial dann vor allem durch Schnitt und Montage sowie mittels Ton und Musik zu einem kohärenten Erzähl- und Spannungsbogen. Dabei sind Gestaltungsmittel wie die dramatische bzw. narrative Strukturierung (Komposition von Handlungs- und Ereignisstrukturen) sowie zeitliche Strukturierung durch Schnittfrequenz, Rhythmus, Spannungsaufbau, Dramaturgie, Musik, Ton entscheidend (vgl. hierzu Gestaltungsmittel der performativen Kunstformen in ▶ Kap. III.2.2.14; zu den Aufgaben und Gestaltungsmitteln der drei Phasen Vorproduktion, Produktion, Postproduktion vgl. umfassend Klant/Spielmann 2008; zu entsprechenden kunstdidaktischen Übungen Schilling/Krautz 2015).

Altersbezug und Curriculum

Die curriculare Progression filmischer Bildung ist mit genauen Fähigkeitsformulierungen ausgearbeitet bei Spielmann (2011, S. 240–245). Für Beispiele wird nachfolgend auf externe Quellen verwiesen, da Standbilder keinen adäquaten Eindruck ergeben.

Vorschule: Szenisches Spiel ist Vorstufe zum filmischen Denken, z. B. Puppenspiel, Schattentheater

Grundschule: Nicht-filmische Bewegtbilder (z. B. Daumenkino, Schattenfigurenspiel); narrativer Animationsfilm als Stop-Motion; Geschichte, Märchen, Sage, Gedicht als Textgrundlage; grundlegende Dramaturgie von »Einleitung-Hauptteil-Schluss«; überschaubare Kontrolle des Filmsettings und reduzierte filmische Gestaltungsmittel; Figuren- und Kulissenbau; linearer Aufbau auch ohne nachfolgenden Filmschnitt; evtl. kombiniert mit kurzen Spielszenen.
Bsp.: »Das Rätsel der Seegraswiese«, »Tagtraum« u. a. (vimeo.com/kunstwerkstaetten)

Unterstufe: Erweiternde und komplexere filmische Gestaltungsmittel im Trickfilm und gezeichneter Animation; Stummfilm; erste narrative Strukturen mit Spannungsbogen und Erzählschritten schriftlich und bildhaft entwerfen und kurze Spiel-Sequenzen entwickeln; Übung filmischer Wahrnehmung durch Beobachtung von Abläufen und Veränderungen in Natur, Schule, Stadt etc.; Einführung grundlegender Einstellungsgrößen und Kamerabewegungen; grundlegende Möglichkeiten des Filmschnitts und der Vertonung
Bsp.: »Our New Planet«, »Das Mädchen mit dem Luftballon« (vimeo.com/kunstwerkstaetten)

Mittelstufe: Dokumentarische und berichtende Filmformen über lebensweltlich bedeutsame Themen (Bsp. »Andere Welten, Trailer«, Medienprojekt Wuppertal, YouTube); Kurzfilme mit Spielszenen zu existenziellen Themen (Bsp. »Nein, ich bin frei«, ebd.); Einbezug anderer künstlerischer Gattungen (Bsp.: »Draußen«, ebd.); Übergangsformen zu produktiven und rezeptiven Themen im Unterricht (Bsp. Drucken, https://studienart.gko.uni-leipzig.de/druckgrafikmedien/2019/01/31/werkstattmuseum); Erarbeitung filmischer Mittel wie Schnitt, Kamerafahrt, Schuss-Gegenschuss, Schärfeverteilung etc. (Küchmeister 2012, S. 10–12) und Perspektive (vgl. Schilling/Krautz 2015), auch experimentell (vgl. Küchmeister 2012, S. 6–9); zeichnerische Entwicklung von Plot und Storyboard, auch mit Personencharakterisierung (vgl. Schilling/Krautz 2015); performative Körper- und Sprachübungen zur

Vorbereitung von Spielszenen (vgl. Czerny/Reinhoffer/Sowa 2008); Montieren und Editieren von Videoaufnahmen, Nachvertonung; Rezeption: Reflexion der filmischen Mittel und ihrer Wirkung

Oberstufe: Erzählerische Kurzfilme mit existenziellem Anspruch (Bsp. »Der rote Knopf«, Medienprojekt Wuppertal, YouTube); experimentelle Animation (Bsp. »Die Wolkenpumpe«, DVD in Kaiser 2011); Experimentalfim (Bsp. »Landschaften«, Medienprojekt Wuppertal, YouTube); Dokumentarfilm zu gesellschaftlich oder künstlerischen Themenkreisen (Bsp. »Über Kunst«, ebd). Übergangsformen als Interpretation und Weiterführung von Kunstwerken (Bsp. zu Gemälden von Edward Hopper: »Déjà vu«, »The Silent Shout of Youth«, cineschool.ph-freiburg.de); narrative Kurzfilme mit vertieftem reflexivem Anspruch (Bsp. »Gedankenzug«, Medienprojekt Wuppertal, YouTube); Erweiterung der Filmsprache um non-lineare, experimentelle, assoziative, poetische Film- und Bildsprache etwa durch zeitliche Dehnung, Beschleunigung und Rhythmisierung; vertieftes Erarbeiten von Farbgestaltung, Lichtwirkungen, Schärfe/Unschärfe; Anregungen durch Experimentalfilm, Videokunst und Videoinstallation (vgl. Klant/Spielmann 2008); Einbezug weiterer technischer Möglichkeiten (z. B. Augmented Reality, vgl. Peez 2020); Rezeption: Filmtheorie und Medienkritik im gesellschaftlich-ökonomischem Kontext

---

Literaturauswahl

Kaiser (2011); Katz (2010); Klant/Spielmann (2008); Küchmeister (2012); Schilling/Krautz (2015); Spielmann (2011)

2.2.9 Drucken

Allgemeine Gegenstandklärung

Seinem Prinzip nach bedeutet Drucken »Vervielfältigen«. Das Erzeugen von Abdrucken, Kontaktbildern, Prägungen, das Drucken von Mustern auf Stoffen und Wänden etc. ist seit der frühen Menschheitsgeschichte eine in vielen Erscheinungsformen wiederkehrende Konstante. Die neuzeitlich-europäische Weiterentwicklung dieses Prinzips setzt im späten Mittelalter mit der Erfindung des Einblattholzschnitts zur Vervielfältigung von Bildern (Heiligenbildern) ein. Neben dem Hoch- und Tiefdruck folgt eine Fülle von Verfahren, zu denen auch der Buchdruck, Rotationsdruck, die Erfindung des Kopierers bis hin zu den heutigen digital gestützten Techniken gehören. Die massenhafte Verbreitung von Botschaften meist in Verbindung von Bild und Text standen dabei stets im Mittelpunkt. So ist die Entwicklung der Druckgrafik einerseits Teil der Kunstgeschichte, aber auch Teil der Mediengeschichte (vgl. Hirner 1997, Rebel 2009).

Drucken wird vorrangig der angewandten Kunst zugeordnet, erweist sich im Lauf der Geschichte jedoch auch als ein Feld mit großer Vielfalt und künstlerischen Gestaltungsmöglichkeiten. Druckverfahren dienten daher nicht nur der Vervielfältigung von Unikaten der Zeichnung oder Malerei, sondern bereits zu Beginn erkannten Künstler wie etwa Dürer die Druckgrafik als eigenständige Domäne spezifischer Ausdrucksformen (vgl. Koschatzky 1999). Insbesondere hier schließt die Didaktik des Druckens an, um im schulischen Kontext eine große Bandbreite der Verfahren und des künstlerischen Ausdrucks aufzuzeigen: diese reichen vom einfachen Stempeldruck, der Monotypie, Kontaktbildern, Abreibungen, Abklatschverfahren, Schablonentechniken, Prägungen, Hoch- und Tiefdruck, Lithografie, Siebdruck bis hin zu den heutigen technisch digitalen Verfahren des C-Prints oder 3D-Drucks.

Drucken ist aufs engste mit handwerklich-technischem Wissen und Können verbunden. Dies ist die Basis, um überhaupt mit den einzelnen Verfahren arbeiten zu können. Künstler suchten mitunter Unterstützung bei professionellen Handwerkern, Radierern, Siebdrucker oder Lithografen, um ihre Gestaltungsvorhaben zu verwirklichen – z. B. Picasso, Miró, Chagall usw. (vgl. Picasso/Weiser/Mourlot 1970).

Der Reiz des Druckens liegt u. a. darin, dass bereits bei den einfachsten Verfahren wie der Monotypie Anteile des Zufälligen, sog. automaterielle Prozesse, mitgestaltend wirken und für den Drucker immer auch eine Herausforderung darstellen. Weitere Stärken von Druckverfahren sind: Erprobung von Varianten, die Veränderungen am Druckstock, farbvariante serielle Verfahren, der unmittelbare Vergleich von Gestaltungslösungen usw. Nicht nur im kunstpädagogischen Bereich sind dies hoch motivierende Prozesse.

Inhalte des Gegenstandsfeldes

Die Inhalte aus den großen Themenkomplexen der Zeichnung und Malerei sind prinzipiell auch auf das Drucken übertragbar. Bis ins 19. Jahrhundert trugen druckgrafische Reproduktionen zur Verbreitung namhafter Kunstwerke bei. Reproduziert wurden nicht nur die eigenen Werke, sondern auch die anderer Künstler. Herausragende Druckgrafik-Künstler wie Dürer, Rembrandt oder Goya nutzten vor allem auch die künstlerischen Potenziale der verschiedenen Techniken und trugen dazu bei, dass die Druckgrafik mehr und mehr als eigenständige Domäne anerkannt wurde. So kann auch der Kunstunterricht dem Prinzip Umgestaltung und dem der Übersetzung von Kunstwerken in druckgrafische Techniken folgen (vgl. Miller 2021). Jedoch steht in der heutigen Kunst weniger der Aspekt der Reproduktion im Mittelpunkt als vielmehr die Möglichkeit, die Spezifik von Druckverfahren und deren Gestaltungsmöglichkeiten auch in ihren experimentellen Ansätzen (vgl. ebd.) zu nutzen, z. B. im Material- oder Schablonendruck, im Holz-, Linolschnitt und Siebdruck mit ihrer jeweiligen Flächenbetonung, im Gegensatz zu den linienbetonten Techniken der Kaltnadelradierung.

Bei der schulischen Themenwahl sollte neben dem Aspekt des technischen Verfahrens dennoch die Möglichkeit der Vervielfältigung einbezogen werden, da dieser auf die Schülerinnen und Schüler besonders motivierend wirkt. Geeignet sind bildhafte Übersetzungen von Botschaften aller Art, z. B. Glückwunschkarten für verschiedene Anlässe, Klassenzeitung, Flyer, Plakataushänge, Einladungen für Theateraufführungen, fiktive Produkt- und Imagewerbung, Visitenkarten, Flyer, Logo etc., aber auch Inhalte wie Fantasielandschaften, fantastische Wesen, Figuren,

Pflanzen, Tiere, Alltagsgestände, Technik, Fahrzeuge, Lebensraum Stadt usw. Die Auswahl der Themen zeigt, dass Druckerzeugnisse bis heute Träger von Botschaften und Propagandamittel sind, sei es in religiösen, politischen oder kommerziellen Zusammenhängen. Bild-Text-Kombinationen spielen dabei eine tragende Rolle (▶ Kap. III.2.2.11 und ▶ Kap. III.2.2.12), um eine möglichst überzeugende Wirkung zu erzielen. Dies lässt sich z. B. sehr anschaulich an der Entwicklung der Plakatkunst im 19. Jahrhundert in einem Vergleich der Plakate von Toulouse-Lautrec und Chéret aufzeigen (vgl. Quintavalle 1977).

Struktur des Gegenstandsfeldes

Drucken verlangt den Schülerinnen und Schülern komplexe kognitive Leistungen ab (vgl. ausführlich Miller 2015). Zu beachten ist, dass schon bei der Planung das spiegelverkehrte Verhältnis zwischen Druckstock und Abdruck eine mitbestimmende Rolle übernimmt, vor allem, wenn z. B. Schrift miteinbezogen wird. Drucken erfordert ein hohes Maß an abstraktem Denken, da die Fläche als ganzheitliche Organisationsform mit bedacht werden muss. So erweist sich z. B. der rhythmische Wechsel von linearen und flächigen Elementen bei der Umsetzung eines Motivs z. B. im Wechselspiel zwischen Schwarz und Weiß als entscheidende Gestaltungsmöglichkeit.

Tab. 12: Didaktisch relevante Struktur des Gegenstandsfeldes Drucken

Handwerks-, Gestaltungs- und Kunstgattungen	Gestaltungsprinzipien	Beispiele
Stempeldruck: z. B. Kartoffeldruck, Kartondruck, Radiergummidruck, Softgummidruck, Styropor, Schablonendruck, Puzzledruck etc.	Flächen- und linienbetonte Gestaltungsvorhaben, Anwendung von Reihungen, Rapport, Überschneidungen durch Schichtungen mehrerer Drucklagen, Wechsel von Positiv- und Negativformen	Einzelne Figuren, Pflanzen, Tiere, Alltagsgegenstände etc., Gestaltung eines Ornaments durch Wiederholung von Formen und Motiven Geometrische Zeit des antiken Griechenlands, Afrikanische Kunst
Materialdruck: z. B. Schnurdruck, Fundstücke und Alltagsgegenstände, Karton etc., Frottageverfahren	Aleatorische und experimentelle Verfahren, Anwendung projektiver Imagination zum Erkennen von Bildmotiven in zufälligen Strukturen und Formen	Fantasielandschaften, fantastische Wesen Max Ernst, Paul Klee, ...
Monoprints, Monotypie, Kontaktbilder, halbmechanische Bildübertragungsverfahren, Nitrofrottage und andere Bildübertragungsverfahren, Abreibe- und Abklatschtechniken usw.	Verfremdungseffekte, Arbeiten mit fotografischen Bildvorlagen, experimentelle Varianten usw.	Picasso, Ernst, Rauschenberg, ...

Tab. 12: Didaktisch relevante Struktur des Gegenstandsfeldes Drucken – Fortsetzung

Handwerks-, Gestaltungs- und Kunstgattungen	Gestaltungsprinzipien	Beispiele
Hochdruck: Linolschnitt, Holzschnitt, Farbholzschnitt; Verlorener Schnitt	Flächen- und linienbetonte Gestaltungsweisen, Wechselwirkung von Motiv und Bildgrund, Beachtung von Positiv- und Negativflächen; Einsatz der Farbe durch mehrere Druckplatten oder verlorener Schnitt	Anonymer Einblattholzschnitt; Dürer, Altdorfer, Ludwig Richter, Hokusai, Munch, Kirchner, Marc, Heckel, Grieshaber, Baselitz, japanischer Farbholzschnitt, … Inhalte: Figuren, Pflanzen, Tiere, Alltagsgestände, Technik, Fahrzeuge, Lebensraum Stadt, Landschaft etc.
Tiefdruck: Tütendruck, Kupferstich, Radierung, Kaltnadel, Ätzradierung, Aquatinta etc.	Erzeugen von linien-, punkt- oder flächenartigen Gravuren in Materialien unterschiedlicher Härtegrade, z. B. Milchtüte, Kunststoff, Zink, Kupfer	Dürer, Mantegna, Rembrandt, Seghers, Piranesi, Goya, Beckmann, Miró … Inhalte entsprechen der Zeichnung oder Malerei
Flachdruck und Durchdruck: Lithografie, Küchenlithografie, Siebdruck	Flächen- und linienbetonte Gestaltungsformen im lithografischen Verfahren mittels Kreide, Tusche z. B. auf Stein, Zinkplatte oder Aluminiumfolie, im Siebdruck mittels fototechnischer Verfahren, z. B. Schablonentechnik, experimentelle Verfahren mit Fundobjekten und Lichtquellen (Beamer)	Daumier, Toulouse-Lautrec, Menzel, Picasso, Warhol… Inhalte: Plakatkunst, bildhafte Übersetzung von Botschaften der Werbe- und Gebrauchsgrafik
Fotokopie und Digitaldruck: Copy-Art, Collagierende Verfahren, Kombination verschiedener drucktechnischer Methoden	Experimenteller Ansatz steht im Vordergrund an der Schnittstelle analoger und digitaler Verfahren mittels digitaler Eingabe- und Ausgabegeräte: Scanner, Kamera, *Graphic Pencil*, Grafiktablet, Drucker, Kopierer, Plotter etc. Kopien werden analog oder digital weiter bearbeitet für Unikate oder den Seriendruck	Polke, Spero, Hockney, … Thematisch inhaltliche Aspekte eröffnen sich durch die Auswahl des Ausgangsmaterials, z. B. aus dem Bereich der Medien, sozialen Medien, Reproduktionen aus Kunst und Alltag Fotografie etc.; Alltagsgegenstände etc.

Bildungsziele und -potenziale im Kunstunterricht

Druckerzeugnisse haben schon durch die Möglichkeit der massenhaften Verbreitung von einfachen oder komplexen Botschaften einen hohen gesellschaftlichen und kulturellen Stellenwert. Technisch-digitale Verfahren übernehmen heute weitgehend diese Aufgabe. Für kunstpädagogische Zwecke ist Drucken dennoch nicht obsolet, da es einen wertvollen Einblick in vielfältige und überraschende Gestaltungspraktiken gibt und eigene Denkweisen herausfordert. Drucken erweitert das Themenspektrum des Kunstunterrichts, da hier die Möglichkeit der Adressierung und Kommunikation in Verbindung mit der eigenen Bildfindung auch in einem gemeinschaftlichen Projekt (Buchillustration, Klassenzeitung, Flyer, Plakat etc.) thematisiert werden kann. Unverzichtbar ist dabei die Kenntnis der handwerklichen Verfahren, deren technische Planung eine Herausforderung für die Vorstellungsbildung darstellt: So müssen z.B. im Hochdruck die Positiv-Negativwirkung im Wechsel von Weiß- und Schwarzlinienschnitt antizipierend durchdacht und die Schwierigkeiten der spiegelverkehrten Umkehrung im Druckbild berücksichtigt werden. Zudem sind die nicht immer exakt planbaren Prozessverläufe eine bereichernde Erfahrung, die zu experimentellem Arbeiten anregt, dann aber auch gestalterisch eingebunden werden müssen. Für Schülerinnen und Schüler geht gerade davon eine große Faszination aus, da sich die Gestaltungsprozesse zwischen handwerklich-technischen Anforderungen, gestaltbaren Spielräumen und automateriellen Prozessen bewegen. Daraus erwächst aber auch die Gefahr, dass die formalexperimentelle und aleatorische Seite zu sehr betont und die notwendige Auseinandersetzung mit einer inhaltlichen Thematik und auch gezielter technischer Gestaltung vernachlässigt wird. Dies ist didaktisch geschickt abzuwägen, damit es auch klare Kriterien für die Beurteilung gibt.

Struktur des Könnens

Druckgrafische Verfahren sind stark von handwerklichen Anforderungen geprägt. Künstlerinnen und Künstler zeigen häufig schon durch die meisterhafte Beherrschung der technischen Mittel ihr Können. Doch schon in relativ frühem Alter (Kindergarten) können einfache Möglichkeiten des Materialdrucks (z.B. Schnurdruck, Monotypie, Abreibung, Schablonendruck, Puzzledruck oder selbst hergestellter Stempel usw.) erprobt werden. Der Scherenschnitt kann als vorbereitende Erfahrung genutzt werden, um zum Schablonen- oder Kartondruck überzugehen. Ebenso kann der wiederholte Abdruck eines Motivs durch den Rapport zu ornamentalen Gestaltungsformen anregen. Bereits auf dieser Stufe haben Erfahrungen mit den Materialien und das Erleben des spiegelverkehrten Abdrucks eine hohe Attraktivität. In den darauffolgenden Jahrgangsstufen schließen sich diejenigen Drucktechniken an, in denen die komplexen handwerklich-technischen Prozesse in Verbindung mit gezielt abbildenden oder auch experimentellen Verfahren eine zunehmende Rolle spielen. Zum Beispiel sind Erfahrungen der Schablonentechnik oder des Positiv-Negativ-Denkens im Hochdruck aus den früheren Jahrgangsstufen grundsätzlich auf den Siebdruck übertragbar. Allerdings sind die Möglichkeiten des direkten Transfers auf andere Drucktechniken doch sehr begrenzt. Wer sich im Hochdruck auskennt, ist in der Regel nicht Fachmann in der Radierung oder Lithografie. In der Oberstufe ist eine Erweiterung der Motivpalette durch das verstärkte Hinzuziehen von geeigneten Fotovorlagen und einer deutlicheren Betonung des Mitteilungscharakters, z. B. in der Werbung, gegeben.

Altersbezug und Curriculum

Vorschule: Handabdruck, Reliefdruck in weiche Tonplatten, alle Arten und Formen des Stempels, Schablonen- und Kartondruck, Materialdruck; Weißlinienschnitt mit Hilfe von Tetrapack-Tüten, Monotypie

Grundschule: Weitere Verfahren sind Materialdruck, Abreibung/Abklatschtechnik mit geeigneten Fundstücken und Alltagsgegenständen, Drucken mit Schablonen und Stempeln, Holz- und Linolschnitt, Moosgummidruck, Monotypie. Die Themen greifen das unmittelbare Erleben des Kindes auf, z. B. Tierdarstellungen, Insekten auf der Wiese, Pflanzen, die menschliche Gestalt in Verbindung mit Handlungen, Mimik und Gestik.

Unterstufe: Erproben und Kennenlernen weiterer Verfahren, z. B. Holz- und Linolschnitt in der Gesamtheit einer organisierbaren Fläche: gezielter Wechsel zwischen Linie und Fläche im Positiv- und Negativspiel; verlorener Schnitt auch unter Einsatz von Farbe; Überschneidungen durch Schichtungen mehrerer Drucklagen, Kaltnadelradierung auf Kunststofffolien; wiederholtes Weiterarbeiten im Gestaltungsprozess, Anfertigen von Probedrucken, Prüfen, Beurteilen, Korrigieren; Erstellen einer geeigneten Druckvorlage durch gezielte Übertragung einer Vorzeichnung

Mittelstufe: Fortsetzung und Erweiterung der handwerklich-technischen Möglichkeiten, Erproben und Experimentieren mit diversen Verfahren, z. B. Küchenlithografie (Miller 2015), auch in Verbindung mit digitalen Techniken, z. B. Kopierer, Laser- und Tintenstrahldruck, gezielter Transfer von Bildvorlagen in die Druckverfahren, zusätzliche inhaltliche Ausrichtung hinsichtlich der angewandten Kunst (Kommunikationsdesign): Glückwunschkarten, Flyer, Ankündigungen, Einladungen etc.

Oberstufe: Erweiterung der Darstellungsmöglichkeiten durch größere Formate; Überlegungen zu grundlegenden bildnerischen Fragestellungen auch in Übertragung auf Drucktechniken; Motiventwicklung im Collageverfahren auf Basis von Fotos und Fotokopien, Formulierung eines Anliegens (Botschaft); Erprobung geeigneter medialer Mittel der Umsetzung aus dem Repertoire druckgrafischer Verfahren, Erkennen des Zusammenhangs von Motiv, Technik (Handwerk) und Gestaltung

Literaturauswahl

Koschatzky (1999); Miller (2015, 2021); Rebel (2009)

Beispiele (Vorschule, Grundschule, Unterstufe, Mittelstufe, Oberstufe)

Abb. 68: Links: *Grundschule* (Kl. 2), »Es wuselt in der Wiese« – Weißlinienschnitt. Eingravieren von Linien z. B. auf Tetrapack-Material (Tütendruck). Rechts: Illustration zu der Geschichte »Der Lindwurm und der Schmetterling« – Küchenlithografie (Archiv Miller) (K+U 391/392 2015, S. 19, 52)

Abb. 69: Links: Unterstufe (Kl. 6), Entdecken unbekannter Wesen in Zufallsformen und Strukturen – Monotypie (Archiv Glas). Rechts: Illustration zu »Peter und der Wolf« – Hochdruck/Kartondruck. Gemeinschaftliches Arbeiten zu einem Buchprojekt. Verwendung von Formen aus vorgeschnittenen Kartonschablonen (Archiv Sowa)

2 Gestaltungsfelder des Kunstunterrichts

Abb. 70: Links: Mittelstufe (Kl. 9), Klappkarte mit Tierdarstellung zum Verschenken – Farblinolschnitt. Rechts: Mittelstufe (Kl. 10), »Exlibris reloaded«, Schwarzweiß-linolschnitt. Mögliche Fortsetzung und Erweiterung der handwerklich-technischen Möglichkeiten auch in Verbindung mit digitalen Verfahren, Mehrfarbdrucke, Verlorener Schnitt (Archiv Glas; Emma Nienstedt, Archiv Tangian)
Weitere Themen und Aufgaben aus der Gebrauchsgrafik: fiktive Produkt- und Imagewerbung, Klassenzeitung, Plakat, Visitenkarte, Flyer, Logo, Kalender (▶ Kap. III.2.2.12)

Abb. 71: Oberstufe (Kl. 11), »Fallschirmsprung« – großformatiger Holzschnitt, Druckstock aus Pappelholzverbundplatte. Betonung von Linien und Flächen im Positiv-(Schwarzlinienschnitt) und Negativverfahren (Weißlinienschnitt). Collagieren von Bildvorlagen aus eigenen Fotos oder Fundstücken (Archiv Schira)

2.2.10 Werken

Allgemeine Gegenstandsklärung

Werken und Produktdesign (▶ Kap. III. 2.2.11) sind wesenhaft verwandte Gestaltungsfelder und damit integrale Bestandteile der Kunstpädagogik. Beide beschäftigen sich in verschiedenen Richtungen mit dem Herstellen von Dingen des täglichen Gebrauchs. Die Übergänge sind jedoch fließend, sodass die Felder nicht immer trennscharf unterscheidbar sind. Der Bereich »Werken« stellt vordringlich Fragen nach den handwerklich-technischen Verfahren, mit denen die Dinge des täglichen Gebrauchs gemacht sind, sensibilisiert aber auch für die Frage, was die Attraktivität der Gebrauchsdinge hinsichtlich Gestalt und Funktion ausmacht. Der Bereich »Design« dagegen setzt bei den vielfältigen Fragen im Entwurfsprozess an – und zwar hinsichtlich einer möglichen Käuferschicht mit ihren Interessen und Vorlieben. In beiden Fällen sind die Dinge des täglichen Gebrauchs nicht nur in ihrer funktionalen Zielsetzung zu bewerten, vielmehr werden sie getragen vom Ideenreichtum und den Gestaltungsvorstellungen der Handwerkerin, des Designers oder der Künstlerin. Fragen zu repräsentativen, symbolischen, ästhetischen und kommunikativen Eigenschaften sind damit implizit und allgegenwärtig.

Werken folgt den strengen Regeln des Handwerks. Sie sind Grundlage für zahlreiche Gestaltungsvorhaben und führen hin zur didaktischen Forderung der Vermittlung des »Herstellen-Könnens«. Dies bedeutet jedoch nicht, dass die vorgegeben Regeln keiner Veränderung unterliegen. Im Gegenteil: Tüftler, Erfinderinnen oder Künstler verändern häufig das handwerkliche Regelwerk – sie sind meist auch hervorragende Handwerker –, verfolgen aber abweichende Zielsetzungen, in denen künstlerische Fragen mehr an Bedeutung gewinnen. Die Frage nach dem Gebrauch ist dann eher sekundärer Natur. Die Breite der Themenfelder des Werkens beschränkt sich daher nicht nur auf den Entwurf und den Bau von Gebrauchsgegenständen und den Modellbau, sondern auch auf die Erprobung neuer Materialien, Kombinationen und Verfahren, wie man sie z. B. in den Objekten eines George Rickey, Jean Tinguely oder Theo Jansen – letzterer mit seinen vom Wind getriebenen Maschinen – beobachten kann. Werken erweist sich als poietische Praxis mit unterschiedlichen Bildungszielen und Haltungen des Herangehens (vgl. Fries/König/Krautz 2022). So sind die Dinge des täglichen Gebrauchs nicht nur in ihrer funktionalen Zielsetzung zu bewerten, sondern sie werden immer auch getragen vom Ideenreichtum und den Gestaltungsvorstellungen im Entwurfsprozess. Werken schließt damit die Reflexion über funktionale, repräsentative, symbolische, ästhetische und kommunikative Eigenschaften mit ein. In der Geschichte des Werkens hat diese in den Begriffen des musischen, gestaltenden und technischen Werkens ihren Niederschlag gefunden.

Inhalte des Gegenstandsfeldes

Die Inhalte im Fach Werken ergeben sich wesentlich aus der Zielsetzung, einen Gegenstand des täglichen Gebrauchs oder ein Objekt des alltäglichen Umgangs herzustellen. Dies geschieht einerseits in einem nachvollziehend-mimetischen Ansatz, aber auch durch die Intention, in Abänderung des Vorbilds eigene Gestaltungsideen einzubringen. Vor allem im Bereich des Modellbaus, bei der Erprobung von fiktiven Objekten, die über funktional handwerkliche Prozesse hinausgehen, ist dies gegeben.

Die Auswahl der herzustellenden Gegenstände hängt dabei von körperlich-motorischen und imaginativen Voraussetzungen sowie dem Können der jeweiligen Altersstufe, den durch die Gegenstände selbst vorgegebenen methodischen Verfahren und den im schulischen Rahmen verarbeitbaren Materialien ab. Meistens beschränken sich diese auf die Werkstoffe Holz, Metall, Papier, Kunststoff und Textil. Dabei steht die im Werkprozess zu be- und verarbeitende Materialität oft so stark im Vordergrund, dass sie mitunter selbst thematisch wird. Andererseits zielt das Produkt auf einen adäquaten Sachsinn, fordert also, die eigenen Ideen dem Material entsprechend auszuarbeiten. Auf der Basis der handwerklichen Auseinandersetzung und der Realisierung eigener Gestaltungsideen erhalten die Schülerinnen und Schüler einen Einblick in den Zusammenhang von Form und Funktion und lernen handwerkliche und industrielle Erzeugnisse zu unterscheiden. Eine begleitende Werkstoff- und Werkzeugkunde ergänzen auf theoretischer Ebene die handwerklichen Erfahrungen.

Beispiele für bearbeitbare Themen im Fach Werken sind: Aufbewahrungsbox (Holz oder Pappe), Schale (Kupfer, Holz), Schmuck, Möbelbau (Regal, Hocker), Architekturmodelle, Modelle für Fahrzeuge (Fahrrad), Flugapparate usw. Erlernte handwerkliche Prinzipien sind häufig Grundlage für spielerisch-utopische Entwürfe, wie etwa Unsinnsmaschinen, Kugelbahnen, Flipper oder Fantasiefahrzeuge. Auf diese Weise entstandene Objekte entfernen sich tendenziell vom handwerklichen Regelwerk und greifen vordringlich künstlerische Gestaltungsprinzipien auf, können aber im erweiterten Sinn auch zum Werken gerechnet werden.

Struktur des Gegenstandfeldes

Werken baut in der Regel auf handwerklich gebundenen Fertigungsprozessen auf und vermittelt Kenntnisse über die primären Werkmittel. Im schulischen Kontext sind das die klassischen Materialien wie Holz, Metall, Kunststoff, Papier und Textil usw.[43] Verbunden damit sind die handwerklichen Verfahren der Bearbeitung: z.B. Holz zum Trennen, Fügen und Schnitzen; Fäden und Streifen zum Flechten und Weben; Metall zum Treiben, Löten, Gießen und Schweißen etc. Die Verarbeitungsprozesse erstrecken sich dabei vom Rohstoff bis hin zum fertigen Produkt, das bestimmte Zwecke des Gebrauchs erfüllen soll. Die Übergänge vom reinen Gebrauchswert hin zu Überlegungen der Produktgestaltung, aber auch bis hin zu kunsthandwerklich und künstlerisch gestalteten Objekten können fließend sein: Auch dort ist die fachgerechte Materialverarbeitung und -verbindung in der Regel unerlässliche Voraussetzung für die Realisierung. So beruhen die kinetischen Ap-

---

43 Gelistet sind hier vorrangig die schulbezogenen Verfahren, zu ergänzen wären: Leder, Glas, Stein.

parate eines Tinguely nicht nur auf seinem Erfindergeist, sondern auch auf handwerklichem Können. Das verwendete Ausgangsmaterial wie Zahnräder, Treibriemen, Hebel oder Dinge des täglichen Gebrauchs werden zwar zweckentfremdet und umgedeutet, dennoch erfüllen sie im Räderwerk des Objekts eine ihnen zugedachte Aufgabe. Für uns Betrachtende liegt der besondere Reiz gerade darin, dass die ursprüngliche Bestimmung immer noch gut erkennbar ist.
Folgende Gestaltungsweisen und Materialien lassen sich im Bereich Werken unterscheiden:

Tab. 13: Didaktisch relevante Struktur des Gegenstandsfeldes Werken

Materialien, Gestaltungsprinzipien	Handwerk und Verfahren der Bearbeitung	Beispiele
Rohstoff »Holz« und seine Möglichkeiten der Verwendung: konstruktiv, funktional, nachhaltig, Möbel, Hausbau, Haushalt, ... Fertigungsprozesse vom Entwerfen mittels Skizze, Technischer Zeichnung, Modellbau, CAD bis zur Realisierung – auch mit CNC- und 3D-Formfräse. Arbeitsprozesse werden vom roh geschlagenen Holz bis hin zum fertigen Produkt (z. B. Löffel) durchgespielt.	Messen und Anzeichnen, Trennen durch Sägen, Schnitzen, Drechseln, Bohren, Holzverbindungen wie Zahnschnitt, Verzinken, Dübeln, Überblatten, Schrauben, Nageln etc. Aushöhlen	Alltagsgegenstände wie Hocker, Regal, Schlüsselkasten, Stiftehalter, Löffel, Brieföffner, Fahrzeuge, Holzschale, Kugelbahn, Spielfiguren, Musikinstrumente, Bewegungsmodelle mit Gelenkverbindungen etc.
Metall: Bleche verschiedener Stärke, z. B. Kupfer, Zink, Aluminium in funktionalen und schmückenden Zusammenhängen	Treiben, Löten, Schrauben, Schweißen, Rödeln, Nieten, Punzieren, Ätzen etc.	Schale, Schmuckplakette, Gürtelschnalle
Papiere aller Art, je nach Leimung und Gewicht g/qm, Recyclingpapier etc.	Schneiden, Reißen, Falzen, Abformen, Fügen, Kleben, Stecken, Kaschieren, Fadenheftung etc.	Buchbinden, Verpackungen, Spielfiguren, Pappmaché, Zettelkasten, Faltschachtel, Papierkleidung
Kunststoff, Acrylglas, Fertigungsprozess von Entwurf, Funktion, Gestaltung und Verarbeitung, Möglichkeiten des Biegens und Verbindens	Sägen, Bohren, Schleifen, Polieren, Kleben, Thermisches Umformen	Buchstütze, Schlüsselanhänger, Brieföffner, Zettelbox, Tischlampe etc.
Textil, Naturmaterialien, Fäden und Streifen zum Flechten und Weben, Schmuck- und Schutzfunktion von Kleidung	Flechten, Weben, Häkeln, Filzen, Knüpfen, Stricken, Hand- und Maschinennähen, Patchwork und Flächengestaltung (Drucken, Färben, Sticken, Applikation)	Kleidung, z. B. Schal, Mütze, Korb, Mode als Kulturgut in kulturhistorischer und interkultureller Bedeutung

Bildungsziele und –potenziale im Werk- und Kunstunterricht

Das Zusammenwirken von Inhalt, Handwerk und Gestaltung (dazu die ausführliche Darstellung in ▶ Kap. II.1.4) gilt für alle poietischen Künste, im Besonderen auch für die didaktischen Prozesse im Werken (▶ Kap. III.2.2.6). Die Gestaltung eines inhaltlich zweckgebundenen Gegenstands ist immer an das Material und an die handwerklich-technische Ausführung gebunden. Inhalt, Handwerk und Gestaltung treten hier als gleichwertige Größen auf. Ein Holzkästchen oder eine Stifteschachtel (= »Inhalt«) z. B. müssen erst in eine gestaltete »Form« gebracht werden. Schon im Stadium des Entwurfsprozess sind viele Entscheidungen erforderlich, wie etwa die Festlegung der praktischen Größe, um auch für längere Stifte Platz zu schaffen, die angemessene Proportion, um es gern zu benutzen und in die Hand zu nehmen, die Möglichkeit des Öffnens und sicheren Verschließens, die Wahl der Wandstärke, um hinreichende Stabilität zu gewährleisten, die Wahl der Holzverbindungen, die Behandlung der Oberfläche einschließlich der Farbgebung etc. Alle diese Entscheidungen betreffen letztlich Funktion, Konstruktion, Gestalt und auch die symbolische Aussagekraft des Gegenstandes (▶ Abb. 78, rechts).

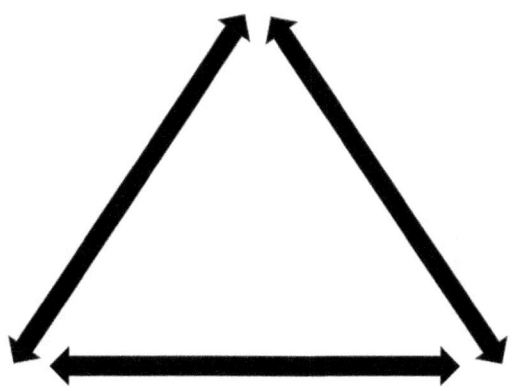

Abb. 72: Das »werkdidaktische«, aber auch »designdidaktische« und »architekturdidaktische« Dreieck, das auch in der Entsprechung zum HGI-Dreieck (▶ Kap. II.1.4) zu denken ist

Handwerkliches Können ist hierzu zentrale Voraussetzung, um die inhaltlichen Darstellungsabsichten realisieren zu können. Das Erleben der Formbarkeit eines in seiner Funktion noch nicht näher bestimmten (rohen) Ausgangsmaterials setzt unmittelbar Gestaltungskräfte frei, die als solche schon eine bildende Wirkung entfalten. So wird das Material in seinen wesenhaften Eigenschaften erfahren, das bestimmte Bearbeitungstechniken verlangt: »Das Material lehrt und erzieht gewissermaßen direkt und ohne Vermittler« (Krautz 2020, S. 106). Ein Scheitern wird sofort spür- und sichtbar rückgemeldet. In den Eigenschaften des Widerstands wie auch der Formbarkeit eröffnet die Materialbearbeitung unmittelbar leib-sinnliche Erfahrungsqualitäten. Zum Beispiel müssen beim Treiben einer Schale aus einem Stück Kupferblech Schritt für Schritt bestimmte Regeln wie die Beachtung der Eigenheiten von Rohstoff und Werkzeug eingehalten werden. Dazu gehört beispielsweise die gezielte Führung eines Werkzeugs mit den Auswirkungen der Schläge des Treibhammers. Naturgemäß lernt die menschliche Hand hier schnell die Bewegungen zu differenzieren und ein sensomotorisches Wissen auszubilden (Glas 2010b, S. 58 f). Im Werken wird also das Denken mit der Hand gefördert wie an keiner anderen Stelle im Schulunterricht: Hier können räumliche und technische Vorstellungs- und Realisationsfähigkeiten, die auch berufliche Bildungsaspekte umfassen, erworben werden (vgl. Krautz/König/Starosky 2019). Hierbei durchlaufen die Arbeitsvorgänge strukturelle Anforderungen, beginnend bei der Ideenfindung, einer »sachklärenden Zeichnung« zu einem bestehenden Vorbild, der ersten Entwurfsskizze, der Technischen Zeichnung bis hin zur handwerklich-technischen Ausführung. In der Regel erfüllen das gelungene Herstellen und Können die Schülerinnen und Schüler mit Stolz, sind sie doch sichtbare Belege ihres Lernerfolgs.

Das Resonanzverhalten im Zusammenspiel von Material und Form sowie die unmittelbar erfahrbare eigene Leistung haben bildende Potenziale, die zu einer zeitgemäßen »humanen, an der ganzen Person ausgerichteten Bildungspraxis« gehören (Fries 2016a, S. 26). Denn darin ist in Zeiten der Virtualisierung der Weltbezüge eine unmittelbare Wechselwirkung mit »Weltstoffen« erlebbar, eigene Wirksamkeit wird direkt erfahrbar (vgl. Fries 2017). Mit Recht wird daher auf die salutogenetische Dimension der Werkarbeit verwiesen (vgl. Gfüllner 2015).

Struktur des Könnens

Werken umfasst handwerkliche gebundene Gestaltungsprozesse, die in der Regel widerständiges Material technisch adäquat be- und verarbeiten müssen. Dabei stehen Ideen für ein Endprodukt am Beginn, das sich im Prozess meist weniger verändert als in genuin künstlerischen Gestaltungsprozessen. Insofern bedarf es zunächst einer räumlichen und strukturellen Imaginationsleistung, die sich etwa in Entwurfsskizzen und bemaßten Plänen materialisiert, die im Unterricht entsprechend erarbeitet und geübt werden muss. Zur Ausführung bedarf es eines fachgerechten Umgangs mit Werkzeug (Säge, Hammer, Hobel, …) und entsprechender Formungs- und Verbindungstechniken, um das Werkstück im Wechselbezug von Vorstellung und handwerklicher Ausführung auszuarbeiten. Im Werkprozess selbst sind dann aber permanent kreative Lösungen für auftretende handwerkliche, technische und gestalterische Probleme zu finden.

Aufgrund dieses eher planenden und technisch-handwerklich gebundenen Vorgehens sind gerade im Werkunterricht instruktive Lehrmethoden und mimetisches Lernen von zentraler Bedeutung, also das »Zeigen, Beobachten, Imitieren« (Fries 2016b): Die Arbeit an einer Werkbank, die Handhaltung beim Sägen, der Winkels eines Stechbeitels zum Holz usw. müssen konkret gezeigt, im Bewegungsablauf vorgemacht und von den Lernenden nachgeahmt werden, um zu einem leiblichen Können zu werden. Die technische Logik der Werkzeuge und die Bedingungen des

2 Gestaltungsfelder des Kunstunterrichts

Materials und seiner Bearbeitung machen die genuine Könnensstruktur des Werkens aus (▶ Abb. 72).

Abb. 73: »Form folgt dem Werkzeug«, werkdidaktischer Musterkasten aus der studentischen Lehre: verschiedene Hölzer werden mit unterschiedlichen Werkzeugen in möglicher und materialgerechter Weise bearbeitet (Archiv Starosky)

Altersbezug und Curriculum des Fachbereichs Werken

Vorschulisches Feld: Einfache Werkprozesse der Materialbearbeitung und Verbindungstechniken: z. B. Papier: Ausschneiden. Reißen, Kleben; Holz: Sägen, Schrauben, Nageln, Ritzen; mit Schnüren: Wickeln, Verbinden, Verknoten; Herstellen von Objekten mit Naturmaterialien etc.

Grundschule: Spielerisch explorative Werkvorgänge hinsichtlich Trennen, Fügen, Schneiden, Sägen, Feilen, Kleben etc., bevorzugte Materialien sind Holz, Papier und Textil: Handschmeichler, Brieföffner, Schlüsselanhänger, Schattenspielfiguren, Faltschachtel, Papierkleidung im Upcycling-Verfahren, Schal, Mütze, Körbe etc.

Unterstufe: Werkvorgänge werden mit Hilfe gezielter Bearbeitungsverfahren und der sicheren Handhabung von Werkzeugen, z. B. Holz: Sägen, Schleifen, Dübeln, Schrauben, Nageln etc., und einfachen Gelenkverbindungen erprobt. Weitere Themen: Alltagsgegenstände, Hockerkonstruktionen, Regal, Schlüsselkasten, Stiftehalter, Fahrzeuge für Wasser, Luft und Erde, Spielfiguren, Musikinstrumente, Turmkonstruktionen etc.

Mittelstufe: Holz: Kennenlernen verschiedener Holzarten und ihrer Eigenschaften; Beachten der Maserung und Faserrichtung; genaues Bemaßen zum gezielten Herstellen eines Werkstücks; Anwenden von Einspanntechniken, um genaues Trennen zu ermöglichen; Oberflächenbehandlung durch Hobeln und Schleifen;

Erproben einfacher Holzsteck- und Leimverbindungen; Gegenstände des täglichen Gebrauchs, Stiftebox, Regal, Ulmer Hocker etc.
Metall: Biegen und Treiben, Trennen durch Sägen und Schneiden; Feilen; Verbindungen: Weichlöten mit Lötzinn, Nieten, Einführen elektronischer und digitaler Elemente, Solarzellen etc.

Oberstufe: Die Bereiche Modellbau, Werken, Kommunikations- und Objektdesign gehen ineinander über; das Durchdenken des Entwurfsprozesses erhält nun einen größeren Stellenwert; die Fragen nach der Adressierung/Zielgruppe, deren Wünschen und Bedürfnissen hinsichtlich Funktion und Gebrauchswert werden verstärkt durchdacht und wirken sich in den Entscheidungsprozessen auf Materialwahl, Überlegungen zur Ökologie, Gestaltung, Formgebung, praktikable Handhabung, Funktion usw. aus. Form- und Funktionsfragen rücken nun neben den rein handwerklichen Aspekten stärker in den Mittelpunkt.

Literaturauswahl

Glas (2010); Fries (2016, 2017); Börner/Fries (2017); Fries/König/Krautz (2022)

Beispiele (Grundschule, Unterstufe, Mittelstufe, Oberstufe)

Abb. 74: Grundschule (Kl. 1), Bauwerk – Fichtenholz, gesägt und geschnitzt, dann zusammenmontiert (Archiv Glas)

2 Gestaltungsfelder des Kunstunterrichts

Abb. 75: Grundschule (Kl. 4), »Teufel, Monster« – Gelenkfigur, Pappelholz, Größe ca. 25 cm. Laubsägearbeit mit Schnurmechanik und Gelenkvorrichtungen (Archiv Glas)

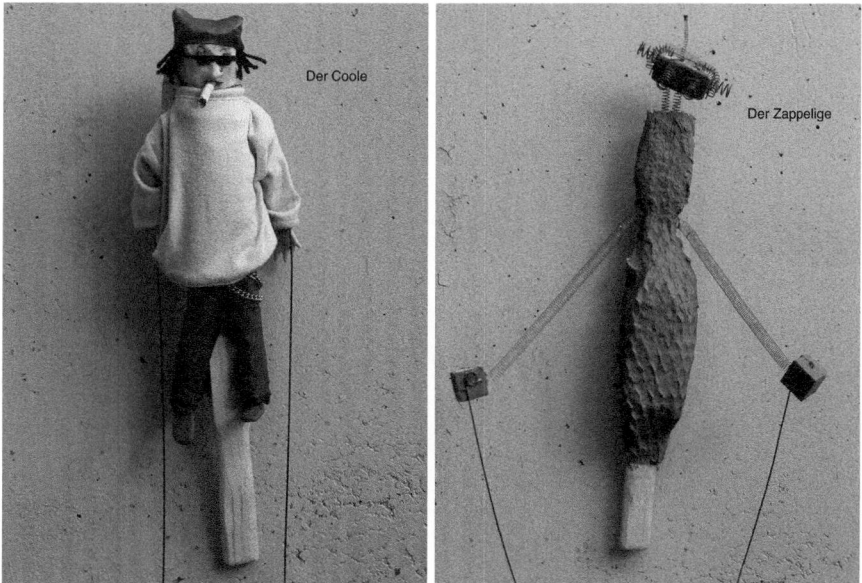

Abb. 76: Links: Unterstufe (Kl. 5), Der »Coole«. Rechts: der »Zappelige« – Stabfiguren mit beweglichen Armen, Holz, Pappmaché, Stoffreste, Metallfedern, Fundstücke, Höhe ca. 30 cm. Marotten als Spielfigur für Szenisches Spiel (Archiv Glas)

165

Teil III Didaktik der Gegenstandsfelder des Kunstunterrichts

Abb. 77: Unterstufe (Kl. 7), »Turmbau« – Gemeinschaftsarbeit aus Papierrollen und Kanthölzern (Archiv Glas, König)

Abb. 78: Links: Mittelstufe (Kl. 9), Treiben einer Schale aus Kupferblech (Archiv Fries). Rechts: Studentenarbeit, Stiftebox aus Holz mit schwenkbarem Deckel, oberflächenbehandelt, Länge ca. 25 cm. Voraussetzung sind genaue handwerkliche Kenntnisse hinsichtlich der Materialeigenschaften und des Gebrauchs der Werkzeuge (Archiv Lorenz)

2 Gestaltungsfelder des Kunstunterrichts

Abb. 79: (Studentenarbeit) Upcycling-Kästchen mit Schubläden vom Sperrmüll (Archiv Fries)

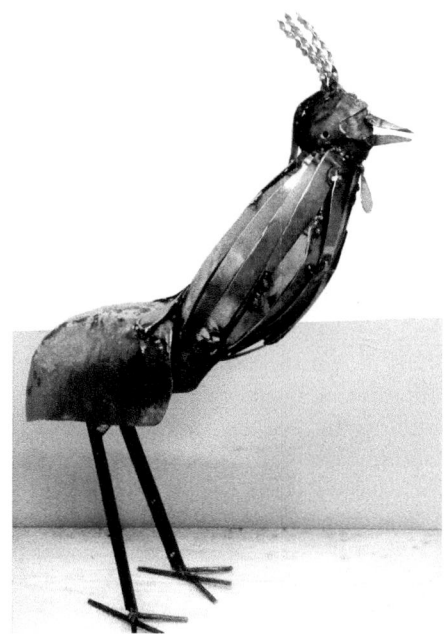

Abb. 80: Oberstufe (Kl. 11), Tierfiguren – Restmetall vom Schrottplatz geschweißt (Archiv Starosky)

2.2.11 Produktdesign

Allgemeine Gegenstandsklärung

Faktisch sind die Gestaltungsbereiche und Arbeitsprozesse dessen, was man heute unter »Produktdesign« zusammenfasst, so alt wie die Kunst selbst: Das Gestalten von Gebrauchsgütern und -objekten löste sich erst in der Neuzeit von der Kunst ab, und erst in der Industrialisierung trennten sich Entwurf und Gestaltung von der Herstellung dieser Güter (vgl. Selle 2007, S. 16 ff.). Kunstdidaktisch hat das Design daher einen engen und übergängigen Bezug zum Werken (▶ Kap. III.2.2.10), ist davon an manchen Stellen nicht scharf abzugrenzen.

Heute entwirft und gestaltet Produktdesign nicht nur Gebrauchsgüter, sondern zunehmend auch die Herstellungs- sowie damit zusammenhängende Problemlösungsprozesse selbst, was im Industrial-Design als »Design Thinking« verhandelt wird (vgl. Ambrose/Harris 2010). Damit unterscheidet es sich als angewandte Gestaltung klar von freier, bildender Kunst in ihrer modernen Auffassung: Design gestaltet Objekte oder Problemlösungswege als Dienstleistung mit definierten Zwecken und Zielen. Die Qualität von Design hängt damit ganz wesentlich an der Effektivität der Zielerreichung. Emotionale und ästhetische Qualitäten sind Teil des zu erreichenden Ziels (vgl. Smolarski 2022): Die ästhetische Anmutung eines iPhones ist eng mit der Ansprache und Formung einer bestimmten Zielgruppe (Modernität, Status, Distinktion) sowie der Stimulation des Nutzers oder der Nutzerin durch sog. Anwendererlebnisse (»User Experience«) verbunden. Die Musealisierung von Designleistungen unter stilistischen Kategorien und ästhetischen Anmutungsqualitäten geschieht meist erst posthum (Bauhaus-Möbel, Braun-Geräte usw.) (▶ Abb. 81).

Design ist damit heute integraler Bestandteil der Warenästhetik im Kapitalismus (Haug 2009), denn es gestaltet Konsumobjekte, deren industrielle Herstellungsprozesse sowie Unternehmensstrukturen (»Service-Design«) selbst. So formt Produktdesign persönliche Lebensstile und Haltungen und sieht sich zunehmend zuständig für die Gestaltung des öffentlichen Raums selbst (»Public Interest Design«, Rodatz/Smolarski 2018) sowie des gesellschaftlichen, ökonomischen und ökologischen Wandels (»Transformationsdesign«, Sommer/Welzer 2017). Hier wird die Disziplin als vermeintliche Universalwissenschaft mitunter auch übergriffig, etwa wenn auch Didaktik »designt« werden soll. Die Grenzen zu politischer Einflussnahme und indirekter Steuerung von Menschen (»Change-Management«, Krautz/Burchardt 2018) sind zudem fließend, auch wenn andere Design als gesellschaftsgestaltende und -kritische Disziplin verstehen (»ermöglichende Wissenschaft«, Park 2020, S. 31). Insofern ist Design zurecht in seiner Geschichte und Gegenwart selbst Gegenstand entsprechender gesellschafts-, ökonomie- und herrschkritischer Diskurse (vgl. Selle 2007).

Zum Produktdesign gehört die *Gestaltung von materiellen Produkten und Waren*. Klassisch sind das etwa Möbel, Bekleidung oder Autos, aber auch elektronische Geräte und Lebensmittel. Allerdings entwickelt sich das Produktdesign weg vom individuell gestalteten Objekt, das ein Designer oder eine Designerin als Künstler-

2 Gestaltungsfelder des Kunstunterrichts

Abb. 81: Design-Sammlung Schriefers, Bergische Universität Wuppertal (Archiv Krautz)

Autor entwirft, hin zur Eingliederung von Designprozessen in hochtechnologische Fertigungsabläufe mit dem Ziel der seriellen Produktion in der »Industrie 4.0«.

Dabei verschmelzen Fragen von Funktion und Form mit solchen der Adressierung: Ein Produkt wie ein sportliches SUV hat nicht nur einen Zweck (Offroad-Fahren), sondern auch bestimmte emotionale Aussagen, ist auf einen Habitus und Lebensstil hin gestaltet. Gebrauchs- und Mitteilungswert sind also nicht trennscharf:

Inhalte des Gegenstandsfeldes

Der Inhalt des Gegenstandsfeldes Produktdesign ist im Grunde das ganze Leben. Man kann nicht nur die Dinge des Alltags und der Festtage, die Kleidung, die Wohnumgebungen, die öffentlichen Räume usw. unter dem Gesichtspunkt des Designs thematisieren, sondern auch die Körpererscheinung der Menschen oder die Art, wie sie sich auf der digitalen Ebene sozialer Netzwerke als designte Identitäten zur Erscheinung bringen. Firmen, ja sogar Staaten lassen ihre Erscheinungsbilder per Design gestalten (corporate design als Teil der corporate identity, vgl. Schneider 2005, S. 213–219), so etwa ihre Glaubwürdigkeit in Nachhaltigkeitsberichten (Heins 2022). Design ist die Ebene der künstlich überformten Erscheinung des menschlichen Lebens. Gewissermaßen ist alles, was Menschen und menschliche Gesellschaften von sich selbst denken, wünschen, begehren, träumen, was sie anderen gegenüber zeigen wollen, der »Inhalt« von im Design gestalteten Produkten. Das kann und muss man daher auch ideologiekritisch betrachten. Ebenso ist es ein relevanter Inhalt, dass Designprozesse manipulativ sind, dass sich in ihnen die ganze Problematik der kapitalistischen Verengung des menschlichen Lebens auf die Warenwelt zeigt. Auch Genderfragen, soziale Rollenmuster, interkulturelle Problemfelder können im Design sichtbar werden (vgl. Moebius/Prinz 2012).

Indem Designprozesse im Kunstunterricht einerseits aus der Perspektive der Betrachtung/Analyse/Kritik/Geschichte thematisiert werden, indem sie andererseits praktisch-produktiv bearbeitet und erfahren werden, kann eine große Bandbreite der mit dem Design verbundenen Inhalte zugänglich werden – sowohl unter dem Gesichtspunkt der »Kunst« als auch unter dem der Gesellschaftskritik.

Struktur des Gegenstandsfeldes

Auch der Kern des vom Design als originär in Anspruch genommenen Entwurfs- und Realisierungsprozesses (Design-Prozess, Design-Thinking) stammt aus der historischen Kunstlehre und ist von der Rhetorik überliefert worden (vgl. Heinen 2008, Krauspe 2011, Smolarski 2022, Blankenheim 2023). Im Design-Prozess ist dieses kreative Produktionsmodell der historischen Kunstlehre erhalten geblieben, das in der Bildenden Kunst verloren gegangen ist, weil diese als subjektiv und nicht lehrbar gilt. Insofern kann das strukturierte Arbeiten im Design auch Anregungen für das künstlerische Gestalten geben.

Design-Prozesse zeichnen sich demnach durch eine systematische Entwurfs- und Realisierungsarbeit aus: Phase 1 geht von bestimmten Problemlagen (»Auftrag«) aus, betreibt hierzu Recherche und Analyse. In Phase 2 werden mittels strukturierter Methodik Ideen entwickelt, als Entwürfe visualisiert und als Modell und Prototyp gebaut, in Phase 3 wird der finale Entwurf realisiert und überprüft (▶ Abb. 82). Dabei ist der Prozess jedoch ständig rekursiv, kann also an jeder Stelle zu früheren zurückgehen und diese modifizieren (vgl. Ambrose/Harris 2010).

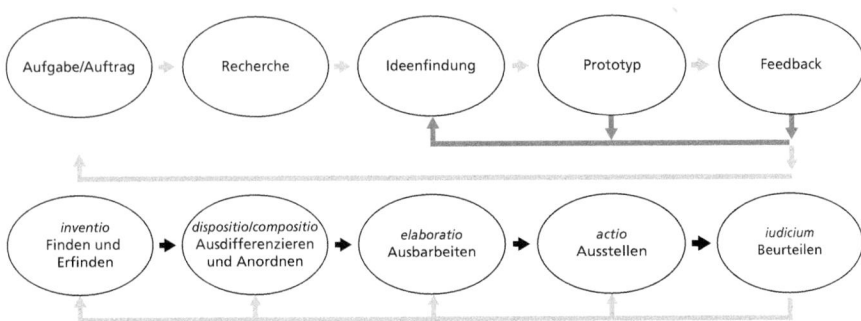

Abb. 82: Oben: Design-Prozess. Unten: Produktionsmodell der historischen Kunstlehre

Der im heutigen Design mittels »Kreativitätstechniken« überhöhten Phase der *inventio* liegt kein genialisches, sondern ein responsives Modell zugrunde: Der Entwerfer schafft – wie faktisch die Künstlerin auch – nicht aus dem Nichts, sondern lässt sich von Vorbildern, gesammelten Beispielen, typischen Lösungen usw. anregen (»Finden«), um Neues zu »erfinden« (vgl. Blankenheim 2021). Diese werden dann »disponiert«, also auseinander- und neu zusammengelegt (*com-positio*). Die Ausarbeitung, das Übergeben an das Publikum und dessen Urteil wirken dann selbstverständlich vom ersten Schritt an rekursiv: Ideen werden faktisch ja schon in Hinsicht auf die Reaktion des Publikums gesammelt und gestaltet.

Insofern gehörte die rhetorische Adressierung an ein urteilendes Publikum schon im historischen Produktionsmodell zu den wesentlichen Merkmalen: Es wird *für jemanden* geschaffen und gestaltet, in der Regel, um von bestimmten kommunikativen Inhalten oder vom Produkt selbst zu überzeugen. Diese rhetorischen Adressierungs- und Überzeugungsstrategien sind systematisch auffindbar und lehrbar (vgl. Pricken 2018, Krauspe 2011, Smolarski 2022).

Bildungsziele und -potenziale

Themen und Gegenstände angewandter Gestaltung sind im Kunstunterricht seit den frühen Zeiten des Zeichenunterrichts im 19. Jahrhundert präsent. Waren es damals Schmuckformen und Ornament (vgl. Heller 1990), so richteten sich Konzepte in der Folge des Bauhauses ganz auf die angewandte Formgestaltung aus (Erhardt 1932). Später wurde eine Geschmackserziehung anhand von gestalteten Gütern des täglichen Gebrauchs angestrebt (Meyers 1966). Zu Beginn der 1970er Jahre wandte sich dies im Konzept »Visuelle Kommunikation« zur Kritik der kapitalistischen Konsum- und Kommunikationskultur (Giffhorn 1978). Seitdem gilt jedoch als fachlicher Konsens, dass angewandte Gestaltung – heute vor allem unter dem Stichwort »Design« – selbstverständlicher Teil des Kunstunterrichts ist (Meinel 2013). Zugleich gibt es Bestrebungen, eine eigene »Designpädagogik« zu etablieren (Park 2016).

Dabei fließen verschiedene Gattungen und Gestaltungsformen des Kunstunterrichts zusammen und gehen ineinander über (vor allem Zeichnen, Farbgestaltung, Fotografieren, plastisches Formen, Bauen, Werken, Architektur, Bühnenbild, Textilgestaltung, Puppenbau u.a.m.). Doch liegt das spezifische Bildungspotenzial des Produktdesigns im Kunstunterricht in seiner dezidiert relationalen Struktur: Es wird ausdrücklich *für jemanden* gestaltet. Produktentwicklung geschieht immer auf jemanden hin, auf den Bedarf, die Sinne und den Körper des Rezipienten oder der Rezipientin und des/der Benutzenden. Themen angewandter Gestaltung verschränken insofern den Selbst-, Mit- und Weltbezug in besonders direkter Weise, weil sie auf Mitteilung und praktische Lebensteilung fokussieren. Zugleich steht solche Gestaltung selbst in der kritischen Beurteilung und damit auch in sozialer, politischer, ökologischer und ökonomischer Verantwortung.

Gerade in dieser relationalen Gebundenheit und im strukturierten Arbeiten liegt somit der Bildungswert im Kontrast zur freien Bildenden Kunst. Design wird also missverstanden und im Bildungswert verfälscht, wenn im Kunstunterricht ein »fantasievoller Stuhl« oder ein »kreatives Schuhobjekt« entworfen werden, die dysfunktional sind. Das hat weder mit Design noch mit Kunst zu tun.

Richtig verstanden machen Design-Aufgaben im Kunstunterricht gesellschaftliche und ökonomische Kontexte von Gestaltung gestalt- und verstehbar, leisten einen berufspropädeutischen Beitrag für mögliche spätere Arbeitsfelder und stellen zugleich kritische Fragen nach den ökonomischen Zwängen, ökologischen Folgen sowie gesellschaftlichen und politischen Zusammenhängen von Design, das das Leben der Schülerinnen und Schüler maßgeblich prägt. Weder hat Kunstunterricht allein die Aufgabe, künftige Designerinnen und Designer zu erziehen, noch frohgemute Warenkonsumentinnen und -konsumenten, noch kann er es bei rein theoretischer Kapitalismuskritik belassen oder im Namen der »freien Kunst« in Distanz zu anwendungsbezogenen Gestaltungen bleiben. Zu suchen ist einmal mehr die *Mitte* zwischen dem Bildungsanspruch des Faches Kunst, den gesellschaftlich-ökonomischen Bedingungen und Forderungen sowie den lebensweltlichen Bezügen von Gestaltung.

Gerade das entwerfende Arbeiten fördert und fordert dabei die kreative Imaginationsfähigkeit sowie eine strukturierte Darstellungs- und – je nachdem, wie weit die Realisierung geht – Herstellungsfähigkeit (vgl. Fries 2022). Die Inhaltlichkeit wird deutlich von funktionalen Momenten bestimmt. Gestaltung und Technik sind insofern stark problembezogen.

Struktur des Könnens

Designerinnen und Designer können Problemstellungen erfassen, methodisch neue Lösungsmöglichkeiten entwickeln und diese modellhaft ausarbeiten. Dazu müssen sie Ideen in zeichnerischen Entwürfen darstellen können, womit das imaginative räumliche Zeichnen eine wesentliche Grundlage des Produktdesigns bildet – ob analog oder digital (vgl. Robertson/Bertling 2013, Schönherr 2015). Hinzu kommt der Bau eines Prototyps, heute oft auch digital (CAD).

Grundsätzlich ist bei Produkten dabei der Zusammenhang von Konstruktion, Funktion und Gestalt zentral. So war etwa der geschwungene Kunststoff-Freischwinger von Verner Panton (▶ Abb. 81 Mitte; ab 1967) durch seine die Pop-Art zitierende Form und gleichzeitig ergonomische Funktion innovativ, wobei die fließende Form erst durch die Verwendung des damals neuartigen Kunststoffes möglich wurde. Doch brach dieser so häufig, dass die Produktion schließlich eingestellt wurde. Mediendesign changiert heute zwischen Produkt und Kommunikation, weil Webseiten, Smartphone-Apps und Computerspiele einerseits enge Bezüge zu Bild- und Schriftgestaltung haben, andererseits interaktiv sind und entsprechende funktional über Schnittstellen bedienbar sein müssen.

Entsprechend der erörterten Sachstruktur müssen Aufgaben zum Design vor allem *problemorientiert* angelegt sein, also von Funktions- und Kommunikationsaspekten ausgehen, um von dort aus Gestaltungslösungen zu entwickeln (vgl. Park 2016, S. 25f.). In Aufgaben zum Bereich Design tritt also der Darstellungswert der Gestaltungsbereiche in eine sehr konkrete *kommunikative und funktionale Anwendung*, wird auf eine *gezielte Mitteilung* und *bestimmbare Brauchbarkeit* hin gestaltet. Im Produktdesign ist dabei didaktisch zentral, ob und wie über einen Entwurf hinaus ein Modell entwickelt oder auch ein funktionsfähiger Prototyp im vorgesehenen

Material gebaut werden kann (vgl. dazu ▶ Abb. 85 und ▶ Abb. 86, Meinel 2013, S. 38–40). Hier bestehen daher enge Anschlussstellen an das gestaltende Werken (▶ Kap. III.2.2.10).

Die notwendigen Teilfähigkeiten im entwerfenden Zeichnen, in Schrift- und Farbgestaltung, im Bauen, Montieren und digitalen Gestalten müssen dabei projektbezogen erarbeitet werden oder die Aufgaben sind so in die Unterrichtsfolge eingepasst, dass auf entsprechenden Fähigkeiten aufgebaut werden kann. Die Didaktiken dieser Domänen sind somit notwendige Teildidaktiken des Designs. Ansonsten scheitern Arbeitsvorhaben schon am Unbehagen und Unvermögen der Schülerinnen und Schüler, »mal eben« eine Skizze zu einer Idee zu machen.

Dabei ist es hilfreich, den Unterricht recht dezidiert an dem Ablauf des Design-Prozesses bzw. dem kreativen Produktionsmodell der historischen Kunstlehre zu orientieren, weil er die komplexen Abläufe sinnvoll strukturiert und entsprechende Hilfen etwa zur Problemerfassung, Ideenfindung oder rhetorischen Adressierung bereitstellen kann (▶ Abb. 82).

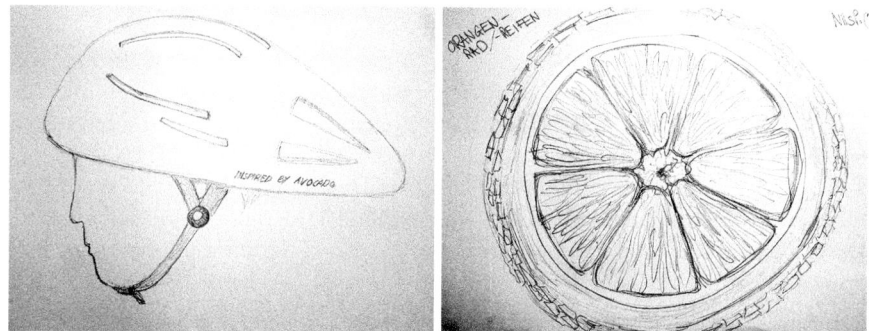

Abb. 83: Oberstufe (Kl. 12), »Avocado-Helm« und »Orangen-Rad/Reifen« – Bleistiftskizzen. Ausgehend von gegebenen Frucht- und Gemüseformen entwickeln die Schülerinnen und Schüler Ideen für ein Fahrradzubehör (Archiv Krautz)

Altersbezug und Curriculum

Über die Schulzeit können Elemente, die zum Produktdesign gehören, immer wieder explizit oder implizit in den Unterricht integriert werden. Dabei geht der Weg vom Basteln in der Grundschule bis zum methodischen Gestaltungsprozess in der späten Mittelstufe und Oberstufe. Die curriculare Progression bezieht sich dabei auf folgende Aspekte:

a) Steigerung der inhaltlichen und gestalterischen Komplexität sowie der handwerklich-technischen Anforderungen;
b) Steigerung der Konsequenz und Komplexität der funktionalen und kommunikativen Ausrichtung der Gestaltung;
c) Steigerung in der Ausweitung des intendierten Adressatenkreises;

d) Steigerung in den Anforderungen an Werkbetrachtung und kritische, theoretische Reflexion.

Grundschule: Im Grundschulalter können angewandte Gestaltungen aus dem Bereich des Designs unter dem didaktischen Motto stehen: »Hilfreiche und schöne Gestaltungen«, z. B. fantasievoll-spielerische Entwürfe für lebensweltlich nahe Probleme und Zusammenhänge noch ohne konsequent funktionalen Anspruch des Produktdesigns; imaginative Zeichnung, Modellbau mit bastelndem Charakter (Pappe, Papier, Fundstücke); Schmuckformen, ornamentale Gestaltung mittels einfacher Gestaltungsprinzipien (Flächenteilung, Symmetrie, Reihung, Ballung, Rapport usw.); keramische Gestaltung (▶ Kap. III.2.2.5) und Werken (▶ Kap. III.2.2.10)

Unterstufe: In der Unterstufe kann begonnen werden, Form, Funktion und Adressierung gezielter zu verbinden (»Für wen wird etwas warum wie gemacht?«). Zudem kann die Arbeit stärkeren geplanten Projektcharakter mit anzuleitender Kooperation in Gruppen erhalten, z. B. Verbindung von Form, Funktion und Wirkung mittels Materialität, Farbe und grafischer Gestaltung etwa bei der Gestaltung von Verpackung und Werbung für vorhandene Produkte; Gestaltung von Flächen (Ornament, Muster); Gestalten aufgrund von Handlungslogiken und Abläufen, z. B. Entwickeln und Gestalten von Brettspielen, Entwerfen und Herstellen von Schmuck mit adäquatem Material

Mittelstufe: In der Mittelstufe können ganze Designprozesse oder Teile aus Entwurfs- und Realisationsphasen samt entsprechender Methoden realisiert werden. Der Adressatenkreis erweitert sich über den engeren Erfahrungshorizont. Die Bindung an Auftrag, Marktlogik und Adressierung schärft das Berufsbild des Designers bzw. der Designerin und ermöglicht erste kritische Reflexionen der damit zusammenhängenden Mechanismen von Bedürfniserzeugung und Beeinflussung. Auch können alternative, nicht-kommerzielle Gestaltungsformen entwickelt werden, z. B. Designprozess gemäß den Abläufen professionellen Designs, evtl. Inszenierung von Wettbewerben oder Anbindung an reale Gestaltungsaufgaben, auch Umgestaltung und Weiterentwicklung; Recherche, systematische Ideenentwicklung, zeichnerischer Entwurf, Bemaßung, erklärende Zeichnung, Modell, wenn möglich Prototyp oder gebrauchsfähiges Objekt (Verbindung zum Werken ▶ Kap. III.2.2.10); Themen: Möbel, Lampen, Taschen, Schuhe, Schmuck, auch als Upcycling (vgl. Sowa/Glas/Seydel 2010, Knebel 2011, Meinel 2013)

Oberstufe: In der Oberstufe steigt der Anspruch an Gestaltung und Adressierung. Zudem treten die historische Entwicklung und die gesellschaftliche, ökonomische, ökologische und politische Bedeutung von Produktgestaltung und visueller Kommunikation anhand analytischer Werkbetrachtung sowie textbasierter theoretischer Reflexion hinzu (vgl. Selle 2007, Haug 2009), z. B. praktische Designprozesse im professionellen Kontext (z. B. Einbezug von Designern in den Unterricht, Recherche zur Praxis von Designagenturen etc.); Design im ökonomischen und gesellschaftlichen Kontext (z. B. Kritik der Warenästhetik); Analyse von gegenwärtigen und historischen Designobjekten (z. B. Entwicklungsreihen von Stühlen u. a.); Designgeschichte als Stil-, Kultur- und Ideengeschichte (z. B. Stil und Ideologie des Designs der Moderne); Adressierung und rhetorische Strukturierung von Designprozessen und -objekten

Literaturauswahl

Krauspe (2011); Meinel (2013); Park (2016); www.designwissen.net

Beispiele (Grundschule, Mittelstufe, Oberstufe)

Abb. 84: Grundschule (Kl. 4), »Schneller Feger«. Problemstellung im Nahbereich der Erfahrung (Straße fegen). (Er-)Finden von hilfreichen Vorrichtungen und Objekten; Entwurfszeichnung, bastelnder Modellbau mittels Umgestaltung und Kombination vorhandener Objekte; fahrbarer Prototyp; Balance zwischen freier Fantasie und strenger Funktionalität; Bezug zum Werken (Archiv Kohlmeyer)

Abb. 85: Mittelstufe (Kl. 10), »Nudeldesign«. Analyse des Form-Funktionszusammenhangs. Entwurfs- und Konstruktionszeichnung. Erstellung im Originalmaterial (Nudelteig). Test unter Realbedingungen (Kochverhalten, Saucenaufnahme, Gabeltauglichkeit etc.) (Archiv Zebhauser)

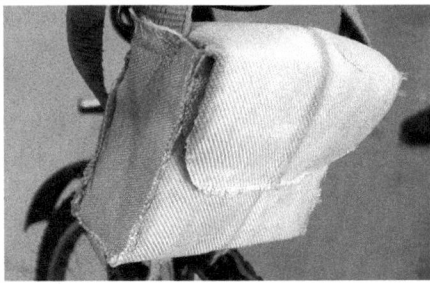

Abb. 86: Oberstufe (Kl. 12), »Fahrradtasche«. Entwicklung einer Fahrradtasche für ein bestehendes Upcycling-Label. Entwurf und Funktionsklärung, bemaßte Zeichnung, Prototyp aus Originalmaterial (Feuerwehrschlauch), jedoch verklebt statt genäht (Archiv Krautz)

2.2.12 Typografie, Grafik-Design und Kommunikationsdesign

Allgemeine Gegenstandsklärung

Der ursprüngliche Begriff der angewandten oder freien Grafik hat sich auf dem Weg zum Grafik-Design zu einem sehr stark geweiteten Anwendungsfeld mit neuen disziplinären Denkstrukturen entwickelt, die man mit dem weiten Begriff »Kommunikationsdesign« bezeichnet, was nur ein Dachbegriff für ein ganzes Bündel von Gestaltungsdisziplinen ist, in dem stehende Bilder, bewegte Bilder und auch Medien- und Webdesign inbegriffen sind.

Innerhalb des Kunstunterrichts spiegeln sich diese differenten gestalterischen Bezugsdisziplinen in verschiedenen Themensetzungen. So soll im vorliegenden Kapitel – im Unterschied zu den Themensetzungen in den Kapiteln zu Werken (▶ Kap. III.2.2.10) und Design (▶ Kap. III.2.2.11) vor allem der Zusammenhang von Bild und Schrift/Text behandelt werden, der in Medien wie Buch, Plakat, Infografik usw., in allen »Print-Produkten« und natürlich auch in allen einschlägigen Formen bewegter oder unbewegter Bildschirmgestaltung bis hin zum Webdesign die tragende Rolle spielt.

Kommunikationsdesign arbeitet ähnlich wie das Produktdesign *adressaten- und wirkungsbezogen*. Gestaltet werden aber nicht Gebrauchsdinge, sondern im Grunde Bilder/Texte, die integral schrift-bildlich verfasst sind. Der Begriff der »Schrift-

Bildlichkeit« (Krämer 2014) zielt auf dieses *integrale* Verständnis *visueller Kommunikation*. Schon an der Form der Kalligrafie wird die Schrift in diesem doppelten Sinne zugleich als Bild genutzt. Im Logo setzt sich dieses Verständnis fort. Aber auch ein Buch ist ein schrift-bildlich gestaltetes Produkt. Karten, Listen, Textbilder, Typografien, Diagramme, Infografiken usw. sind weitere Beispiele. Von diesen Gestaltungsfeldern ist im vorliegenden Kapitel die Rede.

Die Grenzen dieses weiten Gebiets der kommunikationsbezogenen Gestaltung sind fließend – auch hin zu den vorstehend thematisierten Feldern von Zeichnung, Malerei, Druck, Fotografie und Film.

Inhalte des Gegenstandsfeldes

Was oben schon im Kapitel Produktdesign gesagt wurde, gilt auch hier: Die Inhalte des Kommunikationsdesigns sind das ganze Leben. In der Tat kann jeglicher Inhalt – vom einfachen Bilderwitz bis zum Telefonbuch, von der Waschmittelschachtel bis zum wissenschaftlichen Diagramm, von der Tageszeitung bis zur Tagesschau – als inhaltliches Arbeitsfeld von »Kommunikationsdesign« betrachtet werden. Insofern könnte man auch sagen: Der Inhalt des Kommunikationsdesigns ist die gesellschaftliche Kommunikation des Menschen auf allen Ebenen, in allen Sprach- und Wissensgemeinschaften, auch über Sprach- und Kulturgrenzen hinaus.

Struktur des Gegenstandsfeldes

Entsprechend den vielfältigen Bereichen der Realisierung von »Kommunikationsdesign« ist die Struktur dieses Gegenstandsfeldes sehr komplex. Im Folgenden wenigstens ein grober Überblick:

Tab. 14: Didaktisch relevante Struktur des Gegenstandsfeldes Typografie, Grafik-Design und Kommunikationsdesign

Gestaltungs-prinzipien	Handwerks-, Gestaltungs- und Kunstgattungen, Materialien	Beispiele
Schrift	Schriftgestaltung, Kalligrafie, Typografie; handschriftliche Schriften mit Feder, Pinsel, Bleistift, Tusche, Farbe; konstruierte Schriften; Bilderschriften; Computerschriften usw.	Schriftblätter, Bücher, Schriftplakate, Firmenzeichen, konkrete Poesie, künstlerisch-freier Umgang mit Kalligrafie zwischen Bild und Schrift, Erfindung von Geheim- und Bilderschriften usw.
Layout	Buchkunst, Schriftsatz, Zeitungsgestaltung, Prospekte und Flyer, Bildschirmdesign, Integration von Bild und Text	Handgeschriebene und gedruckte Bücher; Prospekte, Formulare, Plakate; Bilderbücher, Bildergeschichten, Comics; Kataloge; Websites usw.

Tab. 14: Didaktisch relevante Struktur des Gegenstandsfeldes Typografie, Grafik-Design und Kommunikationsdesign – Fortsetzung

Gestaltungs-prinzipien	Handwerks-, Gestaltungs- und Kunstgattungen, Materialien	Beispiele
Logo, Schrift-Bild-Zeichen	Integrierte Schrift-Bild-gestaltung; Logo und Piktogramm; Firmenzeichen; Wappen; Corporate Design; Symbolschriften, Bildschriften, Konzept-Design usw.	Warenzeichen, Geheimzeichen, magische Zeichen, Embleme, Orientierungssysteme, Briefpapiere, Vereinszeichen, »Sticker«, Trikots, T-Shirts, Graffiti, Verpackungen usw.
Bild-Text-Kombinationen	Malerei/Zeichnung und Schrift, Collage, Fotografie und Schrift, Video und Schrift, analytische und erklärende Abbildung mit Textelementen usw.	Comic, Bildgeschichte, Fotoroman, Buch- Zeitschriften- oder CD-Cover, Wort-, Schrift- und Bildspiele, Spieledesign (z. B. Spielbretter), Werbung aller Art, Ausstellungsdesign, Websites, Nachrichtensendung, Zeitung, Lehrbücher, Kalender usw.
Diagrammatik, Graphen, Modelle	Infografik, wissenschaftliche Darstellung, Mapping, kartografische und statistische Darstellungen, Visualisierung sprachlicher, mathematischer, naturwissenschaftlicher, politischer u. a. Inhalte usw.	Wissensposter, Zeitstrahl, Aufschreibesysteme für Lernstoffe, eigene Gedanken und Assoziationen, Gedankenlandkarten, »Kreative Visualisierung« (vgl. Sowa/Glas/Seydel 2010, S. 194f.), Wissenschaftsgrafik usw.

Bildungsziele und -potenziale im Kunstunterricht

Sowohl Bild wie auch Sprache folgen gestalterischen Regelstrukturen, die medienspezifisch sind (»Bildsprache« vs. »Sprachgrammatik«). In der Überschneidungszone der »Schriftbildlichkeit« wirken diese Regeln zusammen, schaffen intertextuelle Energien und verschmelzen u. U. miteinander.

Sowohl in der Deutschdidaktik als auch in der Kunstdidaktik ist man sich seit einiger Zeit dieses Zusammenhanges bewusst und arbeitet im Grunde von zwei verschiedenen Seiten her auf dieselben Bildungsziele hin. Einerseits ganz schlicht: das Heimischwerden von Heranwachsenden in der schriftbildlich verfassten Kommunikationskultur der Gesellschaft. Darauf bezogen hat der Kommunikationswissenschaftler S.-P. Ballstaedt die Medien von Text und Bild, so wie sie schon kleinen Kindern im Bilderbuch oder im Video vertraut gemacht werden, als »didaktisches Traumpaar« bezeichnet (vgl. hierzu umfassend: Abraham/Sowa 2016; Schneider/Führer 2022).

Doch das ist nicht das einzige Bildungsziel in diesem kunstdidaktischen Bereich. Neben dem »Heimischwerden«, also der Fähigkeit zum Verstehen, geht es andererseits auch um das »Kritischwerden«, also um die Fähigkeit, die Fülle der visuelltextlichen Botschaften auf ihre Geltungsansprüche und auch ihren Wahrheitsanspruch zu überprüfen. Wer selbst gelernt hat, Botschaften der »visuellen Kommunikation« zu gestalten, wer also weiß, wie sie *gemacht* sind, der kann auch »hinter« sie schauen, kann als potenzieller Adressat die Absichten und Verfahren der Herstellenden solcher Botschaften auf den Prüfstand der Kritik legen (vgl. Giffhorn 1978) der Kritik legen, ebenso wie die erzeugten Wirkungen. Insofern ist die kunstpädagogische Arbeit im Bereich des Kommunikationsdesigns auch medienpädagogisch und medienkritisch begründet.

Doch sehen wir noch einmal in eine völlig andere Richtung: Sehen wir auf eine Klasse von Elfjährigen, die gerade mit einer selbstgeschnitzten Kielfeder und Tusche einen Gedichttext auf ein Blatt Papier schreibt – auf sauber vorgezogene Zeilen, in einer humanistischen Renaissance-Antiquaschrift, in langsamen Bewegungen, im Rhythmus von Wort zu Wort, von Zeile zu Zeile, mit ruhigem Atem. Um welche Bildungsziele geht es hier? Um das ganz basale und archaische *verkörperte und verkörpernde* Verständnis von Schriftlichkeit, wie es nicht nur in den Skriptorien der mittelalterlichen Klöster geübt wurde, sondern auch in den kalligrafischen Schulen Chinas, in den religiösen Schriftpraktiken des Judentums, des Islam und vieler anderer Kulturen auch. Auch diese eher meditative und »innig« geistige Haltung zur verkörperten Schriftlichkeit kann Kunstpädagogik als Bildungsziel verfolgen – unter erzieherischen wie sogar unter kompensatorischen Vorzeichen.

Wenden wir den Blick nochmals in eine andere Richtung: Mittelstufenschülerinnen und -schüler gestalten ein aus Malerei und Schriftgestaltung zusammengesetztes Plakat für die Klimaschutzbewegung oder zum hygienischen Verhalten in einer Pandemie oder zum Artenschutz. Nach den vorbereitenden Entwurfs- und Ausführungsarbeiten auf zeichnerischer und malerischer Ebene, nach dem Einscannen der Bildvorlagen arbeiten sie weiter mit einem digitalen Design- und Layoutprogramm am Bildschirm, drucken dann Folien aus, die sie in der Siebdruckwerkstatt belichten. Sie lernen Farben mischen, ein Farbkonzept entwickeln und drucken dann die Plakate auf einem Siebdrucktisch aus. Auch das ist eine Art der »verkörperten« Kommunikationsgestaltung – heute unter Einbeziehung aktueller digitaler Mittel.

Struktur des Könnens

Das Können in diesem Gestaltungsfeld hat eine große Breite im Bereich der *handwerklichen* Verfahren, die zu beherrschen sind. Zeichnerische, malerische, fotografische, druckgrafische und ggf. filmische Fertigkeiten sind zu nutzen, müssen aber neu fokussiert werden im Hinblick auf die forciert *kommunikative* Funktion: Ein Plakat, das auf die »schlagende« und »treffende« Wirkung fokussiert ist, auf die pointierte und reduzierte Verdichtung einer Botschaft, stützt sich auf völlig andere *Gestaltungsregeln* und Wirkmechanismen als eine fein differenzierte Landschaftsmalerei (vgl. Pricken 2018).

Hier trennt sich z. B. das Handwerk von Malerei und Design. Hinzu kommt der Umgang mit Mischformen verschiedener Medien: Fotografie und Schrift, Zeichnung und Fotografie, Malerei und Schrift usw. können in verschiedensten Kombinationen genutzt werden – immer zusammengehalten durch die Botschaft, die den Kern der Gestaltungsarbeit bildet.

In inhaltlicher Hinsicht kommt noch ein weiterer Könnensaspekt hinzu: Im Feld des Kommunikationsdesigns ist es meistens nötig, sich sehr intensiv mit bestimmten Inhalten zu befassen, um sie in ihrer inneren Struktur zu durchdringen, sie zu ordnen und angemessen zu visualisieren: Wer eine (vorbereitende oder nachträglich berichtende) Infografik über die Struktur einer schulischen Projektwoche gestalten will, muss sich detailliert mit den *Inhalten* befassen und diese Inhalte visualisieren. Wer z. B. das bisher erlernte kunstgeschichtliche Wissen in einem Zeitstrahl ordnen und illustrieren will, muss sich noch einmal intensiv mit dem Lernstoff beschäftigen. Hier geht es nicht so sehr um subjektive Geschmacks- oder Ausdrucksentscheidungen, sondern vielmehr um die exakte und allgemein verständliche Visualisierung eines bestimmten Inhaltes – man denke z. B. an die Wissenschaftsgrafik oder die Lehrbuchabbildung, aber im Grunde spielt das auch bei jeder bild-textlichen Gebrauchsanleitung und jedem politischen Plakat eine Rolle.

Die Struktur des Könnens ist also sehr vielschichtig. Wie lassen sich die Lehr- und Lernprozesse in ihrer ganzen Breite angehen? Das Schreiben einer bestimmten typografischen Schrift (vgl. Kapr 1983) kann methodisch erlernt werden, ebenso die Grundregeln des Layouts oder der Plakatgestaltung; genauso lässt sich der Umgang mit Fotobearbeitungsprogrammen oder digitalen Layout-Programmen erlernen (vgl. z. B. die sehr soliden und kunstpädagogisch vielfältigen Lehrformen bei Engelmann/Jehl/Sedlatschek 2005). In der näheren Anwendung auf spezifische Aufgaben treten aber häufig sehr verschiedene Könnensstrukturen in Interaktion, müssen miteinander kombiniert und entsprechend variiert werden. Die Kenntnis klassischer Regelparameter (z. B. Typografie, Wahrnehmungspsychologie, Gestaltpsychologie, Farbpsychologie, bildrhetorische Regeln, kommunikationswissenschaftliche Einsichten usw.) muss mit der jeweiligen situativen Aufgabe möglichst originell und wirkungsvoll verbunden werden. Wirkungsvolles Kommunikationsdesign aller Art besteht zu einem großen Teil darin, Aufmerksamkeit zu binden, also auffällige Bildzeichen zu erfinden, besonders originelle Formen der Mitteilung zu erfinden (vgl. Pricken 2018). Dies ist sozusagen die andere Seite zu der oben beschriebenen Seite des intensiven Sachbezugs.

Zu lernen ist das nur (a) im sorgfältigen Aufbau des Basiswissens und -könnens und (b) im Erwerb künstlerisch-kommunikativer Erfahrung in der Praxis, also auch in der Erprobung in der (Schul-)Öffentlichkeit.

Altersbezug und Curriculum

Vorschule: Fantasieschriften, einfache »Plakate«, Geheimzeichen, Entwurf von Spielflächen, Fantasielandkarten usw.

Grundschule: Bilderschriften, Bilderrätsel (z. B. Rebus, Trudel), Geheimschriften, Plakat, Illustration, Bildgeschichte, einfache Wissensposter, Klassenzeitung, Buch, Mapping, Sticker, Button, Klassen-T-Shirt, Namensinitialen als persönliches »Firmenlogo« mit bildlichem und ornamentalem Schmuck usw.

Unterstufe: Schriftgestaltung, kalligrafisches Schreiben mit Feder oder Pinsel, Konstruktion von Schrift nach historischem Vorbild (z. B. Garamond), digitale Schrift gestalten (z. B. https://fontstruct.com/); Schriftform und -wirkung abstimmen; Initialgestaltung; Grundlagen der Illustration, Fotografie und Textgestaltung; Wort- und Bildspiele (vgl. z. B. Sowa/Glas/Seydel 2010, S. 194 f., Grünewald 2012); Logo; Bildgeschichte und Comic; Plakat, Bilderbuch, Buchprojekt, Infografik und Wissensposter, Kalender, Klassenzeitung usw.

Mittelstufe: Komplexere Zusammenhänge zwischen Schrift und Bild, Layoutregeln, Bildsprache, Farbgestaltung, Einbindung von Layoutprogrammen (z. B. Scribus, VivaDesigner); Themen: Cover, Zeitschrift, Logo (Schullogo, Stadtlogo, Bandlogo), Sticker, Button, T-Shirt, Plakat, Buch- oder CD-Coverentwurf, Wissensposter, Präsentation, Orientierungssystem für Schule (vgl. Sowa/Glas/Seydel 2010); Schrift als Zeichen im öffentlichen Raum: Graffiti, Klebebandschrift, Lichtkalligrafie, Cutout (vgl. Wendt 2010), Fotoroman, Flyer, Ausstellungsgestaltung usw.

Oberstufe: Fortsetzung der Arbeit auf höherem und tiefer reflektiertem Niveau (vgl. z. B. Krauspe 2011); Einbeziehung bezugswissenschaftlicher Erkenntnisse und professioneller Methodiken; bewusste Auseinandersetzung mit öffentlicher Wirkung durch Ausprobieren; kritische Medienanalyse; Wirkungsanalyse; Konzept-Design usw.

Literaturauswahl

Abraham/Sowa (2016); Kapr (1983); Engelmann/Jehl/Sedlatschek (2005); Wendt (2010)

Beispiele (Unterstufe, Mittelstufe, Oberstufe)

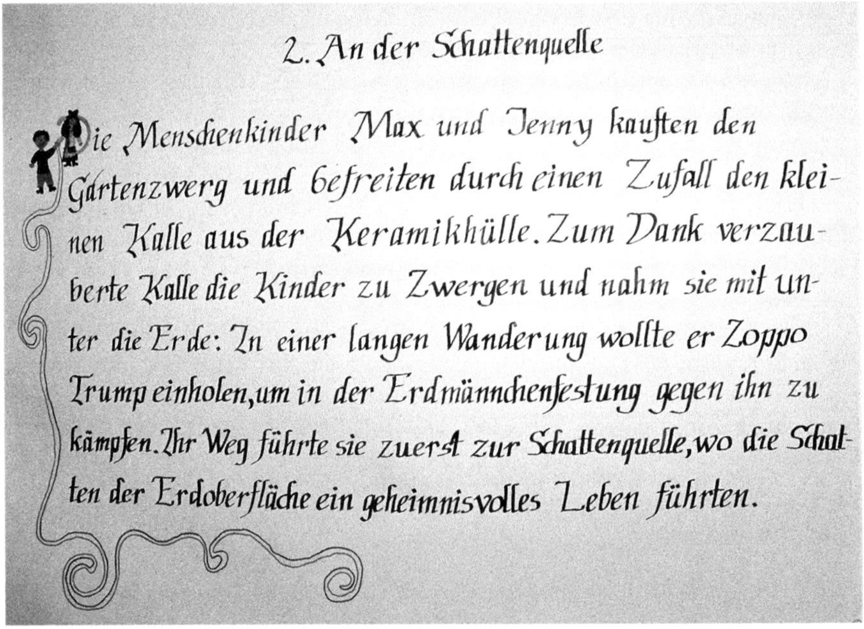

> 2. An der Schattenquelle
>
> Die Menschenkinder Max und Jenny kauften den Gartenzwerg und befreiten durch einen Zufall den kleinen Kalle aus der Keramikhülle. Zum Dank verzauberte Kalle die Kinder zu Zwergen und nahm sie mit unter die Erde. In einer langen Wanderung wollte er Zoppo Trump einholen, um in der Erdmännchenfestung gegen ihn zu kämpfen. Ihr Weg führte sie zuerst zur Schattenquelle, wo die Schatten der Erdoberfläche ein geheimnisvolles Leben führten.

Abb. 87: Unterstufe (Kl. 5), »Kleiner König Kalle Wirsch« – Kursive Renaissanceantiqua mit Bandzugfeder und Tusche, Ornamentik und Initiale. Buchbindearbeit. Blattformat DIN A3. Jahres-Buchprojekt mit Bild- und Schriftseiten (Archiv Sowa)

Abb. 88: Unterstufe (Kl. 5), »Kleiner König Kalle Wirsch«. Titelseite zum Buch, Scherenschnitt mit plakativer Wirkung (Archiv Sowa)

2 Gestaltungsfelder des Kunstunterrichts

Abb. 89: Mittelstufe (Kl. 7–9), »Schullogo« – Entwürfe verschiedener Schülerinnen und Schüler für den innerschulischen Wettbewerb eines alt- und neusprachlichen Gymnasiums mit einem barocken Fürstbischof als Namenspatron (Archiv Sowa)

Teil III Didaktik der Gegenstandsfelder des Kunstunterrichts

> **O MACHT SHOPPEN SPASS! RABATT-RAUSCH BEI KARSTADT! UND HEUTE DRÜCKT SCHUH-DEICHMANN DIE PREISE.** Von wegen Teuro - jetzt wird Deutschland zum Schnäppchenparadies. Dank BILD und ihren Anti-Teuro-Partnern können die Verbraucher täglich ganz viel Geld sparen! Wie gestern bei Karstadt. Die Kunden stürmten mit der BILD in der Hand die Filialen des Kaufhauses auf der Jagd nach tollen 10-Prozent-Schnäppchen. Ralf Pohl (42), Vertriebs- und Marketing-Vorstand des Konzerns: „Die Aktion war ein

Abb. 90: Oberstufe (Kl. 12), »Kalligraphische Parodie« – Feder, Tusche, Deckfarbe. In Auseinandersetzung mit einer ottonischen Prachthandschrift wird ein BILD-Zeitungstext abgeschrieben. Die Diskrepanz zwischen Form und Inhalt wird parodistisch reflektiert (Archiv Sowa)

2 Gestaltungsfelder des Kunstunterrichts

Abb. 91: Links: Oberstufe (Kl. 11), »Mensch und Tier« –T-Shirt mit persönlichem Statement, Stoffdruck per Cut-Out (Archiv Krautz). Rechts: Mittelstufe (Kl. 10): »Mein Lockdown-Tag« in Piktogrammen – digitale Zeichnung (Nina Naumann, Archiv Tangian).

Abb. 92: Oberstufe (Kl. 12) »Haltbarkeit« – parodistisch gestimmtes Werbeplakat für eine Uhr. Bildrhetorische Umsetzung des besonderen Produktnutzens »Haltbarkeit«. Benutzt wird der bildrhetorische Topos Ähnlichkeit (Verwendung des ›Vater Unser‹ als kulturell geprägtes Erfahrungswissen). Verwendete bildrhetorische Figur: Hyperbel (Übertreibung) (Berufskolleg) (Krauspe 2011, S. 10).

2.2.13 Architektur

Allgemeine Gegenstandsklärung

Architektur, Skulptur und Malerei waren die klassische Trias der bildenden Künste in der Renaissance. In ihrem Zusammenwirken formen und durchdringen sie den ganzen Lebensraum der menschlichen Gesellschaft und definieren ihn als funktionalen, bildhaft-symbolischen und geistigen Raum des menschlichen Zusammenlebens. Auch wenn inzwischen der »virtuelle Raum« der Informationsnetze sich vermeintlich in seiner Bedeutung und Wirksamkeit vor den realen Raum gedrängt hat, findet doch das reale, physische Leben der Menschen nach wie vor in den Häusern und Städten statt. Der Soziologe Richard Sennett spricht hinsichtlich der architektonisch-urbanen Existenzform von der unauflöslichen Zweiheit von »Fleisch und Stein« (vgl. Sennett 1997).

Der architektonisch gestaltete Raum ist in seinem Sinn für das menschliche Leben vielfältig bestimmbar. Er ist gesellschaftlicher Raum, symbolischer Raum, privater und öffentlicher Wohnraum, sozial geteilter Raum, Wahrnehmungsraum, Vorstellungsraum – und in all dem: künstlerisch sinnhaft *gestalteter* und auch *ästhetisch-atmosphärisch wirksamer Raum* (vgl. Leibbrand 2017). Insofern gehört die

Architektur als solche zu Recht zu den genuinen Gegenstandsfeldern des Kunstunterrichts.

Über das bloße Bauen als Form- und Gestaltungsprinzip hinaus (▶ Kap. III.2.2.6) ist die Architektur als Kulturform geprägt durch ein inhaltliches, gestalterisches und auch geschichtliches Denken, in dem funktionale, formale und ästhetische Aspekte zusammenkommen und in dem es deutlich um eine Auslegung und Prägung der menschlichen Lebensformen geht, um individuelle, soziale, staatliche, sakrale usw. Entwürfe, die sehr stark auf das Leben einwirken. Nicht nur in der Entwurfs- und Gestaltungsarbeit, sondern auch in der Rezeption, Interpretation, Kritik usw. muss sich die kunstpädagogische Arbeit mit Architektur bewegen. Gestalterisch geht es um zahlreiche Medien der Darstellung – um Kartierung, verschiedene Planungsmedien, um Zeichnung, Modellbau, Fotografie, auch um fotografische und filmische Dokumentation. So ist Architektur ein hochkomplexes und vielfältiges kunstpädagogisches Gegenstandsfeld.

Inhalte des Gegenstandsfeldes

Was oben schon zum Produktdesign gesagt wurde (▶ Kap. III.2.2.11), gilt auch für die Architektur: Ihr Inhalt ist das gesamte menschliche Leben, wie es sich räumlich ausgestaltet in Zimmern, Wohnungen, Häusern, Straßen, ganzen Städten, Landschaftsräumen, Nutzbauten und Kultbauten usw. Individuelle Bedürfnisse, aber auch familiäre, gesellschaftliche und staatliche Strukturen schaffen sich in der Architektur bildhaft-körperliche Beständigkeit und Form. In der Architektur drückt sich sowohl soziale Zusammengehörigkeit als auch soziale Distanz aus.

Wie vielleicht keine andere Kunstform umfasst die Architektur das *Alles* des menschlichen Lebens und Denkens. Sie kommt dem Menschen ganz nahe, so nahe, dass der Mensch *in ihr* lebt, den in ihr geschaffenen Gestaltsinn mit seinem eigenen Lebenssinn füllt und vereinigt. Die Gestaltung eines Schlafzimmers, eines Esszimmers, einer Gefängniszelle, eines Gebets- oder Meditationsraums, eines Sterbezimmers, eines Parlamentssaales, eines Memorialraumes usw.: All dies sind Aufgaben der Architektur, die in vielen geschichtlichen Epochen angegangen wurden. Deswegen kann die architektonische Bildungsarbeit im Kunstunterricht sehr nah an alle Ebenen des menschlichen Lebens heranführen und Fragen nach deren Sinn stellen.

Auch die Natur ist ein Thema der kunstpädagogischen Thematisierung von Architektur: Landschafts- und klimabezogenes Bauen, Ökologie, Garten- und Landschaftsarchitektur. Ebenso die Geschichte: In der Architektur zeigt sich das Erbe der Geschichte, das Heranwachsende sich durch Bildung aneignen sollen. Ebenso verweist die Architektur in den Bereich der Spiritualität und Religiosität: Totengedenken (Pyramide), Gottesdienst (Tempel, Kathedrale), Meditationsräume usw. – überall schafft die Architektur den Raum.

Doch auch auf ganz alltäglicher und lebensweltlicher Ebene eröffnet das Feld der Architektur den Blick auf Wirklichkeit: Wie ist mein ganz persönliches Umfeld gestaltet und welche Möglichkeiten selbstbestimmter Gestaltung eröffnen sich hier für mich?

Struktur des Gegenstandsfeldes

Entsprechend des gewaltigen Umfanges möglicher Themen ist es schwer, die Eigenarten dieses Gegenstandsfeldes zu gliedern und zu ordnen.

Tab. 15: Didaktisch relevante Struktur des Gegenstandsfeldes Architektur

Gestaltungsfelder	Handwerks-, Gestaltungs- und Kunstgattungen	Beispiele
Entwerfen, Gliedern, proportional Strukturieren – auf der Fläche und im Blick auf (äußere) Körper- und (innere und äußere) Raumgestaltung; variierender und explorierender Entwurf von Baukörpern und Räumen	Skizze und Plan, geometrische Zeichnung, technische Zeichnung; alle Arten der Zeichnung und digitaler Darstellungsmedien, wie z. B. CAD	Planungsstufen des zeichnerischen Architekturentwurfs
Konkretisierung für die Anschauung und räumliche Vorstellung	Modellbau, CAD	Modellbau in verschiedenen Entwurfsstadien und Maßstäben
Analytische Wahrnehmung von gebauten Körpern und Räumen, zeichnerisches Verstehen von gegliederten Gestalt- und Raumstrukturen	Zeichnung (z. B. perspektivisch), Fotografie, Film	Räumlich-analytisches Zeichnen von Innen- oder Stadträumen, *urban sketching* usw., Architekturfotografie, Architekturfilm
Exploration bestehender architektonischer und urbaner Außen- und Innenräume	Begehung, Betrachtung, Mapping, Intervention, Aktion usw.	Formen der betrachtenden Begehung, des Verweilens, Meditierens, Performance, *urban art* usw.

Bildungsziele und -potenziale im Kunstunterricht

In der gestalterischen, rezipierenden und interpretierenden Beschäftigung mit Architektur wird Lernenden nicht nur die aktuelle architektonische Kultur ihres individuellen und familiären Lebensraumes zugänglich, sondern auch des Stadt- und Landschaftsraumes. Die intensive Beschäftigung mit geschichtlichen Traditionen und Formen der Architektur schafft Zugänge zur Sozial- und Politikgeschichte, zur Geistesgeschichte, zu kulturellen Differenzen, zum Weltkulturerbe. Bauen, Wohnen, Leben, Denken, Fühlen und Handeln im Raum werden in ihrer Bewusstheit gesteigert, werden auch der kritischen Reflexion zugänglich gemacht.

Grundsätzlich ist didaktisch und pädagogisch zu entscheiden, ob die Auseinandersetzung mit Architektur mit realistischem Schwerpunkt erfolgt – also in Bezugnahme auf reale architektonische Situationen, Probleme, Arbeitsmethoden – oder im utopischen, experimentellen, spielerischen Bereich. Was die realistische Auseinandersetzung betrifft: Das Wahrnehmen und Verstehen der Gestalt-, Funktions- und Symbolstrukturen der unser Leben bestimmenden architektonischen Lebensräume führt zur *Aneignung* von Habitat und urbanem Raum, zur zivilen Handlungsfähigkeit in *urbs* und *civitas*, zur kritischen Urteilsfähigkeit, zur geschichtlichen *Orientierung* und zur politischen *Teilhabe*, d. h. zur Teilnahmefähigkeit an urbanen Entscheidungsprozessen – z. B. auf kommunaler Ebene. Indem Architektur – zumindest in utopischen Projekten – *selbst durchdacht und gestaltet* wird, wird sie aus der Perspektive des *Machens* verstanden und auch als veränderbar begriffen (vgl. Shatry 2014).

Unabhängig von diesen Tiefendimensionen architektonischer Bildung werden in der analytischen und gestalterischen Beschäftigung mit Architektur grundlegende geistige Fähigkeiten geschult: räumliches Vorstellungsvermögen, Vorstellungsvermögen für Größenverhältnisse, körperhaft-räumliche Darstellungsfähigkeit, handwerkliche Fähigkeiten, produktive und rezeptive Vertrautheit mit Darstellungssystemen wie Planzeichnungen, Modellen, CAD-Simulationen, technischen Zeichnungen, darstellender Geometrie, perspektivischen Darstellungen usw. Auch Übergänge zu anderen Fachdisziplinen wie Bauphysik, Statik, Baustoffkunde usw. ergeben sich in architektonischen Bildungsprozessen sehr schlüssig.

Struktur des Könnens

Handwerk: Der fachgerechte produktive und rezeptive Umgang mit den verschiedenen architektonischen Entwurfs- und Darstellungssystemen (Skizze, Vermaßung, Planzeichnung, darstellende Geometrie, perspektivische Zeichnung, CAD usw.) kann im Architekturunterricht auf verschiedenen Niveaustufen gelehrt (und von den Lernenden geübt) werden. Auch im Bereich des Modellbaus sind zahlreiche handwerkliche Fähigkeiten zu erwerben, wie Materialkenntnisse, konstruktive Basics, Werkzeugeinsatz usw. (▶ Kap. III.2.2.5). Zum architektonischen »Handwerkszeug« gehören weiter die Beherrschung von Fachbegriffen und die dadurch gesteigerte Wahrnehmungsfähigkeit für Strukturen und Räume, ein versiertes Vorstellungsvermögen für Größenverhältnisse von Körpern und von Bewegungsrichtungen in Räumen, das Denken in Nutzungs- und Wegdiagrammen, technisch-funktionales Denken, Kenntnis wichtiger technischer Verfahren (wie z. B. der Betonguss oder Metallbau), elementarer statischer Strukturen (z. B. Gewölbe, Zug- und Druckkonstruktionen, Massivbau und Skelettbau usw.) und auch der ökologischen und ökonomischen Entscheidungsstrukturen bei der Entstehung von Architektur. Eine sehr grundlegende »handwerkliche« Fähigkeit, die in architektonischen Analyse- und Gestaltungsprozessen erlernt werden kann, ist das systemische Denken in hochkomplexen Entscheidungs- und Entwurfsstrukturen (vgl. umfassend Kälberer 1997, 2005, 2012).

Gestaltung: Architektonische Gestaltungsprozesse – sofern sie in einer halbwegs professionellen Perspektive angegangen werden (und nicht nur im wilden Zusammenbasteln von Eierkartons, Schaschlikspießen und Schuhschachteln) – orientieren sich grundsätzlich im gedanklichen Dreieck von *Funktion – Konstruktion – Gestalt*, das in verschiedenen Reihenfolgen, Richtungen und Schwerpunkten den Entwurfsprozess bestimmt. Dieses Bezugssystem kann durchaus auch in der Zeichnung und im Modellbau erlernt werden (vgl. hierzu in enzyklopädischer Vollständigkeit Kälberer 2012). Gestaltung ist daher im architektonischen Feld nicht freie Betätigung der Fantasie, sondern systemisch und strukturell determiniert.

Aber architektonische Gestaltung hat auch eine andere Seite: die der gedanklichen Freiheit, des Denkens von Lebens- und Gesellschaftsentwürfen, der »Transzendenz«. Die Gestaltform der altägyptischen Pyramide, der gotischen Kathedrale, des Eiffelturms, des neuen Reichtags in Berlin usw.: Das sind Gestalt gewordene Symbolisierungen geistiger Entwürfe von Leben und Tod, Glauben, Staat, Freiheit. Lernende können sich in ihren realistischen oder utopischen architektonischen Gestaltungsentwürfen mit diesen »Aussagen« der Gestalt befassen, können sie erproben, ihre Wirkung erfahren.

Inhalt: Damit sind auch schon die Inhalte von Architektur angesprochen, zu denen oben vieles gesagt wurde.

Altersbezug und Curriculum

Vorschulisches Feld: einfache Lego-, Karton- oder Holzmodelle, Bauklötze, Naturmaterialien, bespielbare Bauten, realer Lager-, Zelt- oder Waldhüttenbau

Grundschule: Legomodell, Massemodell, Innen- und Außenmodell, Tonmodell, Karton, Holz usw., Puppenhäuser, Baumhäuser, bespielbare Hausmodelle aus Karton mit Innenräumen, Zeichnungen von Häusern und Stadträumen, einfache Kartierungen und Pläne usw. Landschaftsmodelle mit Bauten, Brücken, Türme, Hütten, Spielhäuser, Zelte

Unterstufe: im Prinzip Fortsetzung dieses Lernweges auf wachsendem Niveau; Auseinandersetzung mit statischen Grundprinzipien von Architektur (z. B. Hochsitz, Fachwerk, Gewölbe, Verbundmauerwerk, Säule und Architrav ...), maßstäbliche Planzeichnung, perspektivische Zeichnung, vertiefter Modellbau usw. (vgl. Seydel/Glas/Sowa/Uhlig 2008, S. 96–107), Mapping und Zeichnen in Stadträumen

Mittelstufe: Innenraum- und Außenraumgestaltung, architektonischer Modellbau z. B. in Bezugnahme auf historische Bauten oder auf Bauten der Moderne; realistische oder utopische Bauprojekte usw., *Mood Board*, assoziativer Modellbau, maßstäblicher Modellbau etc.

Oberstufe: Entwicklung und Durchführung größerer Analyse- und/oder Entwurfsprojekte in den Bereichen Innenarchitektur, Hausarchitektur, Siedlungsarchitektur; zunehmende Orientierung an professionellen Verfahren; kinetische Architekturen, Innenausbau, Baulückenergänzung, Rekonstruktion, sozialer Wohnungsbau, Slum, Villa, Siedlungsbau, utopische Wohnmodelle, Kirche, Stadion, ..., Kontaktpraktika usw.

Literaturauswahl

Miller/Sowa (2016); Shatry (2014); Kälberer (2005, 2012); Oswald (2011); Ziegler (2005); Mand (2005); Sowa (1996)

2 Gestaltungsfelder des Kunstunterrichts

Beispiele (Grundschule, Unterstufe, Mittelstufe, Oberstufe)

Abb. 93: Grundschule (Kl. 4), Zimmer und Häuser für Spielfiguren – Fundstücke, Pappe, Stoffreste Spielfiguren (Archiv Miller)

Abb. 94: Unterstufe (Kl. 5), »Konstruktion eines Hochsitzes« – Naturmaterialien, Schnüre. Erproben von statischen Prinzipien. Vorausgegangen waren zeichnerische Analysen von Fotografien und die Auseinandersetzung mit den grundlegenden Konstruktionsprinzipien des Skelettbaus. (Archiv Sowa)

Teil III Didaktik der Gegenstandsfelder des Kunstunterrichts

Abb. 95: Mittelstufe (Kl. 8), Modellbau »Moderne Bauten am Fluss« – Pappe, diverse Fundstücke und Materialien. Alternative Verfahren wären: die Verwendung von Bauklötzen, Legomodell, Massenmodell, Innen- und Außenmodell, Tonmodell, etc. (Archiv Miller)

Abb. 96: Links: Mittelstufe (Kl. 8), Modellbau einer romanischen Kirche – Papier, Klebstoff. Rechts: sog. »Leonardo-Brücke«, Bogenkonstruktion als Übertragung des Flechtprinzips auf starre Bauteile ohne Verbindungselemente (Archiv Amado, Berkel)

2 Gestaltungsfelder des Kunstunterrichts

Abb. 97: Mittelstufe (Kl. 10), Architekturstudie – Bleistift (Kunstpädagogisches Archiv Christiane Guse, Berlin). Rechts: Angst in der Stadt – Malerei, Deckfarben. Größe DIN A2. Vorausgegangen war die kunstgeschichtliche Auseinandersetzung mit Futurismus, Bauhaus und Internationalem Stil (Archiv Sowa)

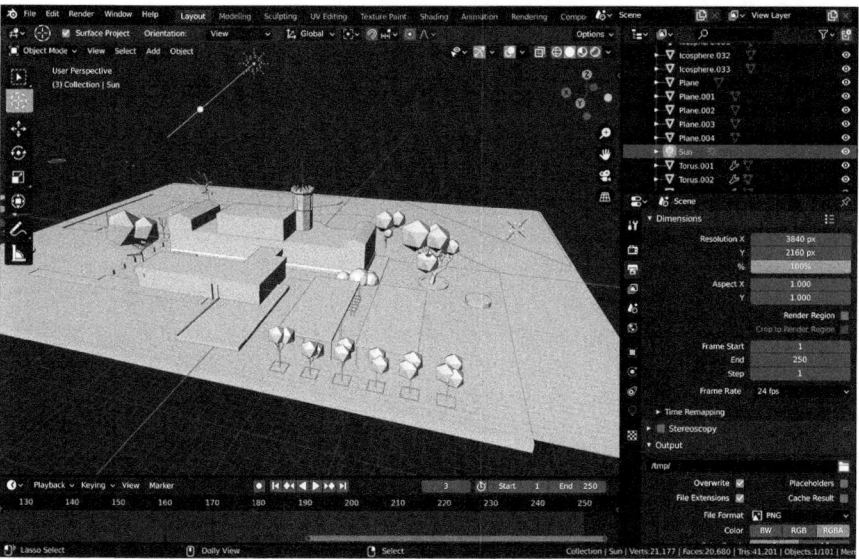

Abb. 98: Oberstufe (Kl. 12), Platzgestaltung, Orte der Begegnung schaffen, fiktiver Umbau eines Bahnhofvorplatzes im digitalen 3D-Modell (Vanessa Vo, Archiv Tangian)

Teil III Didaktik der Gegenstandsfelder des Kunstunterrichts

Abb. 99: Oberstufe (Kl. 11), Wahrnehmung des Stadtraums. Fotografische Motivsuche und Montage (Archiv Sowa)

2.2.14 Performative Kunstformen

Allgemeine Gegenstandsklärung

Von ihren kulturanthropologischen Wurzeln her sind *Werke* der bildenden Kunst eng mit dem *Ritual* verbunden (vgl. die anthropologisch-historische Argumentation von Wulf 2017). Sowohl die Herstellung von Kunstwerken als auch die auf das fertige Kunstwerk bezogenen Umgangsformen des Benutzens/Betrachtens haben performative Handlungsstrukturen. Die bildende Kunst als solche gehört genuin der Sphäre von *Spiel* und *Fest* an. Das Tragen einer Statuette am Körper, das Aufstellen einer Weihestatue im Tempelbezirk, die liturgischen Handlungen in der Kathedrale, auch noch das Ausstellen von Werken in der Galerie und das Betrachten und Sprechen darüber sind ausgestaltete Rituale.

Auch das weite Feld der *theatralen/szenischen Kunstformen* ist als Teil des Gegenstandsfeldes in Betracht zu ziehen. Es ist zwar kulturhistorisch klar unterschieden von der Sphäre der Bildenden Kunst. Doch gibt es zahlreiche Berührungen und Übergänge: u. a. zeigt die »Inszenierung« des Theaters auf der *Skene* (Christians 2016), d. h. der architektonisch als Raum definierten *Bühne*, eine Berührungszone beider Künste an.

Vergleichbare »szenische« Situationen sind die Vorgänge im Atelier des Künstlers oder der Künstlerin, im Museum, in der Galerie oder die inszenierte Platzierung von Kunstwerken im öffentlichen Raum usw. – allesamt Formen der »Inszenierung«. Selbst die Kulturform der Bildlichkeit an sich hat einen szenischen Anteil: Der

Bildakt, wie er vom Bildwissenschaftler Horst Bredekamp (2015) interpretiert wurde, ist im Grunde ein *performativer* Akt. Das heißt: Zeigen sich Menschen gegenseitig die von ihnen geschaffenen Werke, so findet auf der einen Seite eine Zeigehandlung, ein Zeigeritual statt, auf der anderen ein Betrachtungsritual, in dem sich die geistige Energie des Werks auf die Betrachtenden überträgt.

Noch prinzipieller: Das Malen, Zeichnen, Modellieren, Fotografieren usw. haben als Herstellungsakte im *Vollzug* performativen Charakter. In die andere Richtung gedacht: Auch jegliche Ingebrauchnahme von geschaffenen Werken im Betrachten, Benutzen, Bewohnen usw. kann als performatives Ritual verstanden werden. Kreative Werkherstellung und performative »Bildumgangs«-handlungen gehören zusammen – wie zwei Seiten einer Münze. (Daher ist die oft beobachtbare Polarisierung von Produkt- und Prozessdominanz im Kunstunterricht nicht haltbar.) So ist auch – selbstverständlich – das Auftreten der bildenden Kunst in Lehrzusammenhängen (z. B. »Kunstraum«, Lehratelier) eine performative »Inszenierung« der Kunst, innerhalb derer das Lehren selbst und das auf es bezogene Lernen performative Künste sind.

Doch diese selbstverständliche systemische Verwobenheit von *Werkherstellung* und performativem *Vollzug* ist nicht der einzige Grund, warum Formen des performativen Handelns zur kunstdidaktischen Lehre gehören. Weitere Gründe sind:

- Performative Handlungsformen sind ein fester Bestandteil der visuellen Kultur (man denke etwa an gesellschaftliche und staatliche Rituale und Inszenierungen); sie sind mitunter kunsthaft gestaltet und überhöht, wie z. B. im religiösen Ritual (vgl. Meier 2021); sie verstehen, gestalten und nutzen zu können gehört zur allgemeinen Bildung.
- Die Nähe der Bildenden Kunst zu theatralen Kunstformen ist nicht nur durch die Szenografie und die Kostümgestaltung gegeben, sondern auch durch den Bildcharakter der theatralen Inszenierung im Ganzen. Sehr deutlich ist diese Nähe auch in den Feldern des Puppenspiels, Schattenspiels, der Lichtperformance usw.
- Schließlich gibt es innerhalb der bildlichen und körperhaft-räumlichen Künste – speziell in der Moderne und Postmoderne – Sonderentwicklungen, in denen sich Formen der »Performance« als autonome Gattungen etablieren – aus der bildenden Kunst hervorgegangen und sich immer in ihrer Nähe bewegend (z. B. Dada, Fluxus, Aktionskunst, Situationismus, *art performance*, *staged performance*, Medienperformance usw.).

Sodann gibt es auch noch fachhistorische Gründe innerhalb der Kunstpädagogik, die in der zweiten Hälfte des 20. Jahrhunderts gewachsen sind: Seit der klassischen Formulierung des kanonischen Fachverständnisses (Trümper 1957 ff.) gehörte viele Jahrzehnte lang das Studium von »Schulspiel« und »Puppenspiel« zum festen Bestandteil der Ausbildung von Kunstlehrerinnen und -lehrern (Trümper 1958). In der Folge entstanden didaktische Weiterentwicklungen, angefangen vom »szenischen Spiel« und der »Inszenierung« in der Grundschule (Legler 2007, Kirchner 2009) bis hin zu experimentellen Formen – meist eher bezogen auf Oberstufe und Hochschule (vgl. Behme 1998, Lange 2003, 2006, Grünewald 2008, Seumel 2015, Kaesbohrer 2015). Zahlreiche Anknüpfungspunkte verbinden das bildliche Gestalten in

Fläche und Raum mit theatralen, spielerischen, tänzerischen und sportlichen Formen – auch im fächerverbindenden Gestalten von schulischen Theater-, Konzert-, Zirkus-, Fest- und Performanceprojekten.

Nicht zuletzt finden von der inneren Logik des bildnerischen Gestaltens her fließende Übergänge zu theatral-performativen Formen statt:

- aus dem Scherenschnitt kann das Schattentheater entwickelt werden,
- aus dem plastischen Formen das Puppen- und Figurinentheater,
- aus dem Schnitzen und textilen Gestalten das Puppentheater,
- aus zeichnerischen, fotografischen und filmischen Handstudien das Fingertheater,
- aus dem textilen Gestalten die Modeperformance oder das Kostümtheater,
- aus der Malerei die Multimediaperformance oder der Animationsfilm,
- aus der Bildbetrachtung die Standbildarbeit und das »Lebende Bild«,
- aus dem Gefäß-, Dekorations- und Speisedesign die kulinarische Festinszenierung,
- aus Malerei, Bau und Szenografie die Choreografie und die Spielpartitur usw.

In all diesen Fällen zeigen sich auch fächerverbindende Überschneidungen des Faches Kunst mit den Fächern Musik, Deutsch, Sport/Tanz, Theater usw.

Inhalte des Gegenstandsfeldes

Performative Gestaltungsformen können die gesamte Breite des szenischen und narrativen Wahrnehmens, Erfahrens und Denkens zum Inhalt haben – ob unter Bezugnahme auf Literatur (Theater) oder frei-experimentell entwickelt. Doch sie können sich auch auf Orte und Dinge der Umwelt beziehen, auf die raum-zeitliche Erfahrung an sich, auf Gebrauchsdinge (Objekttheater), natürlich auch auf den eigenen oder den fremden Körper, auf kultische Praktiken usw. Auch die Geschichte (Realgeschichte, Kunstgeschichte usw.) kann Inhalt performativer Kunstformen sein – man denke an die Möglichkeiten des *re-enacting*, der nachinszenierenden Wiederbelebung vergangener Ereignisse.

Eine Besonderheit performativer Darstellung ist die existenzielle Erfahrung des ungeschützten Sich-Aussetzens – vor sich selbst und vor anderen. Diese Erfahrung kann sehr extrem und intensiv sein und sich mit Erfahrungen des religiösen Außer-sich-tretens verbinden. Entsprechend behutsam und besonnen ist deswegen im Kunstunterricht damit umzugehen.

Struktur des Gegenstandsfeldes

Performative Darstellungsformen werden im Kunstunterricht vielerorts und in vielen Varianten praktiziert (vgl. z. B. Legler 2007, Lange 2003, 2006). Auf diesen Gebieten wird mitunter intuitiv improvisiert und frei experimentiert, aber es können auch systematisches Gestaltungslernen und Training stattfinden, wie das in der Tanz- und Theaterpädagogik üblich ist (vgl. Czerny/Reinhoffer/Sowa 2008). Genauso können auch Storyboards, Choreografien und Partituren entwickelt werden, die in Richtung Tanz, Film, Theater, Show verweisen. Ein Teil des dafür nötigen Lernens findet auf dem Gebiet der *personalen Verkörperung und Bewegung* statt (Tanz, Pantomime, Geste, Mimik, Körperbeherrschung, ...), ein anderer auf dem Bereich des szenischen, narrativen und dramatischen Gestaltens mit oder ohne Sprache. Hinzu kommen in verschiedenen Formen: Licht, Szenografie, Kostüm, Apparate, Klang, Film, akustische und optische Medien usw.

Dies alles lässt erkennen, dass das szenische Spiel eine außerordentlich komplexe, anspruchsvolle Kunstform ist, die schwer einzugrenzen und in viele Richtungen offen ist. Eindeutig kann man aber sagen, dass sich diese Kunstform in ihrer entwickelten künstlerischen Gestaltung deutlich unterscheidet von Formen des rein ausdruckshaft-subjektiven und spontanen Improvisierens oder des nur (selbst-)therapeutischen und sozialpädagogischen Ausagierens (wie es auch oft im Kunstunterricht unter dem Titel »Performance« praktiziert wird). Auch im Bereich der Performance geht es kunstpädagogisch gesehen um das Lernen von *gestalterischen Prinzipien und Mitteln*. Einige dieser Gestaltungsprinzipien sollen hier benannt werden.

Zunächst eine grobe Einteilung des Gegenstandsgebietes:

Tab. 16a: Einteilung des Gegenstandsgebietes der performativen Gestaltungsformen

Performative Darstellungsformen	Formen in Kultur und Kunst	Beispiele
Nicht-objektivierende Formhandlungen, temporäre Inszenierung von körperhaft-räumlichen Konstellationen zwischen Menschen, Orten und Objekten, Bewegungsformen im Raum, bilderzeugende räumliche Handlungen, ...	Ortsbezogene, gegenstands-, kostüm-, bild-, medienbezogene, apparative, tänzerische, szenische, theatralische, dramatische, narrative, lyrische, musikalische, solistische, gemeinschaftliche Formen der performativen Darstellung, ...	Body Art, Art Performance, Multimediaperformance, Videoperformance, Theater, Tanz, Show, Fest, Gesten, Gebärden, Körpersprache, Pantomime, verkörpertes Standbild (»lebendes Bild«), situative, politische und urbane Inszenierungen, Bühnenspiele und mediale Inszenierungen, ...

Nun ins Einzelne gehend:

Tab. 16b: Didaktisch relevante Struktur des Gegenstandsfeldes performative Kunstformen

Gestaltungsprinzipien, Herangehensweisen	Formen in Kultur und Kunst	Schulische Beispiele
Körper- und Sprachausdruck: Variantenreichtum, Beherrschung	Theater, Pantomime, Bühnen, Show, Rhetorik usw.	Standbildarbeit, experimenteller Gedichtvortrag, Märchenspiel, Rollenspiel usw.

Tab. 16b: Didaktisch relevante Struktur des Gegenstandsfeldes performative Kunstformen – Fortsetzung

Gestaltungsprinzipien, Herangehensweisen	Formen in Kultur und Kunst	Schulische Beispiele
Dramatische/narrative Strukturierung: Folgerichtige Komposition von Handlungs- und Ereignisstrukturen	Choreografien, Raum-Zeit-Notationen, Handlungs- und Ereignispartituren usw.	Drehbuch, Ablaufplan, Regiebuch usw.
Gruppen- und Publikumsbezug: Wirkungsbewusstsein; Perspektivwechsel, leibhaftes bewusstes Handeln vor Publikum, Interaktion	Redner-Auftritt, stummer Auftritt, Comedian, Politikerin, Lehrer, Verkäuferin, Schauspieler, Zauberin, Priester usw.	Pantomimische Ratespiele, Comedy, gebärdensprachliche Darstellungen, spiegelbildliche Partner-Interaktion, theaterpädagogische Übungen usw.
Raumbezug: Bewusstes resonantes Verhalten zum Raum; Richtungen, Abstände	Szenografie, Performance in architektonischen, landschaftlichen und urbanen Kontexten usw.	Bühnenbau, Lichtinszenierungen, situative raumbezogene Inszenierungen usw.
Zeitbezug: Bewusster Einsatz von Rhythmen, Ereignissen, Dauer, Kürze, Länge, Spannungsbögen	Theatrale Szenen, Revues, Shows	Szenisches Spiel und performative Handlungen in allen Formen, Übungsformen mit der Betonung von Kürze oder Länge, kleine Ereignisse usw.
Gegenstandbezug: Bewusstes resonantes Verhalten zu Dingen	Objektspiel, Jonglieren, Zaubern, Dingmeditation, Dingtheater, Dingperformance, …	Übergangsformen vom Objektspiel, der Objektkunst zum Objekttheater, zur Dingperformance usw.

Bildungsziele und -potenziale im Kunstunterricht

Performativen Kunstformen weisen hinsichtlich ihrer Bildungspotenziale viele Gemeinsamkeiten mit dem körperhaft-räumlichen Gestalten im Bereich der plastischen Künste auf (▶ Kap. III.2.1.1), mitunter auch zur Malerei und Grafik. Sie unterscheiden sich aber in einem wichtigen Punkt: Der personale, körperhafte und flüchtig-temporale Vollzug der künstlerisch gestalteten Ausdruckshandlung steht im Mittelpunkt, nicht die exkorporierende »Objektivierung« in einem dinghaften Werk. Insofern sprechen die performativen Kunstformen ganz andere Seiten im Menschen an, vielleicht sogar andere »Typen« von Menschen. Sie verlangen ein existenzielles und extrovertiertes Sich-Einbringen des Menschen in sein körperhaftes und sprachliches Handeln. Der oder die Schöpfende kann sich nicht schweigend-introvertiert hinter einem dinghaften Werk verstecken (was für viele Menschen sehr wichtig ist), sondern muss *sich* direkt vor dem Publikum *zeigen*, sich als Person im szenischen Raum exponieren, sich selbst zur verkörperten Darstellung bringen. Man kann bei Kindern oft beobachten, wie sie im theatralen Spiel förmlich aufwachen, aus sich herausgehen, sich aus Gehemmtheit befreien. Wenn sie sich dabei zunächst hinter Spielfiguren oder Spielobjekten »verstecken« können (z. B. hinter einer Schattenfigur oder einer Hand- oder Marionettenpuppe), wird ihnen das »Aus-sich-herausgehen« oft leichter ermöglicht. Spätere direkte Bühnenauftritte können dadurch vorbereitet werden. Genau dies wird in der Theaterpädagogik auf hohem didaktischem Niveau kultiviert – und dies macht alle Formen des szenisch-performativen Gestaltens auch zu einem wertvollen Mittel der Persönlichkeitsbildung von Kindern und Jugendlichen.

Struktur des Könnens

Im Bereich der performativen Gestaltungsformen ist – wie überall im Kunstunterricht – der Erwerb von Wissen und Können in den Feldern von Wahrnehmen, Vorstellen und Darstellen (WVD) nötig:

Wahrnehmen: Das bewusste und differenzierte Wahrnehmen von räumlichen und zeitlich ausgedehnten Ereignissen, Situationen und Handlungen ist eine wichtige Grundlage. Die retardierte, analytische und bis in Details gehende Wahrnehmung muss aufbauend geübt werden. Bisher nicht Bewusstes wird dabei allmählich bewusst zugänglich gemacht. Wichtig ist auch das Wahrnehmen von Ausdrucksnuancen beim Gegenüber. Auch das kann geübt werden.

Vorstellen: Das Vorstellen von szenischen und narrativen Konstellationen und Handlungsfolgen ist erlernbar und übbar – z. B., indem Bilder oder Textvorlagen in Standbildarbeit dargestellt werden. Der Weg von einfachen zu komplexen szenischen Vorstellungen ist lang. Wichtige Übungsfelder des szenisch-narrativen Vorstellens sind die Intensivierung von innerer Beteiligung, umgekehrt die Distanzierung, auch die Übung von Perspektivübernahmen und Perspektivwechseln.

Darstellen: Das Darstellenkönnen in performativen Gestaltungsfeldern ist sehr komplex aufgebaut. Es erfordert den differenzierten Umgang mit all den Gestaltungsproblemen, die in der obigen Tabelle aufgelistet sind. Es gibt handwerkliche, gestalterische und inhaltliche Aspekte dieses Könnens. Dieses Können erstreckt sich nicht nur auf die Beherrschung von Körper, Sprache, Raum, Zeit, Partner- und Publikumsbezug usw., sondern auch auf die Felder von Szenografie und Dramaturgie, auf die gestalterische Kontrolle aller Bedingungen der Darstellung.

Inhalte: Die Inhalte der performativen Gestaltungsarbeit sind altersbezogen weit ausdifferenziert. Im Grunde geht es um die Empfindungen und Handlungen von Menschen in ihrem Bezug zu anderen Menschen. Es geht um große und kleine Erzählungen, um szenisches Erleben, um die Steigerung von Wachheit, Sensibilität, Empfindungsreichtum, Differenziertheit. Die ganze Skala von Stimmungen und Erfahrungen kann hierbei durchlebt werden: die Freude, der Schmerz, der Jubel, die Angst, das Außer-sich-sein und das In-sich-gehen, die Komik, die Melancholie, Erfahrungen von Nähe und Gruppenzugehörigkeit oder Vereinzelung und Isolierung usw. Wie vielleicht in keinem anderen Gestaltungsfeld sind diese Inhalte im Bereich der performativen Darstellung intensiv erfahrbar und darstellbar.

Besonderheiten: In besonderer Weise ist in performativen Gestaltungsfeldern das existenzielle Sich-Aussetzen der Lernenden gefordert. Dies kann nur gedeihen auf einem Boden des persönlichen Vertrauens zwischen allen beteiligten Lehrenden und Lernenden. Das kann nicht erzwungen werden, sondern muss langsam wachsen. Eine zurückgezogene Arbeit »für sich alleine« ist nicht möglich. Nirgendwo sonst wird der soziale Charakter künstlerischen Handelns so intensiv greifbar. Das birgt gleichermaßen pädagogische Chancen wie auch Gefahren.

Die *Lehrformen* performativer Künste können sehr verschieden sein: Workshop oder Kleinprojekt einer Lerngruppe oder Klasse; Großprojekt mit vielen Gruppen und Klassen; lange Zeiträume; kurze, kleine experimentelle Formen im einstündigen Unterricht; Projektgruppe innerhalb von Projekttagen; Beiträge verschiedener Klassen und Gruppen zu einem Schulfest usw.

Altersbezug und Curriculum

Vorschulisches Feld: Eroberung und Bespielung des Raumes (vgl. Schneider 2017), einfaches Objekt-, Bau-, Masken-, Schatten- oder Puppenspiel, szenisches Spiel mit Tier- und Menschenfiguren, Bauwerken, Märchenspiele, kleine Tier-Revuen, Pantomime usw.

Grundschule: Fortsetzung dieser Arbeit auf komplexerer Ebene; Benutzung selbstgestalteter Figuren, Kostüme, Masken, selbstgebauter Bühnenräume usw.; Medienbenutzung; Entwicklung eigener Textvorlagen und Dramaturgien; Zeichnen und Schreiben von Partituren; Teambildung (Bühne, Technik, Licht usw.); Puppen und Objekte: z.B. Schattenfiguren, Spielobjekte (z.B. Fahrzeuge), Spielfiguren (Puppen, Tiere), Figurinen, Alltagsgegenstände, Naturgegenstände, Apparate, lebende Tiere usw.

Unterstufe: im Prinzip Fortsetzung dieses Lernweges auf wachsendem Niveau; Arbeiten nach festen literarischen Spielvorlagen; Einbeziehung von Musik, Tanz, Akrobatik, Medien usw.; Bühnenbild-, Flyer- und Plakatgestaltung; Bau und Spiel mit Großfiguren, Apparateperformances, Revue und Show usw.

Mittelstufe: im Prinzip Fortsetzung dieses Lernweges auf wachsendem Niveau; immer komplexere theatrale Formen; gezielte Kultivierung und Training von Sprache, Körpersprache usw.; Multimediashows, Videoperformance usw., Bühnenraum/Szene: frontale, erhöhte Bühne; intimer Spielraum im Figurenkreis; Lichtmittel; Medienprojektionen; komplexe Szenografie mit Farben, Flächen, bewegten Teilen usw.; Spielformen: Einzel-, Partner- und Gruppenperformance; kleine Ding-Ereignisse (event); narrative Kurzszenen, Sketche; lange Szenenfolgen, Revue oder Show; additive oder integrale dramatische Konzeptionen; klassisches Literaturtheater nach fremden Textvorlagen; Entwicklung eigener Dramen, Drehbücher, Partituren, Bewegungs- und Raumpartituren; stummes Spiel oder Einbeziehung von Geräusch, Sound, Musik, Stimme, Sprache; reine Apparateperformance; ortsbezogene, architekturbezogene und landschaftsbezogene Spielformen; Interventionen, *urban performance*; *Gruppenchoreografien*; Happening, Einbeziehung von Publikum, Passanten, Naturprozessen usw.

Oberstufe: Entwicklung und Durchführung größerer künstlerischer Projekte in verschiedenen performativen Gestaltungsdomänen; Auseinandersetzung mit professionellen Arbeitsmethoden, z. B. auch der *art performance*, dem Multimediatheater, aber auch in der professionellen Bühnentheaterarbeit.

> **Literaturauswahl**
>
> Kaesbohrer (2015); Czerny/Reinhoffer/Sowa (2008); Grünewald (2003); Legler (2007); Lange (2003); Trümper (1958)

Beispiele (Vorschule, Grundschule, Unterstufe, Mittelstufe, Oberstufe)

Abb. 100: Vorschulisches Feld/Grundschule (5–6 Jahre), Selbst geschaffene und szenisch bespielte Fläche im Hof mit »Polizeistation« und »Garage« (Archiv Sowa)

Teil III Didaktik der Gegenstandsfelder des Kunstunterrichts

Abb. 101: Unterstufe (Kl. 5), Schattenspielübungen vor der Lichtprojektionsfläche und zeichnerische Entwürfe für den Bau von beweglichen Schattenspielfiguren (Archiv Schneider)

2 Gestaltungsfelder des Kunstunterrichts

Abb. 102: Mittelstufe (Kl. 10), »Bücher umstapeln«. Partnerperformance unter Verwendung eines Bücherstapels und zweier Tische. Langsame, manchmal beschleunigte repetitive Handlungsformen über eine Zeitdauer von etwa 10 Minuten vor der Klassenöffentlichkeit (Archiv Sowa)

Abb. 103: Oberstufe (Kl. 11), »Blindenzug«. Gruppenperformance im Anschluss an Pieter Bruegels Bild »Blindensturz«. Intervention im schulöffentlichen Raum. Dauer etwa 30 Minuten. Die Akteurinnen und Akteure haben verbundene Augen, halten sich aneinander fest und tasten sich gemeinsam vom Kunstraum bis in den Pausenhof vor. (Archiv Sowa)

2.2.15 Konzeptuelle Kunstformen

Allgemeine Gegenstandsklärung

Im obigen Kapitel (▶ Kap. III.2.2.14) wurden schon Grundlinien eines »konzeptuellen« Kunstverständnisses geklärt. Um hier zwei bekannte Beispiele an den Anfang zu stellen: René Magrittes Bilder unterscheiden sich in der ganzen Auffassung von »Malerei« signifikant von denen Claude Monets: Das, was eigentlich in ihnen »gemeint« ist, kommt in der malerischen Darstellung selbst gerade *nicht* zum Vorschein. Auch Marcel Duchamps »Urinoir« (»Fontaine«) ist nicht eine »plastische Darstellung« im traditionellen Verständnis: Vielmehr wird hierdurch den »konzeptuellen« Kontext ein rein gedankliches Sinngebilde geschaffen, das aus einem komplexen Wort und Gedankenspiel über das Verhältnis von Mann und Frau, Betrachtenden und Kunstgegenstand besteht.

Die Grundlagen eines solchen »konzeptuellen Kunstverständnisses« finden sich schon bei Leonardo da Vinci, der viele künstlerische Projekte entwarf, zu deren Ausführung es nie kam und die evtl. schon allein als »Projekt« genug zu sagen haben. Also z. B.: ein Buch mit über 60 Bänden »Über das Wasser«, in dem es um alle verschiedenen Bewegungsarten des Wassers gehen sollte. Oder aber das Bild der »Mona Lisa«, bei dem es im Grunde auch um »Konzepte« der Transgender-Physiognomie und um die »Unschärfe« als solche geht. Doch Leonardos künstlerische Ideen verweisen noch weiter zurück auf künstlerische »Gedankenspiele«, die schon in der Antike angestellt wurden, wie z. B. die Überlegung, was schwieriger sei: mit einer täuschend »echten« Abbildung Tiere zu täuschen oder etwa Menschen. Das ist ein Gedankenspiel ohne »reale« Wirklichkeit.

»Konzeptuelle Kunst«, wie diese Art der Kunst seit Duchamp genannt wurde, stellt besonders hohe Anforderungen an die Betrachtenden, die hier zu »Rätsellösern« werden (Duchamp: »Ich messe dem Betrachter mehr Bedeutung zu als dem Künstler ...«). Der Künstler oder die Künstlerin aber muss das »Rätselspiel« ersinnen. Er bzw. sie muss einen gedanklichen »Köder« legen und zugleich die Sinnspuren absichtlich verstecken.

Inhalte des Gegenstandsfeldes

Im Modus der »Konzeptualität« thematisiert die Kunst vor allem sich selbst – aber nicht ausschließlich. Künstlerische »Konzepte« können in sehr verschiedene Richtungen der Wirklichkeit deuten, doch tun sie das stets mit dem indirekten Mittel der »Anspielung« und sind insofern auf das Zutun der Betrachtenden angewiesen, die das Ihre beitragen müssen, also ihre eigenen Wirklichkeiten in den Dialog mit dem konzeptuellen »Werk« (das eigentlich programmatisch ein »Nicht-Werk« ist) einbringen müssen.

Insofern ist der Inhalt konzeptueller Kunstformen letztlich auch die *Kommunikation* als solche. Konzeptuelle Gestaltung rechnet mit der angemessen verstehenden Rezeption – und sie muss im Stande sein, mit dem »Rest« an Kommunikation, den sie selbst leistet, sehr behutsam umzugehen, wenn sie sich nicht in subjektivistischer Unverbindlichkeit verlieren will. Eine sehr schwierige kunstpädagogische Aufgabe!

Ein anderer wesentlicher Inhalt ist das Verhältnis von »Kunst« und »Wirklichkeit«, der gerade angesichts performativer Darbietungen relevant wird: Wo handle ich »wirklich« – und wo handle ich im »Als-ob-Modus«? Auch das sind sehr schwierige kunstpädagogische Themen, aber ihre Bearbeitung im Unterricht ist allemal sinnvoll und erfolgversprechend.

Struktur des Gegenstandsfeldes

Seit Marcel Duchamp spricht man von »konzeptueller Kunst«. Die damit verbundene Denkweise hat sich in allen Kunstgattungen ausgewirkt, sodass man allgemein von »postkonzeptueller« Kunst spricht. Werke, die aus dieser Denkweise entstehen, sind nicht mehr gestaltungsbezogen, sondern lösen den Inhalt und Sinn des Werkes gerade von der materiellen Gestaltung ab, verweisen in einen Raum gedanklicher Spekulation und Irritation.

Tab. 17: Didaktisch relevante Struktur des Gegenstandsfeldes Konzeptuelle Kunstformen

Gestaltungsprinzipien	Handwerks-, Gestaltungs- und Kunstgattungen, Materialien	Beispiele
Rätselbild, Sprachspiel, ...	Allgemein: Hochkunst der Moderne und Postmoderne; Materialien und Gattungen: beliebig	R. Magritte, S. Dali, Yves Klein, Marcel Broodthaers, Dan Graham, ... Kommunikationsdesign: Werbung
Ready-made und *objet trouvé*	Allgemein: Hochkunst der Moderne und Postmoderne; Materialien und Gattungen: beliebig	Marcel Duchamp, André Breton, Louise Bourgeois, Andy Warhol, Joseph Beuys, Eva Hesse, Jeff Koons, Damien Hirst, Karin Sander, Andreas Slominsky, Rosemarie Trockel, ...
Analytische Konzeptkunst, Kontextkunst, selbstreferenzielle Kunst...	Allgemein: Hochkunst der Moderne und Postmoderne; Materialien und Gattungen: beliebig	Joseph Kosuth, Art&Language, Rodney Graham usw.

Tab. 17: Didaktisch relevante Struktur des Gegenstandsfeldes Konzeptuelle Kunstformen – Fortsetzung

Gestaltungsprinzipien	Handwerks-, Gestaltungs- und Kunstgattungen, Materialien	Beispiele
Konzeptuelle und »postkonzeptuelle« Skulptur, Malerei, Fotografie, Videokunst, Performance, Musik, Architektur, Design usw.	Zugespitzte konzeptuelle Spielformen in allen traditionellen Kunstgattungen	Skulptur: Carl André. Malerei: Agnes Martin, Thomas Huber. Fotografie: Jeff Wall. Videokunst: Stan Douglas. Architektur: Daniel Libeskind, Zaha Hadid. Performance: Joan Jonas, Marina Abramovic, Christoph Schlingensief. Musik: John Cage. Design: Donald Judd usw.

Obwohl im schulischen Kunstunterricht seit vielen Jahrzehnten mit all diesen Formen experimentiert und gespielt wird, ist doch der eigentliche »konzeptuelle« Inhalt nur schwer zu vermitteln. Es droht die Gefahr oberflächlichen, undurchdachten Nachmachens im Sinne einer nicht-schöpferischen Mimesis.

Bildungsziele und -potenziale im Kunstunterricht

Anders als in den werk- und gestaltungsbezogenen Kunstgattungen geht es in den konzeptuellen Kunstformen vordringlich um die *Ideenfindung*. Ideenfindungen können plump und witzlos sein, sie können aber auch intelligent und doppelbödig sein, die Betrachtenden fesseln, amüsieren, sie zu Gedanken anregen, sie staunen lassen. Diesen Unterschied begreifen zu lernen ist ein durchaus ernsthaftes Bildungsziel. Der Umgang mit konzeptuellen Kunstformen hat wenig mit handwerklicher Durchführung zu tun, aber sehr viel mit geistiger Beweglichkeit, Kommunikationsfähigkeit, Spielfähigkeit, Humor. Auch dies sind wesentliche Tugenden eines freien künstlerischen Denkens. Zugleich sind gerade in Bildungskontexten immer auch die Probleme von Ironie, Persiflage und Nichternsthaftigkeit zu bedenken: Wann werden ethische Grenzen überschritten?

Struktur des Könnens

»Konzeptuelles« künstlerisches Denken setzt Vertrautheit mit verschiedenen Kunstgattungen voraus, ebenso Vertrautheit und Verstehen von oft sehr komplizierten künstlerischen Werken und Strategien. Vor allem setzt es aber auch Kommunikationsfähigkeit voraus: Wie kann ich in meinen visuell-textlichen Botschaften »Leerstellen« so einsetzen, dass der bzw. die Betrachtende/Lesende etwas »Herauslesen«, kann, was gar nicht buchstäblich gezeigt oder gesagt wird? Wie kann ich *indirekt* und mit bewusst versteckten Botschaften kommunizieren? Das ist ein Können, was in Kunst und Kommunikationsdesign allgegenwärtig praktiziert wird – nicht nur in hochgradig »konzeptuellen« Kunstformen.

Wahrnehmen, Vorstellen und Darstellen werden in konzeptuellen Kunstformen in programmatischer Weise »doppelbödig« eingesetzt – eine Kunst, die viel Lebenserfahrung und auch »Gewitztheit« verlangt.

Abb. 104: Werbeplakat (2003) für eine Kölner Brauerei. Das Plakat ist eine hochkomplex codierte »konzeptuelle« Bild-Text-Gestaltung, deren Verständnis eine Fülle von kombinierten intellektuellen Operationen erfordert. Hinzu kommt als situatives Vorverständnis, dass dieses Plakat zur Weihnachtszeit verbreitet wurde. Außerdem bedient es sich der französischen Sprache (Eau = Wasser), mit Hilfe derer dann in witziger Doppeldeutigkeit sowohl die lautsprachliche Lesart »Au weih!« als auch die Lesart »Weihwasser« möglich wird. Die Assoziation der »Weihe« und des »Heiligen« wird durch den Heiligenschein über der Schaumkrone verstärkt. Zugleich ist an ein Bierglas auf der weihnachtlichen Festtafel zu denken, möglicherweise auch an die schmerzhaften Folgen übermäßigen Bierkonsums. Und es klingt auch noch die Anspielung auf das »Eau de Cologne« mit. Der Text funktioniert nicht ohne das Bild, das Bild kaum ohne den Text, beide nicht ohne das Vorwissen um die Situation (Weihnachtszeit) und Kontext (Köln), und alles funktioniert nicht ohne ein gehöriges Maß an Sprachwitz und Humor (▶ Kap. III.2.2.12) (Cölner Hofbräu P. Josef FRÜH KG)

Altersbezug und Curriculum

Unterstufe: Einfache Bildspiele, Bildwitze, Bilderrätsel, Geschichten ohne Worte, Trudel, verschlüsselte Bilder, …

Mittelstufe: Komplexere Bildspiele, Bildwitze, Bilderrätsel, …

Oberstufe: Intelligente konzeptuelle Werksetzungen, bewusste komplexe Kontextualisierung, Arbeit mit der Dualität von Bild und Text, Werk und Kommentar, situatives Spiel mit den Betrachtenden, komplexe Reflexion als Gestaltungsmittel, Spiel mit Sinnwidersprüchen, …, kleine Performances, Dingrätsel; intensive Beschäftigung mit modernen Künstlern wie Duchamp, Beuys, Kosuth, aber auch mit den Theorien Leonardo da Vincis, mit Werbegrafik, Werbeclips usw.

> **Literaturauswahl**
>
> Schulz (1998); Sowa (1998); Grünewald (2012)

Beispiele (Unterstufe, Mittelstufe, Oberstufe)

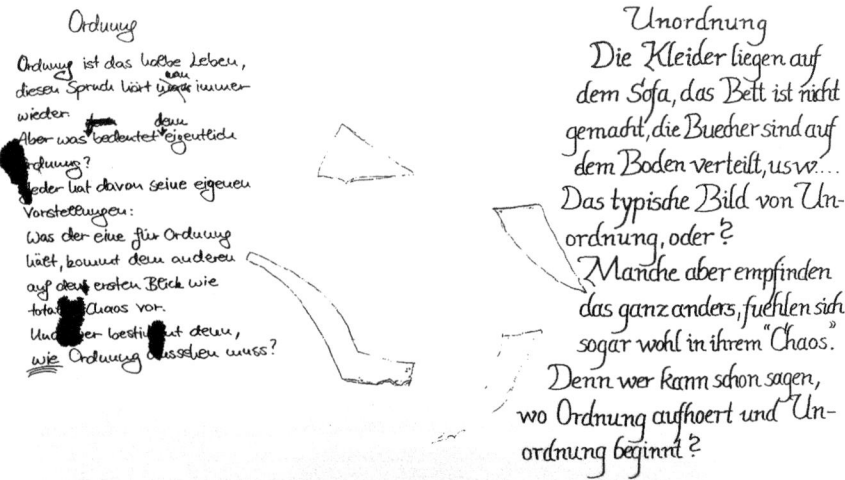

Abb. 105: Unterstufe (Kl. 6), »Ordnung und Unordnung«. Text, Kalligrafie, Zeichnung. Nach einer Diskussion über Duchamps zuerst zerbrochenes und dann rekonstruiertes »Großes Glas« und über die Rolle des Zufalls und der Unordnung in der Kunst Duchamps zeichneten die SchülerInnen Zufallssplitter einer zerbrochenen Glasscheibe akribisch ab und schrieben in Kalligrafie zwei widersprüchlich konstruierte Texte, den einen »ordentlich«, den anderen »unordentlich«, über Zufall und Ordnung (vgl. Sowa 1998). (Archiv Sowa)

2 Gestaltungsfelder des Kunstunterrichts

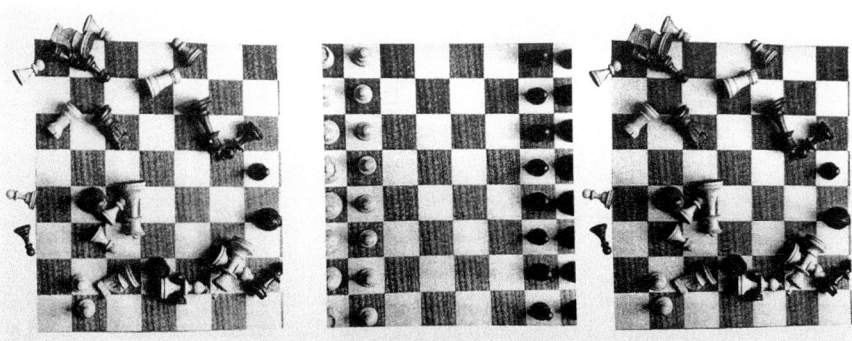

Abb. 106: Mittelstufe (Kl. 8), »Ordnung und Unordnung« – Performance und Fotoarbeit. Die Aufgabe – ebenfalls anknüpfend an Duchamps Umgang mit Zufall und Konstruktion – war, einen »unordentlichen« Zustand zu Hause zu fotografieren. Danach war mühsam Ordnung herzustellen, abermals ein Foto zu machen, und dann unter Verwendung des ersten Fotos den ursprünglichen Zustand akribisch wiederherzustellen (vgl. Sowa 1998). (Archiv Sowa)

Abb. 107: Oberstufe (Kl. 11), »Schiffsuntergang«. Konzeptuell inspirierte Rauminstallation mit kleinen Schiffsmodellen, Titelschild und Architektur (Archiv Sowa)

3 Didaktik der Betrachtung, der Kritik und der Historie

Die Produkte der herstellenden und darstellenden Gestaltungskünste sind entweder für die Benutzung oder die Betrachtung gemacht: Ein Stuhl will benutzt, ein Gemälde betrachtet werden usw. Allgemein gesagt: Der *Gebrauch* dieser Produkte ist die zentrale Bestimmung des Herstellungsprozesses. Zur Lehre der Bildenden Künste – seien es die sog. »angewandten« oder die sog. »freien« Künste – gehört untrennbar auch die Lehre ihres Gebrauchs.

In der Kunstpädagogik war die »Werkbetrachtung« schon seit den der Wendung zur dezidierten »Kunsterziehung« ein zentraler Teil des Unterrichts – bei manchen Kunsterziehern galt ihr sogar das ausschließliche Interesse und sie war viel wichtiger als das »praktische«, produktive Tun (vgl. z. B. Lichtwark 1897, Volkelt 1911, Volkmann 1925). In den reformpädagogischen Strömungen setzte sich die umgekehrte Tendenz durch: »Werkbetrachtung« und »Kunstgeschichtsunterricht« wurden zu separaten Anhängseln eines primär vom praktischen Tun bestimmten Kunstunterrichts.

In den seit 1970 sich durchsetzenden Fachtendenzen der »ästhetischen Erziehung« und der »visuellen Kommunikation« verkümmerte die Gestaltungspraxis zunehmend zu Gunsten der angestrebten Theoretisierung des Faches. Aus der künstlerischen »Werkbetrachtung« wurde die sog. »Rezeption« – ein aus der Semiotik, aber nicht aus der Kunstlehre abgeleiteter Begriff, der von der eigentlichen Kunstbetrachtung wegführte.[44] Vor allem wurde die *Einheit von Kunstpraxis und Kunstbetrachtung* zerrissen – zum Schaden beider Seiten. Auch die stückweise Implementierung dezidiert kunsthistorisch-wissenschaftlicher Lehrinhalte und Methoden konnte da nicht abhelfen.

Umgekehrt hatten in den sich komplementär entwickelnden didaktischen Fachrichtungen des »Ästhetischen Projekts« und der »Ästhetischen Forschung« weder »Kunstgeschichte« noch »Werkbetrachtung« mehr einen gründlich bestimmten Platz, sondern gingen in Anmutungen subjektiver »ästhetischer Erfahrung« als dem vermeintlichen Bildungsziel auf.[45]

---

44 Eine für das Fach seit langem dringend nötige kritische Auseinandersetzung mit dem Begriff der »Bildrezeption« führt Schneider (2019).
45 Entsprechend standen auch in der »ästhetischen Praxis« kein aus solider Kunstbetrachtung gewonnenes künstlerisches Gestaltungswissen und kein kunsthistorisches Wissen als Erfahrungshintergrund zur Verfügung, wodurch die Gestaltungsqualität zunehmend verkümmerte.

3 Didaktik der Betrachtung, der Kritik und der Historie

Sachklärung auf Grundlage des Systems der Kunstlehre

Der fachdidaktische Schlüssel zu diesem Gegenstandsfeld liegt im *Zusammenhang von Kunstproduktion, Kunstbetrachtung, Kritik und Historie* (▶ Kap. II.1). Dieser Zusammenhang ist aus dem Wesen der Kunst selbst begründet, die seit der griechischen Antike als ein vollständiges System des poietischen Wissens und Könnens ausgebildet wurde (vgl. Koch 2000, Heinen 2015, Sowa 2019). Was wir heute als »Kunstwissenschaft« oder »Kunsthistorik« bezeichnen, sind moderne wissenschaftliche Abkömmlinge von Formen der Kunstschriftstellerei und Kunstkritik, die sich schon in der Antike in engem Bezug zu den künstlerischen Werkstätten und zum Kunstmarkt gebildet haben. Doch hat sich dieses moderne Kunstwissenschaftsverständnis weit von der Kunstproduktion entfernt und hat sich teilweise zur historischen, soziologischen, kulturwissenschaftlichen usw. Forschung hin entwickelt.[46] Das, was die alte »Betrachtungskunst« war, hat in diesem Wissenschaftsverständnis meist keinen Platz mehr.

Die der Kunst angemessene Betrachtungskunst ist integral mit der Werkproduktion verbunden: Es ist eine *kritisch vergleichende Betrachtung*, in der permanent die Ergebnisse des Werkprozesses überprüft, diskutiert, korrigiert und in ihrer Wirkung auf die Betrachtenden überprüft werden. Für die Betrachtenden sind die Werke schließlich gemacht und müssen sich in der Öffentlichkeit behaupten – und auch im Konkurrenzfeld anderer älterer, aktueller und künftiger Werke. Daher müssen künstlerische Werkschaffende das alles mit bedenken, und sie müssen auch einen Überblick über die Geschichte der Kunstbeispiele haben. Deshalb waren in traditionellen Künstlerwerkstätten stets fertige Werke, die anregende und bereichernde Vergleiche ermöglichen konnten, als Anschauungs- und Anregungsmaterial anwesend (▶ Abb. 5). Es gab sogar schon früh Lehrbücher der Kunstgeschichte, an denen sich die Künstler bilden und die Fähigkeit zum kritisch vergleichenden Blick schulen konnten.[47] So wurde die Werkstatt zum *mimetischen Kraftfeld*, in dem die künstlerischen Werkschaffenden aus den historischen Vorbildern immer wieder neue *Inventionen* (»Er-findungen«) schöpfen konnten.

Auch das ist ein klarer Unterschied zur »ästhetischen« Sicht der Kunst. In ihr begibt sich der oder die Betrachtende in eine subjektive Haltung, in der er/sie sich vor einem einzelnen Werk ganz der Augenblickserfahrung hingibt. Die »künstlerische« Sicht dagegen ist vergleichend, beurteilend, kritisch, vom Willen nach Verbesserung, vom Gestaltungswillen bestimmt. Sie ist auch wissender: Sie weiß um die Stellung dieses besonderen Werkes im Vergleichs- und Wettkampffeld vieler anderer Werke, auch solcher, die früher entstanden sind. »Kunsthistorie« war also im klassischen System der Kunst keine von der Kunst separate theoretisch-historische Wissenschaft im modernen Sinn, sondern als *umfassendes Beispielgedächtnis* ein integraler Teil des künstlerischen Wissens und Könnens, an dem notwendigerweise

---

46 Vgl. dazu in didaktischer Wendung Bering/Niehoff (2013).
47 Die Werkstätten waren also auch »Sammlungsräume«. Als solche sind sie die Wurzel von Kunstsammlungen im Privatbereich, aber auch im Lehrbereich (Kunstakademien), auch von Kunstkammern, Galerien und Museen. Hinweise darauf gibt z. B. Koch (2013).

auch Käufer, Kritiker und Kunstschriftsteller Teilhabe haben müssen – denn sie sind ja das »Zielpublikum« des Schaffens.

Ziel: Der fachkundige Blick

Betrachtung, Urteil und Kritik sowie historisches Wissen gehören also *systemisch* zur Kunst: Im Zusammenhang der künstlerischen Tätigkeit ist eine besondere, intensive Form der Kunstbetrachtung unverzichtbar, ein so *hingebungsvoller* wie *kundiger* und *kritischer Blick*, der sich mit dem eigenen Gestaltenwollen und Gestaltenkönnen intensiv verbindet.[48] Um über diesen Blick zu verfügen, müssen Kunstbetrachtende in einem bestimmten Maße »fachkundig« sein, also über ein gewisses Orientierungs- und Vergleichswissen verfügen, auch über eigene Werkerfahrungen. Sie müssen sich den Werken innerlich zuwenden und öffnen, müssen sensibel für die affektiven *Wirkungen* der Werke sein und Zugang zum *Inhalt* finden können.

Von diesen Grundkonditionen her, die bis zum Beginn der Moderne in der Ausbildung von Künstlern und Kunstschriftstellern selbstverständlich waren (siehe z. B. Dürer, Vasari, Rubens, Schinkel, Hildebrandt usw.) und auch in der Moderne vielerorts nicht verloren gingen, ist zu verstehen, welche Rolle Betrachtung, Kritik und Historie in der Kunstpädagogik spielen: Sie *sind gleichberechtigte Säulen* eines als Ganzes zu denkenden Systems, das gelehrt wird, und sie stellen die *Symmetrie* her, ohne die künstlerisches Werkschaffen und künstlerische Bildung nicht möglich sind. Im Grunde braucht und generiert jede einzelne Gestaltungskunst (▶ Kap. III.2) ihre *eigene* genau angemessene Betrachtungskunst, sodass man wie von den Herstellungs*künsten* auch von den Betrachtungs*künsten* sprechen muss. Den/die Universalbetrachtenden gibt es genauso wenig wie den Universalkünstler oder die Universalkünstlerin. Aber in vielen Künsten gebildete Betrachtende können ein sehr breites Angebot der visuellen Kultur kundig betrachten und genießen.

Die bildenden Dimensionen der Kunstbetrachtung

Damit ist der Zusammenhang von künstlerischer Bildung und Betrachtung, Kritik und Historie umrissen. Schon in diesem Grundzusammenhang ist der große Irrtum erkennbar, der darin liegt, die »ästhetische Bildung« als den eigentlichen Inhalt der Kunstpädagogik zu behaupten. Die »ästhetische« Betrachtung von Kunstwerken wurzelt ausschließlich in der Sphäre subjektiven Geschmacks, wie Immanuel Kant hervorhob. G. W. F. Hegel schreibt in seinen Vorlesungen zur Ästhetik wunderbar klar: »Deshalb ist die Betrachtung des Schönen liberaler Art, ein Gewährenlassen der Gegenstände als in sich freier und unendlicher, kein Besitzenwollen und Benutzen derselben als nützlich zu endlichen Bedürfnissen und Absichten (…)« (vgl. Hegel 1970, Bd. 13, S. 155 f.). Das *ästhetische* Urteil, dass etwas für mich *schön* sei, unterscheidet sich deutlich vom *künstlerischen* Urteil, das immer vom *Gestaltungswillen*,

---

48 Es ist nicht das »unschuldige« Auge, das »reine« Sehen, was für die Betrachtung von Kunstwerken geeignet ist, sondern das *gebildete* Sehen, das *wissende* Sehen. Dies ist das Bildungsziel der Kunstpädagogik.

vom Vergleich, vom Willen zur Verbesserung getragen ist. Die rein ästhetische Betrachtung und Beurteilung erfordern dagegen weder künstlerisches Fachwissen noch Können noch Vergleiche.

Die *künstlerische* Werkbetrachtung bedarf dagegen genau des Bildungszusammenhanges von Produktion und Betrachtung, die wir oben herausgestellt haben. Sie ist weder eine bloß »ästhetische« Beziehung zur Kunst noch zielt sie primär auf *kunsthistorisches* Wissen ab (vgl. Sowa 2014b, vgl. weiter die breite Diskussionslage in Bering/Niehoff 2013, Glas et al. 2016, Schmidt-Maiwald/Glas 2018, Kirschenmann/Schulz 2020). Wohl aber zielt sie auf die tiefe existenzielle Dimension der *Willensbildung* (Buschkühle 2010, S. 47 ff., 66 ff., 72 ff.). Das Streben danach, dass Kunstwerke »gut« sind, eine »gute« Wirkung auf den Menschen haben, gehört integral zum Kunstverständnis (vgl. Aristoteles, Politik, 3. Buch, 12. Kapitel; Koch 2023)[49]. Kunstbetrachtung hat in diesem Sinn eine »gute« bildende Wirkung: Sie setzt die lernenden Menschen in ein Verhältnis zu sich selbst, zur Welt, zum Leben und zur Menschheit (vgl. Krautz 2017c, ▶ Kap. I.2).

Die ethische Dimension

Darin hat die in der Kunstbetrachtung geschehende Bildung eine *ethische Dimension*: Sie fordert und fördert Hingabe, Offenheit, Bescheidenheit, Demut. Sie bildet Menschen dazu, die Werksetzungen anderer Menschen aller Zeiten und Kulturen *anzuerkennen* und sie zu *verstehen* versuchen. Sie verbindet sich zugleich mit den großen existenziellen und kleinen alltäglichen Fragen des Menschseins in Geschichte und Gegenwart. Das Komplement zu dieser (positiven) Anerkennung ist die Fähigkeit zur *Kritik* – Kritik als *unterscheidende Würdigung* wie als *Wille zur Verbesserung*. Also: sich von einem Werk einnehmen zu lassen, sich seiner Schönheit und Kraft hinzugeben, seinem Anspruch zu öffnen, es zu lieben, in es gleichsam »einzutauchen«, ist der eine Grundzug des Bildungsgeschehens in der Werkbetrachtung. Der andere, gegenläufige, ist die vergleichende Einordnung des Werks, die Frage nach seiner Qualität, auch nach der Wahrheit des Werkes, nach der Geltung des von ihm erhobenen Anspruchs und das Einnehmen einer eigenen Haltung dazu. So sind im betrachtenden Kunsturteil *Nähe* und *Distanz* zu erlernen und miteinander in Balance zu bringen (vgl. dazu Sowa 2017 f, Krautz 2017b, c, Krautz 2018, Heinen 2021).

Neben Hingabefähigkeit und Kritikfähigkeit bildet der kunstpädagogische Umgang mit der Werkbetrachtung auch die *Empfindungsfähigkeit* und den *Umgang mit Affekten* (Heinen 2004, 2015, Vetter 2010). Seit Aristoteles wird die Kunstbetrachtung – in Musik, Bildender Kunst, Theater, Dichtung usw. – als Mittel der *Affektkultivierung* verstanden (Aristoteles, Politik, 8. Buch, Kap. 5–7), die von allgemeinbildender Bedeutung im Rahmen eines gut funktionierenden Gemeinwesens sei. In

---

49 Nadia J. Koch (2023) weist darauf hin, dass die im klassischen Kunstverständnis (Polyklet) angestrebten Ideale der *Symmetria* und *Harmonia* in der Rezeption durch Betrachtende einen Zustand erwirken sollen, der als *To Eu* bezeichnet wird, also als das »Gute«. Gemeint ist hier ein »Gutes«, das weniger auf das ethisch Gute zielt, sondern eher auf ein balanciertes Wohlsein, auf ein »Gut-Fühlen«, das die ganze Person ergreift.

der kunstpädagogischen Werkbetrachtung spielen diese affektiven Bildungsziele eine große Rolle. Sie sind integraler Bestandteil der Wirkung der Werke auf die Persönlichkeit der Lernenden. Lernende werden zum Zweck der Persönlichkeitsbildung den starken affektiven Resonanzfeldern der Kunst ausgesetzt, um daran zu lernen.[50]

Noch drei weitere wichtige Bildungsfunktionen der Werkbetrachtung seien genannt: die *kulturelle Bildung*, die *geschichtliche Bildung* (vgl. Sowa 2014a) und, auch das ist möglich, die *geistig-spirituelle Bildung* (vgl. Meier 2021). Durch das betrachtende Verstehen von Kunstwerken kann das Bewusstsein von Heranwachsenden von kultureller Identität und kultureller Differenz gebildet werden, auch vom geschichtlichen Werden und Schwinden der Gültigkeit und Verbindlichkeit der Kunst, von Gesellschaftsformationen und ganzen Weltanschauungen.[51] Schließlich kann – und das ist die abschließende und weitgehendste Bildungsaufgabe der Kunst – die Kunst auch in die religiöse und spirituelle Dimension hineinführen, kann also existenzielle Sinnfragen stellen und damit die »Geisteshaltung« der Heranwachsenden berühren und herausfordern (vgl. Buschkühle 2017, S. 623 ff.).

Die Könnensstruktur der Kunstbetrachtung

Dies alles noch einmal anders zusammenfassend kann man sagen: Drei große Perspektiven der Werkbetrachtung sind für das fachdidaktische Verständnis der Kunstpädagogik wichtig (vgl. dazu Sowa 2018) – und alle drei können zu den eben angesprochenen existenziellen *Sinnerfahrungen* führen:

a) Wirkungsbezug
b) Bedeutungsbezug
c) Herstellungsbezug

Zu (a): Die *Wirkung* von Kunstwerken gründet in ihrer affektiven Kraft, in ihrer Wirkabsicht. Diese zielt nicht nur auf eine »gefühlige« Befindlichkeit, sondern auf die ganze Persönlichkeit des Menschen. Um diese zunächst ganzheitliche Anmutung als Wirkung differenzierter wahrzunehmen, ist *Erfahrenheit* im Vergleich mit vielen Werken, mit ihren Wirkungsnuancen, großen und kleinen Unterschieden nötig. Auf solchem Boden erwachsen eine gebildete *Empfänglichkeit* und auch kritische *Vergleichsfähigkeit*. Die empfängliche Hingabe an den »Anspruch« eines Kunstwerkes kann sich in Schweigen, in Andacht (z. B. beim Andachtsbild), in Beschwingtheit, Freude, in Gesprächen, in künstlerischem Tatendrang, in Genuss usw. äußern, aber auch in Betroffenheit, Nachdenklichkeit, Trauer, Melancholie usw. In diesem Spannungsfeld können Heranwachsende die Fähigkeit lernen und

---

50 Modern gesagt: Dies ist »Resonanzpädagogik« im Sinne von Hartmut Rosa (2016). Vgl. auch Krautz (2017a).
51 Dabei ist vor allem auch der moderne Gedanke eines »Fortschrittes« der Kunstgeschichte kritisch zu prüfen: An der Kunstgeschichte kann man lernen, dass es auch über distanzierte Zeiten und Kulturräume hinweg eine unvergängliche *Nähe* zu Kunstwerken gibt, weil sich die Kunst im Grunde immer auch auf bleibende menschliche Grundkonditionen bezieht.

3 Didaktik der Betrachtung, der Kritik und der Historie

üben, angesichts von Kunstwerken die Balance von Nähe und Distanz zu halten. Und: Sie werden damit zu *Sinnerfahrungen* geführt, die sich in der Tiefe der Person abspielen.

Zu (b): Mit der Wirkung von Werken hängt ihre *Bedeutung* zusammen. Die Bedeutung von Kunstwerken ist zunächst eher kognitiv zu erschließen, verweist aber letztlich auch auf tiefe Schichten der Sinnerfahrung. Der angemessene Zugang zu Bedeutungsschichten von Kunstwerken erfordert immer schon vorgängig Erfahrung, vergleichendes Wissen, historisch-hermeneutische Fertigkeiten. Hier sind ikonografisches, stilgeschichtliches Wissen, auch historisches Wissen und kontextwissenschaftliches Wissen nötig. Im Grunde ist die Bedeutung, die ein Kunstwerk dem oder der Betrachtenden vermitteln kann, einerseits abhängig vom Grad seiner bzw. ihrer Bildung, andererseits auch von seinem oder ihrem methodischen Können. Je mehr er oder sie über geschichtliche Zusammenhänge weiß, desto tiefere Bedeutungsschichten kann er oder sie sich erschließen. Dazu ist kunstgeschichtliche Bildung nötig und hier hat der Bezug auf kunsthistorische Methoden seinen angemessenen Ort im Fach (vgl. z. B. Broer 1994–1998, Thomas/Seydel/Sowa 2007, Sowa/Glas/Seydel 2009), wobei auch die Differenzen zwischen schulischer kunstgeschichtlicher Bildung im kunstpädagogischen Feld und wissenschaftlicher kunsthistorischer Bildung zu beachten sind (vgl. Sowa 2014b). Um die Bedeutung von Werken angemessen zu verstehen, muss man das kritische Vergleichen und Einordnen lernen, muss sich in Kontexte und Deutungsmethoden hineinarbeiten, muss das angemessene *Interpretieren* lernen – aufsteigend von einfachen zu komplexen Denkweisen, von einfachen zu komplexen Bildern (vgl. Schmidt-Maiwald 2016, 2018, Glas et al. 2016). Doch in letzter Konsequenz geht es auch hier um die bildende Vermittlung von *Sinnerfahrungen*: z. B. im Blick auf Grünewalds Isenheimer Altar (vgl. Krautz 2017c), auf Michelangelos David, auf Beckmanns Selbstbildnisse usw., es gilt aber genauso von den alltäglichen Medienbildern, deren Herkunft aus langen Bildtraditionen von gebildeten Betrachtenden verstanden werden kann (vgl. hierzu Bering/Niehoff 2013).

Was den Zugang zur »Bedeutung« von Kunstwerken (und ebenso auch zu alltäglich-medialen Bildwelten) betrifft, sind für die Kunstdidaktik folgende Erkenntnisse der Kunstwissenschaft hilfreich:

- Der Kunsthistoriker Erwin Panofsky wies – aus kunstwissenschaftlicher Sicht – auf drei Bedeutungsdimensionen von Kunstwerken hin: Sie beziehen sich (a) auf Phänomene/Dinge/Sachverhalte, die Betrachtende kennen müssen, um sie im Werk wiederzuerkennen (Phänomensinn). Sodann beziehen sie sich (b) auf einen symbolischen (»ikonografischen«) Bedeutungszusammenhang, auf den sie verweisen (Bedeutungssinn), und schließlich (c) auf einen umfassenden Sinnzusammenhang, der ihnen sozusagen den Platz im menschlichen Leben gibt (Dokumentsinn). An Panofskys »dreidimensionalem« Methodenverständnis des Werkverstehens kann man sich kunstdidaktisch orientieren (vgl. Panofsky 1932, Heinen 2021).
- Einfacher wird das in der kunstdidaktischen Tradition oft so formuliert: An Kunstwerke sind drei Fragen zu stellen, nämlich die »Was«-Frage (also die nach Gegenstand und Inhalt), die »Wie«-Frage (also die nach der Komposition, Form,

Farbe, Raum etc.) und die »Warum«-Frage (nach dem Sinn und den geschichtlichen Kontexten). Sowohl bei Panofskys Modell wie auch beim didaktischen Modell der »W-Fragen« ist allerdings zu beachten: Es handelt sich keineswegs um ein Methodenverständnis von drei aufeinander aufbauenden »Schritten«, sondern alle drei Betrachtungs- und Fragerichtungen sind von Anfang an hermeneutisch-zirkulär miteinander verbunden.
- Komplexer ist ein Denkmodell, in dem das Kunstwerk in einer Reihe wissenschaftlich-methodischer Perspektiven analysiert wird (vgl. Sowa/Glas/Seydel 2011, S. 106–126): deskriptive Methode, Bestandsanalyse und Gegenstandssicherung, Bestimmung der Realien und Motive, ikonografische Methode, strukturanalytische Methode, stilgeschichtliche Methode, historisch-hermeneutische Methode, biografisch-hermeneutische Methode und schließlich assoziativ-experimentelle Methoden.

Zu (c): Neben diesen vor allem in den Kunstwissenschaften praktizierten Zugangsmethoden zur Werkbedeutung ist in der Kunstpädagogik auch der *technische Blick* auf Kunstwerke bedeutsam (vgl. Schmidt-Maiwald 2018, Sowa 2018, Reuter 2020). Wenn Schülerinnen und Schüler eigene Erfahrung im gestalterischen Bereich erworben haben, werden sie dazu in der Lage sein, Kunstwerke auch unter dem Aspekt ihres Gewordenseins, Gestaltetseins, Gemachtseins zu *betrachten* – und auch zu *beurteilen*. Hier greifen die Lernprozesse des Gestaltungslernens (▶ Kap. III.2) und des Betrachtungslernens unmittelbar ineinander. Eine gut durchdachte Kunstdidaktik kann hier ihre Stärken zeigen: Sie kann in dieser Hinsicht wesentlich *näher* an die Kunstwerke heranführen, als es ein rein theoretisch-wissenschaftlicher Unterricht zu leisten vermag (vgl. die guten Beispiele bei Kälberer 2012, Penzel 2017). Auch das technische Nachdenken über Kunstwerke kann *Sinnerfahrungen* vermitteln: Es kann sehr bereichernd und beglückend sein, technische Verfahren der Kunst besser verstehen und auch beherrschen zu lernen.

Übergreifend über alle drei Betrachtungsperspektiven ist die *Bildung sprachlicher Fähigkeiten durch Kunstbetrachtung* ein ganz entscheidendes didaktisches Instrument und zugleich ein allgemeines Bildungsziel. Die wechselseitigen Bildungspotenziale von künstlerischer Werkarbeit, künstlerischer Werkbetrachtung und der mündlichen/schriftlichen Sprache sind ein mächtiges didaktisches Instrument. Das richtige Benennen-/Sprechen-Können, das richtige Machen-Können und das richtige Betrachten-Können hängen im künstlerischen Lernen unmittelbar zusammen (vgl. hierzu umfassend: Glas et al. 2016, Abraham/Sowa 2017).

Abschließend seien noch einige Stichworte benannt, über die es z. T. eine breite fachdidaktische Literatur gibt: Phasen der Bildbetrachtung (vgl. Kloß 1987, Uhlig 2005, 2011, 2016, Krautz 2018), didaktisch begründete Bildauswahl (vgl. Glas/Seydel/Sowa/Uhlig 2008, Schneider 2019, Krautz 2018), Formen des Bildgesprächs (vgl. Sowa 2016b, Uhlig 2011), Formen der Bildmeditation, assoziative und experimentelle Annäherungsmethoden (vgl. Sowa/Glas/Seydel 2010, S. 126 ff., 160 ff., Czech 2016), praktisch-rezeptive Methoden der Annäherung (Standbildarbeit, Auszug, Kopie usw.) (vgl. Meyers 1961, Krautz 2005, Glas/Seydel/Sowa/Uhlig 2008, S. 14 f.), Erlernen der Fachterminologie, kunstwissenschaftliche Lektüre und Literaturrecherche, dialektisch abwägendes Beurteilen von Kunstwerken (vgl. Sowa/Glas/Seydel 2010, S. 188–193, Sowa/Glas/Seydel 2009, S. 106 ff.).

Altersbezug und Curriculum

Unbedingt zu benennen ist aber abschließend der Umstand, dass der betrachtende Zugang zu Kunstwerken (und auch Alltagsbildern) entwicklungsbedingt didaktisch zu modifizieren ist:

Vorschulisches Feld: Sprechen über Bilder; Vorlesen und Betrachten von Bilderbüchern; eingehendes Betrachten und Entdecken, sorgfältiges Benennen, Beschreiben, Besprechen, Philosophieren über Bilder (vgl. z. B. Uhlig 2015a, 2016), selbstverständlicher Umgang mit Kunstwerken usw.

Grundschule: Fortsetzung dieser Formen auf steigendem Anforderungsniveau (vgl. Uhlig 2005); zunehmende Verknüpfung von Bildbetrachtung und eigener kunstpraktischer Erfahrung, Sprechen und Schreiben über eigene und fremde Werke; zeichnerische oder plastische Studien vor Kunstwerken; szenisches Spiel nach Plastiken und Bildern; langanhaltende Betrachtung, möglichst auch von Originalwerken; Besuche von Museen und Baudenkmälern (z. B. Kirchenräume, Burgen, Stadtplätze …); zunehmende Vertrautheit mit Fachterminologie, Einübung grundlegender methodischer Standards der Bildbetrachtung usw.

Unterstufe: im Prinzip Fortsetzung dieses Lernweges auf wachsendem Niveau; Werkrezeption im Gespräch, im geschriebenen Text (Prosa, Bildbeschreibung, Lyrik …), in zeichnerischen, malerischen plastischen Studien nach Werken, im szenischen Spiel; Unterscheiden von Form und Inhalt; Unterscheiden von Herstellungsbezug, Wirkungsbezug, Bedeutungsbezug; einfühlende, affektive, narrative, szenische und auf Perspektivübernahmen und -wechseln beruhende Zugangsweisen zu Bildern und Plastiken; Anfänge des symbolischen Bildverstehens; kriterienbezogenes Beurteilungsgespräch; grobes kunstgeschichtliches Orientierungswissen (Hauptkulturen, Hauptepochen, Hauptgattungen) usw.

Mittelstufe: Weiterarbeit an all diesen Themen auf vertieftem Niveau; allmähliche Erarbeitung eines differenzierteren kunstgeschichtlichen Orientierungswissens; vertiefte Betrachtung einzelner Beispiele; Erlernen von Methoden der Werkbeschreibung und Werkinterpretation; Erlernen differenzierterer Fachterminologie; anfangende historische, kulturelle, religiöse usw. Kontextualisierung von Werken; differenziertere Werkbeurteilung mit Hilfe erarbeiteter Kategorien und Kriterien usw.

Oberstufe: Einbeziehung von relevanten Bezugsfeldern und -wissenschaften in die Werkinterpretation (z. B. Historie, Politik, Literatur, Theologie, Philosophie, Designwissenschaften, Architekturtheorie, Urbanistik usw.); Einbeziehung von anderen Künsten (z. B. Musik, Literatur, …) in die Werkinterpretation; Ausarbeitung umfassender, an Methoden der Kunstwissenschaften orientierter Interpretationen; Aneignung eines umfangreichen und präzisen kunsthistorischen Orientierungswissens; Besuch von Museen; usw.

Literaturauswahl

Schmidt-Maiwald (2016); Schmidt-Maiwald/Glas (2018); Sowa/Seydel/Glas (2009, 2010); Glas et al. (2016); Krautz (2018)

Kapitel IV
Kunstunterricht planen und durchführen

Überblick

Nach der Grundlegung des Faches (Kapitel I), dem Entwurf der fachspezifischen didaktischen Struktur (Kapitel II) und der Konkretion dieser didaktischen Struktur in allen Gegenstandsbereichen des Faches (Kapitel III) soll nun gezeigt werden, wie sich diese Didaktik im Unterricht konkretisiert (Kapitel IV).

Die poietische Grundstruktur des Kunstunterrichts beruht – wie überall, wo etwas hergestellt wird – im konkretisierenden Fortschreiten vom *Entwurf* zur *Ausführung*. Dieser Prozess darf aber nicht als lineares Vorwärtsgehen begriffen werden, sondern als hermeneutische Kreisbewegung, die immer wieder vom Ganzen zu den einzelnen Teilen geht und zurückkommt – so als ob man an einem Gemälde arbeitet, in dem man immer wieder von Stelle zu Stelle hin und hergeht, bis das Ganze und alle Details »stimmen«. Das ist die Denkform der Kunst selbst. Genau das gleiche gilt auch für das Planen und Durchführen von Kunstunterricht (vgl. Krautz 2021).

Wenn im Folgenden also zunächst die Unterrichtsplanung (1.) und dann die Unterrichtsmethodik (2.) dargestellt werden, darf das Verhältnis nicht im Sinne von »zuerst« und »danach« vorgestellt werden, sondern hier gehört alles mit allem zusammen. »Planung« und »Durchführung« stehen in einem engen Wechselverhältnis.

1. Schon bei den Erörterungen zur *Unterrichtsplanung*, mit denen wir beginnen, zeigt sich diese Verwobenheit von Allem mit Allem. Planung von Kunstunterricht ist kein technologischer Prozess, der algorithmisch abgearbeitet werden könnte, sondern ein komplexer, aus vielen Faktoren bestehender Abwägungs-, Beurteilungs- und Entscheidungsprozess, in dem Planungsentscheidungen auch noch während der praktischen Durchführung überprüft und revidiert werden müssen.
2. Daher verbietet sich jede zwanghafte Bindung der *Ausführung/Durchführung* an eine vorher unverrückbar festgeschriebene Planung. Die in der Planung getroffenen Entscheidungen sind immer nur Vorentscheidungen, die in der Realisation überprüft und flexibel korrigiert werden müssen. In der Durchführung ist immer wieder zu überprüfen, »ob es so geht«. Die Planungsentscheidungen geben aber Anhaltspunkte und helfen in der Orientierung. Dieses Denken wird sich in allen unseren Ausführungen zu einzelnen Methodenaspekten immer wieder zeigen.

1 Unterrichtsplanung

1.1 Vorbereitung und Planung des Unterrichts

Worum geht es, worum nicht?

Worum es in der Unterrichtvorbereitung geht, ist durch verschiedene Entwicklungen in der allgemeinen Didaktik und sog. »Bildungswissenschaft« sowie in der Kunstdidaktik oft unklar (vgl. Kremer 2019, Krautz 2019).

Gängige Missverständnisse sind:

- Das tabellarische Durchtakten einer Unterrichtsstunde, ohne hinreichend über Bildungsbegründung und kunstfachliche Lernziele nachgedacht zu haben (Überregulierung des Unterrichts);
- die Überbetonung sog. »selbstgesteuerter« Lernsettings oder offener »kreativer« und »ästhetischer« Erfahrungsräume (Unterbestimmtheit des Unterrichts);
- die Orientierung an Kompetenzrastern, für die dann »passende Inhalte« gesucht werden, statt andersherum;
- die Reduktion von Inhalten auf Gestaltungstechniken und formale Kriterienlisten;
- die Auswahl von Unterrichts- oder Fach*methoden* (»Methodenbausteine«) unabhängig von der *Sache* des Unterrichts;
- der Verzicht auf lehrerseitig aktive und wirksame Lehr-Lernformen, im Kunstunterricht insbesondere das Vermeiden von Zeigen, Vormachen und Nachahmen;
- die Verwendung psychometrischer Konzepte (»Motivation«, »Kreativität«, »kognitive Aktivierung« etc.) statt kunstfachlicher Zugänge (Begeisterung, Vorstellungsbildung, poietisches Tun etc.) u.a.m.

Was ist stattdessen die Aufgabe von Unterrichtsplanung aus allgemein- und fachdidaktischer Sicht?

- Allgemeindidaktisch zielt sie auf die Führung des Unterrichts unter dem Aspekt von Bildung.
- Fachdidaktisch zielt sie auf die Weitergabe von Können und Wissen als erlernbares Können und Wissen (vgl. Rekus 2019).

Demnach muss auch die Vorbereitung von Kunstunterricht zwei *zentrale Fragekomplexe* stellen und genau beantworten:

- Wie trägt ein Thema oder eine Aufgabe dazu bei, dass Schülerinnen und Schüler eines bestimmten Alters und Entwicklungsstandes ihre Selbst-, Mit- und Weltverhältnisse mittels Kunst und Gestaltung, Praxis und Betrachtung vertieft und neu wahrnehmen, vorstellen und darstellen können? Wie treten sie also in eine bildende Wechselwirkung mit anderen und der Welt? Und welche Möglichkeiten der personalen Sinngebung und des verantwortlichen Mitgestaltens eröffnet ihnen dies?
- Welches Können und Wissen der Kunst und Gestaltung müssen sie dazu in Praxis und Rezeption lernen? Und wie ist dieses Können und Wissen auf Grundlage ihres bisherigen Stands erlernbar? Welche Schritte und Hilfen in Bezug auf Wahrnehmung, Vorstellung und Darstellung sind dazu nötig?

Phasen der Vorbereitung

Diese Fragen müssen im *Prozess* der Unterrichtsplanung beantwortet werden. Dabei kann man *drei Phasen der Vorbereitung* unterscheiden (vgl. Krautz 2019, 2021):

- *Entwerfen*
  Hier werden zunächst noch vage Ideen entwickelt, die von der eigenen künstlerisch-gestalterischen Erfahrung, Welt- und Bildbegegnungen, der Kenntnis der Schülerinnen und Schüler oder kunstdidaktischen Anregungen etc. angestoßen werden. Man entwickelt hier eine Kernvorstellung von dem, was am Ende des Arbeitsprozesses als Ergebnis stehen soll (vgl. Amado 2019).
- *Vorbereiten*
  Die Unterrichtsvorbereitung meint (a) die Vorbereitung der konkreten Schritte des Lehrens und Lernens und (b) die eigene, innere wie äußere Vorbereitung der Lehrperson:
  (a) Welchen kulturellen, existenziellen und persönlichen Sinn hat das Thema für die Schülerinnen und Schüler? Was ist das Lernpotenzial in Bezug auf Inhalt, Gestaltung und Technik? Aus welchen Teilhandlungen besteht ein Gestaltungsproblem? Welche Leistungen von Wahrnehmung, Vorstellung und Darstellung verlangt dies?
  (b) Welchen Sinn hat das Thema für mich? Wie stimme ich mich selbst darauf so ein, dass ein Funke überspringt? Was muss ich dazu selbst können, üben, wissen? Was heißt das Übertragen auf den Alters- und Erfahrungshorizont der Schülerinnen und Schüler?
- *Planen*
  Hier wird nun das Unterrichtsvorhaben in eine auf das Gesamtvorhaben zielende Schrittfolge gebracht, es werden Materialien und Gestaltungsmittel gewählt, technische und räumliche Voraussetzungen geklärt, Bildbeispiele ausgewählt, Übungen konzipiert, eine Präsentationsform ins Auge gefasst und ungefähre Zeitbedarfe abgeschätzt. Man notiert sich zudem die einzelnen Unterrichts-

schritte und mögliche Impulsfragen, entwirft Tafelbilder oder Arbeitsblätter usw. Am Ende der Planungsphase hat also der anfängliche unkonkrete Entwurf eine Form gefunden, die so unterrichtet werden kann. Diese prägt man sich dann ein, um sie im Unterricht »zur Aufführung zu bringen«.

Allerdings verlaufen diese Phasen nicht linear hintereinander ab, sondern sind rekursiv und zyklisch: Sobald ich etwa beginne, über einen möglichen Themenbereich (»Was?«) nachzudenken, muss ich zugleich immer schon die Frage nach dem »Wie« stellen. Wenn ich bei der Ausarbeitung auf ein nicht beachtetes Problem stoße, muss ich womöglich die Grundidee ändern usw. (vgl. Amado 2019, Krautz 2021).

Vom Ende her denken

Dabei gilt insbesondere für die Kunstpädagogik, dass der *Unterricht von seinem Ende her gedacht werden muss* – genauso wie auch ein künstlerischer Werkprozess immer schon auf sein Ende hin entworfen wird: »Alle Schritte sind vom im voraus [sic] gesetzten Ende abhängig. Der Lehrende muss dieses Ende von jedem Punkte seines Prozesses sehen können und darf diese Sicht nicht verlieren.« (Petzelt 1964, S. 174; ▶ Abb. 108) Dieses »Ende« ist im Kunstunterricht entweder das gestaltete Werk der Schülerinnen und Schüler oder ein Verstehensprozess in der Betrachtung. Der oder die Lehrende muss also eine genaue Vorstellung von dem haben, was am Ende »herauskommen« soll. Damit ist jedoch ausdrücklich *nicht* gemeint, dass das Ergebnis genau normiert und exakt fixiert sein soll. Zum Fach Kunst gehört immer, dass ein Spielraum der Ausdeutung und persönlichen Ausgestaltung bleiben muss, um nicht kunstwidrig zu arbeiten. Aber: *Diesen Spielraum und seine sinnvollen Grenzen zu bestimmen, ist demnach Aufgabe der Vorbereitung.*

Zu fragen ist also: Wie *ungefähr* sieht das künstlerisch-gestalterische Werk der Schülerinnen und Schüler am Ende der Unterrichtseinheit aus? Welche Möglichkeiten individueller Ausgestaltung bestehen? Welche Verstehens- und Sinnbildungsprozesse können sie in einer Bildbetrachtung vollzogen haben? Welche Bildungserfahrung können sie gemacht haben? Welches Können und Wissen müssen sie dazu erworben haben? Diese Fragen müssen durch eigenes Erproben der Aufgabenstellung sowie eine eigene genaue Bildbetrachtung selbstbeobachtend und selbstreflexiv erschlossen und beantwortet werden.

Planung von Kunstunterricht – ein Widerspruch?

Doch widerspricht nicht Planung der Freiheit der Kunst, wie manchmal vermutet wird? Müssen wir nicht vor allem offene Räume anbieten, etwas Material bereitstellen und Anregungen geben, damit sich Schülerinnen und Schüler selbstbestimmt entfalten können? Hier führt eine richtige Frage, nämlich die nach der Bildung von Selbstständigkeit, zur falschen Folgerung, nämlich der Verwechslung von Ziel und Weg. Richtig verstandene Planung von Kunstunterricht eröffnet den Weg zu über die Schuljahre zunehmender Selbstständigkeit. Dies kommt aber nicht ohne Führung und Anleitung aus. »Führen« und »Wachsenlassen« sind eben kein

1 Unterrichtsplanung

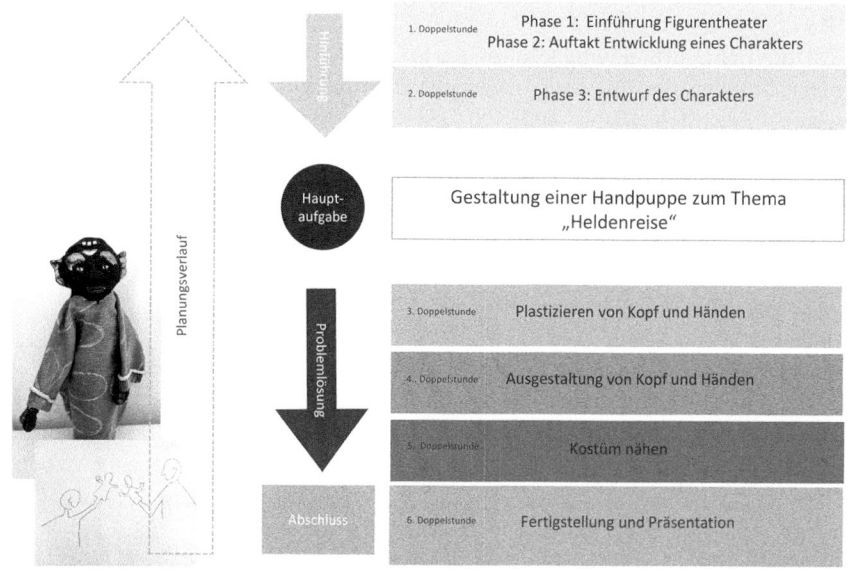

Abb. 108: Unterrichtsplanung für Kl. 5 nach dem Planungsmodell für Kunstunterricht (Uhlig et al. 2017): Zu Beginn steht die Idee eines szenischen Spiels mit Handpuppen. Ein mögliches Ergebnis wird zunächst selbst gestaltet. Von dort aus läuft die Planung rückwärts zum späteren Unterrichtsverlauf. (Archiv Krautz)

Widerspruch (vgl. Litt 1927), sondern nur durch geführten Unterricht wachsen junge Menschen in die Möglichkeiten der Kultur und eine verantwortliche Selbstbestimmung hinein (vgl. Klafki 2007). Für die Planung von Unterrichtsvorhaben im Kunstunterricht bedeutet dies konkret:

»Didaktisch begründete Aufgabenkonstruktionen

- führen auf Ziele/Ergebnisse hin;
- öffnen strukturierte Wege zu diesen Zielen;
- lassen im Werkprozess nachhaltige Erfahrungen und Erkenntnisgewinn entstehen und führen zu kohärenter Vorstellungsbildung in der Einheit von Wissen und Können;
- öffnen Spielräume für eigene Urteile und Entscheidungen.« (Sowa 2015a, S. 502)

Dabei ermöglicht erst die eigene, sorgfältige Vorbereitung gerade Anfängerinnen und Anfängern im Unterrichten die notwendige Flexibilität und Kreativität *in* der Unterrichtssituation:

»Die Fähigkeit, auf Situationen einzugehen, stützt sich viel weniger auf Spontaneität oder Kreativität, sondern viel mehr auf Wissen, als manche zugeben wollen. Es gilt: Spontaneität und Kreativität im Unterrichts setzen viel ›flüssiges‹ Wissen [*und Können, J. K.*] voraus.« (Topsch 2004, S. 85)

Die drei Analysen

Die Unterrichtsvorbereitung nimmt dazu drei sog. »Analysen« vor, also genaue Untersuchungen der mit dem Unterricht zusammenhängenden Fragefelder (vgl. allgemeindidaktisch Klafki 2007, S. 251–284 sowie kunstdidaktisch Uhlig et al. 2017, S. 38–51). Diese werden hier zunächst genannt und in den nachfolgenden Kapiteln genauer aufgezeigt. Dabei sei bereits hier angemerkt, dass diese klare Unterteilung vor allem systematisch klärende Gründe hat; in der Praxis durchmischen sich die Fragestellungen, weil sie notwendigerweise miteinander zusammenhängen:

Sachanalyse: Wie ist die Struktur der Sache?

- Aus welchen Teilhandlungen besteht ein Gestaltungsproblem?
  (Was genau tut man, wenn man eine Tierplastik formt, eine Landschaft malt, ein Video schneidet, ein kubistisches Bild betrachtet etc.?)
- Welche Leistungen von Wahrnehmung, Vorstellung und Darstellung verlangt das?

Didaktische Analyse: Warum soll die Sache gelehrt werden?

- Welchen allgemeineren Sinn, welches Bildungspotenzial hat das Thema für die Schülerinnen und Schüler?
- Was ist das Lernpotenzial in Bezug auf Inhalt, Gestaltung und Technik?

Methodische Analyse: Wie kann die Sache gelehrt und gelernt werden?

- Welche Anleitung und Übungen, welche Wahrnehmungs-, Vorstellungs- und Darstellungshilfen sind hierzu nötig?

Literaturauswahl

Amado (2019); Krautz (2019, 2021); Sowa (2015); Uhlig et al. (2019)

1.2 Sachanalyse und didaktische Reduktion

Zum Anfang ein Beispiel: Es soll in einer siebten Klasse eine Eule aus der Biologiesammlung gezeichnet werden. Das wäre die Grundidee. Wie sollte dann die Sachanalyse aussehen?

> Soll man in der Suchmaschine »Eule« eingeben? Soll man zeichnerische Analysen aus Gottfried Bammes' Lehrbuch zur »Tieranatomie« zugrunde legen? Soll man

mit einer ikonografischen Analyse von Albrecht Dürers Aquarell der »Kleinen Eule« beginnen und den Unterricht daran aufhängen? Ginge auch ein Eichhörnchen? Oder – in Ermangelung des Tierpräparats – auch eine Sammlung von irgendwo heruntergeladenen Fotografien? Soll in Kooperation mit dem Biologielehrer eine Analyse des Vorkommens von Eulen in den heimatlichen Wäldern der Ausgangspunkt sein? Geht es um die Verwendung der richtigen Bleistifte? Um das Anfertigen zeichnerischer Strukturen und Schraffuren? Um Schattierungsmethoden und Plastizität? Um Abstraktionsverfahren? Um die Entwicklung einer Tierkarikatur? Um die Symbolik der Eule in der Mythologie? Um die ganz persönliche Beziehung der Kinder zu Tieren?

Über das, was in der Kunstdidaktik die »Sachanalyse« sein sollte, herrscht oft Verwirrung. Studierende bzw. Referendarinnen und Referendare werden hier oft unzureichend gelehrt und wenden die Sachanalyse in einer formalistischen[52] Weise an, die mitunter in der sog. »allgemeinen Didaktik« gelehrt wird und wenig fruchtbar für die Fachspezifik der Kunst ist.

Geht man davon aus, dass Planung von Unterricht mit dem »Erfinden« einer Aufgabenstellung beginnt (vgl. Krautz 2019, S. 61 ff., Amado 2019, S. 89 ff.), dann ist die »Sachanalyse« nicht der erste Schritt, sondern diese ist aus der Grundidee (»inventio«) abgeleitet, aus der wiederum die Zielsetzung entsteht. Erst ausgehend von dieser Zielsetzung kann die Sachanalyse sinnvoll entwickelt werden. Erfahrungsgemäß herrschen bei vielen Lehrenden große Schwierigkeiten in der Herstellung eines sinnvollen Bezuges zwischen der Aufgaben(er)findung (inklusive der Ziele) und der sog. »Sachanalyse«. Diese Schwierigkeiten sind dadurch begründet, dass oft ein Planungsschema verwendet wird, in der die »Sachanalyse« am Anfang steht. Doch darin liegt ein schwerer Denkfehler, der viele Folgefehler generiert.

Die Möglichkeiten scheinen uferlos. Die Idee, »eine Eule zu zeichnen«, ist einfach didaktisch noch viel zu vage (ein typischer Anfängerfehler), als dass sich schon eine Sachanalyse daraus gewinnen ließe. Zuerst muss die Idee konkretisiert werden – im Hinblick auf den Lernstand der Klasse, auf die Gesamtplanung des Jahres, auf die curriculare Einbettung genau dieser Themenstellung. Dann müssen die Ziele dieser Unterrichtseinheit im Rahmen der genannten didaktischen Kontexte sowie mit Hilfe des HGI-Schemas (▶ Kap. II) genau bestimmt werden – und dann muss unter Einbeziehung von all dem die passende »Sachanalyse« gemacht werden.

---

52 »Formalistisch« wäre z. B. eine Sachanalyse, die ausführlich die ganze Werkbiografie von Picasso referieren würde, wenn ein Gemälde von Picasso im Unterricht doch nur als Beispiel benutzt werden soll, an dem die kubistische Rhythmisierung des Bildraumes untersucht wird. Wichtiger wäre in diesem Fall eine Sachanalyse, die die malerischen Beweggründe für diese Rhythmisierung klärt und den Weg von Cézanne zum Kubismus herausarbeitet.
»Formalistisch« wäre auch eine Sachanalyse, in der eine detaillierte kunsthistorische Beschreibung und Analyse eines Bildbeispiels geleistet wird, obwohl dieses Bildbeispiel im geplanten Unterricht nur dazu dienen soll zu zeigen, wie man Wasser malen kann.
Um Sachanalysen nicht in überflüssiger und irreführender Weise durchzuführen, ist genau danach zu fragen, was eigentlich »Sache« des Unterrichts ist. In den beiden vorstehenden Beispielen wäre die »Sache« jeweils ein malerisches Darstellungsproblem. Die Kunstwerke und Künstler sind nur die herangezogenen Anschauungsbeispiele.

Angenommen also, die Themenstellung soll ein Schritt in einem curricularen Zusammenhang des Sachzeichnens in einem schrittig aufgebauten Lehrgang sein. Der handwerkliche Lernstand (H) der Schüler ist, dass sie den Einsatz des Bleistiftes schon seit zwei Jahren wiederholt geübt haben und auch den Unterschied zwischen den Härtegraden kennen und erprobt haben. Der gestalterische Lernstand (G) ist, dass sie schon eine Tiergestalt (z. B. Pferd) nach der Betrachtung von Bildern differenziert, proportioniert und gegliedert erfassen und darstellen können oder dass sie einen einzelnen technischen Gegenstand (z. B. Fahrrad) nach der direkten Anschauung sicher und groß ins Format setzen können. Sowohl vom Pferd als auch vom Fahrrad her könnte der Schritt zum Gegenstand »Eule« in mehreren Hinsichten ein weiterführender Schritt sein.

Das *didaktische Mapping* veranschaulicht diesen Fundus von Möglichkeiten (▶ Abb. 109):

- Auseinandersetzung mit einem Tier, das nicht durch das Vierbeinerschema abgedeckt ist;
- Auseinandersetzung mit vergleichender Tieranatomie;
- Erlernen der Binnenstrukturierung einer zeichnerischen Form, der Federstruktur, schattierender Schraffuren usw.;
- erstes direktes Zeichnen nach einem Tiermodell;
- Auseinandersetzung mit neuen Blickrichtungen, die sich von der frontalen oder seitlichen Ansicht unterscheiden;
- Auseinandersetzung mit der Wölbung des Tierkörpers;
- Beschäftigung mit Künstlerinnen und Künstlern, die Tierstudien angefertigt haben (z. B. Albrecht Dürers »Eule« oder sein »Hase«) – Übergang zur Kunstgeschichte;
- Beschäftigung mit »Formabstraktion«;
- Vorbereitung eines Tiercomics zur »Vogelhochzeit«, einer keramischen Eulenvase oder eines Linolschnittes usw.

Die vage Idee hat sich nun zu vielen Entscheidungsoptionen entfaltet. Doch was trägt das zur »Sachanalyse« bei? Was ist denn nun »Sache« des Unterrichts? Könnte man manche der Optionen vielleicht besser an einem anderen Modell als der Eule umsetzen – an einem Eichhörnchen, einem Teddybären, einer Essiggurke, einem Handy oder einer Schreibtischlampe? Ginge die Auseinandersetzung mit der »Eule« nicht besser mit Hilfe von kopierendem Zeichnen nach Fotos, mit Fotografie oder Video?

Wir sehen aber: Noch immer ist die *Sache des Lehrens* nicht wirklich bestimmt. Es muss nun eine Entscheidung fallen, die aus dem Fundus der Möglichkeiten und Ideen geschöpft wird, die man sich mit Hilfe des didaktischen Mappings veranschaulicht hat (▶ Abb. 109). Diese Entscheidung ist dann die eigentliche Geburt der Unterrichtsidee. Um diese Entscheidung zu fällen, muss neben (a) dem *Lernstand* der Schüler vor allem (b) der *curriculare Unterrichtszusammenhang* bedacht werden – auch (c) im Vorblick auf die angedachte *nächste Aufgabe* und (d) auf das *Ganze des*

Schuljahres sowie (e) des Bildungsplans. Die eigentliche didaktische Frage, die zur »Sachanalyse« hinführt, ist die: »Welchen Horizont will ich den Schülerinnen und Schülern eröffnen? Was sollen sie dazu in dieser Aufgabe nun tatsächlich lernen?« Nun fällt die Lehrperson z. B. diese Entscheidung:

> »Ich lehre das Zeichnen eines Vogels nach dem Modell mit Hilfe von Tieranatomie, Gefieder, Schattierung, Räumlichkeit und schrägem Blick aufs Modell, um im Zeichencurriculum den nächsten Schritt zu tun, um die Schüler für das Naturzeichnen und die Schönheit der Tierwelt zu begeistern und auch mit dem Künstler Albrecht Dürer und seiner »Eule« bekannt zu machen, um sie dadurch auch für geschichtliche Kunst zu begeistern. Es soll eine Unterrichtseinheit aus vier Doppelstunden sein. In der Anschlussstunde wird dann ein Medienwechsel vorgenommen: Ich werde ein Malthema mit einer Eule entwickeln.«

Das ist eine Entscheidung. Hier ist ein Ausgangspunkt gesetzt, der nun die Bestimmung der »Sache« eröffnet: »Sache« ist nun genau dieses *Vorhaben* und die mit ihm verbundene Inszenierung des Settings »Naturstudium«. Der beste Schritt zur angemessenen »Sachanalyse« ist nun: Die Lehrperson führt zur Vorbereitung des Unterrichts genau dieses Vorhaben und das Setting persönlich aus, fertigt *selbst* nach dem Modell eine Eulenzeichnung an – in aller Intensität – und macht dann anhand der Eulenzeichnung die Sachanalyse, reflektiert dabei das eigene Prozedere, die auftretenden Schwierigkeiten, die Möglichkeiten, sie zu überwinden usw. Die Sachanalyse ergibt ein zweites Mapping (▶ Abb. 110): In das selbstgefertigte Eulenbild trägt die Lehrperson alle Problemzonen und »Knackpunkte« ein, die ihr beim Zeichnen aufgefallen sind, rekapituliert noch einmal Verfahrensschritte und Probleme und markiert die gestalterischen Knotenpunkte[53]. Vor allem liefert die Zeichenerfahrung auch eine realistische Einschätzung der nötigen Zeit. Für alle Schwierigkeiten werden nun mögliche Hilfestellungen und Anregungen ausgedacht – es entsteht eine Reihe von Unterrichtselementen, aus deren fachgerechter Reihung dann der Unterrichtsverlauf entstehen wird (▶ Abb. 110).

Das ist die eigentliche Sachanalyse, auf deren Basis dann wirklich konkreter Unterricht gehalten werden kann: In einem kreativen Prozess ist nun ein Thema »erfunden« worden (vgl. Krautz 2019, S. 62, Amado 2019[54]). Dabei hat sich der im ersten Mapping (▶ Abb. 109) eröffnete Möglichkeitsraum *reduziert*[55] und es ist eine neue Denklandschaft entstanden. Die genaue Bestimmung des Vorhabens, also der »Sache« des Unterrichts im Medium des zweiten Mappings (▶ Abb. 110), leistet insofern die nötige *didaktische Reduktion*. Methodische Details sind noch zu ent-

---
53 In der alten Kunstlehre nannte man das die »*Topoi*«, d. h. die Orte oder Markierungspunkte.
54 Vgl. auch die ausgezeichneten zeichnerischen Sachanalysen bei Amado (2019).
55 In Unterrichtskonzepten der »ästhetischen Bildung« wurde dieser offene Möglichkeitsraum programmatisch *unreduziert* den Schülerinnen und Schülern angeboten (z.B. offengelassenes Darstellungsmedium, offengelassene Herangehensweise usw.). Das geschah im Namen der völlig falsch verstandenen »Kreativität« (die Richtigstellungen leisten Krautz 2020, S. 118 ff., und Fröhlich/Krautz 2021). Das Ergebnis: In einem solchen Unterricht wurde nicht wirklich etwas gelernt. Kreativität wurde verhindert. Unterricht fand eigentlich gar nicht statt.

scheiden und dann auch während des Unterrichts weiterzuentwickeln. Doch die nun geleistete präzise Sachanalyse ermöglicht es, die Unterrichtsschritte grob zu planen und den Verlauf trotzdem offenzuhalten, um auf das Geschehen im realen Prozess reagieren zu können (vgl. Krautz 2021). Damit ist eine Basis für gelingenden Unterricht mit einer didaktisch klaren Struktur gelegt. Während der Unterrichtseinheit hat die Lehrperson noch genügend Zeit, die Anschlussaufgabe kreativ zu durchdenken[56]. So funktioniert (Lehr-)Kunst als Prozess im Unterricht[57].

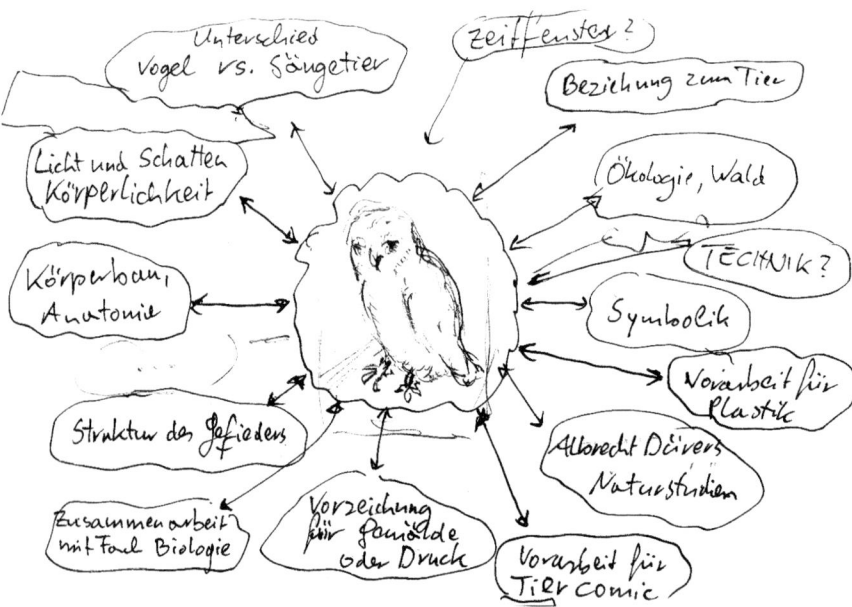

Abb. 109: Didaktisches Mapping – *Stufe 1:* Ausgehend von einer vagen Idee (»Zeichnen einer Eule aus der Biologiesammlung«) wird darüber nachgedacht, welche Inhalte, Aufgaben und curricularen Möglichkeiten aus der Kernidee entwickelt werden könnten. (Archiv Sowa)

All das, was hier methodisch zur Sachanalyse in der *praktischen Gestaltungslehre* gesagt wurde, gilt prinzipiell auch für Sachbestimmung, Sachanalyse und didaktischen Reduktion in der Lehre der *Werkbetrachtung*.

---

56 Vor allem wäre es auch sinnvoll, bei der Anschlussaufgabe *inhaltliche* Momente der Auseinandersetzung mit der Eule stärker ins Spiel zu bringen.
57 Katja Brandenburger (2020) hat eine in dieser Hinsicht interessante Unterrichtsfolge zum konstruktiv-technischen Zeichnen vorgelegt und auch die Lernprozesse darin präzise untersucht: In einer 7. Klasse Realschule wurde ein Fahrrad (1) zuerst aus der Vorstellung gezeichnet, dann (2) anhand der Anschauung intensiv als Zeichnung ausgearbeitet. Dann wurde (3) eine szenische Zeichnung aus der Vorstellung angefertigt: »Ich und mein Fahrrad«. Dann wurde (4) zum konstruktiven Sachzeichnen zurückgekehrt anhand des neuen Themas »Schreibtischlampe« (Transfer). Schließlich wurde dann – wiederum aus der Vorstellung – (5) ein Stillleben gezeichnet: »Mein Schreibtisch«. In dieser kohärenten Folge von Übungen und Themenstellungen wies die Autorin wirksame Lernprozesse nach.

1 Unterrichtsplanung

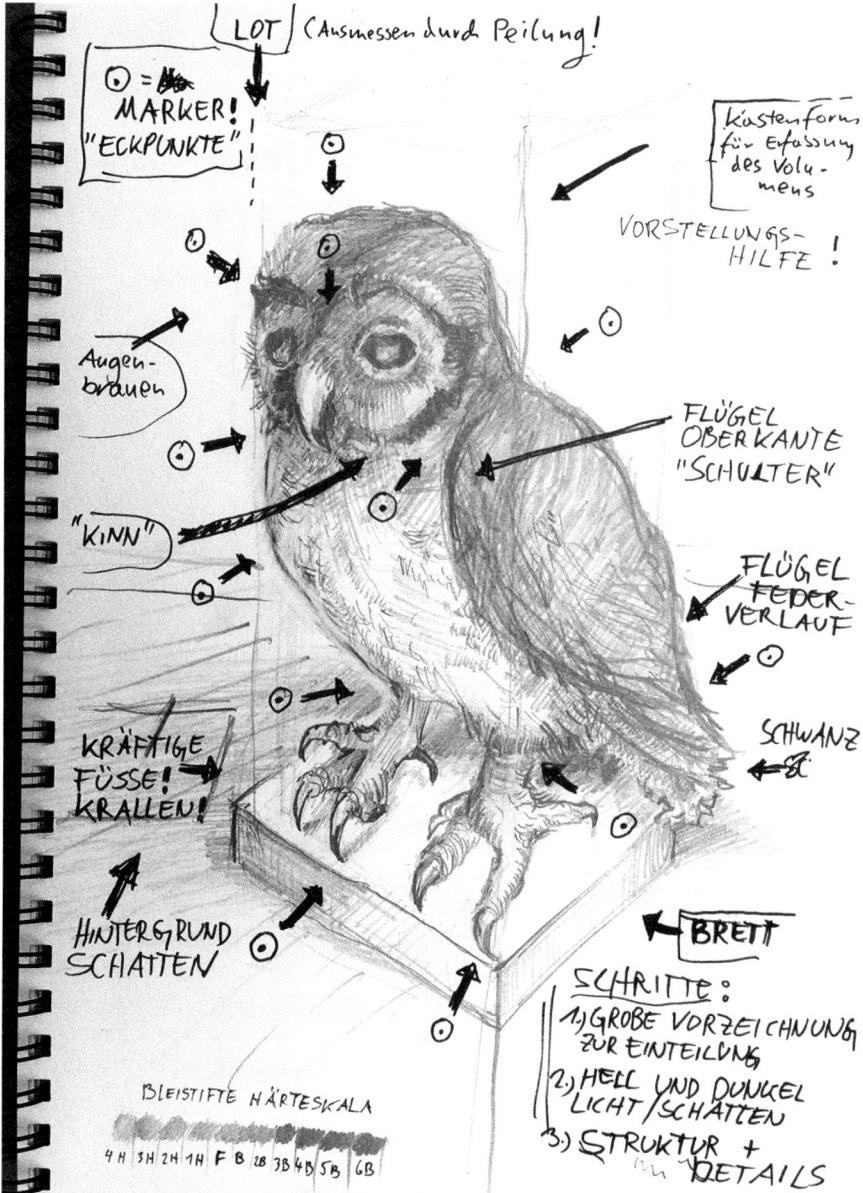

Abb. 110: Didaktisches Mapping – *Stufe 2:* Zur Sachanalyse und Unterrichtsplanung. Die dem Lehrer im Zeichenprozess aufgefallenen Prozeduren, Schwierigkeiten und Merkpunkte sind markiert, notiert und können nun genutzt werden, um den eigentlichen Unterricht zu entwerfen. (Archiv Sowa)

Fazit: Die methodische *Bestimmung der Sache des Unterrichts* geschieht in der Weise der *Invention* – durch (1) das Skizzieren einer noch vagen Ausgangsidee, das folgende

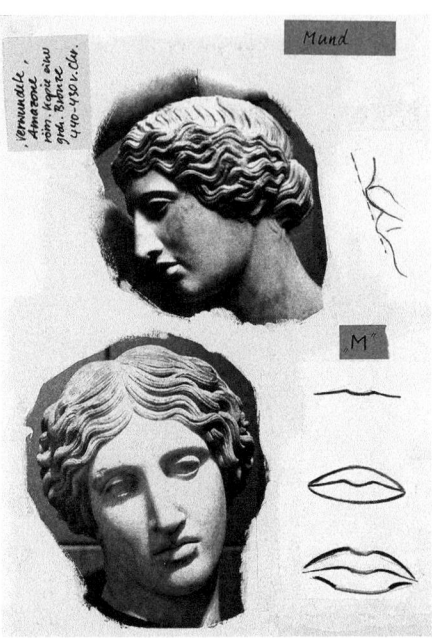

Abb. 111: Für den Unterricht im Kopfmodellieren hat die Lehrerin zeichnerische Sachanalysen zu den einzelnen schwierigen Gestaltungszonen angefertigt – hier der Mund. So kann sinnvolles Planungsmaterial aussehen, um eine Tafelzeichnung oder das modellierende Vormachen vorzubereiten. Es sind nicht nur ein paar zusammenkopierte Vorlagen, sondern es werden einprägsame didaktische Formeln herausgearbeitet. (Amado, 2019, S. 85)

(2) Öffnen eines Möglichkeitshorizonts, (3) sein probeweises Durchdenken, dann (4) das Auffinden und (5) Konzipieren einer gangbaren Möglichkeit, die dann (6) produktiv durchdacht wird im vorbereitenden Entwurf und der vorbereitenden Durcharbeitung durch die Lehrperson. Anhand dieser Durcharbeitung können dann (7) eine sinnvolle Sachanalyse und die damit verbundene didaktische Reduktion geleistet werden. Auf dieser Basis kann dann (8) der Unterricht durchgeführt werden. Insofern ist Didaktikerinnen und Didaktikern wie Krautz (2019, 2021) und Amado (2019) darin zuzustimmen, dass Unterrichtsplanung für den Kunstunterricht *selbst ein künstlerischer Entwurfsprozess ist.*

1.3 Aufgabenkonstruktion

Wie eben gezeigt, bildet die Aufgabenkonstruktion zusammen mit der Sachanalyse das didaktische Zentrum des Kunstunterrichts. Zur Vorbereitung und Planung gehört daher auch die eingehende Auseinandersetzung mit den Bedingungen, die zu einer sinnvollen Aufgabenstellung führen. Aufgaben strukturieren den Unterrichtsverlauf, sie eröffnen und regeln Lernprozesse. Genau besehen besteht Unterricht aus einer Kette von Aufgaben, die den Fortgang bestimmen und Arbeitsvorhaben begleiten (▶ Abb. 117). Alle didaktischen Begründungen und Vorüberlegungen, wie sie u.a. auch schon in den Kapiteln I bis III beschrieben wurden, kommen hier zusammen: bildungstheoretische, curriculare, inhaltliche, diagnostische Überlegungen, Überlegungen zum Lernstand der Altersgruppe, Überlegungen zur Auswahl hinsichtlich des Exemplarischen, die Festlegung der Methode sowie die technisch-medialen Aspekte usw.

Aufgabenstellungen sind daher nicht als unabhängige Einheiten zu betrachten, sondern beinhalten in ihrer Schlüsselposition eine Vielfalt von didaktischen und methodischen Entscheidungen. Aufgaben entstehen nicht nur aus der sorgfältig recherchierten Sachanalyse (▶ Kap. IV.1.2) mit den zugehörigen Fragestellungen, die an die entsprechende Altersgruppe adressiert sind, sondern ebenso übt die jeweils aktuell priorisierte pädagogisch-didaktische Überzeugung erheblichen Einfluss aus – ein Umstand, dem die fachdidaktische Literatur bisher kaum Aufmerksamkeit schenkte, der jedoch bei der Reflexion des Unterrichtsgeschehens und der Aufgabenkonzeption einschließlich der damit verbundenen Bildungsprozesse eine zentrale Rolle spielen sollte.

Zwei Beispiele sollen kurz den Zusammenhang illustrieren: Die Vertreter des Modells »Kunstunterricht« der 1960er und 1970er Jahre konzipierten Aufgaben, in denen der formalbildnerische Schwerpunkt im Vordergrund stand, während die Verfechter des Modells »Ästhetische Erziehung« Aufgaben bevorzugten, die primär eine sinnlich-erlebnishafte Erfahrungspraxis zum Ziel hatten. Aufgrund dieser (mitunter ideologischen) Ausrichtung können nicht aus verschiedenen Quellen einfach fertige (»bewährte«) Aufgabenstellungen übernommen und daraus Unterrichtsfolgen collagiert werden. Vielmehr sind Aufgabenstellungen immer auch einer kritisch-reflexiven Sichtung zu unterziehen und mit der Forderung nach Offenlegung der Prämissen ihrer Zielsetzungen zu konfrontieren.

Im Gegensatz dazu argumentiert die vorliegende Einführung in die Kunstdidaktik auf der Basis eines relationalen Bildungsverständnisses, das die anthropologischen Bedingungen der Welterschließung mittels der Kunst und des Bildes ins Zentrum rückt. Die schon beschriebenen Resonanzfelder aus Wahrnehmen, Vorstellen und Darstellen (WVD) sowie deren künstlerische Konkretion im Verhältnis von Inhalt, Handwerk und Gestaltung (HGI, ▶ Kap. II.1.3 und ▶ Kap. II.1.4) bilden dazu die sichere Orientierungsgrundlage. Aus diesen Denkmodellen heraus lassen sich Aufgabestellungen gezielt planen.

Herangehensweisen – Wie entwickelt man eine Aufgabe?

Bildungs- bzw. Lehrpläne zeigen häufig die Tendenz, handwerkliche Techniken und gestalterisches Strukturwissen als die eigentlichen Lernziele zu definieren. Methoden wie Plastizieren, Malen, Fotografieren, Collagieren werden dann fälschlicherweise zu Inhalten erklärt. Hieraus erwächst die Gefahr, dass Technikerwerb oder Gestaltungsarbeit zu Selbstzwecken geraten. Eine Reduktion auf die technische

Ausführung und den gestalterischen Formalismus unter Ausklammerung entwicklungsbezogener und inhaltlicher Problemstellungen ist dann die Folge. In der kunstpädagogischen Praxis – fachgeschichtlich kann diese mindestens bis in die 1960er Jahre zurückverfolgt werden – haben sich bis heute mindestens zwei grundsätzliche Herangehensweisen an die Aufgabenstellung etabliert, die die entscheidende Frage der Positionierung der inhaltlichen Problemstellung unterschiedlich gewichten und begründen. Bei beiden ist eine Marginalisierung inhaltlicher Fragestellungen festzustellen und daher besonders kritisch zu sehen. Denn nimmt man das im Kapitel II.1.4 erläuterte HGI-Schema zur Grundlage, können eindeutig Defizite aufgezeigt werden.

(1) »Materialerkundung« und »Sinnlichkeit«

Aufgabenstellungen, die Materialerkundung, Sinnlichkeit und Experiment zum dominanten Ziel haben, werden meist durch einen kompensatorischen Ansatz begründet. Sie sind bewusst offen formuliert, um ein möglichst breites Spektrum elementarer sinnlicher Erfahrungsqualitäten zu eröffnen. Handwerkliche Anteile sind dann oft kaum vorhanden oder werden aufs Notwendige beschränkt, da diese – so jedenfalls die Annahme – sich einschränkend auf die intendierte Elementarerfahrung auswirken könnten. Experimentelle und prozessorientierte Verfahren stehen im Vordergrund. Man geht von dem Ansatz aus: Je größer die bereitgestellten Freiräume sind, umso intensiver könne Kreativität gefördert werden. Das ist eine Denkweise, die gerade bei jüngeren Kunstpädagoginnen und -pädagogen sehr verbreitet ist. Offene Aufgabenstellungen ohne deutliche Problemorientierung überfordern jedoch erfahrungsgemäß Schülerinnen und Schüler. Hinzu kommt, dass sich ihre Erwartungshaltung und ihr Anspruch bezüglich bildproduktiver Verfahren an den Kunstunterricht wesentlich vom Streben nach bloßer Materialerfahrung unterscheiden.

Auf Basis einer solchen didaktischen Prämisse fehlt ein problemorientierter Impuls völlig, da Gestaltungfragen subjektiv an die jeweilige Person und nicht an inhaltliche Fragen angebunden sind. So besteht die Gefahr, dass eine Beschränkung auf bildnerische Improvisationen und Experimente lediglich zu einem unreflektierten und inhaltsleeren Aktionismus führt, der vor allem einseitig prozessorientierte Zielsetzungen zu verwirklichen sucht.

(2) Formal-bildnerische Problemstellungen

Der zweite Aufgabentyp ist in der fachdidaktischen Praxis wohl am häufigsten anzutreffen. Bezogen auf das HGI-Schema wendet sich dieser Aufgabentypus einseitig den Gestaltungsfragen im Sinne von formal-bildnerischen Problemstellungen zu. Eine *inhaltliche* Problemstellung ist damit kaum gegeben (»Blautöne im Aquarium«). Bevorzugt sind Aufgaben auf der Basis der Kontrastlehre, wie etwa Farbkontraste (Warm/Kalt, Hell/Dunkel, Komplementärkontrast etc.), die Figur/Grund-Behandlung oder die Erzeugung von Strukturen/Fakturen mittels zeichnerischer oder malerischer Verfahren. Die bildnerische Problemstellung ist dabei meist nur lose und auswechselbar an die erforderliche inhaltliche Auseinandersetzung angebunden. Eine inhaltliche Fragestellung und Kontextualisierung finden kaum statt. Auf diese Weise kann auch die enge Bindung zwischen Ausdruck, Gestaltungsfragen und prägnanter Form unter inhaltlichen Vorgaben nicht wirksam werden. Für die Schülerinnen und Schüler dürfte ein solch formalisierender Aufgabentypus daher kaum anregend, herausfordernd oder motivierend wirken. Die Imaginationskraft und die inneren Vorstellungsbilder werden kaum geweckt. Aufgaben, die formalbildnerische Problemstellungen favorisieren, sind im Grunde Übungen, die die Vorteile bildnerischer Verfahren und Gestaltungsweisen aufzeigen. Sie sollten jedoch primär in existenziell-inhaltliche Fragenkomplexe eingebunden werden. Nur dann ist zu erwarten, dass künstlerische Aufgabenstellungen letztlich auch die Interessen der Schülerinnen und Schüler tangieren.

(3) »Ästhetische Forschung«

Ein dritter verbreiteter Aufgabentypus, der meist unter dem Stichwort »ästhetische Forschung« verhandelt wird (Kämpf-Jansen 2002), stellt dagegen inhaltlich ambitionierte Themen (»Biografie einer fiktiven historischen Person«), unterlässt aber die genaue Anleitung der damit verbundenen komplexen handwerklichen und gestalterischen Prozesse. So bleiben die Ergebnisse oft gestalterisch unterbestimmt und beschränken sich auf Sammlungen von allerlei Material und Nippes, die in ungeklärter Form präsentiert werden.

Zusammenfassend kann man feststellen, dass Aufgaben grundsätzlich von einem motivierenden und existenziell bedeutsamen Rahmen ausgehen sollten. Nur so können die Grundlagen einer künstlerischen Auseinandersetzung und die Wege zu einem Verstehen des Mediums Bild wirklich gelegt werden. Die Thematisierung in Aufgaben der engen Beziehung zwischen Ausdruck, geistigem Gehalt, Formgebung und Gestaltung (z. B. in Material-, Farbwahl, Komposition etc.) bilden dazu eine entscheidende Basis.

Anwendung des HGI-Schemas

Als kunstdidaktischer Generalschlüssel weist das eben genannte HGI-Schema den Weg (▶ Abb. 9). Jede kunstdidaktische Aufgabe – von der vorbereitenden Übung bis hin zur komplexen Gestaltungsaufgabe – sollte Anteile aus den Feldern des Handwerks, der Gestaltung und des Inhalts enthalten. Dabei kann man sich ausgehend von verschiedenen Polen auf die anderen Pole zu bewegen. Bei dem Thema *Selbstdarstellung und Portrait* (▶ Abb. 112, links) wird ausgehend vom Inhalt die passende »Umsetzung« im handwerklichen und gestalterischen Bereich gesucht. Der Inhalt ist durch kunstgeschichtliche Beispiele gegeben, sodann wird entschieden, in welchem Verfahren dieser bearbeitet werden kann (z. B. als Fotografie, Tonplastik, Malerei, Bleistiftzeichnung, Kohlezeichnung, Radierung usw.). Im nächsten Schritt wird die Technik geübt und erst dann kann das Thema in Angriff genommen werden. Diese Art der Aufgabenkonstruktion hat eher die Form eines Projektes, das mit einer inhaltlichen Zielsetzung beginnt und dann erst allmählich zum Machen übergeht. In Abbildung 112 (rechts) *Bau einer Dose mit Deckel und Tiermotiv* wird dagegen von den handwerklichen und gestalterischen Anforderungen im weiteren Verlauf ein inhaltlicher Bezug aufgebaut. Die didaktische Überlegung verfolgt die Zielsetzung, zunächst das Machen in den Vordergrund zu stellen, um dann bei der Lösung der Aufgabe, möglichst große inhaltliche Freiräume zur Verfügung zu haben.

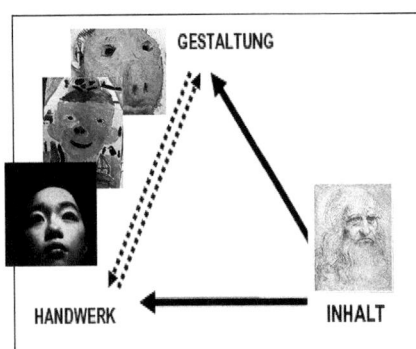 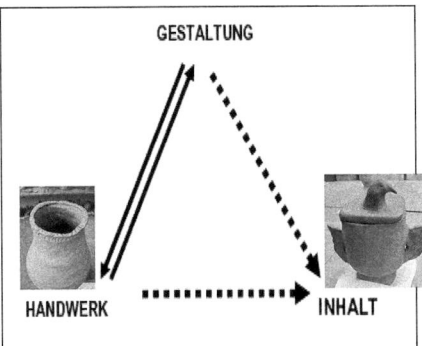

Abb. 112: Links: Aufgabenstellung, bei der zunächst ein dominanter inhaltlicher Bezug die Richtung angibt. Thema: »Selbstdarstellung und Portrait«. Rechts: Die Aufgabenstellung *Bau einer Dose mit Deckel und Tiermotiv* wird ausgehend vom handwerklichen und gestalterischen Verfahren (z. B. keramischer Vasenbau) in Angriff genommen.

Die Anwendung des HGI-Schemas hat den Vorteil, dass je nach Altersgruppe und Entwicklungsstand die inhaltliche Seite in den Vordergrund rücken darf. Inhalte wirken sowohl herausfordernd für die methodisch handwerkliche Ausführung als auch für die gestalterische Seite. Dadurch wird in der Aufgabenstellung eine eindeutige Problemformulierung vorgenommen. Zum Beispiel steht bei einer Aufgabe aus dem Bereich der Gefäßkeramik zunächst das Machen in Verbindung mit einem handwerklich übenden Verfahren im Vordergrund. Erst im Anschluss führt dann die inhaltliche und gestaltende Auseinandersetzung zur eigentlichen Aufgabe, z. B. die Anfertigung eines Gefäßes in Tiergestalt (▶ Abb. 112, rechts). Zum anderen gibt es Aufgaben, die den Fokus auf den primär inhaltlichen Kern legen und erst in der Folge die Fragen zu Handwerk und Gestaltung erarbeiten (▶ Abb. 112, links).

Grundlegend für alle Pole des Dreiecks ist eine diagnostische Bestandsaufnahme, die das Können und das entwicklungsbedingte Bildverständnis des oder der Einzelnen oder der Gruppe in den Blick nimmt. Auch innerhalb des HGI-Schemas können unterschiedliche Lernstände vorliegen. So kann eine Schülerin/ein Schüler zwar im Handwerklichen bereits ein hohes Können vorweisen: ein spezifischer Förderbedarf[58] könnte sich z. B. im Bereich der Gestaltung einstellen. Die inhaltliche

---

58 Laut Vygotsky (1980) besteht dann die Möglichkeit, die sog. »Zone der nächsten Entwicklung« zu erreichen, was das grundlegende Ziel eines Lern- bzw. Entwicklungsprozesses sein sollte.

Vorgabe der Aufgabe liefert dabei den emotionalen Antrieb, der für die Arbeit nötig ist. Eine Aufgabe muss daher so sensibel wie möglich an die persönlichen und entwicklungsbedingten Interessen anknüpfen und immer auch einen begeisternden »Kern« vorweisen.

Eine differenzierte Diagnostik und gezielte Förderung sind daher bestimmende Grundlagen für die Aufgabenstellung. Dies betrifft nicht nur den Rückgriff auf das bereits erworbene Wissen und Können. Gute Aufgaben müssen auch stets die spezifischen Interessenslagen der Lernenden treffen – oder aber ein neuartiges Interesse wecken. Nur so können Aufgaben von den Lernenden als sinnvoll, motivierend und nachvollziehbar eingeschätzt werden.

Aufgabentypen

Dabei sind verschiedene Aufgabenformen zu unterscheiden:

- Lehrgang:
  In einer Folge von Übungen werden handwerkliche, gestalterische oder inhaltliche Fähigkeiten und Kenntnisse erarbeitet; in der Regel dienen diese der Vorbereitung einer der nachfolgenden komplexeren Aufgabenformen (vgl. Schulz 2017).
- gebundene Aufgabe:
  Es wird ein thematisch begründetes Motiv als Zielpunkt der Aufgabe formuliert (vgl. Glas/Seydel/Sowa/Uhlig 2008).
- halboffene Aufgabe:
  Es wird ein inhaltliches oder gestalterisches Thema formuliert, das nicht an ein konkretes Motiv gebunden ist (vgl. Sowa/Glas/Seydel 2010).
- offene Aufgabe:
  Im Sinne der Projektarbeit werden innerhalb eines Rahmenthemas die genaue Themenfindung und das Motiv selbst erarbeitet (vgl. Sowa/Glas/Seydel 2009; Buschkühle 2017).

Problemstellung und Zielformulierung

Zielformulierung und Problemstellung bilden den Kern jeglicher Aufgabenstellung. Auch im Kunstunterricht soll eine klare Problemstellung erkennbar sein. In der bildnerischen Praxis sind Aufgaben als Herausforderungen zu verstehen, etwas herzustellen, z. B. eine Zeichnung, Druckgrafik oder ein Werkstück, bei der Bildbetrachtung könnte die Aufgabe zur Recherche zu einem bestimmten Bildthema auffordern. Zugleich zeigen sie Lernwege für eine bestimmte Problemstellung auf. Gute Aufgaben formulieren die jeweilige Zielsetzung und stecken damit den inhaltlichen Rahmen ab, innerhalb dessen sich Lösungen anbieten. Mit der Zielformulierung klärt die oder der Lehrende, was am Ende der Unterrichtseinheit »herauskommen« bzw. erreicht werden soll (▶ Kap. IV.1.1). Das Ziel bedeutet dabei keine Einengung oder genaue Festlegung, auch das Bewältigen einer offenen Projektarbeit kann ein Ziel sein. Die Zielformulierung ist jedoch entscheidend, um den Unterricht überhaupt aufgabengerecht führen zu können.

Abb. 113: Unterstufe (Kl. 7), »Turmmodell«. Ausgehend von der *inhaltlichen* Auseinandersetzung mit Ingenieur-Utopien schließt sich die Aufgabe an: *Erfinde, konstruiere und baue das Modell eines fantastischen Bauwerks oder Fahrzeugs.* (Glas/Seydel/Sowa/Uhlig 2008, S. 106) (Archiv Sowa)

Die Ziele sollten dabei weder unter- noch überfordern. Ein häufig anzutreffendes Missverständnis ist, speziell den subjektiven Anteil mit möglichst offenen Impulsen einseitig zu bevorzugen, um möglichst große Entfaltungsräume zu gewähren. Begründet wird dies damit, dass nur so in besonderer Weise die Kreativität gefördert werden könne. Schülerinnen und Schüler sind jedoch meist überfordert, da die Ergebnisse aufgrund mangelnder Problemorientierung für sie selbst kaum einschätzbar sind und eine Sinnbestimmung nicht nachvollzogen werden kann. Zugleich sind sie unterfordert, weil sie unter ihren Lernmöglichkeiten bleiben und die Aufgabe keine für sie erkennbare Herausforderung darstellt. In einer solchen Situation obliegt es allein dem bzw. der Lehrenden, über den qualitativen Fortschritt bei der Aufgabenerfüllung zu entscheiden.

In der Aufgabenstellung »*Erfinde, konstruiere und baue das Modell eines fantastischen Bauwerks oder Fahrzeugs*« (▶ Abb. 113) ist die Zielsetzung der Aufgabenlösung bereits deutlich angezeigt. Ähnliche Themenstellungen wären: Mein Baumhaus, Mein Himmelsturm, Flugapparat, Weltraumstation etc. (vgl. Glas/Seydel/Sowa/Uhlig 2008, S. 106).

Die Wahl der geeigneten Realisierungsmittel wie Holz, Papierrollen, Draht, Karton etc. kann dabei bewusst offengelassen werden, aber auch als klar strukturierte Zielsetzung in die Aufgabenformulierung einfließen. In beiden Fällen erfolgt eine inhaltlich curriculare Einbettung über das Generalthema des *Erfindens und Bauens* von Architektur-Utopien. Bezogen auf das oben erwähnte HGI-Schema würde damit eine eindeutig inhaltlich dominante Ausrichtung vorliegen. Zur Lösung müssen bestimmte handwerkliche Verfahren und Fragen zu Funktionalität, Stabilität sowie die erreichbare Höhe eines Turms hinzugezogen werden. Damit gehen aber auch Fragen der Gestaltung einher, um die inhaltlichen Vorgaben eines fantastischen Objekts oder Bauwerks angemessen zu realisieren.

Auch das zweite Beispiel (▶ Abb. 114), eine bildliche Auseinandersetzung mit der Geschichte »Der Nachtvogel« von Ursula Wölfel (Kunst und Unterricht 395/396, 2015) ist von einer dominant inhaltlichen Ausrichtung geführt. Ausgangspunkt sind die in der Geschichte beschriebenen Motive, die durch bildhaft gestalterische Überlegungen eine Konkretisierung erfahren. Erklärtes Ziel ist die Vorstellungsbildung und damit auch, das Verstehen der Geschichte zu vertiefen. Dies führt zwangsläufig zu einer intensiven Auseinandersetzung mit den beschriebenen Inhalten. Dementsprechende Aufgabenstellungen umfassen Fragen wie: *Wie stellst Du dir ein Tier vor, das als Nachtvogel bezeichnet wird und den Jungen in Angst und Schrecken versetzt? In welcher Raumsituation kann das Geschehen stattfinden? Wie kann Gefahr durch Farbe, Form und Größe visualisiert werden? Welche Möglichkeiten gibt es, Angst durch Körpersprache, Gestik und Mimik oder die Organisation des Bildraums in geeigneter Perspektive auszudrücken?*

Zusammenfassende Kriterien einer Aufgabenkonstruktion

- Grundsätzlich sollen Aufgaben ein Themenspektrum abdecken, das für Schülerinnen und Schüler phylogenetisch und ontogenetisch von existenziell bedeutsamen Inhalten ausgeht.
- Aufgaben dienen grundsätzlich der Welterschließung und stehen daher in einer engen Beziehung zu bildungstheoretischen und curricularen Überlegungen.

Abb. 114: Grundschule (Kl. 4), Illustration zur Geschichte »Der Nachtvogel« von Ursula Wölfel. In der Erzählung verbirgt sich die Frage: *Wie stellst Du dir ein Tier vor, das als Nachtvogel bezeichnet wird und Angst und Schrecken verbreitet?* (Kunst und Unterricht 395/396, 2015). (Archiv Scharrenbroich)

- Aufgaben sind die Triebfeder von Lehr/Lernprozessen, sie geben gezielt Förderimpulse, flankieren und unterstützen diese. Sie öffnen und ebnen die Wege für erreichbare Zielsetzungen.
- Aufgaben stützen sich auf eine diagnostische Bestandsaufnahme, diese umfasst den Stand des erworbenen Wissens und Könnens und berücksichtigt die spezifischen entwicklungstypischen Interessenslagen der Schülerinnen und Schüler.
- Aufgaben bewegen sich in den Parametern des HGI-Schemas, bieten aber genügend Spielräume für eigene Urteile und Entscheidungen.
- Aufgaben sind keine Beschäftigungsimpulse, sondern beinhalten eine Problemstellung, die von den Schülerinnen und Schülern als sinnvoll erachtet werden können und einen für alle Beteiligten wahrnehmbaren Wissens- und Könnenszuwachs ermöglichen.
- Sie berücksichtigen daher auch äußere Bedingungen wie die örtlichen Vorgaben der Werkstattausstattung, der verfügbaren Materialien und des Werkzeugeinsatzes.
- Gute Aufgaben begleiten den Werkprozess, stoßen dabei nicht ein lineares Lösungsverhalten an, sondern provozieren offene Wege mit vielen Entscheidungsspielräumen.
- Aufgaben sind so formuliert, dass Kriterien einer qualitativen Zielsetzung klar ableitbar und ersichtlich werden (Sowa/Glas/Seydel 2012, Sowa 2015a, S. 501 ff.).

> **Literaturauswahl**
>
> Gattermaier/Glas (2015); Sowa (2015); Sowa/Glas/Seydel (2012); Uhlig et al (2017)

1.4 Fächerverbindendes und fachübergreifendes Unterrichten, Projektunterricht

Fächerverbindender Unterricht und Projektunterricht können in großen oder auch kleinen Formen gestaltet werden: von der losen gelegentlichen Zusammenarbeit mit parallel laufenden, aber verbundenen Fachinhalten (z. B. »Romantik« in Kunst, Literatur und Musik) bis zu umfangreichen Großprojekten. Der Rahmen kann der normale Alltagsunterricht sein, es kann aber auch der Projekttag, die Projektwoche, der Landschulaufenthalt, die Exkursion, das Projektjahr sein.

Bezüglich vieler zentraler Bildungsinhalte ist die Kunstpädagogik im Kanon der anderen Schulfächer in vielfältiger Weise anschlussfähig, auch hinsichtlich der Unterrichtsgegenstände, Methoden und Verfahren (vgl. auch allgemein Peez 2013, Limper 2013):

- Deutsch: Benennen und Beschreiben von Sachen, Vorgängen, Räumen, Personen, Empfindungen, Bildern, Szenen, Umgebungen usw., Erzählen, Interpretieren, Argumentieren; Theater, szenisches Spiel, Film; Textillustration; Plakat; Bild-Text-Geschichten, *graphic novel*, Comic usw. (vgl. Abraham/Glas 2015, Abraham/Sowa 2016)
- Fremdsprachen: Landeskunde, Kunst und Kultur, Kunstgeschichte; bilingualer Kunstunterricht usw.
- Werteerziehung und Religionspädagogik: philosophische Fragen der Kunst, Ethik, Ästhetik, Spiritualität, Religiosität, Kirchenraumpädagogik (Kirche, Moschee, Synagoge usw.), Sakralkunst, Buchmalerei, Religion und Bekleidung, Besuch sakraler Museen, Frömmigkeitsgeschichte und Kunst, sakrale Kunstgeschichte vorchristlicher und vorislamischer bzw. außereuropäischer Kulturen, kulturelles Bewusstsein, interkulturelle Erziehung (vgl. Sowa/Schierle 2011, Meier 2021), Friedenserziehung (vgl. Krautz 2015b) usw.
- Geschichte: Geschichtsbewusstsein, Quellenstudium an Bildquellen, Exkursionen in Städte, Bauwerke usw., allgemeine Kunstgeschichte usw. (vgl. Preuss 2014)
- Sport: Performance, Video-Analysen von Bewegungsabläufen, Ästhetik des Sports, Sport und Kunst, Kunstgeschichte (z. B. antikes Olympia, moderne Olympiastadien), Stadionkultur und »Fanchoreografien«, Medienästhetik des Sports, Sport und Design, Sportfilm, Vereinskult, Tanz, Choreografie usw. (vgl. auch Sowa 2004)

- Naturwissenschaften (Biologie, Chemie, Physik): zeichnerisches, malerisches, fotografisches und filmisches Studium von Pflanze und Tier, Leonardo da Vinci, Ernst Haeckel, Morphologie und Metamorphose bei Pflanze und Tier, Tier- und Menschenanatomie, Ökologie und Landschaft (vgl. Penzel 2019), Botanik und Gartenkunst, Pflanzenfarben, Farbchemie, Farbherstellung, Bindemittel, Farbphysik, Licht und Schatten, Spiegelungen und Symmetrien, Baustatik, pythagoräische Proportionen und Harmonien zwischen Klang, Zahl und Bild usw.
- Geografie: Bild und Karte, Kartierung und Mapping, subjektive Geografie, Stadt- und Landschaftsexkursionen, Länderkunde – Kunst und Kultur, materielles und immaterielles Weltkulturerbe, Ästhetik des Tourismus, Ästhetik der Landschaft usw.
- Politik: Politische Ikonografie in Geschichte und Gegenwart, Medienanalyse und visuelle Kommunikation, Ästhetik politischer Bewegungen, Kunst und Widerstand, Denk- und Mahnmalkultur, Inszenierung von Geschichte in Geschichtsmuseen, Politik in Medienbildern, Bildmanipulation, Bedeutungsanalysen aktueller oder alter Bildquellen, Bild-Text-Zusammenhänge, Werbematerial von Parteien oder außerparlamentarischer Opposition, Staatskunst und Kunst im Widerstand usw.
- Mathematik: Proportionen, Symmetrien, Parkettierung, Ornamentik, auf ebenen oder gekrümmten Flächen, Flächen- und Raumstrukturen, darstellende Geometrie, Perspektivkonstruktion, Platonische Körper, Gewölbestatik, Kuppelgeometrie, Modelle komplexer Körper, parabolische Flächen, Gebrauch von Zirkel, Winkelmessung, Lineal, Modellbau, Faltungen und Klappungen, zeichnerische Konstruktionsmethoden, z. B. Fibonacci-Spirale, maßstäbliche Planzeichnungen und Konstruktionszeichnungen, konkrete Kunst (z. B. Max Bill), Diagramme und Graphen, Körperkonstruktionen, Durchdringungen usw.
- Literatur, Theater: Szenisches Spiel, Kalligrafie, Illustration, Szenografie, Kostüm, Beleuchtung, Multimediaprojektionen, Fotografie und Film, Schminken, Theatergeschichte und Kunstgeschichte, Gestaltung von Buchtiteln, Theaterplakaten und Prospekten usw.
- Musik, Oper, Tanz: Grafische Notationsbewegungen von Klang und Bewegung, Musik und Grafik, Musik und Malerei, Fotografie, Film, Darstellung von Tanz in Zeichnung, Malerei, Plastik, Fotografie, Film, choreografischen Notaten, Tanzgeschichte und Kunstgeschichte, Operngeschichte und Kunstgeschichte, Geschichte des Konzertsaals, Instrumentenbau, Bild und Sound, Klanginstallationen, Gestaltung von Plakaten und Prospekten, Zeichnen und Fotografieren im Konzert, im Club, Musikvideos usw.

Es ist damit nur angedeutet, wie groß die Breite von fächerverbindenden Arbeitsthemen ist. In all diesen Zusammenhängen kann die Kunstpädagogik ihr disziplinäres Proprium einsetzen und gemeinsame Bildungspotenziale mit anderen Fächern nutzen, wobei sie durchaus auch substanzielle Unterstützung für das fachliche Lernen in anderen Bereichen leisten kann. Es ist wertvoll, wenn in solchen fächerverbindenden Projekten die Schülerinnen und Schüler verstehen, dass das von ihnen zu bildende Weltwissen *kohärent* ist, nicht nur auf Fachhorizonte beschränkt. Auch können sie durchaus lernen, dass die Bildenden Künste kein abgeschiedener Sonderbereich sind, sondern in unserer Kultur omnipräsent und notwendig sind, dass sie sogar in der Geschichte eine fundamentale Rolle bei der Grundlegung anderer Wissenschaften gespielt haben: Baukonstruktion und -statik, Proportionssysteme, Kartierung, anatomische Abbildung, Pflanzenmorphologie usw.: In vielen Wissensfeldern wurde und wird Wissen über das *Bild* gebildet (vgl. Kemp 2000).

Auch ist die *Visualisierung* in allen Wissenschaften nötig, um Wissen darzustellen (▶ Kap. III.2.2.12): Visualisierung geschieht in praktisch allen Wissenschaften mit den Mitteln des Kunst-, Informations- und Kommunikationsdesigns, Schrift, Bild, Diagrammatik, integrierte Schrift-Bildlichkeit, Posterpräsentation, Infografik, Bildvortrag, Videopräsentation, Lehrfilm, Lehrbuch, Bild-Text-Layout, Ausstellungspräsentation usw. Alleine schon an diesen Schnittpunkten kann der Kunstunterricht wichtige Dienste für alle Lernprozesse leisten. Hier ist wirklich *integrative* Lernarbeit möglich.

Noch eine letzte Möglichkeit sei im Beispiel angedeutet: An einem Gymnasium wurde zum hundertjährigen Schuljubiläum ein alle Fächer verbindendes Jahresprojekt konzipiert, das in einer riesigen Bühnenpräsentation in Revueform am Jahresende stattfand. Das Thema war das Jahr 1890. Die verschiedenen Fachlehrer recherchieren, was im Jahr 1890 in der Kultur, Wissenschaften, Technik, Geschichte, Künsten usw. stattgefunden hatte. Diese Gebiete erarbeiteten sie mit ihren Schülerinnen und Schülern arbeitsteilig. Es entstanden viele Bausteinelemente für die Bühnenshow, die schließlich von 300 Schülerinnen und Schülern aller Altersgruppen unter der Gesamtleitung von Kunst-, Deutsch-, Tanz- und Musiklehrenden inszeniert wurde – von Karl Mays »Winnetou« bis zu Adolf Hitlers Geburt, von Richard Wagner bis zu König Ludwig II, von Kaiser Wilhelms Flottenpolitik bis zu Nietzsches Wahnsinn, von Van Gogh bis Henry de Toulouse-Lautrec, von Otto Lilienthals Flugexperimenten bis zur industriellen Revolution, vom Eiffelturm bis Neuschwanstein, von der Kernphysik bis zur jüdischen Kultur usw. Es entstand ein gewaltiges Panorama eines winzigen Zeitpunktes der Geschichte – aber dieser Zeitpunkt gab einen Eindruck von der Komplexität der Gesamtkultur. Derartige Projekte lassen sich im Grunde zu unzähligen Themen gestalten.

> **Literaturauswahl**
>
> Abraham/Sowa (2016); Abraham/Glas (2015); Limper (2013); Meier (2021); Peez (2013)

1.5 Außerschulische Lernorte: Natur, Stadt, Museum

Die Lehre in der künstlerischen Werkstatt (Kunstraum, Werkraum usw.) ist im Kunstunterricht der Normalfall. Doch es gibt auch außerschulische Orte von großer Relevanz für die Kunstdidaktik:

a) *Die Natur.* Das Erkunden von Landschaftsraum, von Wald, Wiesen, Äckern, Wegen, Gärten und Parks, auch Brachen und Stadtlandschaften kann für die künstlerische Arbeit intensiven Naturbezug herstellen: Pflanzen und Tiere, Menschen, Licht, Materialien, Atmosphären usw. können die staunende Aufmerksamkeit fesseln, Emotionen wecken und starke Impulse geben (Berger 1966, Penzel 2019). Kunst ist seit ihren Anfängen wesenhaft die schöpferische Auseinandersetzung mit der Natur. Das Zeichnen, Malen und Fotografieren nach der Natur sind in allen Altersstufen wichtige Erfahrungen. Hinzu kommen Sammel- und Bautätigkeiten (z. B. im Wald), Kartierprojekte, Interventions- und Aktionsformen (z. B. Land-Art), die künstlerische Erforschung des Naturraumes, die Arbeit mit Fotografie und Video, die kontemplative Sammlung usw. Die Bildende Kunst aller Zeiten gibt hier unendlich viele Beispiele – von der Höhlenmalerei bis zum architektonischen Eingriff, von der forschenden Naturabbildung bis zur atmosphärischen Landschaftsmalerei, von der Spurensicherung bis zur neuen Landschaftsfotografie usw. Wenn auch im normalen Stundenplanunterricht Einschränkungen für diese Arbeitsweisen bestehen, gibt es doch auch Möglichkeiten bei Projekttagen, Klassen- und Kursfahrten, Exkursionswochen usw.

Abb. 115: Oberstufe (Kl. 11), Fotoprojekt »Blicke in der Stadt« – Fotocollage, orientiert an den fotografischen Wahrnehmungsanalysen von David Hockney (Archiv Sowa)

b) *Die Stadt.* Die Stadt ist der wichtigste Erfahrungsraum, in dem das alltägliche Leben der meisten Schülerinnen und Schüler stattfindet. Es gibt unzählige mögliche kunstpädagogische Perspektiven auf die Stadt (vgl. hierzu z. B. Sowa 1996, Müller/Uhlig 2011, Lange 2013, Preuß 2014, Leibbrand 2017, Schmolling/Zumbansen 2019): gesellschaftliches Leben, architektonische Gestaltung, gesellschaftliche und ökonomische Symbolik, öffentlicher Wohnraum, (Kunst-)Geschichte, soziale Teilhabe, Lebenswelt, Wahrnehmungsraum, Vorstellungsraum, künstlerischer Aktionsraum, Baudenkmäler, sakrale Orte, Verkehr, Geschwindigkeit, Verfall und Aufbau, Orte und Unorte, Schönheit, Licht, Tag und Nacht, Stadtrand, Stadtmitte, Weltkulturerbe, Jugendszene, Urban Art, Denkmalpflege usw. In all diesen Feldern gibt es zahlreiche publizierte kunstpädagogische Unterrichtsprojekte – gute und schlechte. Es ist immer die Frage, was gelehrt und gelernt werden soll. Es kann um perspektivisches Zeichnenlernen (z. B. *urban sketching*) gehen, um kunstgeschichtliche Betrachtung von Bauten und städtebaulicher Gestaltung, um Raumerfahrung, die gestalterische Aneignung von Orten und Wegen (Mapping), Sensibilität für aktuelle gesellschaftliche Probleme, kritische Beurteilung, um fotografisches oder filmisches Gestaltungslernen, Farbe, Distanz oder Nähe, die interkulturelle Erfahrung sakraler Räume usw.[59] All dies wären sinnvolle Bildungsaufgaben, die mit kunstpädagogischen Mitteln angegangen werden können. Für die organisatorischen Rahmenbedingungen siehe Punkt (a).

Abb. 116: Unterstufe (Kl. 6), »Zeichnen im Völkerkundemuseum« (Lindenmuseum Stuttgart). Tanzender Gott Shiva (Shiva Nataraja). Bronze. Cola. Frühes 11. Jahrhundert. Mit dem Fuß zertritt Shiva den Zwerg Apasmara, der die Unwissenheit verkörpert. Die Schülerin hat sich vor allem mit dem befremdlichen Motiv der Vierarmigkeit beschäftigt und die komplizierten Bewegungen mühsam wiedergegeben (vgl. Thomas/Seydel/Sowa 2007, S. 212). (Archiv Sowa)

---

59 Zu den ungemein wichtigen Zielen und Möglichkeiten der Kunstpädagogik im Kontext von Religion(en) vgl. die inspirierende Arbeit von Meier (2021).

c) *Das Museum.* Der kunstpädagogische Pionier Alfred Lichtwark erklärte das Museum zum zentralen Bildungsort für die Kunstpädagogik. In den Kapiteln II und III.3 haben wir begründet, warum schon lange vorher die »Beispielsammlung« künstlerischer Werke seit der Antike ein unverzichtbarer Bezugspunkt und Resonanzraum der Kunst ist. Wenn auch heute das »imaginäre Museum« der Bildreproduktionen und der virtuellen Datenbanken omnipräsent ist, steht die Kunstpädagogik doch nach wie vor in engstem Bezug zum realen Kunstmuseum, auch zu aktuellen Ausstellungen: Hier ist der Ort für die Erfahrung der wirklichen Materialität, der Größe, der körperlich-räumlichen Präsenz und der auratischen Kraft der Kunstwerke, für das kunstgeschichtliche Lernen, für Vergleiche, für das Lernen über Kontinuität künstlerischer Themen und die Verschiedenheiten der Darstellungsformen usw. Hier kommen Schüler in Kontakt mit der offiziellen kulturellen Selbstdarstellung der Gesellschaft und des Staates, lernen kulturelle Teilhabe. In Ausstellungen können Begegnungen mit aktueller Kunst stattfinden, mit Kunstmarkt und Ausstellungsbetrieb usw. (vgl. z. B. Czech 2008).

Auch hier stellt sich die Hauptfrage nach den Bildungszielen, die mit Museumsbesuchen verbunden sind. In methodischer Hinsicht seien hier knapp die Grundlinien eines »normalen« Besuchs in einem Kunst- oder Völkerkundemuseum[60] skizziert.

1. Vorbereitung und Einbettung

Museumsbesuche sind Teile der Unterrichtspraxis. Sie sind eingebunden in curriculare Ziele und in den Lerngang der Klasse. Sie beziehen sich auf entwicklungsbezogene Bildbedürfnisse und Bildungsbedürfnisse der Lernenden und stehen unter bestimmten didaktischen Zielsetzungen, die klar zu durchdenken sind. Museumsbesuche bedürfen der Vorbereitung und der Nachbereitung im Unterricht, um nicht als isolierte Events »in der Luft zu hängen«.

Deswegen ist es vorzuziehen, dass die Lehrenden sie selbst strukturieren und durchführen, weil »fertige« Führungsangebote von Museumspädagoginnen und -pädagogen nicht unbedingt die curriculare »Passung« haben und oft auch andere Bildungsziele verfolgen – es sei denn, sie sind präzise im gemeinsamen Gespräch vorstrukturiert und abgesprochen. Der folgende Verlauf geht von einer normalen Besuchsdauer von ca. drei bis vier Stunden aus. Eventuell ist der Vormittag durch eine Pause in geeigneter Form zu unterbrechen. Auch ist eine Entscheidung darüber zu fällen, ob die Gruppe immer zusammenbleibt oder ob evtl. arbeitsteilige Gruppenaufträge vergeben werden (z. B. Beschäftigung mit ausgewählten Werken, gegenseitiges Referieren der Gruppen, …). Weiterhin sind die Rezeptionsformen in Hinsicht auf die Werke, auf das Verstehensziel sowie auf Alter und Lernstand der Schülerinnen und Schüler zu planen (stille Betrachtung, Rundgang im Überblick, vertieftes Bildgespräch, Bildvergleich, praktisch-rezeptive Methoden usw.).[61]

---

60 Zur kunstpädagogischen Arbeit im Völkerkundemuseum als einem wichtigen Lernort interkultureller Erfahrung vgl. Sowa/Schierle (2011).
61 Methoden der ersten und der vertieften Bilderschließung sind z. B.: narrativ-szenisches Verstehen; technisches Verstehen der Bildherstellung; mimetisches Nachspielen, Stand-

1 Unterrichtsplanung

2. Durchführung

Tab. 18: Planungsmodell zur Durchführung eines Unterrichts an außerschulischen Lernorten

Phase	Was müssen Lehrende wissen/können und vorbereiten?	Was wird gelernt?
1. Orientierung Die Schüler betreten das Museum, absolvieren Kasse und Garderobe, bereiten evtl. Materialien vor, erhalten die Einführung, dürfen dann in kleinen Gruppen oder individuell das Museum erkunden. (ca. 30 Min.)	• Klare Hinweise zu Verhaltensregeln • Absprachen zum Ablauf des Besuchs • Orientierung in den ständigen oder temporären Ausstellungsräumen • Evtl. Lektüre von Katalogen, Broschüren und museumsdidaktischen Begleitmaterialien	• Überwinden der kulturellen »Schwellenangst« vor Museen • Vertrautheit mit den Eingangsritualen • Verhalten im Museum • Architektur, räumliche Ordnung, Inszenierung und Inhalte des Museums im Überblick
2. Auswahl/didaktische Reduktion Die Eingrenzung des heutigen Themas findet statt. Entweder sie ist schon von der Lehrperson vorstrukturiert oder sie wird nach der Bekundung der Schülerinteressen gemeinsam abgesprochen. (ca. 5 Min.)	• Gesamtklasse oder Gruppenaufteilung? • Zeitplan und Methodenfestlegung? • Präzise Kenntnisse über die ausgewählten Exponate	• Ort und Bedeutung des Einzelexponats im Verhältnis zur Gesamtausstellung • Entwicklung und Artikulation von Interessen
3. Erste Bilderschließung (»Auf den ersten Blick«) Die Schülerinnen und Schüler werden um das Werk versammelt. Sie nehmen Platz. Führen ein ruhiges und aufmerksames Gespräch, fokussieren die Aufmerksamkeit auf das Bild. (ca. 5–10 Min.)	• Durchdachtes Zeigen und Benennen der Bildszene, der Bildgattung, der Bildgegenstände, Bildhandlung, ... • Fokussierung der Betrachtung – im Verstehenshorizont der Lernenden • Didaktisches Wissen und Können im Bereich des Bildverstehens	• Annäherung, Einfühlung, sich »einsehen« • Sehen und Ansprechen des Werkes »im Ganzen« • Zerlegendes Betrachten und Benennen der Einzelheiten • Entwickeln von Fragen

bildarbeit; Zeigen und Erklären; freies und gebundenes Assoziieren, Verknüpfen mit persönlichen Erfahrungen, gelernten Zusammenhängen und Weltwissen; klares Ansprechen; diskutieren von Mehrdeutigkeiten; ästhetisch-empfindsames Reagieren, ...

Tab. 18: Planungsmodell zur Durchführung eines Unterrichts an außerschulischen Lernorten – Fortsetzung

Phase	Was müssen Lehrende wissen/können und vorbereiten?	Was wird gelernt?
4. Vertiefte Bilderschließung Kontextualisierung Vergleich Verbalisierung/Interpretation Zeichnung (ca. 30–100 Min., je nach Alter und Gesamtprogramm)	• Wissen über altersgemäßen Einsatz von Was-, Wie- und Warum-Fragen • Verfügen über Kontextwissen • Innerer Leitfaden für die Gesprächsführung, geordnet an erschließenden Leitfragen • Evtl. arbeitsteilige Arbeitsaufträge	• Erkennen von Zusammenhängen • Fähigkeit des Vergleichens • Sachbezogenes, genau an die Wahrnehmung geknüpftes Zeigen und Sprechen • Imaginatives Verstehen • Zeichnendes Verstehen • Verknüpfen mit Sinnbezügen, Interpretieren
5. Offenes Bildgespräch Zuspitzung des Gesprächs auf ein zentrales Lernziel, Auseinandersetzung mit dem Inhalt eines Werkes, Integration des Inhalts ins eigene Leben. (20 Min.)	• Genaue Vergegenwärtigung der (entwicklungsabhängigen) Sinnbedürfnisse und Fragen der Lernenden • Orientierungswissen im Gesamtfeld der Kultur • Pädagogische Intention • Evtl. Arbeitsblatt	• Fähigkeit zur Integration des am Bild Erfahrenen in den eigenen Erfahrungs- und Lebenshorizont • Nachdenklichkeit • Diskussionsbereitschaft und -fähigkeit • Beurteilung, Bewertung, affektive und ethische Stellungnahme
6. Zusammenfassung, Abschluss (5 Min.)	• Fähigkeit zur synoptischen Fokussierung • Fähigkeit zur eindrücklichen und nachhaltigen Formulierung von Sinnperspektiven	• Sich-merken, Einprägen • Resümieren • Verdichten in prägnanten Thesen

3. Nachbereitung, Auswertung

Unbedingt muss der Museumsbesuch anschließend (d.h. im schulischen Unterricht) noch einmal in Erinnerung gerufen, im Gespräch aufgegriffen, evtl. schriftlich und bildlich dokumentiert und verdichtet und in der Regel durch eine weiterführende gestaltungspraktische oder theoretische Unterrichtseinheit fortgeführt werden.

Literaturauswahl

Czech (2008); Sowa/Schierle (2011)

2 Methodik des Kunstunterrichts

In der Tradition der didaktischen Theorie ist die Methodik ein theoretisch-praktisches Wissens- und Könnensfeld, das sich von der didaktischen Konzeption ableitet, aber sich ausschließlich auf das Gebiet der konkreten Durchführung von Unterricht bezieht. Mitunter wird »Methodik« als unabhängig von didaktischen Zielen und Inhalten begriffen, mitunter kommt ihr auch eine formalistische, inhaltsunabhängige Fetischrolle zu (»100 Methoden der Bildbetrachtung« usw.). Im richtigen Methodenverständnis wird die Methode aus dem Unterrichtsgegenstand, den Unterrichtszielen und -inhalten sowie aus den Lernständen der Lernenden begründet. Sie sollte also ganz aus der Sache kommen. Dennoch haben Lehrende eine gewisse Wahlfreiheit. Die wichtigsten methodischen Elemente, die die Unterrichtsstruktur insgesamt betreffen, werden anschließend aufgeführt.

Abb. 117: Aufgabenstellung im Laufe des Unterrichts als alternierende Form im methodischen Wechsel zwischen Aufgabenrealisierung und Reflexionsphasen: Präsentieren, Gespräch und Übung. Das Modell bildet vor allem nach der Einführung und dem inhaltlichen Input die bildnerische Praxis ab, in der ein auf der Aufgabenstellung beruhender Lösungsprozess gesucht wird. Hier werden intervenierende Phasen aufgezeigt, die Rückmeldungen zu ersten Zwischenergebnissen geben und dazu präsentierende, reflektierende Formen benötigen. Unter Umständen werden auch Übungen dazwischengeschaltet (Sowa 2015a, S. 502).

2.1 Unterrichtsmethodische Grundfiguren, Organisation des Unterrichts – Einstiege, Übergänge, Vertiefung, Transfer

Nach einer sachanalytischen Durchdringung des Lehrstoffs und der Klärung des Ziels/der Inhaltsfragen erfolgt die eigentliche Organisation des Kunstunterrichts mit ihren vielfältigen methodischen Überlegungen der Wissens- und Könnensvermittlung. Die Natur- und Geisteswissenschaften verstehen unter Methode den Weg[62], wie man grundsätzlich zu Erkenntnissen gelangt. Die Wahl der richtigen Forschungsmethode gehört daher zu den grundlegenden Entscheidungen jeglicher Wissenschaft. Auch eine Fachdidaktik steht wiederholt vor der Frage, wie eine Unterrichtsstunde mit ihren inhaltlichen Zielsetzungen am besten strukturiert werden kann. Im Unterrichtsgeschehen lenken Lehrer- und Schülerfragen die Lernwege, sie bedürfen jedoch eines methodischen Rahmens, um letztlich das Ziel der Bereitschaft zur kognitiv/emotionalen, aber auch kreativen Auseinandersetzung zu fördern. Ein sinnvoll strukturierter Unterricht ist daher in der Vorbereitung immer auch mit der Frage konfrontiert, welche Strategien und Arbeitsformen Lernende benötigen, um zu einer vertiefenden Beschäftigung mit der Sache zu gelangen. Nur dann können die in einem guten Unterricht bereitgestellten und notwendigen Freiräume von den Schülerinnen und Schülern auch wirklich genutzt werden. Ausgehend vom Unterrichtsgegenstand und der Aufgabenstellung müssen daher die äußeren und inneren Voraussetzungen geklärt werden, insbesondere wie Lernprozesse unter den gegebenen Bedingungen zu organisieren sind. Die einzelnen Schritte erfordern daher eine genaue Kenntnis der örtlichen schulischen Situation wie etwa die mediale Ausstattung der Fachräume, die verfügbaren Materialien und Werkzeuge sowie den zu organisierenden zeitlichen Rahmen.

Für die bildnerische Praxis ist es daher unerlässlich, die Lösung einer Aufgabe mit den Mitteln, die Schülerinnen und Schüler benutzen, selbst einmal zu erproben. So dürfte schnell klar werden, welche Dinge, Werkzeuge und Materialien zur Realisierung der Aufgabe unerlässlich sind. Auch die Fragen zur Einschätzung der inneren Voraussetzungen, der Vorkenntnisse und des individuellen Könnens zur Aufgabenlösung müssen hier erneut gestellt werden. Dieser Teil der Unterrichtsvorbereitung erfordert daher eine besondere Nähe zu den Lernenden. Lehrende sollten daher die Fähigkeit haben, sich in die Rolle der Schülerinnen und Schüler zu begeben. Klafki (2007, S. 212) rät, jegliche Unterrichtsplanung als »offenen Entwurf« zu betrachten, der die Lehrenden zu einem »flexiblen Unterrichtshandeln« befähigt und jederzeit die Reaktion der Schülerinnen und Schüler einzubeziehen im Stande ist. Verlaufsmodelle sind daher nicht als festes Korsett, sondern lediglich als Orientierungshilfen für die Organisation der Lehrsituation zu betrachten.

Die unterrichtsmethodischen Grundfiguren, die hier vorgestellt werden, sind vor allem von fachdidaktischen Überlegungen geprägt, die adressaten- und situationsbezogen den Unterricht strukturieren. Dazu gehört der methodische Wechsel von bildnerisch produktiven, rezeptiv betrachtenden und recherchierenden Phasen. Die enge Verzahnung von *Diagnose, Intervention, Betrachten* und *Machen* ist jeweils in eigenen Kapiteln und (▶ Kap. III und ▶ Kap. IV.2.2) ausführlich dargestellt. Bezogen auf methodische Überlegungen sei hier schon einmal darauf hingewiesen, dass diese Grundfigur in unterschiedlichen Gewichtungen eine jede Unterrichtsstunde durchzieht. Beide Prinzipien verfolgen das Ziel der Förderung reflexiver Fähigkeiten, dies geschieht sowohl in den bildnerischen Praxisphasen als auch im sprachlichen Bereich.

---

62 von »hodos« (griechisch) Weg und »metá-« hinterher, nach dem Weg gehen, einem Weg folgen, oder »sich auf den Weg, hinter etwas her machen, etwas verfolgen«.

Darauf aufbauend ist eine gute Unterrichtsstruktur von den Phasen der Einführung, der Übergänge, der Vertiefung, der Reflexion und des Transfers gekennzeichnet. Eine Unterrichtsplanung reagiert dabei auf unterschiedliche zeitliche Vorgaben, gewichtet je individuell eine einzelne Stunde oder einen projektbezogenen Verlauf, der mehrere Unterrichtseinheiten umfasst. Im methodischen Wechsel werden damit bestimmte Erfahrungsfelder angesprochen, die Lernprozesse initiieren und voranbringen. In einem variabel gestalteten Klassenunterricht bewegen sich diese zwischen einem frontal geführten Input und einer bewusst gestalteten »didaktischen Offenheit« (Apel/Sacher 2007, S. 264) unter Betonung von sozial kooperativen, aber auch individuellen selbstbestimmten Praxisphasen.

Bezogen auf die Aufgabenstellung unterscheiden einfache Modelle die Unterrichtsphasen nach Problemstellung, -lösung, Vertiefung und Transfer.

Tab. 19: Unterrichtsmethodische Grundfiguren, Organisation, Einstiege, Übergänge, Vertiefung, Transfer

(1) Einführung in die Problemstellung, Inhalte	(2) Aufgabenbearbeitung und Problemlösung	(3) Werkabschluss, Präsentieren, Vertiefung, Transfer, Reflexion
Eröffnung und Einstieg in die Thematik Impulse dazu können sein: • Präsentation von Bildern • Mitbringen von Demonstrationsobjekten (Lieblingsspielzeug, Musikinstrument, mein Fahrrad etc.) • Betasten, betrachten, erkunden von Materialien • Reizwort als stummer Impuls (gefährliches Insekt, Farbenpalast, Zirkus etc.) • Szenisch, spielerische Handlungen, Rollenspiel, Pantomime • Film- u. Videosequenzen • Demonstrieren handwerklicher Vorgänge • Texte, Geschichten, die zur Thematik hinführen • Geräusche • Geruchsproben • Exkursionen • Experimentelle Situationen hinsichtlich neuer Materialien etc.	Formulierung der Aufgabe Praktisch-bildnerische Arbeit Erkunden der Problemstellung mit fachmethodischen Mitteln Zeichnung, Malerei, Plastik etc., siehe ▶ Kap. III.2.2 z. B. Größe der darzustellenden Objekte, Plastizität, Proportionen, Beschränkung der Farbpalette, Helligkeit und Kontraste, Oberflächengestaltung, Raumklärung	Betrachten und Reflektieren der erarbeiteten Lösungen. Am Ende der Unterrichtseinheit, des Projekts oder auch einer Unterrichtsphase (z. B. der Produktionsphase) folgt eine Reflexion dessen, was erarbeitet bzw. gelernt wurde. Hier ist auch Gelegenheit, das Erarbeitete nochmals in einen größeren Zusammenhang zu stellen, z. B. durch eine ergänzende Kunst- und Werkbetrachtung Hinweis: Schlussphase sollte im »Timing« der Stunde bzw. Reihe bewusst eingeplant werden.

Zu (1): Einführung: In der *initiierenden Phase* der Problemstellung richtet sich die Aufmerksamkeit auf die inhaltlich thematische Seite der Aufgabe. Hier werden

Motivation und Interesse geweckt, Prozesse angestoßen, Gedächtnisinhalte aktiviert und imaginierende Prozesse ausgelöst. Mitunter entsteht schon ein orientierender Ausblick auf praktisch-bildnerische Problemlösungen. Hier zeigen sich auch bereits die grundlegenden affektiven Einstellungen zur Thematik. Die aufgeworfenen Fragestellungen sollten bereits erste Verknüpfungen zum Erfahrungskontext der Schülerinnen und Schüler ermöglichen. Im Falle einer Werkbetrachtung kann durch verschiedene Einstiegsmethoden (vgl. Krautz 2005) ebenfalls ein Interesse für weiter zu vertiefende inhaltliche Aspekte entstehen.

Zu (2): Aufgabenbearbeitung und *Phase der bildnerischen Praxis*. In dieser Phase findet die eigentliche Aufgabenstellung statt. Einleitend wird die Aufgabe hinsichtlich der Lösungsvoraussetzungen besprochen und ggf. die Besonderheiten der zu wählenden Gestaltungstechnik geklärt. Unter Umständen muss auch mit Blick auf die Aufgabenlösung die Breite des thematischen Umfangs des Themas eingeschränkt werden. Experimentelle Vorformen, z. B. ein Ausprobieren der Technik in Form von Übungen, dienen ebenfalls dazu, um geeignete Lösungsstrategien auszuloten. Aufgabenstellungen werden möglicherweise in einzelne Arbeitsschritte zerlegt und strukturierend geklärt. Bei größtmöglicher Varianz der Lösungsstrategien und einer kalkulierten Offenheit der Arbeitsanweisungen ist es u. U. notwendig, nicht alle formalen Gestaltungsschritte vorab anzusprechen.

Zu (3): *Präsentation, Vertiefung, Transfer, Reflexion*. In dieser Phase erhalten die Unterrichtsergebnisse aus der künstlerischen Praxis eine besondere Aufmerksamkeit. Nach dem Entstehungsprozess im Sinn der Arbeit in der »Werkstatt« sind die Arbeiten nun Gegenstand des Rückblicks und einer Ergebnissicherung. In der Regel geschieht dies am Ende der Arbeitsphase durch eine improvisierte Ausstellung bzw. Präsentation im Klassenzimmer. Das gemeinsame Versammeln und Betrachten der Ergebnisse führt zwangsläufig zu einer Distanzierung und Veränderung des Blicks, man nimmt wiederum, wie auch schon während der Praxisphase geschehen, eine reflektierende Haltung ein. Die Schülerinnen und Schüler erfahren erstmals, was es heißt, in der besonderen hervorgehobenen Stellung einer Öffentlichkeit zu stehen. Rückblickend ist hier Gelegenheit, den Katalog der Gestaltungskriterien nochmals in Erinnerung zu bringen und unterschiedliche Lösungsansätze zu besprechen. Insbesondere wäre der Zusammenhang zwischen thematisch/inhaltlichen Vorgaben und dem ausgearbeiteten bildnerische Ergebnis zu thematisieren. Die abschließende Phase bietet auch die Möglichkeit, den zurückliegenden Arbeitsprozess zu kommentieren. Alle Beteiligten, Schülerinnen und Schüler, Lehrende können sich äußern und über Beurteilungskriterien austauschen. Erfahrungsgemäß legen die Schülerinnen und Schüler hier andere Maßstäbe (z. B. Sauberkeit, Naturnähe, Realismus der Darstellung) als Lehrende an.

Anknüpfend an die bereits erfolgte themengebundene inhaltliche Auseinandersetzung ist Gelegenheit, das Erarbeitete nochmals in einen größeren Zusammenhang zu stellen, z. B. könnte eine thematische Einbindung in die Lebens- und Erfahrungswelt der Schülerinnen und Schüler erfolgen. Zudem können auf inhaltlicher Seite passende Beispiele aus der Literatur-, Kultur- und Kunstgeschichte, auf der formalbildnerischen Seite verwandte Beispiele aus der Kunst- und Werkbetrachtung eingebunden werden. Die Erfahrung zeigt, dass durch die persönliche Auseinandersetzung mit einem Thema bereits eine Schärfung des Blicks erfolgt und die Schülerinnen und Schüler die Qualität bei vergleichbaren Problemstellungen die Lösungsansätze, z. B. hinsichtlich Form, Farbe, Raum etc., zu würdigen in der Lage sind. Eine fundierte thematische Auseinandersetzung sollte in jedem Fall zu einer Wahrnehmungsschärfung führen.

2.2 Praxisphasen – Verstehen und Helfen

In diesem Kapitel sollen nun speziell die Praxisphase und das werkbezogene Gespräch während dieser Phase in den Blick genommen werden. Kunstunterricht besteht überwiegend aus zwei zentralen Formen: der *aufgabenzentrierten Werkstattarbeit* und dem *werkzentrierten Betrachtungsgespräch*. Die Rhythmik dieser beiden Arbeitsformen mit ihren jeweils obligatorischen methodischen Phasen bestimmt das Gesamtgeschehen durchgehend:[63] Beraten – planen – arbeiten – betrachten – wieder beraten – weitermachen – wieder betrachten usw. (▶ Abb. 117). In der neueren Didaktik spricht man (mit etwas technoidem Zungenschlag) von »Diagnose« und »Intervention«. Im Grunde ist das nichts anderes: Die »Diagnose« ist ein Betrachten dessen, was die Lernenden tun, durch die Lehrperson. Die »Intervention« ist dann der lehrende Eingriff. Doch auch auf der Seite der Lernenden geschieht das gleiche: Auch bei ihnen wechseln Phasen des »passivischen« Aufnehmens oder Anschauens und des »aktivischen« Zupackens und Machens. Das ist der Normalrhythmus im gestalterischen Lernen.

a) Praxisphasen: Im Grundrhythmus von Vorbesprechung (Einführung/Hinführung usw.), Aufgabenstellung, Aufgabenbearbeitung, Werkabschluss und Nachbesprechung nimmt eine Phase mit Abstand die meiste Zeit in Anspruch: die Aufgabenbearbeitung. Man nennt sie auch: aufgabenzentrierte Werkstattarbeit.[64]

In dieser Phase arbeiten die Schülerinnen und Schüler im mimetischen Resonanzfeld von Klasse/Gruppe und Lehrperson. Egal ob es sich um »Einzelarbeit«, »Partnerarbeit« oder »Gruppenarbeit« handelt: Das kooperative Resonanzfeld besteht *immer*. Von diesem Feld ist die Lehrperson nicht abgekoppelt. Sie ist Beraterin, Helfer, Mitarbeiterin, Zeiger, Erklärerin, führt Einzelgespräche, gibt einzelnen Schülerinnen und Schülern kleine Zwischenkorrekturen oder unterbricht die Arbeit der ganzen Klasse, um Probleme anzusprechen, neuen Input oder Ansporn zu geben (z. B. gemeinsame Zwischenübungen oder kurze Lehrgänge), gelungene Lösungen allen zu zeigen, Kritik zu üben, Künstlerbeispiele einzubringen usw. So ist die Situation immer dialogisch, kooperativ, unterstützend. Zwischen »Lehreraktion« und »Schüleraktion« herrscht ein Verhältnis des Sich-gegenseitig-Antwortens.

---

63 In den Termini der alten Kunstlehre wurde diese Polarität als »*actio – passio*« bzw. »*actio – contemplatio*« begriffen – man denke an Dürers drei Meisterstiche!

64 »Werkstatt« ist nicht nur der »Werkraum«, sondern auch der »Zeichensaal« – mit allem, was dazugehört. Vgl. dazu Sowa (2016a).

Das ist der Geist der Kunstwerkstatt (▶ Abb. 5), in der es allen Beteiligten um die *Verbesserung* der Arbeit geht (vgl. Amado 2017; ▶ Abb. 118).

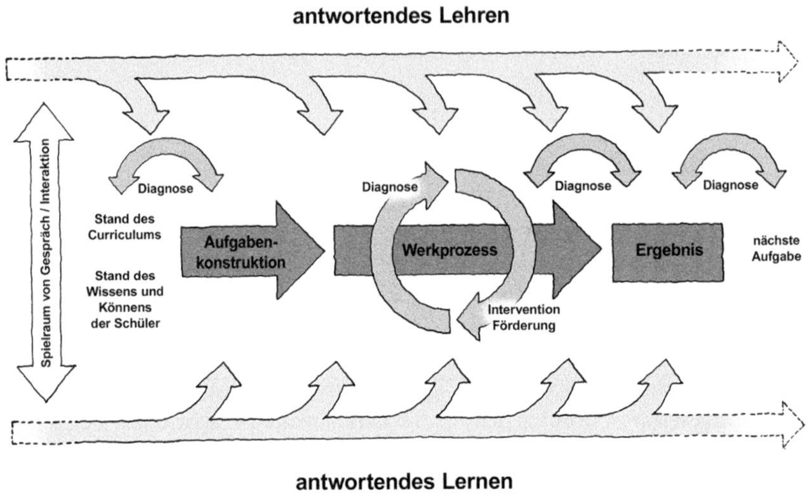

Abb. 118: Die normale Werkstattsituation in der Rhythmik der aufgabenzentrierten Arbeit an der Werkausarbeitung (Sowa 2015a, S. 508)

Im von der Lehrperson verstehend und helfend begleiteten Werkprozess ist das Wechselspiel von *Diagnose* und *Intervention, Betrachten* und *Machen, Zuhören* und *Sprechen, Zusehen* und *Zeigen* die zentrale Konstituente (vgl. Amado 2017). Mit ihrem engagierten pädagogischen Eingreifen unterstützt die Lehrperson die selbstorganisierten Arbeitsprozesse der Schülerinnen und Schüler und hilft ihnen, ihre Ziele zu erreichen. Kunstpädagogische Diagnostik beruht auf einem gesicherten Wissen von den allgemeinen und typischen Strukturen der Entwicklung des Bildvermögens von Kindern und Jugendlichen und des konkreten typischen Lernstandes der Lerngruppe, auf einer achtsamen und intelligenten Wahrnehmung und Vergleichung der konkret stattfindenden Lernprozesse in der Gruppe wie bei Einzelnen, auf einem Verstehen von Hürden und Blockaden, die sich in allgemeinen, typischen und individuellen Lernprozessen zeigen.

In der Phase des Werkprozesses dient das ständige genaue Zusehen dazu, die Auswahl und Qualität der Förderimpulse, der nötigen Übungsphasen, der Hilfestellungen usw. zu präzisieren. Dabei sind zu unterscheiden: allgemeine Interventionen (z. B. Zwischenbesprechung mit der ganzen Klasse oder mit Gruppen, Zeigen von zusätzlichem Anschauungsmaterial usw.), individuelle Interventionen, bei denen einzelne Schülerinnen und Schüler gezielt unterstützt werden, sowie Interventionen, die ggf. die Richtung der Aufgabenstellung modifizieren (z. B. Übergang von der Vorzeichnung zur Malerei).

Nach Abschluss der Aufgabenbearbeitung dient die Diagnostik, die Schlussbetrachtung dazu, die didaktische Planung des Unterrichts nachträglich mit den tatsächlichen Verläufen und den erreichten Ergebnissen zu vergleichen, die allgemeinen, typischen und individuellen Lernerfolge präzise zu verstehen, Folgerungen für die didaktischen Verfahren zu ziehen und den Unterricht fortzuentwickeln sowie schließlich auch die Beurteilung der Ergebnisse vorzubereiten (▶ Kap. IV.2.3).

Nicht zuletzt ist sorgfältige nachbereitende und reflektierende Nachbetrachtung des Unterrichts notwendig, um die nächste sinnvoll anschließende Aufgabenkonstruktion planen zu können.

Der achtsame und didaktisch begründete Einsatz von Diagnose, Intervention und Förderung ist für den Lernerfolg genauso bedeutend wie die präzise Aufgabenkonstruktion (▶ Kap. IV.1.3). Beide zusammen machen die eigentliche Qualität von Kunstunterricht aus. Die diesbezüglichen professionellen Kompetenzen sind Kernkompetenzen des kunstpädagogischen Handelns und gewährleisten die ständige forschende Weiterentwicklung der didaktischen Strukturen und Methoden.

b) Unterstützung in den Bereichen WVD und HGI: In der aufgabenzentrierten Werkstattarbeit steht der resonante und relationale Bezug auf Vorbilder im methodischen Zentrum: In ihrer Gestaltungsarbeit müssen sich die Schülerinnen und Schüler beziehen können auf Bilder, Modelle, Plastiken, auf das Zeigen, Demonstrieren, Erklären der Lehrperson, auf die rundherum an ähnlichen Projekten arbeitenden Schülerinnen und Schüler.

Die Werkstatt (der Kunstsaal) ist ein Raum der Bilder und Modelle, der Materialien und Werkzeuge, der gemeinsamen Arbeit und des begleitenden Gesprächs. Wahrnehmen findet, das ist in den neueren wahrnehmungspsychologischen und anthropologischen Theorien Konsens, kooperativ und resonant statt (vgl. Tomasello 2006). Das gleiche gilt für das Vorstellen (vgl. Sowa 2015d). Nur auf diesem kooperativen Boden bilden sich auch Wissen und Können des bildhaften Darstellens – in der dreifachen Bedeutung von Handwerk, Gestaltung und Inhalt.

In der aufgabenzentrierten Werkstattarbeit wird das Prinzip des kooperativen und resonanten Lernens vor allem mit drei didaktischen Mitteln realisiert: durch das Zur-Verfügung-Stellen von

- *Wahrnehmungshilfen,*
- *Vorstellungshilfen,*
- *Darstellungshilfen.*

Dies geschieht in einer Situation der gemeinsam aufmerksamen Bezugnahme auf Bilder, Anschauungsmodelle, Gesten im Gespräch, Demonstrationen (vgl. hierzu auch Gonser 2018). Unter Einwirkung all dieser Resonanzfelder entstehen in der Werkstattarbeit die Werke der Lernenden. Die Lehrperson arbeitet ständig an der Weiterbildung der drei Pole des Resonanzfeldes (Wahrnehmungspol, Vorstellungspol, Darstellungspol). Die Aufmerksamkeit aller Beteiligten wechselt dabei ständig – wird von der Lehrperson entsprechend den auftretenden Notwendigkeiten immer wieder neu fokussiert. Der entscheidende Motor des Lerngeschehens im Gestaltungsfeld ist das *vergleichende Sehen*. Daraus entsteht immer wieder die Möglichkeit der Verbesserung.

c) Zeit und Raum: Jedes Gestaltungslernen braucht vor allem *Zeit*. Auch Vorstellungsumbildung braucht ihre Zeit, und das Ausarbeiten von Werken aller Art braucht seine Zeit. Und all das braucht auch *Raum*.

Kunstunterricht ohne Fachräume ist im Grunde nicht einmal eine Notlösung. Und Kunstunterricht im wöchentlichen 45-Minuten-Takt ist den Arbeits- und Lernprozessen in keiner Weise angemessen. Kunstlehrende müssen alles versuchen, was in ihrer Möglichkeit steht, die Grundkonditionen von Raum und Zeit so zu gestalten, dass überhaupt echter Kunstunterricht stattfinden kann.

2.3 Beurteilen und Bewerten

Der Bereich der »Kunst« scheint sich von Natur aus jeder messenden Beurteilung zu entziehen. Daher werden auch seit Jahrzehnten in kunstpädagogischen Diskussionen die Probleme des Beurteilens und Bewertens oft sehr kontrovers erörtert.

Die Problematik des »Urteils« in der Kunst

Die konträren Pole dieser Diskussionen lassen sich so verorten:

Tab. 20: Pole des Beurteilens

Künstlerische Leistungen sind rein subjektiv begründet. Ihre Bedeutungen und Wirkungen für den Autor lassen sich nicht objektiv beurteilen und bewerten.	Künstlerische Leistungen sind objektiv beurteilbar und bewertbar, die damit verbundenen Kompetenzen sind evaluierbar und objektiv messbar.

⟵————————————————————⟶

Beide Positionen akzentuieren nur Teilaspekte mit begrenzten Wahrheitsanteilen. Deswegen gab es auch schon in den kunsttheoretischen Debatten des 17. bis 19. Jahrhunderts diese argumentativen Fronten zwischen einerseits den Vertretern »akademischer« Lehr- und Beurteilungsstrukturen, andererseits den Fürsprechern der prinzipiellen Freiheit und Nichtobjektivierbarkeit von künstlerischen Entscheidungen und ästhetischem Urteil. Von den einen wurde – unter dem Gesichtspunkt des Unterrichtens – eine Zerlegung des künstlerischen Könnens und Wissens in separat lehr- und beurteilbare Teilqualifikationen befürwortet und betrieben. Von den anderen wurde – gipfelnd in der Genieästhetik – darauf bestanden, dass das künstlerische Schaffen und das ästhetische Urteil unteilbare, nicht aus Einzelurteilen konstruierbare und nicht aus der vergleichenden Beurteilung hervorgehende Würdigungen des singulären Werkes hinsichtlich seiner Authentizität und Schönheit seien und dass keine Auskunft über die verborgenen Regeln von Kunstwerken gegeben werden könne.

Philosophisch wurde diese Problematik in einer inzwischen als klassisch geltenden Weise sehr umfassend in Immanuel Kants »Kritik der Urteilskraft« (1790) diskutiert, mit dem Ergebnis, dass in jedem ästhetischen Urteil – obwohl es im Grunde von ausschließlich subjektiver Geltung ist – doch der *Anspruch* auf eine Gültigkeit auch für andere Menschen, auf allgemeine Zustimmung steckt, sodass man diese Gültigkeit wenigstens im Gespräch *erörtern* und intersubjektiv *prüfen* kann. Die Fähigkeit, sich in den Spielräumen der ästhetischen Beurteilung angemessen zu bewegen, kann nach Kant zumindest *geübt*, wenn auch nicht stringent und methodisch gelernt werden.

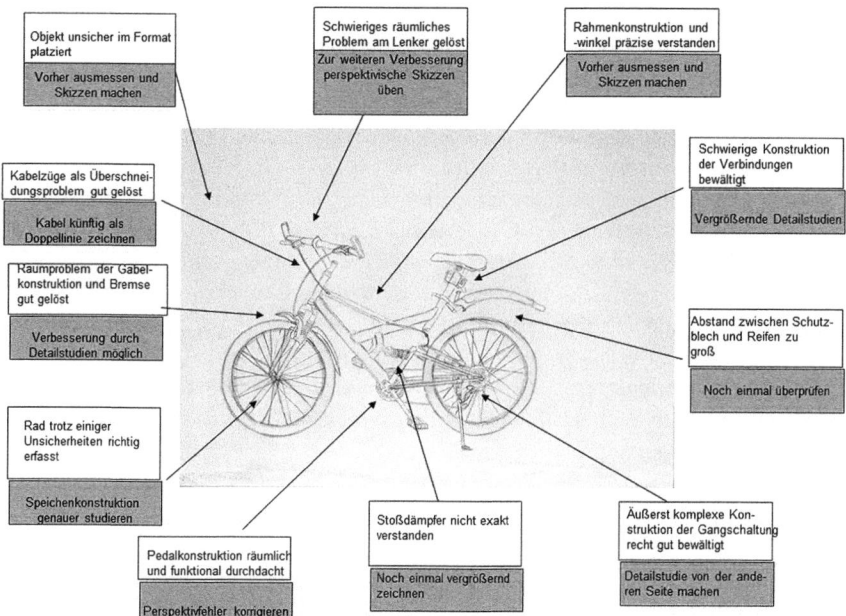

Abb. 119: Mittelstufe (Kl. 7), Sachzeichnung »Fahrrad«. Beispiel für eine objektive Beurteilung und Bewertungsgrundlage. In der Zeichnung sollten räumliche, funktional-konstruktive und proportionale Sachverhalte möglichst genau sowohl in Detailstudien als auch in der Gesamtansicht wiedergegeben werden. Die Analyseblätter zeigen in den grauen Feldern die Diagnose des Zwischenstandes, in den weißen Feldern die fördernden Verbesserungsvorschläge, um die Weiterarbeit im Unterricht anzustoßen. (Archiv Sowa)

Kunstpädagogische Lösungsmodelle für die Problemlage

In der neueren Geschichte der Kunstpädagogik (2. Hälfte 20. Jh.) wurden – im Zwischenraum zwischen den extremen Polen – im Prinzip folgende alternative Grundmodelle zum Beurteilen und Bewerten vertreten (vgl. hierzu viele Beispiele in Peez 2008):

- Man kann die künstlerische Leistung in viele einzelne operationalisierbare Teilleistungen und Teilkriterien zerteilen, die man gesondert bewerten kann. Aus der Summe der einzelnen bewerteten Teilleistungen lässt sich ein relativ abgesichertes und objektives Gesamturteil ableiten (Otto 1969).
- Kunstlehrende können auf der Grundlage ihrer pädagogischen Erfahrung und eigenen künstlerischen Qualifikation ein relativ gesichertes »Evidenzurteil« von der Qualität der künstlerischen Leistungen der Lernenden fällen (Pfennig 1974, 180 ff.).
- Entscheidender Maßstab für künstlerisch-ästhetische Lernprozesse ist die Selbstbeurteilung der Lernenden. Diese ist im Unterrichtsgespräch zu erörtern und zu diskutieren und bildet zumindest eine gewichtige Komponente der finalen »Leistungsbewertung« durch die Lehrenden (vgl. dazu Beispiele in Peez 2008).
- Es gibt eine Vielzahl von variablen Modellen und Methoden der Beurteilung und Bewertung von künstlerischen *Lernprozessen* und *Produkten* – in verschiedenen Betonungen des Prozess- und des Produktcharakters.
- Analytisch-kriteriengestützte *Einzelbeurteilung von Teilaspekten* und künstlerisch-ästhetisch zusammenfassendes *Evidenzurteil über das Werkganze* ergänzen einander – auch dies in verschiedenen Gewichtungen.
- Ebenso ergänzen sich *Selbstbeurteilung* der Lernenden und *Außenbeurteilung* durch die Lehrenden. Auch hier sind verschiedene Gewichtungen möglich.
- Von zentraler Bedeutung ist immer, dass die Beurteilung sich nur an den von Anfang an deklarierten, transparent gemachten und übereinstimmend von allen Beteiligten anerkannten *Kriterien der Aufgabenstellung* orientiert und dass die Beurteilung von den betroffenen Schülerinnen und Schülern nachvollzogen und akzeptiert werden kann.

Gewiss haben die Modelle die meiste Plausibilität, die versuchen, die Extreme in pädagogisch verantwortlicher Weise zum Ausgleich zu bringen. Im Rahmen des vorliegenden Lehrwerks kann das als allgemeiner Orientierungsrahmen dienen. Dennoch scheint es uns möglich, in dem von uns ausgefalteten systematischen Begründungszusammenhang noch einige Präzisierungen zum Fragenkreis von Beurteilung und Bewertung in künstlerischen Lernprozessen zu treffen.

Zwölf Eckpunkte zu einer Lehre des *Beurteilens* im Rahmen künstlerischer Lehre

1. Alle kunstpädagogischen Werkprozesse sind durchzogen von Strukturen des Urteilens und Beurteilens, die die Entscheidungen durchgehend regeln und die auch in den begleitenden Gesprächen immer wieder artikuliert werden. Die Beurteilung der fertigen Werke steht in dieser Kontinuität des Urteilens, nimmt aber einen besonderen Rang ein, weil sie zusammenfassenden und abschließenden Charakter hat. Deswegen ist die Beurteilung ein zentrales Thema kunstpädagogischer und kunstdidaktischer Theorie.

2. »Ästhetisches Urteil« und »Kunstunterricht« sind zwei verschiedene Sphären. Das dezidert »ästhetische« Kunstverständnis (»schön« vs. »unschön«, »interessant«

vs. »uninteressant«, »spannend« vs. »langweilig« usw.) kann und darf nicht kurzschlüssig auf die Lehrsituation in der künstlerischen Lehre übertragen werden. Hierin liegt die *crux* all jener kunstpädagogischen Strömungen noch in unserer Gegenwart, die sich vorrangig oder ausschließlich an den Modellen der »Ästhetik«, der »ästhetischen Erfahrung« und der subjektiv empfundenen »Authentizität« orientieren statt an dem des Unterrichtens von nachprüfbarem künstlerischen Können als einem praktisch-geistigen Fertigbringen und Vollbringen.

3. In der Werkherstellung baut sich das künstlerische Tun in einer Reihe von geregelten Teilvollzügen auf, die durchaus separat gelehrt, geübt und beurteilt werden können: Handwerk – Gestaltung – Inhalt/Sinngebung (HGI-Schema). Wohl sind in jedem dieser drei Bereiche bis ins Detail hinein auch ästhetische Urteile wirksam, aber ebenso klar erlernbare, beurteilbare und durchaus z. T. auch messbare Teilleistungen.

4. Jedes künstlerische Herstellen ist – im Ganzen wie in jedem Teilschritt – ein Entscheiden und Urteilen. Wenn eine Linie gesetzt wird, wird ein »Urteil« gefällt darüber, was sie einschließt oder ausschließt. Wenn malerisch eine Farbe gesetzt wird, wird genau diese Farbe in genau dieser Relation zu anderen Farben in der Gesamtkomposition gesetzt – das ist ein nachprüfbares und hinsichtlich des Gelingens beurteilbares Faktum. Wenn im Skulptieren ein Meißelschlag gesetzt wird, trennt er das Material vom Leerraum und trifft eine Entscheidung über die Form usw.

Daher: Weil jedes künstlerische Entscheiden ein Urteilen ist, kann und muss es – wenn es nicht ein singulärer Willkürakt im leeren Raum bleiben soll – dem Spiel des Abwägens und Beurteilens unterworfen werden.

5. Das Beurteilen von künstlerischen Werken (qua »Einheit des Mannigfaltigen«) bezieht sich immer (a) auf jedes einzelne Teil des Werkganzen, (b) auf seine Stellung im Relationsgefüge des Ganzen, (c) auf die Relation des Ganzen zur Umgebung, zum Vergleichsfeld, zur Tradition vorangegangener Beispiele usw. und (d) auf die Relation des Ganzen zu den Betrachtenden.

Diese Komplexität der differenten Urteilsebenen macht das künstlerische Urteilen so eminent schwierig, dass es oft (s. o.!) für unmöglich oder anmaßend erklärt wird. Doch man kann (und muss) das Urteilen differenzieren, also in seine Teilaspekte zerlegen und diese dann wieder zusammenführen. Dann spricht man von einem *fachlich qualifizierten Urteil* oder aber: von einem *künstlerischen Urteil*.

6. Im *künstlerischen Unterricht* ist die didaktisch gut begründete und auf den gesamtcurricularen Lerngang bezogene *Aufgabenkonstruktion* (s. o.) die Basis von Beurteilung und Bewertung. Nach den von uns vertretenen didaktischen Prinzipien enthält jede Aufgabenstellung – in je besonderer Gewichtung – handwerkliche, gestalterische und inhaltliche Zielsetzungen.

7. Das Beurteilen von künstlerischen Prozessen und Werken *im Kunstunterricht* ist analog zu dem im obigen Punkt 4 Gesagten zu verstehen, doch sind die Einzelaspekte hier sogar noch komplexer. Zu den in (4) genannten Einzelaspekten treten nämlich noch hinzu:

- der Bezug zu den detailliert und explizit benannten Kriterien der Aufgabenstellung;

- das Handeln des Schülers/der Schülerin während des Werkprozesses;
- die erkennbaren Gestaltungsqualitäten des Werks und seine Wirkung auf die gesamte Lerngruppe;
- die bisherige individuelle Lernentwicklung der Schülerinnen und Schüler;
- das Ganze der kulturell umgebenden Bildwelt.

In der Beurteilung des Werkes müssen alle diese Komponenten des Urteils transparent gemacht und miteinander abgewogen werden.

8. Die Beurteilung einer Gestaltungsarbeit, die im Kontext einer unterrichtlichen Aufgabenstellung entstanden ist, steht in der Spannung zwischen einem umfassenden Urteil über das in sich schlüssige Gelingen des Werkes, also einer quasi ästhetischen Beurteilung, und einer Beurteilung aller genannten Einzelaspekte – nach den »Regeln der Kunst«.

9. Handwerkliche Regeln werden in relativer Engführung unterrichtet. Sie richten sich sachbezogen an den Werkzeugen und Materialien aus. Hier gibt es auch ein klar unterscheidbares »Richtig« und »Falsch«: Eine architektonische Turmkonstruktion ist entweder stabil oder wackelig, eine Radierung ist tief genug geätzt oder zu schwach usw. Kriterien der mehr oder weniger gelungenen *Handwerklichkeit* gehen in fast jede Beurteilung von künstlerischen Schülerleistungen ein und sind für alle Beteiligten in einem hohen Maße objektiv nachvollziehbar.

10. Auch Kriterien der *Gestaltung* sind zu einem großen Teil objektivierbar (z. B. Klarheit und Sicherheit einer Linienführung, farbliche Stimmigkeit eines Farbkonzeptes, gleichmäßiger Rhythmus einer Schriftübung, Schlüssigkeit einer Komposition usw.). Zu einem gewissen Teil führen sie auch ins Feld ästhetischer Beurteilung. In vielen künstlerischen Gestaltungslehren werden – bezogen auf je einzelne benennbare und separierbare Gestaltungsprobleme – gültige und schlüssige Regeln formuliert. Künstlerische Gestaltungsarbeit kann in der Tat einer mehr als nur subjektiv und individuell tragfähigen *Geltungsprüfung* unterzogen werden (vgl. z. B. unter Berufung auf Max Imdahl: Krautz 2017b, 2020).

11. Auch die Intensität der *Wirkung* gestalteter Werke auf Betrachtende kann überprüft und beurteilt werden – in individueller Betrachtung wie im gemeinschaftlichen Betrachtergespräch. Ein entscheidender Punkt dabei ist: Gestaltete *Form* und inhaltliche *Absicht* müssen im Werk überzeugend konvergieren, sie müssen stimmig sein, um die angemessene Wirkung zu erzeugen. Zum Beispiel kann in der Aufgabe *Die gehören zu mir* (▶ Kap. III.1.4.4) die zielgerichtete formale Darstellung menschlicher Verbundenheit einer weitgehenden Beurteilung unterzogen werden hinsichtlich der Frage: Wird diese Verbundenheit mit den gewählten gestalterischen Mitteln nachempfindbar und ergreifend dargestellt?

12. Die Wahlentscheidungen von Schülerinnen und Schülern über die *Inhalte* ihrer Werke sind deutlich von ihren subjektiven Überzeugungen und ihren existenziellen Entscheidungen geprägt. Daher sind sie (im Unterschied zu den handwerklichen und gestalterischen Entscheidungen) nur in begrenztem Maße von außen beurteilbar (oder gar bewertbar). Gerade weil es im Kunstunterricht immer auch um subjektive und existenzielle Inhaltssetzungen geht, müssen sich Beurteilungen von Inhalten stets auf der offenen Ebene der behutsamen abwägenden Erörterung bewegen. Um der Situation einer ausgesprochen persönlichen und u. U.

sehr ins Private gehenden Situation zu entgehen, ist die Bezugnahme auf Kunstwerke, in denen vergleichbare Inhalte zur Sprache kommen, ein hilfreicher Weg. Der Vergleich mit ähnlichen (oder irgendwie vergleichbaren) Werken führt auf den Weg der »Objektivierung«: Die inhaltliche Setzung eines Schülers steht nicht alleine in der Welt da, sondern er befindet sich in der Nachbarschaft anderer Menschen, die sich auch mit diesen Inhalten beschäftigt haben.

Fazit: Zusammenfassend kann man festhalten, dass das künstlerische Urteil immer ein *abwägendes* Urteil ist, das mehrere Faktoren gegeneinander gewichtet und in Relation zueinander geltend macht. Deswegen ist der eigentliche Ort des künstlerischen Urteils das mehrstimmige *Gespräch*. Im *Werkstattgespräch* haben die Künstlerinnen und Künstler aller Zeiten immer schon das abwägende Entscheiden gelernt und optimiert. Auch im Kunstunterricht gibt es dieses Werkstattgespräch als die tragende Säule des Unterrichts. In den begleitenden Gesprächen während der Arbeit an den Aufgaben wird ständig das Kunsturteil praktiziert und geübt. Das finale »Abschlussgespräch« angesichts der Abschlusspräsentation der Werke hat insofern im Grunde nur zusammenfassenden und resümierenden Charakter. Je ernster Kunstlehrende das Werkstattgespräch in all seinen Facetten nehmen, je intensiver sie es führen und immer wieder anleiten, desto geübter und schließlich verantwortungsvoller und selbständiger werden die Lernenden im Urteil werden.

Grundlinien einer Lehre des *Bewertens* im Rahmen künstlerischer Lehre

Die *Bewertung* von künstlerischen Schülerleistungen ist fundiert in den genannten Dimensionen der Beurteilung. Im »Bewerten« wird der Einzelleistung ein letztlich auch numerisch ausdrückbarer *Rang* in einem Vergleichsfeld zugewiesen.

Eine solche Bewertung komplexer Gestaltungsleistungen *im Vergleich* mit anderen Werken scheint die Möglichkeit einer Art »objektiver« Messbarkeit zu unterstellen. Messen lassen sich aber allenfalls Teilfaktoren (vgl. Sowa 2012). Ansonsten kann sich die Bewertung nur auf Vergleiche stützen, die das einzelne Werk und die einzelne Schülerleistung in Relation zu anderen Schülerarbeiten (»Lernstand«) sowie zu allgemeinen kulturellen Standards (»Stand der Künste«) stellen und einstufen (vgl. Peez 2004, S. 7).[65]

Vergleich und Wettkampf sind von den geschichtlichen Anfängen an ein tragendes Moment der Künste, die in dieser Hinsicht etwa dem Sport ähneln. Das ist ein anthropologisches und kulturelles Faktum. Die Ausstellung in der Kunst (▶ Kap. IV.2.4) ähnelt dem Konzert in der Musik (lat. *con-certare* = gemeinsam wettstreiten). Insofern braucht auch Kunstunterricht immer den Vergleich der Werke, braucht davor keine Berührungsängste zu haben, denn der Werkvergleich ist ein dezidiert künstlerischer Akt.

---

65 Bemerkenswerterweise finden sich in Methodiken der Kunsterziehung der ehemaligen DDR sehr differenzierte Beispiele für Bewertungen, die die Arbeiten von Schülerinnen und Schülern als künstlerische Werke ernstnehmen und differenziert hinsichtlich der Qualität ihres Form-Inhalts-Zusammenhangs beurteilen (vgl. Müller 1978).

- Im Vergleich treten manche Werkqualitäten, die in der Einzelbeurteilung (s. o.) noch nicht so auffällig waren, oft stärker hervor.
- Im Vergleich der verschiedenen gestalterischen Schülerantworten auf eine Aufgabenstellung zeigt sich, was in der Lerngruppe im Verlauf der Arbeit *allgemein* gelernt und geleistet wurde.
- Im Vergleich zeigt sich auch die Spannweite und Qualität der *Besonderheiten* einzelner Gruppen von Lernenden. Man kann (und muss auch letztlich) im Vergleich Gruppierungen einteilen (von »herausragend gut« über »durchschnittlich« bis zu »unterdurchschnittlich«). Die Bildung von Gruppierungen ermöglicht eine *Graduierung* des Urteils. Das ist der Kern des »Bewertens« im eigentlichen Sinn.
- Im Vergleich tritt neben den Gruppen-Besonderheiten auch die Individualität, die *Einzelheit* hervor, das was nicht geplant und nicht vorauszusehen war.

Zusammenfassend muss festgestellt werden, dass die didaktischen Handlungsformen der Beurteilung und Bewertung künstlerischer Lernleistungen sehr viel Erfahrung brauchen und mit der Zeit für Lehrende immer besser beherrschbar werden. Aber: Sie können geübt und gelernt werden – wie alle künstlerischen Fähigkeiten: Wie alle Künste kann auch die Kunst des Beurteilens zerlegt und wieder zusammengesetzt werden. Über dieses Üben der Teilfertigkeiten des Beurteilens sollte auf der Seite der Kunstdidaktik mehr nachgedacht werden als über rein unterrichtstechnische »Bewertungsmethoden«.

Die Bewertung am Beispiel

Abschließend soll die Komplexität des Bewertungsvorgangs im Vergleich zweier Schülerarbeiten angedeutet werden.

Aufgabe: In einer Klasse 10 sollte das Thema »Landschaft« mit farbigen Mitteln gestaltet werden (▶ Kap. III.2.2.2, ▶ Abb. 37). *Inhaltlicher* Ausgangspunkt war die für die Schülerinnen und Schüler alltägliche, unspektakuläre Heidelandschaft ihrer Umgebung. Dieser Lebensweltbezug wurde im Unterricht verbunden mit der Betrachtung von Landschaftsmalerei aus der Kunstgeschichte, in der mittels Farbe und Räumlichkeit eine bestimmte Stimmung und atmosphärische Wirkung erzielt wird. Ziel ist, den Schülerinnen und Schülern mit Hilfe der Malerei die Landschaft als möglichen Ort der Resonanz für Stimmung und Empfindung aufzuschließen.

Gestalterisch sind hierfür die Fragen der farblichen Raumwirkung, des Erzielens von Tiefenwirkungen sowie des Erzeugens von Atmosphäre durch Modulation der Farbe wesentlich. Diese Mittel wurden in der Betrachtung zunächst erarbeitet, dann von der Lehrerin konkret gezeigt und in mehreren Übungen erprobt. Als Vorlage dienten SW-Fotografien der Heidelandschaft, denen mittels der Malerei ein bestimmter Stimmungswert verliehen werden sollte (z. B. »Morgenstimmung«, »ein Gewitter zieht auf«, »warm und heiter« etc.). Die Reduktion auf SW verhinderte die schlichte Übernahme von Farben und forderte, ein eigenes innerbildliches Farbkonzept aufzubauen.

Handwerklich stand der Umgang mit Gouache-Farbe im Vordergrund, die deckend wie lasierend eingesetzt werden kann. Um kleinteiliges Arbeiten zu verhindern und das Verbinden der Farben im Bild anzuregen, wurde mit breiteren Borstenpinseln und ohne Wasser gearbeitet; der Pinsel konnte nur an einem Papier abgestreift werden.

Der *Arbeitsprozess* wurde begleitet von beständiger individueller Beratung und gemeinsamen Zwischenbesprechungen.

Abb. 120: Schülerarbeit A (links), Schülerarbeit B (rechts) (Archiv Amado)

Hier sind nun kontrastiv zwei Ergebnisse aus dem Klassensatz ausgewählt:

Schülerarbeit A (▶ Abb. 120, links) zeigt eine heitere, eher sommerliche Stimmung, die vor allem durch den Violetton im Vordergrund und dem offenen Himmel mit Schleierwolken zustande kommt. Das Violett ist dabei nur bedingt »realitätsnah« verwendet, greift jedoch gekonnt mögliche Farbigkeiten wie etwa von Wiesenblumen auf und verstärkt diese zu einem die Wirkung des Bildes bestimmenden Farbton. Hierzu kontrastieren die differenzierten Grüntöne der Bäume und des Weges sowie das Ocker eines angedeuteten Feldes. Die Farbe ist deckend und lasierend aufgetragen, scheint also teilweise durch und verblasst nach hinten, sodass eine räumliche Wirkung entsteht. Diese wird unterstützt durch den sich perspektivisch stark verjüngenden Weg, der die Betrachtenden kompositorisch in das Bild hineinführt. Überschneidungen und Überdeckungen verstärken diese Wirkung zusätzlich und ergeben ein kompositorisch anregendes Spiel von größeren und kleineren Formen.

Das Bild kann insofern als gelungen gelten, weil es nicht nur die Kriterien der Aufgabe erfüllt, sondern diese in eine in ihrer Wirkung überzeugende Gestaltung integriert. Dabei geht es nicht nur um das Abarbeiten der Kriterien, sondern um das Bewusstmachen des Bezugs auf die Tradition europäischer Landschaftsmalerei seit dem 18. Jahrhundert, ohne diese wiederum die Themenstellung und deren Gestaltungsmittel nicht denkbar wären. Die Tradition der Kunst bildet also den kulturellen Resonanzraum der hier vorgenommen Wertung: »gut gelungen«.

Vor diesem Hintergrund ist nun auch Schülerarbeit B zu betrachten. Hier ist die malerische Integration der Farben zu einem stimmungsbezogenen Bildkonzept weit weniger gelungen. Die Farben bleiben eher schematisch auf die Gegenstandsfarbigkeit bezogen, sie sind kaum innerlich differenziert, flächig deckend aufgetragen und im Bild nicht verbunden. Es stehen harte abgegrenzte Farbflächen gegeneinander. Ebenso schematisch bleiben die Wolkenformen sowie der Baum. Raumwirkung wird vor allem durch den in die Tiefe führenden Weg erzeugt, eine Wirkung, die sich aber im übrigen Bild nicht fortsetzt. Gleichwohl kommt eine gewisse heitere Farbstimmung durch die Kontrastierung von hellerem Grün, Ocker und Blau auf. Man könnte dies nun für ein expressionistisches Farb- und Formkonzept, also für absichtsvoll gewählt halten. Allerdings würde man der Schülerin damit unterstellen, über ein breites malerisches Ausdrucksrepertoire zu verfügen, aus dem heraus sie diese Darstellungsweise bewusst aufgreift. Das ist mit Sicherheit nur in Kenntnis der Schülerin und ihres Arbeitsprozesses zu entscheiden, kann aber mit Blick auf den Stand der im Bild sichtbaren Darstellungsformeln als weitgehend ausgeschlossen gelten.

Das Bild kann insofern als weniger gelungen gelten, weil es sich eben den kulturell ausgeformten Möglichkeiten der Landschaftsmalerei nicht so weit annähert, dass der Eindruck einer stimmungsvollen Atmosphäre entsteht. Dem entspricht die Feststellung, dass die erarbeiteten Kriterien hier wenig umgesetzt wurden.

Bis hierin entspricht der Bewertungsvorgang einem *künstlerischen Qualitätsurteil*, das den Zusammenhang von Form und Inhalt abwägt. Die Schülerarbeiten werden also als Sachgegenstand so ernst genommen wie Kunstwerke, auch wenn sie im Rahmen einer Aufgabe entstanden sind (vgl. Krautz 2017b).

Eine Ziffernnote lässt sich jedoch aus der bisherigen Bewertung nicht eindeutig ableiten. Für die *Benotung* müssen nun weitere Aspekte hinzugezogen werden, die sich aus der *pädagogischen Aufgabe* der Schule ergeben:

Hierzu gehört zunächst der Vergleich mit dem gesamten Klassensatz: Wo stehen diese Arbeiten im Vergleich zu den anderen Arbeiten? Bilden Sie das obere und untere Ende der Skala oder gibt es noch andere Lösungen?

Dann ist der Arbeitsprozess in doppelter Weise einzubeziehen. Zunächst selbstkritisch für die Lehrperson: Habe ich alles didaktisch Erforderliche getan, um den Schülerinnen und Schülern die erfolgreiche Bearbeitung der Aufgabe zu ermöglichen? Sind mir didaktische Probleme aufgefallen, die ggf. die Bearbeitung erschwert haben? Wenn ja, wie gewichte ich diese?

Zudem muss die individuelle Situation der einzelnen Schülerin/des Schülers betrachtet werden: Wie ist ihr oder sein Arbeitsprozess verlaufen? Welche Hilfen habe ich gegeben? Welche Beratung geleistet? Wie intensiv hat sie oder er gearbeitet? Waren andere Faktoren ausschlaggebend wie Ablenkung, Störungen, Fehlzeiten usw.?

Und schließlich ist auf die individuelle Person der Schülerin/des Schülers zu schauen: Welche Lerngeschichte im Fach Kunst hat sie oder er? Hat die eine womöglich privaten Malunterricht? Hat die andere sich intensiv bemüht, kommt aber dennoch nicht weiter? Wie ist der in der Arbeit sichtbare Entwicklungsschritt in Relation zur bisherigen Lernentwicklung zu werten? Könnte eine schlechte Note eine positive Entwicklung entmutigen? Oder ist sie wichtig, um zur Ernsthaftigkeit in Auseinandersetzung mit der Sache zu mahnen?

Solche pädagogischen Erwägungen bei der Notenfindung sind nicht nur zulässig, sondern werden in den Schulgesetzgebungen ausdrücklich verlangt. Aber: Sie können und dürfen das Sachurteil nicht vollständig relativieren. Konkret kann es sich dabei lediglich um Notentendenzen handeln, selten um ganze Notenstufen.

Denn die Relation auf die Klassenleistung muss auch für die Schülerinnen und Schüler nachvollziehbar erhalten bleiben.

Abb. 121 zeigt dazu acht Schülerarbeiten aus einem Klassensatz. Die Sichtung im Überblick und das Auslegen der Arbeiten ist ein entscheidender Schritt in der Findung einer begründeten Bewertung. Es zeigt sich, dass erst der Vergleich zu einer gesicherten Einschätzung und Würdigung der einzelnen Arbeit führen kann und im Kontext des Klassensatzes die Spielräume und die Varianz der Lösungsansätze sichtbar werden. Im Sachbezug auf die o. g. Kriterien kann nun auch das obere und untere Ende der Skala bestimmt werden. Darüber hinaus müssen aber wie oben schon angedeutet weitere Kriterien für die Urteilsfindung hinzugezogen werden, wie etwa der individuelle Lernfortschritt, Hilfestellungen von Seiten der Lehrenden oder die Frage nach dem Verlauf des gesamten Arbeitsprozesses.

Literaturauswahl

Peez (2008); Krautz/Sowa (2013); Krautz (2017b)

Kapitel IV Kunstunterricht planen und durchführen

Abb. 121: Unterstufe (Kl. 7), Sachzeichnung Fahrrad, abgebildet sind 8 Schülerarbeiten aus einem Klassensatz von 25. Die Ergebnisse sind noch nicht nach Qualitätskriterien (▶ Abb. 119) geordnet. (Archiv Sowa)

2.4 Präsentieren

Wie bereits in diesem Kapitel IV.2 erwähnt, sind aus dem Werkprozess heraustretende, reflektierende und präsentierende Formen der Betrachtung ständiger Begleiter des Kunstunterrichts. Zweifellos gehört dies zur künstlerischen Praxis. Darüber hinaus ist ein bedeutender Bestandteil der didaktischen Aufgabe, am Ende eines Unterrichtsvorhabens oder eines Projektes eine umfassende Präsentation der Ergebnisse vorzunehmen. Ausstellungen sind daher kein Anhängsel an den Kunstunterricht, sondern wesentlicher Bestandteil des Faches und seiner medialen Bildungsarbeit. Das Fach Kunst tritt mit Ausstellungen an die Öffentlichkeit und ist damit auch in seiner Sichtbarkeit nach außen gefordert. Dass dies heute mit unterschiedlichen medialen Mitteln, darunter auch digitalen erfolgt, muss nicht weiter betont werden. In der Praxis finden Ausstellungen durch spontan improvisierte Präsentationen im Klassenzimmer am Ende der Arbeitsphase (»Abschlusspräsentation« nach einer Aufgabe) statt, an geeigneter Stelle im Schulgebäude, aber auch im erweiterten Rahmen im öffentlichen Raum an einem außerschulischen Ausstellungsort. Je nach Situation und Zielsetzung unterliegen Ausstellungen unterschiedlichen Bedingungen, erfordern mitunter eine aufwändige Planung, ausgearbeitete Konzepte sowie eine sorgfältige Gestaltung und Vorbereitung. In jedem Fall sollen die Werke der Schülerinnen und Schüler bestmöglich präsentiert werden. Die Gefahr besteht, dass selbst gute Arbeiten durch eine ungünstige Präsentation an Wertschätzung verlieren. Hier gilt die Regel, dass eine Ausstellung und die gezeigten Exponate nur dann überzeugen, wenn die Ausstellung eine erkennbar gestaltete Inszenierung aufweist und es gelingt, die Zielsetzung eines bestimmten Anliegens zu vermitteln.

Ausstellungen, egal welcher Art, Form und unter welchen örtlichen Bedingungen sie stattfinden, sind grundsätzlich eine Zusammenstellung von formal und/oder thematisch-inhaltlich zusammengehörigen Objekten. In gut gemachten Ausstellungen unterstützen und verstärken sich diese gegenseitig. Eine Ausstellung ist immer auch ein Ort der Begegnung und des Versammelns: ausgewählte Objekte treffen auf ein in der Regel interessiertes Publikum. Die Besucher erhalten Einblicke in ein bis dahin möglicherweise unbekanntes Feld des Wissens und Erlebens: z. B. in die Welt der Wissenschaft, Technik, Geschichte, Biologie, Geografie etc. oder auch in die Welt der Kunst. Ausstellungen sind nicht nur ein Ort der Wissensbereicherung, sondern wirken u. U. anregend und können Anstoß für weiterführende Diskurse sein, mitunter sind sie konfrontierend und herausfordernd. Sie sind daher ein wichtiger Beitrag im Projekt allgemeiner Bildung.

Auch die Schule ist ein Ort derartiger Begegnung. Insbesondere für den Kunstunterricht sind Ausstellungen ein willkommenes Mittel, an die Öffentlichkeit zu gehen. Sie geben gezielt einen Einblick in das, was meist nur hinter der Klassenzimmertüre stattfindet, nämlich in die Vielfalt der Inhalte, Methoden und Zielsetzungen. Kaum ein Fach hat derartige Möglichkeiten, die schulische Arbeit nach außen hin sichtbar zu machen und auch Anerkennung zu finden.

Ausstellungen dienen daher in besonderer Weise der Profilbildung des Faches Kunst, aber auch der Schule insgesamt. Überdies tragen sie zur besonderen Wertschätzung und atmosphärischen Wertsteigerung im Schulleben bei. Dabei geht es nicht nur darum, der Schule nach außen hin sichtbare Gestalt zu geben (z. B. bei Schulfesten und Preisverleihungen, Jubiläen und ähnlichen Gelegenheiten von öffentlichem Interesse), sondern zugleich sind positive Effekte zu verzeichnen, die sich durch ein bewusst gestaltetes Erscheinungsbild und der damit verbundenen ästhetischen Erfahrung einstellen dürften. Die Schülerinnen und Schüler identifizieren sich deutlich mehr mit ihrer Schule, wenn sie selbst mit eigenen Werken sichtbar vertreten sind, ein Phänomen, das in dieser Form bisher viel zu wenig beachtet wurde. Die Wertschätzung der einzelnen Schülerarbeit ist eine grundsätzlich einzufordernde Haltung, die jedoch durch eine professionelle Ausstellunggestaltung erheblich gesteigert werden kann. Zugleich indiziert diese auch eine Wertschätzung des einzelnen Individuums, eine Form der Übertragung, die das Zugehörigkeitsgefühl zur Institution Schule erheblich zu steigern in der Lage ist.

Ausstellungen überzeugend inszenieren ist Teil des Kunstunterrichts

Folgende Fragen sollten bei der Konzeption einer Ausstellung bedacht werden:

- Welche Ziele verfolgt die Ausstellung? Welche thematische Einbindung sollte sichtbar werden (z. B. die Ergebnissicherung eines Projekts, die Präsentation von Facharbeiten etc.)?
- In welchen Kontext ist die Ausstellung einzubinden und welche Informationen braucht der Besucher oder die Besucherin, um eine informierte Einschätzung vornehmen zu können?
- Welchen Umfang soll die Ausstellung haben? Welche Räume und/oder Ausstellungsflächen stehen zur Verfügung und wie viele Bilder/Objekte können überhaupt gezeigt werden?
- Welches Equipment steht zur Verfügung: Stellwände, Hängeflächen, Wechselrahmen, Podeste, Schaukästen etc.? Welche besondere Lichtsituation ist vor Ort und wie kann diese verbessert werden?
- Welche Präsentationsform zu einer Ausstellung passt, muss im konkreten Fall – immer abhängig vom Inhalt der Ausstellung – entschieden werden. Ausstellungen umfassen z. B.: Performance, Installation, Objekt/Plastik, zweidimensionale Artefakte, Multimediale Inszenierungen, digitale Präsentationsformen etc.

Ausgangspunkt für eine Ausstellung kann ein Bild, ein Objekt, eine Idee, ein Titel oder ein Text sein. Man sammelt alle möglichen Bilder oder Objekte, die für die Ausstellung in Frage kommen, notiert Ideen, Gesichtspunkte, Bildtitel und Bildunterschriften. Man legt das gesamte Material wie einen bunten Teppich aus und lässt sich zu weiteren Ideen und ersten Zusammenstellungen anregen. Im Anschluss gilt es, aus der Vielfalt eine ansprechende und sinnvolle Auswahl zu treffen. Dazu muss man sich über seine Absichten und eine mögliche Konzeption klar werden – in der Regel ist man dann erst in der Lage, der Ausstellung den richtigen Titel zu geben. Zu empfehlen ist, die Konzeption und den Aufbau als Teamwork zu betrachten und die beteiligten Aussteller, die Schülerinnen und Schüler, in die Konzeption, Vorbereitung und den Aufbau miteinzubeziehen.

Ausstellungen mit thematischen Schwerpunkten können sein:

- Sammlungen zu bestimmten Themen und Fragestellungen (Dinge der Heimat, Wasser, Natur als Künstlerin etc.)
- Gemeinschaftsausstellung zu Themenstellungen, bearbeitet von verschiedenen Jahrgangsstufen (z. B. Stadt/Lebensraum, Meine Familie und ich)
- Schautafeln/Plakate zu berühmten Künstlerinnen und Künstlern oder kunsthistorischen Themenstellungen
- Verschiedene Drucktechniken mit didaktischen Erklärungen
- Dokumentationen von Projekten etc.

Im nächsten Schritt werden die Bilder/Objekte nach dem bereits festgelegten Thema geordnet. Es erfolgt der Entwurf von Überschriften, Bildtiteln, Angaben zu Techniken. Man sortiert Bilder aus, ergänzt die einzelnen Gruppen wenn nötig mit weiteren Bildern. Gesichtspunkte der Sortierung können sein: inhaltlich-thematische (verwandte) Motive, didaktische folgerichtige, chronologische, aber auch formale wie etwa eine farbliche Gestaltung, Formatgrößen oder Techniken.

Ausstellungen bedürfen immer auch der Kontextualisierung, die in der Regel durch vermittelnde Texte, formuliert für verschiedene Informationsebenen, erreicht werden können. Dazu gehören Bildunterschriften (Name des Künstlers/der Produzentin, Titel, Jahreszahl, Technik, Maße, Herkunft/Besitz usw.), aber auch knappe prägnante Texte, die über die Konzeption der Ausstellung, deren Anlass und die Beweggründe insgesamt, aber auch über einzelne Themengruppen informieren. Die Beschriftungen sollten dabei möglichst groß und auf weite Entfernung gut lesbar sein.

Der letzte Schritt ist dann der Aufbau der Ausstellung. In jedem Fall sollte die Aktion der Hängung vorbereitet sein: die Bilder gerahmt, geeignete Sockel, Tische, Vitrinen zur Verfügung stehen und die Hängeflächen schon vorab geklärt sein. In jedem Fall ist bei Papierarbeiten ein genügend großer Rahmen (z. B. ein Wechselrahmen) mit hinreichenden Abstandsflächen zu empfehlen. Ein Passepartout steigert die Wirkung der Arbeit und grenzt diese zum meist »unruhigen« Umraum ab. Generell soll alles versucht werden, die Arbeiten möglichst neutral, in beruhigtem Umfeld und in klaren Reihungen zu präsentieren. Der Papiergrund, auf dem das Bild montiert wird, sollte in einem neutralen Farbton gehalten sein, um die Wirkung des zu präsentierenden Bildes nicht zu beeinträchtigen – schwarze Flächen sind wegen der starken Kontrastwirkung nur in seltenen Fällen geeignet. Ebenso sollten die Sockel für Objekte und plastische Arbeiten in neutralen Tönen gestrichen sein, ebenso Vitrinen für kleine kostbare Exponate, die in entsprechender Distanz zu den Betrachtenden präsentiert werden müssen.

Bei der Montage der Bilder an der Wand ist auf die Höhe der Hängung zu achten. Generell sollte man sich an der Augenhöhe der Betrachtenden orientieren und die Hängung der Bilder in klarer Reihung und Anordnung vornehmen, eine Ausrichtung könnte an der Unter- oder Oberkante oder an der Bildmitte erfolgen. Man probiert aus, welche Bilder/Objekte gut nebeneinander wirken und welches die beste Reihenfolge ist. Zu empfehlen ist, die einzelnen Exponate zunächst probeweise im Raum aufzustellen/auszulegen und erst dann die festgelegte Platzierung vorzunehmen. So lässt sich die Gesamtwirkung schon vorab besser beurteilen. Im Anschluss können dann auch die Überschriften und Bilduntertitel angebracht werden.

Abb. 122: Einblick in die formale Gestaltung einer Ausstellung. Kombination von Holzschnitten und Papierobjekten. Da eine weiß gestrichene Wand vorhanden war, konnten die Papierarbeiten direkt ohne Rahmung platziert werden. Bei optisch unruhigen Flächen ist unbedingt eine Präsentation mit Wechselrahmen und Passepartout zu empfehlen. Die beiden Bilder links sind mittig ausgerichtet, rechts erfolgte die Hängung bei gleicher Formatgröße auf Unter- bzw. Oberkante. (Ausstellungskonzept: Brigitte Schira)

2 Methodik des Kunstunterrichts

Abb. 123: Ausstellung von Schülerarbeiten der Kl. 7 und 9 an der Universität. Präsentation von Bildern, übersichtlich im Block angeordnet. Eröffnung als interpersonales Resonanzfeld der Kunst (Archiv Krautz)

Zusammenfassung:

Zusätzlich zur Arbeit mit Bildern sollte man folgende organisatorische Fragen klären:

- Was sind die Ziele meiner Ausstellung?
- Welchen Umfang soll sie haben?
- Wo soll die Ausstellung stattfinden?
- Wer will sich an der Ausstellung beteiligen?
- Welche Hilfsmittel stehen mir zur Verfügung (Kopierer, Computer, Rahmen etc.)? (vgl. Sowa/Glas/Seydel 2010, S. 186, 187)

Literaturauswahl

Sowa (2010); Wendt (2016); Schulz (2014)

Kapitel V
Was lehrt ein Lehrbuch der Didaktik? Was lehrt es nicht?

Die Selbstbegrenzung der didaktischen Lehre

Dass die Didaktik – als »Lehrkunst« verstanden – aus der Tradition der Künste und nicht aus der der Wissenschaften im modernen Sinne entstammt, ist eine geschichtliche Tatsache. Schon im Titel seiner »Großen Didaktik« spricht Comenius von der »Kunst, zu lehren« (Comenius 1657/1960, Titelblatt. Ausführlich werden diese Zusammenhänge verhandelt in Blankenheim 2021a, b). Doch was kann ein Lehrbuch der »Lehrkunst«, so wie wir es hier vorgelegt haben, wirklich lehren? Nicht mehr und nicht weniger als alle Kunstlehren – man denke an Lehrbücher des Zeichnens, des Radierens, des Modellierens: Es kann »handwerkliche« Inhalte des Wissens und Könnens verhandeln, es kann grundlegendes Wissen über die Fachgegenstände vermitteln, kann Gründe benennen, Hinweise geben. Aber »die Kunst« selbst zeigt sich nur in der Anwendung. So wurde in den Lehrbüchern der Künste schon seit der Antike die Unterscheidung gemacht zwischen der »*ratiocinatio*« und der »*fabrica*« (vgl. Vitruv 2013, S. 23). Das eine ist die begründende und belehrende Überlegung, das andere ist die wirkliche Ausübung. Ähnlich unterschieden die Kunstlehren der Renaissance immer zwischen »*ars*« und »*usus*« – also zwischen dem *Wissen* und seiner *Anwendung* (vgl. Panofsky 1915, S. 166ff.).

Albrecht Dürer schrieb in seinem Lehrbuch über Malerei und Messkunst hinsichtlich dieser Unterscheidung: Wer wissen wolle, was seine Kunst wirklich ausmache, der müsse hören und sehen, was er mache: »der hör und sech, was ich mach« (Dürer 1993, S. 117). Das »Hören« betrifft die Belehrung im Wissen, das »Sehen« die Belehrung durch das Vorzeigen der *Kunst selbst* – in Prozessen und Produkten.

In unserem Lehrbuch der Didaktik des Kunstunterrichts haben wir versucht, beiden Formen der Belehrung einigermaßen gerecht zu werden: Einerseits der Darlegung von Gegenständen, Gründen, Strukturen und Zusammenhängen unserer Lehrkunst, andererseits von sichtbaren Ergebnissen dieser Kunst – sichtbar in den Werken von Lernenden.

Die entscheidende »fabrica« unserer Didaktik, den »usus« im Prozess der Ausübung der Lehrkunst können wir hier allerdings nicht zeigen: Das kann nur der *reale Unterricht*. Im Unterrichtsgeschehen selbst – im Geschehen von Planung und Ausführung – zeigt sich das schriftlich und bildlich vermittelte Wissen als ein tatsächliches Können, als *Handlungskunst*.

Hier ist die Grenze jeder »wissenschaftlichen« Darlegung erreicht. Handelnkönnen ist etwas anderes als »Bescheid wissen«. Im Lehr-Handeln ist das ganze didaktische Wissen nur noch »implizit« gegenwärtig. Aber wenn man hört und sieht, was gut geübte und erfahrene Kunstlehrende tatsächlich *machen*, und wenn man dann das von uns vorgelegte Lehrbuch mit dieser realen Beobachtung vergleicht, dann kann eine Vorstellung davon entstehen, wie das Kunst-Lehren »wirklich geht«.

In diesem wirklichen didaktischen Handeln, in der wirklichen Ausübung der Lehrkunst äußert sich die *praktische Urteilsfähigkeit, die Urteilskraft* in der pädagogischen und didaktischen Entscheidung: Hier geht es um Detailentscheidungen (Mikrodidaktik) wie um Entscheidungen über das Ganze (Gesamtcurriculum, Bildung als Lebensaufgabe), es geht um einen sinnvollen Gesamtzusammenhang (Gemeinwesen) – auch im Rückblick in die Geschichte und Vorblick in die Zukunft.

Wiewohl jeder einzelne didaktische »Handgriff« sich immer aufs Einzelne und Besondere bezieht, erfordert er doch immer gleichermaßen den Ausblick auf das Ganze und seinen *Sinn*. Dieser Sinn ist nicht sagbar, nur situativ erfahrbar. Daher ist didaktisches Handeln auch nicht vollständig lehrbar, nicht im Sinn einer Methodenlehre oder *scientia* fassbar, sondern ist immer nur von exemplarischer Gültigkeit.

So verbietet sich im Grunde jedes generalisierende Verhandeln einer »allgemeinen Didaktik« oder »allgemeinen Fachdidaktik«, aber auch allgemeiner Regeln für »guten Unterricht«, wie sie verbreitet kursieren. Im Lichte der Kunstlehre gesehen stehen solche Unterfangen auf schwachen Füßen und führen nicht zur echten Handlungsfähigkeit. Auch gibt es – was die Kunstdidaktik betrifft – nicht »die« allgemeine Kompetenz, Kunst zu lehren. Wer zeichnen lehren kann, kann noch nicht malen oder modellieren lehren. Auf all diesen *besonderen* Gebieten (▶ Kap. III.2) müssen Lehrende auch besondere Erfahrungen sammeln.

Es gehört zur seit Jahrtausenden gewachsenen Weisheit der europäischen Kunstlehren (und in den chinesischen Kunstlehren ist es übrigens genauso), dass das Können der Kunst nicht aus striktester Durchführung allgemeiner Regeln hervorgeht, sondern aus deren frei interpretierender Anwendung im Einzelfall. Dazu gehört die umsichtige Erkenntnis des jeweils *Besonderen*. Der Umgang mit der Vielfalt des Besonderen erfordert die *Übung* des Urteilsvermögens an Beispielen. Das haben wir im Vorstehenden immer wieder zu leisten versucht – in den Grenzen, in denen das möglich ist.

Lernende der Kunstpädagogik haben also den gekonnten und geregelten Umgang mit ihrem Urteilsvermögen einzuüben, und zwar dadurch, dass sie sich mit den Urteilen anderer lehrender Menschen und den von ihnen vorgelegten Beispielen auseinandersetzen. Die Urteilskraft wächst im Umgang mit Beispielen, Vorbildern und im Austausch mit anderen. Nur im gemeinsamen Aushandeln und Einüben können Lehrende eine vernünftige Urteilskultur entwickeln, die einerseits das nötige »Spiel« hat, andererseits aber doch auch klar geregelt ist.

Das hört sich sehr »offen« an. Aber Offenheit und Regelung gehören in der Lehre der Künste untrennbar zusammen. Es gibt immer sowohl die Beherrschung der Regeln als auch das Loslassen, auch in einem gelungenen Kunstunterricht. Wie kann man aber das Spiel zwischen Regel und Offenheit am besten lernen? Durch die Kunst selbst. Die Beherrschung der Kunst – wie etwa Zeichnen, Malen, Modellieren usw. – ist die unverzichtbare Basis, die *erste Kunst*. Auf dieser ersten Kunst baut sich die *zweite Kunst* auf: die Kunst des Lehrens der ersten Kunst. Es ist klar, dass dies ein gesteigertes, komplexeres Können ist.

All diese Lehren haben es mit dem Einüben und Ausprobieren von richtigen Balancen, richtigen Abwägungen zu tun – oft im Als-Ob-Modus, oft aber auch in

Wirklichkeit. Künstlerinnen und Künstler wie Lehrende sind also in gewisser Weise Spezialisten für die Abwägung zwischen Vielfalt und Einheit, Offenheit und Geschlossenheit, Fraglosigkeit und Reflexion. Immer und immer wieder kommt es auf das Beherrschen und Können der Balance an. Deswegen ist das Wissen und Können von Künstlerinnen und Künstlern und Lehrenden eindeutig ein anderes als das von Wissenschaftlerinnen, Politikern, Philosophinnen oder Priestern – dessen müssen sie sich immer bewusst sein, sonst geht das Lehren schief.

Doch: Menschen, die schon eine Kunst erlernt haben mit dem gesamten Einsatz ihrer Person, sollten es gelernt haben, mit der Balance zwischen Strenge und Offenheit umzugehen. Also sind sie wohl auch geeignete Kandidatinnen und Kandidaten zum Erlernen der *zweiten Kunst:* der des Lehrens. Dies sei abschließend gesagt, um angehenden Kunstlehrenden Mut zu machen, auch wirklich Lehrerinnen und Lehrer zu werden: Wer gelernt hat, ein künstlerisches Werk zu schaffen, sollte auch das Lehren lernen können.

Kapitel VI
Anhang

Literatur

Abraham, U. (2020): Verdichtung und Bedeutungsoffenheit. Das didaktische Potenzial von Kurzfilmen. Der Deutschunterricht (3), S. 10–19.
Abraham, U. & Glas, A. (Hrsg.) (2015): Literatur und Bild. Kunst+Unterricht (395/396).
Abraham, U. & Sowa, H. (2016): Bild und Text im Unterricht. Grundlagen, Lernszenarien, Praxisbeispiele. Seelze: Klett Kallmeyer.
Akademie für Lehrerbildung Dillingen (Hrsg.) (1986): Graphik – Modellversuch für alle Schularten. Stuttgart: Cantz.
Althaus, K. (2008): Druckgrafik. Handbuch der künstlerischen Drucktechniken. Zürich: Scheidegger & Spiess.
Amado, T. (2017): Werkprozesse begleiten. Verstehen und Helfen als relationale Dimensionen des Kunstunterrichts. In: Krautz, J. (Hrsg.): Beziehungsweisen und Bezogenheiten. Relationalität in Pädagogik, Kunst und Kunstpädagogik. IMAGO.Kunst.Pädagogik.Didaktik. Schriftenreihe IMAGO — Forschungsverbund Kunstpädagogik (4). München: kopaed, S. 559–577.
Amado, T. (2019): Unterrichtsbezogene Vorstellungsbildung. Kunstunterricht planen als kreativer Prozess. IMAGO. Zeitschrift für Kunstpädagogik (8), S. 77–94.
Amado, T. & Sowa, H. (Hrsg.) (2020): Modellieren. IMAGO. Zeitschrift für Kunstpädagogik (9).
Ambrose, G. & Harris, P. (2010): Design Thinking. Fragestellung, Recherche, Ideenfindung, Prototyping, Auswahl, Ausführung, Feedback. München: Stiebner.
Anders, P., Staiger, M., Albrecht, C., Rüsel, M. & Vorst, C. (2019): Einführung in die Filmdidaktik. Kino, Fernsehen, Video, Internet. Berlin: J. B. Metzler.
Apel, H.-J. & Sacher, W. (2007): Studienbuch Schulpädagogik. Bad Heilbrunn: Klinkhardt.
Archäologisches Landesmuseum Baden-Württemberg (Hrsg.) (2010): Eiszeit. Kunst und Kultur. Stuttgart.
Arlt, J. (1982): Plastisches Gestalten mit Schülern (3. Auflage). Berlin: Volk und Wissen.
Arnheim, R. (1972): Anschauliches Denken. Zur Einheit von Bild und Begriff. Köln: DuMont.
Arnheim, R. (2000): Kunst und Sehen. Eine Psychologie des schöpferischen Auges (3. unveränderte Auflage). Berlin/New York: de Gruyter.
Baudrillard, J. (1978): Agonie des Realen. Berlin: Merve.
Bauer, J. (2006): Warum ich fühle, was du fühlst (10. Auflage). München: Heyne.
Becker, S. (2003): Plastisches Gestalten von Kindern und Jugendlichen. Entwicklungsprozesse im Formen und Modellieren. Donauwörth: Auer.
Behme, R. (Hrsg.) (1998): Aktionskunst. Kunst+Unterricht (225).
Beins, H.-J. (2005): Türme, Brücken, Murmelbahn. Bauen und konstruieren im Kindergarten. Freiburg/Basel/Wien: Herder.
Berger, G. (1966): Gestaltendes Naturstudium. Zur Theorie und Methodik des Naturstudiums im Kunstunterricht der allgemeinbildenden polytechnischen Oberschule. Schriften zur Kunsterziehung. Berlin: Volk und Wissen.
Berger, J. (1996): Schritte zu einer kleinen Theorie der Sichtbarkeit. Ostfildern: Ed. Tertium.
Berger, R. (Hrsg.) (1999): Drucken. Kunst+Unterricht (232).
Bering, K. & Niehoff, R. (2013): Bildkompetenz. Eine kunstdidaktische Perspektive. Oberhausen: Athena.
Besuden, C. (2014): Der 08/15-Film. Ein Minimalkonzept zum Einstieg in die Filmpraxis. Kunst+Unterricht (386), S. 28–31.

Beyer, V. & Dolezalek, I. (2021): Transkulturelle Objekte. »islamische Kunst« und die Identitätspotenziale von Museen. In: Kirschenmann, J. & Schulz, F. (Hrsg.): Begegnungen. Kunstpädagogische Perspektiven auf die Kunst- und Bildgeschichte (S. 344 ff.). München: kopaed.

Blankenheim, B. (2019): Von der Kunst, Unterricht zu planen. IMAGO. Zeitschrift für Kunstpädagogik (08), S. 16–25.

Blankenheim, B. (Hrsg.) (2021a): Kunstlehre/Lehrkunst. Kunstlehre als Paradigma von Bildung, Erziehung und Vermittlung. IMAGO.Kunst.Pädagogik.Didaktik. Schriftenreihe IMAGO — Forschungsverbund Kunstpädagogik (10). München: kopaed.

Blankenheim, B. (Hrsg.) (2021b): Poiesis – Kunstlehre als Kreationsmaschine. Zur Neubestimmung von Kreativität aus der Historischen Kunstlehre. IMAGO. Zeitschrift für Kunstpädagogik (13), S. 24–39.

Blankenheim, B. (Hrsg.) (2023): Kunstlehre/Lehrkunst. Kunstlehre als Paradigma von Bildung, Erziehung und Vermittlung. IMAGO.Kunst.Pädagogik.Didaktik. Schriftenreihe IMAGO — Forschungsverbund Kunstpädagogik (10). München: kopaed.

Blankertz, H. (2000): Theorien und Modelle der Didaktik (14. Auflage). Weinheim/München: Juventa.

Boehm, G. & Pfotenhauer, H. (Hrsg.) (1995): Beschreibungskunst – Kunstbeschreibung. Ekphrasis von der Antike bis zur Gegenwart. München: Fink.

Boehm, G. (2004): Jenseits der Sprache? Anmerkungen zur Logik der Bilder. In: Maar, C. & Burda, H. (Hrsg.) Iconic Turn. Die neue Macht der Bilder (S. 28 ff.). Köln: DuMont.

Boehm, G. (2007): Wie Bilder Sinn erzeugen. Die Macht des Zeigens. Berlin: Univ. Press.

Boehm, G., Egenhofer, S. & Spies, C. (Hrsg.) (2010): Zeigen. Die Rhetorik des Sichtbaren. München: Fink.

Bohl, P. (2010): Bauen lernen. In: Kunst 5–10. Bauen (19), S. 4–9.

Börner, M. & Fries, A. (2017): Imaginationsleistungen im Fach Werken. In: Sowa, H., Miller, M. & Fröhlich, S. (Hrsg.): Bildung der Imagination (4): Verkörperte Raumvorstellung – Kunstpädagogische Praxis (S. 571–580). Oberhausen: Athena.

Brandenburger, K. (2020): Bildung zeichnerischer Strategien. IMAGO.Kunst.Pädagogik.Didaktik. Schriftenreihe IMAGO — Forschungsverbund Kunstpädagogik (12). München: kopaed.

Brandt, R. (1999): Die Wirklichkeit des Bildes. Sehen und Erkennen – Vom Spiegel zum Kunstbild. München/Wien: Hanser.

Bredekamp, H. (2015): Der Bildakt: Frankfurter Adorno-Vorlesungen 2007 (Neufassung). Berlin: Wagenbach.

Bredekamp, H. (2016): Der Faustkeil und die ikonische Differenz. Für Gottfried und Margret Boehm. In: Engel, F. & Marienberg, S. (Hrsg.) (2016): Das entgegenkommende Denken. Verstehen zwischen Form und Empfindung (S. 105–118). Berlin/Boston: De Gruyter.

Broer, W. et al. (Hrsg.) (1994–1998): Kammerlohr Epochen der Kunst (1–5). München: Oldenbourg Schulbuchverlag.

Bruhn, M. (2009): Das Bild. Theorie – Geschichte – Praxis. Berlin: Akademie.

Burkhardt, S. (2007): Netz Kunst Unterricht: Künstlerische Strategien im Netz und kunstpädagogisches Handeln. München

Buschkühle, C.-P. (2003): Konturen künstlerischer Bildung. Zur Einleitung. In: ders. (Hrsg.): Perspektiven künstlerischer Bildung. Texte zum Symposium »Künstlerische Bildung und die Schule der Zukunft«, Pädagogische Hochschule Heidelberg, Landesakademie Schloss Rotenfels, 10.–12. Oktober 2001 (S. 19–46). Köln: Salon.

Buschkühle, C.-P. (2010): Die Welt als Spiel. (2): Kunstpädagogik: Theorie und Praxis künstlerischer Bildung (2. Auflage). Oberhausen: Athena.

Buschkühle, C.-P. (2017): Künstlerische Bildung. Theorie und Praxis einer künstlerischen Kunstpädagogik. Schriftenreihe Kunst und Bildung (14). Oberhausen: Athena.

Caccavale, M. (2016): Material VI: Eine Kampfszene modellieren. Kunst+Unterricht (405/406), S. 86–93.

Castiglioni, N. (2017): Mehrperspektivisches Vorstellen eines Tierkörpers. Unterrichtsforschung zum skulpturalen Gestalten in der Sekundarstufe I. In: Sowa, H. & Fröhlich, S.

(Hrsg.): Bildung der Imagination (4): Verkörperte Raumvorstellung – Kunstpädagogische Praxis (S. 453–468). Oberhausen: Athena.
Chazot, P. (2008): Körperdetails modellieren. Hände – Füße – Kopf. Koblenz: Hanusch.
Chazot, P. (2009): Verständlich modellieren. Der menschliche Körper. Koblenz: Hanusch.
Christians, H. (2016): Crux Scenica. Eine Kulturgeschichte der Szene von Aischylos bis YouTube. Bielefeld: transcript.
Comenius, J. A. (1657/1960): Große Didaktik. Die vollständige Kunst, allen Menschen alles zu lehren (2. Auflage). Stuttgart: Klett: Cotta.
Conard, N. J. & Kind, C.-J. (2017): Als der Mensch die Kunst erfand. Eiszeithöhlen in der Schwäbischen Alb. Darmstadt: Theiss.
Conard, N. J. (2017): Vorsprung durch Kunst. Das Glück der neuen Menschen. In: Frankfurter Allgemeine Zeitung, 8. Februar 2017, S. N2.
Csikszentmihalyi, M. & Aebli, H. (2010): Das flow-Erlebnis: Jenseits von Angst und Langeweile – im Tun aufgehen. Stuttgart: Klett-Cotta.
Czech, A. (Hrsg.) (2008): Ins Museum. Kunst+Unterricht (323/324).
Czech, A. (2016): Mit Wörtern vor Bildern. Bildgespräche mit Kindern. In: Glas, A. et al. (Hrsg.): Sprechende Bilder – Besprochene Bilder. Bild, Begriff und Sprachhandeln in der deiktisch-imaginativen Verständigungspraxis. Schriftenreihe Kunst.Pädagogik.Didaktik. München: kopaed, S. 293–302.
Czerny, G., Reinhoffer, B. & Sowa, H. (2008): Verkörpern – Ausdrücken – Präsentieren. Kunst- und theaterpädagogische Übungen für die Sekundarstufe 1 und für die außerschulische Arbeit. Donauwörth: Auer.
Dietl, M.-L. (2004): Zum Gebrauch der Farbe am Ende der Grundschulzeit. Münster: Waxmann.
Dörpinghaus, A., Poenitsch, A. & Wigger, L. (2013): Einführung in die Theorie der Bildung (5. Auflage). Darmstadt: WGB.
Dörrenbacher, J. & Plüm, K. (2016): Beseelte Dinge. Design aus Perspektive des Animismus. Bielefeld: transcript.
Duchamp, M. (1992): Interviews und Statements. Gesammelt, übersetzt und annotiert von Serge Stauffer. Stuttgart/Ostfildern-Ruit: Cantz.
Dürer, A. (1993): Schriften und Briefe. Hrsg. von Ernst Ullmann (6. Auflage). Leipzig: Reclam.
Engelmann, B., Jehl, I. & Sedlatschek, H. (Hrsg.) (2005): Schrift Werk. Handbuch zur Gestaltung mit Typografie und Layout. Donauwörth: Auer.
Ehrhardt, A. (1932): Gestaltungslehre. Die Praxis eines zeitgemäßen Kunst- und Werkunterrichts. Weimar: Böhlau.
Etzelmüller, G., Fuchs, T. & Tewes, C. (Hrsg.) (2017): Verkörperung. Eine neue interdisziplinäre Anthropologie. Berlin/Boston: De Gruyter.
Feininger, A. (1985): Kompositionskurs der Fotografie. München: Heyne.
Ferretti-Theilig, M. (2017): Fototheorie neu denken – oder die Rehabilitation von Relationalität in der Fotografie. Ein historischer Aufriss. In: Krautz, J. (Hrsg.): Beziehungsweisen und Bezogenheiten. Relationalität in Pädagogik, Kunst und Kunstpädagogik. IMAGO.Kunst.Pädagogik.Didaktik. Schriftenreihe IMAGO — Forschungsverbund Kunstpädagogik (4). München: kopaed, S. 407–428.
Fingerhut, J., Hufendiek, R. & Wild, M. (Hrsg.) (2011): Philosophie der Verkörperung – Grundlagentexte zu einer aktuellen Debatte. Berlin: Suhrkamp.
Franke, C. & Limper, B. (2012): Lernen – Üben – freie Anwendung. Kunst+Unterricht (369/370), S. 16–23.
Freedberg, D. (1989): The Power of Images. Studies in the History and Theory of Response. Chicago/London: Univ. of Chicago Press.
Fries, A. (2016a): Werken als Beitrag zu einer humanen Bildungspraxis. BDK-Mitteilungen (1), S. 26–27.
Fries, A. (2016b): Zeigen, Beobachten, Imitieren. Grundlegende Inszenierungstechniken im Werkunterricht. BDK-Mitteilungen (4), S. 32–33.
Fries, A. (2017): Unmittelbare Erfahrung und sinnliches Wahrnehmen im Werkunterricht. BDK-Mitteilungen (4), S. 28–31.

Fries, A. (2022): Das Fach Werken unter Berücksichtigung der analytischen Produktgestaltung am Beispiel der Gefäßkeramik. Eine Verortung des Fachs und seiner Didaktik. In: IMAGO. Zeitschrift für Kunstpädagogik (15), S. 39–51.

Fries, A., König, L. & Krautz, J. (Hrsg.) (2022): Werken. IMAGO. Zeitschrift für Kunstpädagogik (15).

Frizot, M. (Hrsg.) (1998): Neue Geschichte der Fotografie. Köln: Könemann.

Fröhlich, S. & Krautz, J. (Hrsg.) (2021): Kreativität. IMAGO. Zeitschrift für Kunstpädagogik (13).

Fröhlich, S. (2019): Gestaltungspraktische Bildung des räumlichen Vorstellens. Kunstpädagogische Zielsetzungen im Lichte kognitionswissenschaftlicher Modelle. IMAGO.Kunst.Pädagogik.Didaktik. Schriftenreihe IMAGO — Forschungsverbund Kunstpädagogik (7). München: kopaed.

Fröhlich, S. (2021): Wie Lernende auf Ideen kommen. Relationale Kreativität im Kunstunterricht. In: IMAGO. Zeitschrift für Kunstpädagogik (13), S. 74–93.

Fuchs, T. (2020): Die zyklische Zeit des Leibes und die lineare Zeit der Moderne. In: Fuchs, T.: Verteidigung des Menschen. Grundfragen einer verkörperten Anthropologie (S. 296–319). Berlin/Boston: De Gruyter.

Gage, J. (1997): Kulturgeschichte der Farbe. Von der Antike bis zur Gegenwart. Ravensburg: Maier.

Gattermaier, K. & Glas, A. (2015): Ohne »Images« kein »Picture« – »Der Nachtvogel« von Ursula Wölfel Teil I und II. Kunst+Unterricht (395/396), S. 25 ff.

Gebauer, G. & Wulf, C. (2003): Mimetische Weltzugänge. Soziales Handeln – Rituale und Spiele – ästhetische Produktionen. Stuttgart: Kohlhammer.

Gfüllner, J. (2015): Werkstück Gesundheit. Angewandtes Gestalten im Jugendalter unter dem Gesichtspunkt der Salutogenese. München: kopaed.

Gibson, J. J. (1986): The ecological approach to visual perception. New York/Hove: Psychology Press.

Giffhorn, H. (1978): Kunst, visuelle Kommunikation, Design. Bd. 1: Bildsprache und Kunstwerke; Bd. 2: Massenmedien und Design; Bd. 3: Mode und Statussymbole. Stuttgart: Metzler.

Glas, A. (1999): Die Bedeutung der Darstellungsformel in der Zeichnung am Beginn des Jugendalters. Frankfurt am Main: Lang.

Glas, A. (2010a): Bildhaftes Denken im Wort- und Bild-Verhältnis. In: Kirchner, C., Kirschenmann, J. & Miller, M.: Kinderzeichnung und jugendkultureller Ausdruck (S. 43–58). München: kopaed.

Glas, A. (2010b): Motorische Intelligenz. Thesen zur Arbeit mit Kopf und Hand. In: Kunst+Unterricht (345/346), S. 58–59.

Glas, A. (2014): Blickwege als verstehende Deixis. Ein Forschungsansatz zum sehenden Verstehen im Schnittpunkt zwischen Imagination, Sprache und Wahrnehmung. In: Sowa. H., Glas, A. & Miller, M. (Hrsg.): Bildung der Imagination (2): Bildlichkeit und Vorstellungsbildung in Lernprozessen. Oberhausen: Athena, S. 285–309.

Glas, A. (2015a): Anthropogene Voraussetzungen. Die Genese der Kinder- und Jugendzeichnung. In: Glas, A., Heinen, U., Krautz, J., Miller, M., Sowa, H. & Uhlig, B. (Hrsg.): Kunstunterricht verstehen. Schritte zu einer systematischen Theorie und Didaktik der Kunstpädagogik. Schriftenreihe IMAGO – Forschungsverbund Kunstpädagogik (S. 199–219). München: kopaed.

Glas, A. (2015b): Bildsprache verstehen: Das Kind als intentionaler Akteur. Zur Parallelisierung von Sprache und Zeichnung. In: Glas, A. et al. (Hrsg.): Kunstunterricht verstehen. Schritte zu einer systematischen Theorie und Didaktik der Kunstpädagogik. IMAGO.Kunst.Pädagogik.Didaktik. Schriftenreihe IMAGO – Forschungsverbund Kunstpädagogik (7, S. 285–301.). München: kopaed.

Glas, A. (2016): Zwischen Disegno und Colore – Farbe in der Kinderzeichnung. IMAGO. Zeitschrift für Kunstpädagogik. (2), S.31–43.

Glas, A., Heinen, U., Krautz, J., Miller, M., Sowa, H. & Uhlig, B. (Hrsg.) (2015): Kunstunterricht verstehen. Schritte zu einer systematischen Theorie und Didaktik der Kunstpädagogik.

IMAGO.Kunst.Pädagogik.Didaktik. Schriftenreihe IMAGO — Forschungsverbund Kunstpädagogik (1). München: kopaed.
Glas, A., Heinen, U., Krautz, J., Lieber, G., Miller, M., Sowa, H. & Uhlig, B. (Hrsg.) (2016): Sprechende Bilder – Besprochene Bilder. Bild, Begriff und Sprachhandeln in der deiktisch-imaginativen Verständigungspraxis. Schriftenreihe Kunst.Pädagogik.Didaktik. München: kopaed.
Glas, A. & Krautz, J. (2017): Mimesis und Schema. Produktive und unproduktive Nachahmung beim Zeichnen. IMAGO. Zeitschrift für Kunstpädagogik (4), S. 27–48.
Glas, A., Seydel, F., Sowa, H. & Uhlig, B. (Hrsg.) (2008): KUNST Arbeitsbuch (1). 5./6. Schuljahr. Stuttgart/Leipzig/Velber: Klett.
Gombrich, E. (1977): Kunst und Illusion. Stuttgart/Zürich: Belser.
Gonser, L. (2016): Farben wahrnehmen, vorstellen und darstellen. Die bildenden Teilhandlungen des malerischen Könnens. IMAGO. Zeitschrift für Kunstpädagogik. (2), S. 60–71.
Gonser, L. (2018): Malen Lernen. Grundriss einer mimetischen Maldidaktik. IMAGO.Kunst.Pädagigik.Didaktik. Schriftenreihe IMAGO — Forschungsverbund Kunstpädagogik (5). München: kopaed.
Groll, A. (2017): In welchen beobachtbaren Schritten konkretisiert sich bei Lernenden eine skulpturale Vorstellung? Fallstudie aus einem Workshop für künstlerisch besonders begabte Schülerinnen und Schüler. In: Sowa, H., Miller, M. & Fröhlich, S. (Hrsg.): Bildung der Imagination (4): Verkörperte Raumvorstellung – Kunstpädagogische Praxis (S. 469–496). Oberhausen: Athena.
Grünewald, D. (1982): Drucken. In: Criegern, A. v. (Hrsg.): Handbuch der ästhetischen Erziehung (S. 75–83). Stuttgart: Kohlhammer.
Grünewald, D. (Hrsg.) (2008): Theater. Kunst+Unterricht (321/322).
Grünewald, D. (Hrsg.) (2012): Bildspiel. Kunst+Unterricht (368).
Günzel, S. & Mersch, D. (2014): Bild. Ein interdisziplinäres Handbuch. Stuttgart/Weimar: Metzler.
Haidle, M. N., Garofoli, D., Scheiffele, S., Stolarczyk, R. E. (2017): Die Entstehung einer Figurine? Material Engagement und verkörperte Kognition als Ausgangspunkt einer Entwicklungsgeschichte symbolischen Verhaltens. In: Etzelmüller, Gregor/Fuchs, Thomas/Tewes, Christian (Hrsg.): Verkörperung – eine neue interdisziplinäre Anthropologie. Berlin, Boston, S. 251–280.
Hariman, R. /Lucaites, J. L. (2016): The Public Image. Photography and Civic Spectatorship. Chicago/London.
Hartlaub, G. F. (1922): Der Genius im Kinde. Zeichnungen und Malversuche begabter Kinder. Breslau: Hirt.
Haug, W. F. (2009): Kritik der Warenästhetik. Gefolgt von Warenästhetik im High-Tech-Kapitalismus. Frankfurt am Main: Suhrkamp.
Hegel, G. W. F. (1970): Vorlesungen über die Ästhetik I-III. G. W. F. Hegel, Werke, Bd. 13–15. Frankfurt am Main: Suhrkamp.
Heil, C., Kolb, G., Meyer, T. (Hrsg.) (2012): Kunst Pädagogik Partizipation, Buch 01: shift. # Globalisierung # Medienkulturen # Aktuelle Kunst. München
Heinen, U. (2004): Emotionales Bild-Erleben in der Frühen Neuzeit. In: Engel, M. & Zymner, R. (Hrsg.): Anthropologie der Literatur. Poetogene Strukturen und ästhetisch-soziale Handlungsfelder (S. 356–383). Paderborn: Mentis.
Heinen, U. (2008): Bildrhetorik der Frühen Neuzeit – Gestaltungstheorie der Antike. Paradigmen zur Vermittlung von Theorie und Praxis im Design. In: Joost, G. & Scheuermann, A. (Hrsg.): Design als Rhetorik. Grundlagen, Positionen, Fallstudien (S. 143–189). Basel: Birkhäuser.
Heinen, U. (2014): Malen mit verschränkten Armen – Imaginationsbildung in der tradierten Kunstlehre. In: Sowa, H., Glas, A. & Miller, M. (Hrsg.): Bildung der Imagination. (2): Bildlichkeit und Vorstellungsbildung in Lernprozessen (S. 169–232). Oberhausen: Athena.
Heinen, U. (2015): Historische Kunstlehre. Eine Ortsbestimmung im Aufbau der Fachsystematik Kunst. In: Glas, H. et al. (Hrsg.), S. 262–282.
Heinen, U. (2017): Leonardo da Vinci. Zeit, Bewegung und Erzählen im Bild. IMAGO. Zeitschrift für Kunstpädagogik (5), S. 23–40.

Heinen, U. (2021): Subjektivität und Objektivität im Denkraum Kunstunterricht. Zur methodischen Einheit der Bildinterpretation. In: Ide, M. & Beukers, G. (Hrsg.): Denkraum Kunstunterricht. Aktuelle Ansätze der Kunstpädagogik/Kunstdidaktik. München: kopaed.

Heins, S. (2022): Vom Ethos in Nachhaltigkeitsberichten. Wie wird Glaubwürdigkeit visuell dargestellt? Eine designrhetorische Analyse. Bielefeld: transcript.

Heller, D. (1990): Die Entwicklung des Werkens und seiner Didaktik von 1880 bis 1914. Zur Verflechtung von Kunsterziehung und Arbeitsschule. Bad Heilbrunn: Klinkhardt.

Hildre, B. (2007): Kopf & Gesicht. Modellieren mit Ton. Koblenz: Hanusch.

Hirner, R. (Hrsg.) (1997): Vom Holzschnitt zum Internet. Die Kunst und die Geschichte der Bildmedien von 1450 bis heute. Ostfildern-Ruit.

Humboldt, W. v. (1985): Theorie der Bildung des Menschen. Ein Fragment. In: ders.: Bildung und Sprache (4. Auflage, herausgegeben von Clemens Menze, S. 24–28). Paderborn: Schöningh.

Jappe, E. (1993): Performance – Ritual – Prozess. Handbuch der Aktionskunst in Europa. München/New York: Prestel.

Jonas, H. (1994): Homo Pictor. Von der Freiheit des Bildens. In: Boehm, G. (Hrsg.): Was ist ein Bild (S. 105–124). München: Fink.

Junker, H.D. & Schubert, P. (2001): Porträtplastik. Ein Arbeitsbuch. Problemstellung – Praxis – Technik. Berlin: Reimer.

Kaesbohrer, B. (Hrsg.) (2015): Szenische Räume. Kunst+Unterricht (389/390).

Kaiser, U. (Hrsg.) (2011): »Trickfilm«. Kunst+Unterricht (354/355).

Kälberer, G. (1997): Bauwerk und Konstruktion. Stuttgart: Klett.

Kälberer, G. (2005): Bauen und räumliches Gestalten im Kunst- und Werkunterricht. Arbeitsanregungen für die Sekundarstufe I und II. Donauwörth: Auer.

Kälberer, G. (2012): Architekturgeschichte in Modellen. Gestaltungsvorschläge zum Verständnis der Baugeschichte im Kunst- und Werkunterricht. Sekundarstufe I und II. Augsburg: Brigg Pädagogik.

Kälberer, G. & Hüttenmeister, H. (2002): Bauen, Konstruieren, Montieren. Stuttgart: Klett.

Kämpf-Jansen, H. (2002): Ästhetische Forschung. Wege durch Alltag, Kunst und Wissenschaft. Zu einem innovativen Konzept ästhetischer Bildung (3. Auflage). Köln: Salon.

Kapr, A. (1983): Schriftkunst. Geschichte, Anatomie und Schönheit der lateinischen Buchstaben (3. unveränderte Auflage). München/New York/London/Paris: Saur.

Katz, S. D. (2010): Die richtige Einstellung. Zur Bildsprache des Films (6. Auflage). Frankfurt am Main: Zweitausendeins.

Kemp, M. (2000): Bilderwissen. Die Anschaulichkeit naturwissenschaftlicher Phänomene. Köln: DuMont.

Kirchner, C. (2009): Kunstpädagogik für die Grundschule. Bad Heilbrunn: Klinkhardt.

Kirschenmann, J. & Schulz, F. (Hrsg.) (2020): Fokussierungen. Kunst- und Bildgeschichte als kunstpädagogisches Bezugsfeld. Reihe »Kunst.Geschichte.Unterricht«. München: kopaed.

Klafki, W. (2007): Neue Studien zur Bildungstheorie und Didaktik. Zeitgemäße Allgemeinbildung und kritisch-konstruktive Didaktik (6. Auflage). Weinheim/Basel: Beltz.

Klant, M. & Spielmann, R. (2008): Grundkurs Film 1 – Kino, Fernsehen, Videokunst. Hannover: Schroedel.

Kloß, M. (1987): Kunstbetrachtung. Grundlagen und Prozeß der Betrachtung bildender Kunst mit Schülern (4. Auflage). Berlin: Volk und Wissen.

Knebel, P. (2011) (Hrsg.): »Schmuck – entwerfen, gestalten, präsentieren«. Kunst+Unterricht (357/358).

Koch, N. J. (2000): Techne und Erfindung in der klassischen Malerei. München: Biering & Brinkmann.

Koch, N. J. (2013): Paradeigma. Die antike Kunstschriftstellerei als Grundlage der frühneuzeitlichen Kunsttheorie. Wiesbaden: Harrassowitz.

Koch, N. J. (2016): Schema und Chroma in der antiken Kunstlehre. IMAGO. Zeitschrift für Kunstpädagogik. (2), S. 11 ff.

Koch, N. J. (2017): Rhetorik und Kunsttheorie in der Antike. In: Brassat, W. (Hrsg): Handbuch Bildrhetorik. Handbücher Rhetorik. (2, S. 111–124). Berlin/Boston: De Gruyter.

Koch, N. J. (2023): Grenzerkundung als System. Virtuosität und Innovation im Techne-Konzept. In: Björn Blankenheim (Hrsg.): Kunstlehre/Lehrkunst. Kunstlehre als Paradigma von Bildung, Erziehung und Vermittlung. IMAGO.Kunst.Pädagigik.Didaktik. Schriftenreihe IMAGO — Forschungsverbund Kunstpädagogik (10). München: kopaed.

Kohl, K.-H. (2003): Die Macht der Dinge. Geschichte und Theorie sakraler Objekte. München: C. H. Beck.

Koschatzky, W. (1987): Die Kunst der Zeichnung. Technik, Geschichte, Meisterwerke (6. Auflage). München: Deutscher Taschenbuch Verlag.

Koschatzky, W. (1999): Die Kunst der Graphik: Technik, Geschichte, Meisterwerke (13. Auflage). München: Deutscher Taschenbuch Verlag.

Koziol, K. (Hrsg.) (2020): Entwirklichung der Wirklichkeit. Von der Suche nach neuen Sicherheiten. München: kopaed.

Kracauer, S. (2015): Theorie des Films. Die Errettung der äußeren Wirklichkeit (9. Auflage). Frankfurt am Main: Suhrkamp.

Krämer, S. (2014): Schriftbildlichkeit. In: Günzel, S. & Mersch, D. (Hrsg.): Bild. Ein interdisziplinäres Handbuch (S. 354–360). Stuttgart/Weimar: Metzler.

Krauspe, H. (2011): Designrhetorik – Vermittlung von Konzeptions- und Entwurfs-strategien am Beispiel der Bildrhetorik. In: bwp@ Spezial 5 – Hochschultage Berufliche Bildung, S. 1–15. Online verfügbar unter: http://www.bwpat.de/ht2011/ft13/krauspe_ft13-ht2011.pdf, Zugriff am 15.12.21.

Krautter, O. (1930): Die Entwicklung des plastischen Gestaltens beim vorschulpflichtigen Kinde. Ein Beitrag zur Psychogenese der Gestaltung. Leipzig: Barth.

Krautz, J. (2004): Vom Sinn des Sichtbaren. John Bergers Ästhetik und Ethik als Impuls für die Kunstpädagogik am Beispiel der Fotografie. Hamburg: Kovač.

Krautz, J. (2005): Erleben – Machen – Verstehen: Praktische Kunstrezeption zwischen Kunst und Subjekt. In: BÖKWE – Fachblatt des Berufsverbandes österreichischer Kunst- und Werkerzieher (2), S. 15–22.

Krautz, J. (Hrsg.) (2008): »Digitale Fotografie«. Kunst+Unterricht (319).

Krautz, J. (2011): Übergangsräume. Zur einer Propädeutik der Wahrnehmung zwischen Kunst und Pädagogik. In: Brenne, A., Gaedtke-Eckardt, D.-B., Mohr, A. & Siebner, B. S. (Hrsg.): Raumskizzen. Eine interdisziplinäre Annäherung (S. 181–198). München: kopaed.

Krautz, J. (2014): Fotografie als Koexistenz. Zum Blick der Kunstpädagogik auf Theorie und Praxis des Bildes. In: Lutz-Sterzenbach, B., Peters, M. & Schulz, F. (Hrsg.): Bild und Bildung. Praxis, Reflexion, Wissen im Kontext von Kunst und Medien (S. 761–771). München: kopaed.

Krautz, J. (2015a): Ich. Wir. Welt. Zur Systematik und Didaktik einer personalen Kunstpädagogik. In: Glas, A. et al.: Kunstunterricht verstehen. Schritte zu einer systematischen Theorie und Didaktik der Kunstpädagogik. IMAGO.Kunst.Pädgogik.Didaktik. Schriftenreihe IMAGO — Forschungsverbund Kunstpädagogik (1, S. 221 ff.). München: kopaed.

Krautz, J. (2015b): Kunstpädagogik und Friedenserziehung. Ein Beitrag der Kunstdidaktik zur moralischen Erziehung. In: Glas, A., Heinen, U., Krautz, J., Miller, M., Sowa, H. & Uhlig, B.: Kunstunterricht verstehen. Schritte zu einer systematischen Theorie und Didaktik der Kunstpädagogik. IMAGO.Kunst.Pädgogik.Didaktik. Schriftenreihe IMAGO — Forschungsverbund Kunstpädagogik (1, S. 623–651). München: kopaed.

Krautz, J. (Hrsg.) (2017a): Beziehungsweisen und Bezogenheiten. Relationalität in Pädagogik, Kunst und Kunstpädagogik. IMAGO.Kunst.Pädgogik.Didaktik. Schriftenreihe IMAGO — Forschungsverbund Kunstpädagogik (4). München: kopaed.

Krautz, J. (2017b): Gestalten als Geltungsprüfung. Zur konstitutiven Bedeutung von Relationalität für den Gegenstand der Kunstpädagogik. In: Krautz, J. (Hrsg:): Beziehungsweisen und Bezogenheiten. Relationalität in Pädagogik, Kunst und Kunstpädagogik. IMAGO.Kunst.Pädgogik.Didaktik. Schriftenreihe IMAGO — Forschungsverbund Kunstpädagogik (4, S. 529–558). München: kopaed.

Krautz, J. (2017c): Zwischen Selbst und Sache. Bildungstheoretische Grundlagen einer verstehensorientierten Didaktik der Bildbetrachtung. In: Krautz, J. (Hrsg.): Beziehungsweisen und Bezogenheiten. Relationalität in Pädagogik, Kunst und Kunstpädagogik. Schriftenreihe IMAGO — Forschungsverbund Kunstpädagogik (4, S. 439–478). München: kopaed.

Krautz, J. (2018): Bildverstehen. Grundlagen einer relationalen Didaktik der Bildbetrachtung im Kunstunterricht. IMAGO. Zeitschrift für Kunstpädagogik (6), S. 35–53.
Krautz, J. (2019): Planen von Kunstunterricht. Ein fachgeschichtlicher Problemaufriss in systematischer Absicht. IMAGO. Zeitschrift für Kunstpädagogik (8), S. 37–76.
Krautz, J. (2020): Kunstpädagogik. Eine systematische Einführung. Paderborn: Fink.
Krautz, J. (2021): Kunstlehre als Entwurfsmodell für Kunstunterricht oder: Kunstdidaktik ad fontes! BDK-Mitteilungen (3), S. 20–25.
Krautz, J. & Amado, T. (Hrsg.) (2019): Unterricht planen. IMAGO. Zeitschrift für Kunstpädagogik (08).
Krautz, J. & Burchardt, M. (2018): Time for Change? Schule zwischen demokratischem Bildungsauftrag und manipulativer Steuerung. München: kopaed.
Krautz, J., König, L. & Starosky, S. (2019): Profilfach Werken: Persönlichkeitsbildung für Handwerk und Kultur. Bildung real. (4/5), S. 30–32.
Krautz, J. & Sowa H. (Hrsg.) (2013): »Lernen, Üben, Können«. Kunst+Unterricht (369/370).
Krautz, J. & Sowa, H. (Hrsg.) (2017): Mimesis. IMAGO. Zeitschrift für Kunstpädagogik (04).
Kremer, A. (2019): Offensive gegen Bildung. Entwicklungslinien Allgemeiner Didaktik. In: IMAGO. Zeitschrift für Kunstpädagogik (08), S. 4–15.
Krumbach, M. (2004): Meine Welt in Ton. Töpfern mit Kindern und Jugendlichen. Ein praktisches Handbuch für Kindergarten, Schule und Freizeit. Koblenz: Hanusch.
Küchmeister, K. (Hrsg.) (2012): »Minutenfilme«. Kunst 5 bis 10 (29).
Küchmeister, K. (2018): Filmbildung in der Kunstpädagogik. Potenzial und Chancen von Handy, Smartphone und Tablet. In: Rückert, F. (Hrsg.): Bewegte Welt, bewegte Bilder. Bewegtbilder im kunst- und medienpädagogischen Kontext (S. 217–228). München: kopaed.
Lange, M.-L. (Hrsg.) (2003): Performance. Kunst+Unterricht (273).
Lange, M.-L. (Hrsg.) (2006): Performativität erfahren. Aktionskunst lehren – Aktionskunst lernen. Milow/Berlin/Strasburg: Schibri.
Lange, M.-L. (Hrsg.) (2013): Orte performativ erschließen. Kunst+Unterricht (374/375).
Legler, W. (2007): Spielen und Inszenieren. In: Kirchner, C. (Hrsg.): Kunstunterricht in der Grundschule (S. 86–99). Berlin: Cornelsen.
Legler, W. (2011): Einführung in die Geschichte des Zeichen- und Kunstunterrichts von der Renaissance bis zum Ende des 20. Jahrhunderts. Oberhausen: Athena.
Leibbrand, M. (2017): Stadtraum – Kunstpädagogische Perspektivierungen eines Themenkomplexes. In: Sowa, H., Miller, M. & Fröhlich, S. (Hrsg.): Bildung der Imagination (3): Verkörperte Raumvorstellung – Grundlagen. Oberhausen: Athena, S. 103–116.
Leibbrand, Michael (2022): Raumbezüge. Das Modell eines raumbezogenen kunstpädagogischen Handelns – angewandt am Beispiel Stadt. München.
Lichtwark, A. (1897/1922): Übungen in der Betrachtung von Kunstwerken (15. Auflage). Berlin: Cassirer.
Limper, B. (2013): Interdisziplinarität und Ästhetische Bildung in der Grundschule: Theorie, Praxis und Evaluation im Kontext von Kunstdidaktik. München: kopaed.
Litt, T. (1927): Führen oder Wachsenlassen. Eine Erörterung des pädagogischen Grundproblems. Leipzig/Berlin: Teubner.
Lutz-Sterzenbach, B. (2015): Epistemische Zeichenszenen. Zeichnen als Erkenntnis in der Kunstpädagogik und interdisziplinären Bezugsfeldern. München: kopaed.
Lützeler, H. (1975): Kunsterfahrung und Kunstwissenschaft. Systematische und entwicklungsgeschichtliche Darstellung und Dokumentation des Umgangs mit der bildenden Kunst (1–3). Freiburg/München: Alber.
Mand, K. (Hrsg.) (2005): Architektur erfahren. Kunst+Unterricht (294).
Mante, H. (2007): Das Foto. Bildaufbau und Farbdesign (Neuauflage). Gilching: Verl. Photographie.
Marr, S. (2014): Kunstpädagogik in der Praxis. Wie ist wirksame Kunstvermittlung möglich? Eine Einladung zum Gespräch. Bielefeld: transcript.
Matsche, F. (1999): »Raphael ohne Hände«. Das konzeptualistische Ideal des Gedankenkünstlers und das Kunstwerk als Idee. In: Schriften der Sudetendeutschen Akademie der Wis-

senschaften und Künste: Vorträge und Abhandlungen aus geisteswissenschaftlichen Bereichen (20, S. 241–283). München: Haus Sudetenland.
Meier, M. T. (2021): Verbildlichte Religion. Bild und Bilddidaktik im christlich-islamischen Dialog. Paderborn: Ferdinand Schöningh.
Meinel, R. (Hrsg.) (2013): »Design – Denken, Machen, Lernen.« Kunst+Unterricht (371/372).
Menke, C. (2013): Die Kraft der Kunst. Berlin: Suhrkamp.
Menninghaus, W. (2011): Wozu Kunst? Ästhetik nach Darwin. Berlin: Suhrkamp.
Mersch, D. (2002): Was sich zeigt. Materialität, Präsenz, Ereignis. München: Fink.
Meyer, T. (2013): Next Art Education. Hamburg. Online verfügbar unter: https://kunst.uni-koeln.de/_kpp_daten/pdf/KPP29_Meyer.pdf
Meyer, T., Dick, J., Moormann, P., Ziegenbein, J. (2016): where the magic happens. Bildung nach der Entgrenzung der Künste. Schriftenreihe Kunst Medien Bildung, Band 1. München
Meyerowitz, J. (2016): Seeing Things. A Kid's Guide to Looking at Photographs. New York: aperture.
Meyers, H. (1961): Wir erleben Kunstwerke. Wege kind- und jugendgemäßer Kunstbetrachtung. Oberursel/Taunus: Finken.
Mileci, S. (2017): Zeichnerisches Schema und plastisches Schema. Gestaltungsarbeit mit Karikaturen und Maquetten in einer 9. Klasse der Werkrealschule. In: Sowa, H., Miller, M. & Fröhlich, S. (Hrsg.): Bildung der Imagination (3): Verkörperte Raumvorstellung – Grundlagen. Oberhausen: Athena, S. 453–476.
Miller, M. (2015a): Der Dialog mit Material. Manuelle Druckgrafik im Zeitalter der digitalen Möglichkeiten. Kunst+Unterricht (391/392), S. 4–11.
Miller, M. (Hrsg.) (2015b): Drucken ohne Presse. Kunst+Unterricht (391/392).
Miller, M. (2016a): Bauen als ein Bereich der kunstpädagogischen Gestaltungspraxis. In: Miller, M. & Sowa, H. (Hrsg.): Bauen. IMAGO. Zeitschrift für Kunstpädagogik (3), S. 5–20.
Miller, M. (2016b): Das »Nasenproblem« in der Kindermalerei – von der Zeichnung zum gemalten Porträt. IMAGO. Zeitschrift für Kunstpädagogik (2), S. 72–80.
Miller, M. (Hrsg.) (2021): Transfer ins Bild. Kunst+Unterricht (455/456).
Miller, M. & Bonath, O. (Hrsg.) (2020): Begaben. IMAGO. Zeitschrift für Kunstpädagogik (10).
Miller, M. & Gonser, L. (Hrsg.) (2019): Anschauungsbezogenes Malen in der Grundschule: Beispiele und Methoden aus dem Kunstunterricht. IMAGO Praxis (2). München: kopaed.
Miller, M. & Schmidt-Maiwald, C. (2020): Zeichenkulturen. IMAGO. Zeitschrift für Kunstpädagogik (11).
Miller, M. & Schmidt-Maiwald (Hrsg) (2022): Didaktik des räumlichen Zeichnens. Bielefeld: utb.
Miller, M. & Sowa, H. (Hrsg.) (2016): Bauen. IMAGO. Zeitschrift für Kunstpädagogik (3).
Mithen, S. (1996): The Prehistory of the Mind. The Cognitive Origins of Art, Religion and Science. London: Thames & Hudson.
Moebius, S. & Prinz, S. (2012): Das Design der Gesellschaft. Zur Kultursoziologie des Designs. Bielefeld: transcript.
Morawietz, A. (2020): Zeichnen als Bildungschance im Kindergarten. Wie 5- bis 6-jährige Kinder agieren, wenn sie dazu angeregt sind, an Gegenständen und Szenen orientiert zu zeichnen. IMAGO.Kunst.Pädagogik.Didaktik. Schriftenreihe IMAGO — Forschungsverbund Kunstpädagogik (13). München: kopaed.
Müller, A. (1972): Enthusiasmus (Inspiration, Begeisterung). In: Ritter, J. (Hrsg.): Historisches Wörterbuch der Philosophie (2, S. 525–528.). Darmstadt: WGB.
Müller, A. (Hrsg.) (1978): Methodik Kunsterziehung. Ausgearbeitet von einem Autorenkollektiv unter der Leitung von Annemarie Müller. Berlin: Volk und Wissen.
Müller, C. & Uhlig, B. (Hrsg.) (2011): Urban Art. Kunst+Unterricht (351).
Müller-Hansen, I. (Hrsg.) (2014): »Filme Verstehen«. Kunst+Unterricht (386).
Müller-Tamm, P., Schäfer, D. (Hrsg.) (2015): Ich bin hier! Von Rembrandt zum Selfie. Kat. Staatliche Kunsthalle Karlsruhe. Köln.
Nürnberger, M. (2009): Grundlagenbildung: Zeichnen. In: Eiglsperger, B., Mittlmeier, J. & Nürnberger, M. (Hrsg.): Stufen des Gestaltens. Zeichnung, Malerei, Plastik (S. 18–49). Regensburg: Universitätsverlag Regensburg.

Oswald, M. (2003): Aspekte der Farbwahrnehmung bei Schülern im Alter zwischen 11 und 16 Jahren. Weimar: VDG.
Oswald, M. (Hrsg.) (2011): Wohnen: Raum Erfahren/Raum gestalten. Kunst+Unterricht (352/353).
Otto, G. (1969): Kunst als Prozess im Unterricht (2. Auflage). Braunschweig: Westermann.
Panofsky, E. (1915): Dürers Kunsttheorie: vornehmlich in ihrem Verhältnis zur Kunsttheorie der Italiener. Berlin: Reimer.
Panofsky, E. (1932): Zum Problem der Beschreibung und Inhaltsdeutung von Werken der Bildenden Kunst. In: Panofsky, E. (1992): Aufsätze zu Fragen der Kunstwissenschaft. Herausgegeben von Oberer, H. & Verheyen, E. (S. 85–98). Berlin: Bruno Hessling.
Park, J. H. (2016): Didaktik des Designs. Schriftenreihe Design & Bildung – Schriften zur Designpädagogik (1). München: kopaed.
Paul, G. (2016): Das visuelle Zeitalter. Punkt und Pixel. Göttingen: Wallstein.
Peez, G. (Hrsg.) (2004): Beurteilen und Bewerten im Kunstunterricht In: Kunst+Unterricht (287).
Peez, G. (Hrsg.) (2008): Beurteilen und Bewerten im Kunstunterricht. Modelle und Unterrichtsbeispiele zur Leistungsmessung und Selbstbewertung. Seelze-Velber: Klett.
Peez, G. (Hrsg.) (2013): Kunstunterricht – fächerverbindend und fachüberschreitend: Ansätze, Beispiele und Methoden für die Klassenstufen 5 bis 13. München: kopaed.
Peez, G. (2018): Einführung in die Kunstpädagogik (5. aktualisierte Auflage). Stuttgart: Kohlhammer.
Peez, G. (2020): Mixed Reality. Kunst+Unterricht (439/440).
Penzel, J. (2019): Wir retten die Welt! Kunstpädagogik und Ökologie. Methodik, Curriculum, Unterrichtspraxis. München: kopaed.
Penzel, J. (Hrsg.) (2017): Hands on: Kunstgeschichte. Methodik und Unterrichtsbeispiele der gestaltungspraktischen Kunstrezeption. München: kopaed.
Petzelt, A. (1964): Grundzüge systematischer Pädagogik (3. Auflage). Freiburg im Breisgau: Lambertus.
Pfeiffer, J. & Steiger, M. (2010): Grundkurs Film 2 – Filmkanon, Filmklassiker, Filmgeschichte. Hannover: Schroedel.
Pfeiffer, J. (Hrsg.) (2020): »Kurzfilme«. Der Deutschunterricht (3).
Pfennig, R. (1974): Gegenwart der bildenden Kunst. Erziehung zum bildnerischen Denken (5. Auflage). Oldenburg: Isensee.
Pfisterer, U. (2014): Was ist ein Zeichenbuch? In: Heilmann, M. et al. (Hrsg.): Punkt, Punkt, Komma, Strich. Zeichenbücher in Europa ca. 1525–1925 (S. 1–9). Passau: Klinger.
Picasso, P., Weiser, E., Mourlot, F. (1970): Picasso Lithograph. Aus dem Französischen übersetzt von Eric Weiser. Paris.
Pohlmann, U. (2004): Eine neue Kunst? Eine andere Natur! Fotografie und Malerei im 19. Jahrhundert. München: Schirmer/Mosel Verlag.
Prange, K. (2005): Die Zeigestruktur der Erziehung. Grundriss der operativen Pädagogik. Paderborn: Schöningh.
Preuß, R. (Hrsg.) (2014): Kulturelles Erbe. Kunst+Unterricht (387/388).
Pricken, M. (2018): Kribbeln im Kopf. Kreativitätstechniken und Denkstrategien für Werbung, Marketing und Medien. Online abrufbar unter: mariopricken.com. Zugriff am 20.12.21.
Quintavalle, C. A. (1977): Die Anfänge von Chéret bis Toulouse-Lautrec. In: Feutchlinger, H.-W.: Plakatkunst des 19. und 20. Jahrhunderts. Hannover, S. 6–10.
Rebel, E. (2009): Druckgrafik. Geschichte und Fachbegriffe (2. Auflage). Stuttgart: Reclam.
Reiß, W. (1996): Kinderzeichnungen. Wege zum Kind durch seine Zeichnung. Neuwied/Kriftel/Berlin: Luchterhand.
Rekus, J. (2010): Erziehender Unterricht. In: Zierer, K. (Hrsg): Schulische Werteerziehung: das Wahre, das Gute, das Schöne; Kompendium (S. 168–177). Baltmannsweiler: Schneider.
Rekus, J. (2019): Didaktik als Problem und Aufgabe. IMAGO. Zeitschrift für Kunstpädagogik (8), S. 26–36.
Reuter, O. M. (2020): Erfahrungsverankerte Rezeption. Eine Methode zur Verzahnung von Produktion und Rezeption. München: kopaed.

Richter, H.-G. (1987): Die Kinderzeichnung. Entwicklung, Interpretation, Ästhetik. Düsseldorf: Schwann.
Rindfleisch, F. (1972): Elementares keramisches Bauen. Donauwörth: Auer.
Robertson, S. & Bertling, T. (2013): How To Draw. Drawing and Sketching Objects and Environments from your Imagination. Culver City: Design Studio Press.
Rodatz, C. & Smolarski, P. (Hrsg.) (2018): Was ist Public Interest Design? Beiträge zur Gestaltung öffentlicher Interessen. Bielefeld: transcript.
Rosa, H. (2016): Resonanz. Eine Soziologie der Weltbeziehung. Berlin: Suhrkamp.
Schäfer, G. & Wulf, C. (Hrsg.) (1999): Bild – Bilder – Bildung. Weinheim: Dt. Studien-Verl.
Schilling, D. & Krautz, J. (Hrsg.) (2015): »Filmisch Zeichnen«. Kunst+Unterricht (393/394).
Schmidt-Maiwald, C. (2016): Analysemethoden im Kunstunterricht. Kunst+Unterricht Sammelband. Velber: Friedrich.
Schmidt-Maiwald, C. (2018): Bildverstehen und die Methodik der Bildbetrachtung. IMAGO. Zeitschrift für Kunstpädagogik (6), S. 6ff.
Schmidt-Maiwald, C. (2021): Bildbetrachtung im Fach Kunst in Bezug und Abgrenzung zu kunstwissenschaftlichen Ansätzen. In: Kirschenmann, J. & Schulz, F. (Hrsg.): Begegnungen. Kunstpädagogische Perspektiven auf die Kunst- und Bildgeschichte (S. 746–765). München: kopaed.
Schmidt-Maiwald, C. & Glas, A. (Hrsg.) (2018): Bildverstehen. IMAGO. Zeitschrift für Kunstpädagogik (6).
Schmitz, T. H. & Groninger, H. (Hrsg.) (2012): Werkzeug/Denkzeug. Manuelle Intelligenz und Transmedialität kreativer Prozesse. Bielefeld: transcript.
Schmolling, J. & Zumbansen, L. (Hrsg.) (2019): Jugend fotografiert Heimat. Kunst+Unterricht (431/432).
Schneider, A. (2019): Bilderschließung zwischen Unbestimmtheit und Konkretion. Vermessung eines rezeptionsästhetischen Beziehungsgeflechts aus kunstpädagogischer Sicht. IMAGO.Kunst.Pädagogik.Didaktik. Schriftenreihe IMAGO — Forschungsverbund Kunstpädagogik (9). München: kopaed.
Schneider, A. & Führer, C. (2022): »Grafisch erzählen«. IMAGO. Zeitschrift für Kunstpädagogik (14).
Schneider, K. (2017): Ästhetische Erfahrung in Spielpraktiken von Kindergartenkindern – Eine ethnografische Studie im Elementarbereich. Weinheim und Basel: Beltz Juventa.
Schneider, P. (2005): Design – eine Einführung. Entwurf im sozialen, kulturellen und wirtschaftlichen Kontext. Basel: Birkhäuser.
Schönherr, M. (2015): Digitales Zeichnen. Stuttgart: Av Edition.
Schönherr, M. (2020): Zeichnung und Darstellung im Berufsbereich des Industriedesigns. In: Miller, M. & Schmidt-Maiwald, C. (Hrsg.): Zeichenkulturen. Imago. Zeitschrift für Kunstpädagogik. Heft 11/2020. München, S. 46–53.
Schulz, F. (Hrsg.) (1998): Duchamp. Kunst+Unterricht (222).
Schulz, F. (2014): Demonstrationsräume als Medium und Produkt komplexer kunstpädagogischer Aktivitäten. In: Lutz-Sterzenbach, B., Peters, M. & Schulz, F. (Hrsg.): Bild und Bildung (S. 331–343). München: kopaed.
Schulz, F. (Hrsg.) (2017): »Bildnerische Etüden«. Kunst+Unterricht (409/410).
Schuster, M. (2000): Psychologie der Kinderzeichnung (3. Überarbeitete Auflage). Göttingen u. a.: Hogrefe.
Schwarz, A. (2018): Farbtheorie im Kunstunterricht: Eine qualitativ empirische Wirkungsforschung zum Umgang mit Farbe. Oberhausen: Athena.
Selle, G. (2007): Geschichte des Designs in Deutschland (aktualisierte und erweiterte Neuausgabe). Frankfurt am Main: Campus.
Sennett, R. (1997): Fleisch und Stein. Der Körper und die Stadt in der westlichen Zivilisation. Frankfurt am Main: Suhrkamp.
Sennett, R. (2008): Handwerk. Berlin: Berlin Verlag.
Seumel, I. (2015): Performative Kreativität: Anregen – Fördern – Bewerten. München: kopaed.
Shatry, B. (Hrsg.) (2014): Architektur. Vom Modell zur Realität. Kunst+Unterricht (384/385).
Shore, S. (2009): Das Wesen der Fotografie. Ein Elementarbuch. Berlin: Phaidon.

Smolarski, P. (2022): Designrhetorik. Zur Theorie wirkungsvollen Designs. Bielefeld: transcript.
Smolka, A. & Sowa, H. (Hrsg.) (2021): Skulptur. IMAGO Zeitschrift für Kunstpädagogik (12).
Soiné. J. (2019): Gibt es ein beobachtbares Flow-Erleben bei Kindern während des plastischen Arbeitens mit Ton? Zwei Fallstudien in Ton-Workshops mit Kindern im Grundschulalter. In: Amado, T. & Sowa, H. (Hrsg.): Modellieren. IMAGO. Zeitschrift für Kunstpädagogik (9), S. 75–87.
Sommer, B. & Welzer, H. (2017): Transformationsdesign. Wege in eine zukunftsfähige Moderne. München: oekom.
Sowa, H. (Hrsg.) (1996): Die Stadt. Ein Wahrnehmungsmodell. Kunst+Unterricht (205).
Sowa, H. (1998): Nichts mehr machen. Duchamp als Erzieher. In: Schulz (1998), S. 16–22.
Sowa, H. (Hrsg.) (2004): Sport. Kunst+Unterricht (283/284).
Sowa, H. (Hrsg.) (2006a): Ton – Gefäß und Figur. Kunst+Unterricht (300).
Sowa, H. (Hrsg.) (2006b): Ton – Modelle und Projekte. Kunst+Unterricht (301).
Sowa, H. (2012): Lässt sich Kunstunterricht vermessen? Kritische Überlegungen zu einem umstrittenen Thema. In: Friedrich Jahresheft 2012, S. 26–27.
Sowa, H. (2014a): Kunstgeschichte lehren und lernen. Vorbemerkungen zu einer kulturgeschichtlichen Didaktik des Kunstunterrichts. In: zkmb – online-Zeitschrift Kunst Medien Bildung, Text im Diskurs. Online verfügbar unter: http://zkmb.de/index.php?id=198, Zugriff am 20.12.21.
Sowa, H. (2014b): Welche Kunstwissenschaft braucht die Kunstpädagogik? Eine Problemskizze. In: Lutz-Sterzenbach, B., Peters, M. & Schulz, F. (Hrsg.): Bild und Bildung. Praxis, Reflexion, Wissen im Kontext von Kunst und Medien (S. 731–742). München: kopaed.
Sowa, H. (2015a): Grundlagen der Kunstpädagogik – anthropologisch und hermeneutisch. In: Glas, A., Heinen, U., Krautz, J., Miller, M., Sowa, H. & Uhlig, B.: Kunstunterricht verstehen. Schritte zu einer systematischen Theorie und Didaktik der Kunstpädagogik. IMAGO.Kunst.Pädagogik.Didaktik. Schriftenreihe IMAGO — Forschungsverbund Kunstpädagogik (1, S. 481–517). München: kopaed.
Sowa, H. (2015b): Was heißt: »Sich ein Bild machen?« Die Rolle der Imagination in der darstellungszentrierten Kunstdidaktik. In: Glas, A. et al (Hrsg.): Kunstunterricht verstehen. München: kopaed.
Sowa, H. (2015c): Wege der Aufgabenkonstruktion. Am Beispiel Kunstunterricht im Völkerkundemuseum. In: Glas, A., Heinen, U., Krautz, J., Miller, M., Sowa, H. & Uhlig, B.: Kunstunterricht verstehen. Schritte zu einer systematischen Theorie und Didaktik der Kunstpädagogik. IMAGO.Kunst.Pädagogik.Didaktik. Schriftenreihe IMAGO — Forschungsverbund Kunstpädagogik. Forschungsverbund Kunstpädagogik (1, S. 519–538). München: kopaed.
Sowa, H. (2015d): Gemeinsam vorstellen lernen. Theorie und Didaktik der kooperativen Vorstellungsbildung. Schriftenreihe IMAGO – Forschungsverbund Kunstpädagogik (2). München: kopaed.
Sowa, H. (Hrsg.) (2016): Plastisches Formen. Kunst+Unterricht (405/406).
Sowa, H. (2016a): Die aufgabenzentrierte Werkstattarbeit. In: Kunst+Unterricht (405/406), S. 16–17.
Sowa, H. (2016b): Wie kommen Bilder ins Gespräch? Hermeneutische Überlegungen zu einer Didaktik des kunstpädagogischen Bildgesprächs. In: Glas et al. (Hrsg.): Sprechende Bilder – Besprochene Bilder. Bild, Begriff und Sprachhandeln in der deiktisch-imaginativen Verständigungspraxis. Schriftenreihe Kunst.Pädagogik.Didaktik. München: kopaed, S. 241–270.
Sowa, H. (2017a): Differente Herstellungsverfahren verkörperter Raumimagination in den bildenden Künsten. Zur enaktivistischen Grundlegung und gattungsbezogenen Ausdifferenzierung der dreidimensionalen Gestaltungsdidaktik in der Kunstpädagogik. In: Sowa, H., Miller, M. & Fröhlich, S. (Hrsg.): Bildung der Imagination (3): Verkörperte Raumvorstellung – Grundlagen. Oberhausen: Athena, S. 315–348.
Sowa, H. (2017b): Vorstellungsbildung durch Kopieren. Aspekte kreativer Mimesis in der Kunstdidaktik. In: IMAGO. Zeitschrift für Kunstpädagogik (04), S. 49–69.

Sowa, H. (2017c): Curriculare Grundlinien einer Didaktik der körperhaft-räumlichen Gestaltung. Begründung – Struktur – Methoden. In: Sowa, H. & Fröhlich, S. (Hrsg.): Bildung der Imagination (4): Verkörperte Raumvorstellung – gestaltungsdidaktische Praxis und Forschung. Oberhausen: Athena, S. 73–106.
Sowa, H. (2017d): Techniken skulpturaler Imagination. Grundvorstellungen – Hilfsvorstellungen – technische Verfahren. In: Sowa, H. & Fröhlich, S. (Hrsg.): Bildung der Imagination (4): Verkörperte Raumvorstellung – gestaltungsdidaktische Praxis und Forschung. Oberhausen: Athena, S. 373–426.
Sowa, H. (2017e): Die grafische Formlinie als enaktives räumliches Schematisierungsverfahren. Eine Problemskizze mit didaktischen Überlegungen. In: Sowa, H., Miller, M. & Fröhlich, S. (Hrsg.): Bildung der Imagination (3): Verkörperte Raumvorstellung – Grundlagen. Oberhausen: Athena, S. 497–523.
Sowa, H. (2017f): Pygmalions Kinder. Immersive Erfahrungen mit anthropomorphen Bildwerken und ihre kunstpädagogische Bedeutung. In: Krautz, J. (2017), S. 367–392.
Sowa, H. (2018): Wirkungsbezug – Herstellungsbezug – Bedeutungsbezug. Differente Ziele und Methoden des kunstpädagogischen Bildgesprächs. In: Schmidt-Maiwald, C. & Glas, A. (Hrsg.): Bildverstehen. IMAGO. Zeitschrift für Kunstpädagogik (6), S. 54–63.
Sowa, H. (2019): Die Kunst und ihre Lehre. Fachsystematik – Bildungssinn – Didaktik. Teil 1: Musen und Techne. IMAGO.Kunst.Pädagogik.Didaktik. Schriftenreihe IMAGO — Forschungsverbund Kunstpädagogik (8.1). München: kopaed.
Sowa, H. (2020a): Bildglossar zum plastischen Formen. Internetanhang zu Amado, T. & Sowa, H. (2020). Online verfügbar unter: https://kopaed.de/dateien/Bildglossar.pdf, Zugriff am 20.12.21.
Sowa, H. (2020b): Beiträge zur Kunstlehre des plastischen Formens. Ein internationaler Literaturüberblick. Internetanhang zu Amado, T. & Sowa, H. (2020). Online verfügbar unter: https://kopaed.de/dateien/Bildglossar.pdf, Zugriff am 20.12.21.
Sowa, H. (2021): Selbstreflexion des Könnens durch Innewerden – Zu einer entscheidenden Voraussetzung künstlerischer Lehre. In: Kreuzer, T. & Albers, S. (Hrsg.): Selbstreflexion (S. 175–190). Baltmannsweiler: Schneider.
Sowa, H. & Fröhlich, S. (Hrsg.) (2017): Bildung der Imagination (4): Verkörperte Raumvorstellung – gestaltungsdidaktische Praxis und Forschung. Oberhausen: Athena.
Sowa, H. & Glas, A. (Hrsg.) (2016): »Malen«. IMAGO. Zeitschrift für Kunstpädagogik (02).
Sowa, H., Glas, A. & Miller, M. (Hrsg.) (2014): Bildung der Imagination (2): Bildlichkeit und Vorstellungsbildung in Lernprozessen. Oberhausen: Athena.
Sowa, H., Glas, A. & Seydel, F. (Hrsg.) (2009): KUNST Arbeitsbuch 3. Stuttgart/Leipzig/Velber: Klett.
Sowa, H., Glas, A. & Seydel, F. (Hrsg.) (2010): KUNST Arbeitsbuch 2. Stuttgart/Leipzig/Velber: Klett.
Sowa, H., Glas, A. & Seydel, F. (Hrsg.) (2012): KUNST Lehrerband 2. Stuttgart/Velber: Klett.
Sowa, H. & Krautz, J. (Hrsg.) (2013): Kunst+Unterricht (369/370).
Sowa, H., Miller, M. & Fröhlich, S. (Hrsg.) (2017): Bildung der Imagination (3): Verkörperte Raumvorstellung – Grundlagen. Oberhausen: Athena.
Sowa, H., Miller, M. & Fröhlich, S. (2017a): Die bildende Kraft von Poiesis und Praxis für die verkörperte Raumvorstellung. Zur Einleitung in das Themenfeld. In: Sowa, H., Miller, M. & Fröhlich, S. (Hrsg.): Bildung der Imagination (3): Verkörperte Raumvorstellung – Grundlagen. Oberhausen: Athena, S. 11–60.
Sowa, H. & Schierle, S. (Hrsg.) (2011): Kulturen der Welt. Kunst+Unterricht (349/350).
Spielmann, R. (2011): Filmbildung! Traditionen, Modelle, Perspektiven. München: kopaed.
Strauch, T. & Engelke, C. (2019): Filme machen. Denken und Produzieren in filmischen Einstellungen. 2. Aufl. Paderborn: W. Fink.
Teutenberg, T. (2019): Die Unterweisung des Blicks. Visuelle Erziehung und visuelle Kultur im langen 19. Jahrhundert. Bielefeld: transcript.
Thomas, K., Seydel, F. & Sowa, H. (Hrsg.) (2007): KUNST Bildatlas. Stuttgart/Leipzig/Velber: Klett.
Tomasello, M. (2006): Die kulturelle Entwicklung des menschlichen Denkens. Zur Evolution der Kognition. Frankfurt am Main: Suhrkamp.

Tomasello, M. (2010): Warum wir kooperieren. Berlin: Suhrkamp.
Tomasello, M. (2020): Mensch werden. Eine Theorie der Ontogenese. Berlin: Suhrkamp.
Topsch, W. (2004): Grundwissen für Schulpraktikum und Unterricht (2. Auflage). Weinheim/Basel: Beltz.
Trümper, H. (Hrsg.) (1953): Allgemeine Grundlagen der Kunstpädagogik. Handbuch der Kunst- und Werkerziehung (1). Berlin: Rembrandt.
Trümper, H. (Hrsg.) (1957 ff.): Handbuch der Kunst- und Werkerziehung. Berlin: Rembrandt.
Trümper, H. (Hrsg.) (1958): Handbuch der Kunst- und Werkerziehung (2,2): Schulbühnen- und Puppenspiel. Berlin: Rembrandt.
Uhlig, B. (2005): Kunstrezeption in der Grundschule. Zu einer grundschulspezifischen Rezeptionsmethodik. München: kopaed.
Uhlig, B. (2011): Bildgespräche mit Kindern. Überlegungen zur Methodik und Didaktik des dialogischen Bildverstehens. In: Kirschenmann, J., Richter, C. & Spinner, K. H. (Hrsg.): Reden über Kunst. Fachdidaktisches Forschungssymposium in Literatur, Kunst und Musik (S. 349–372). München: kopaed.
Uhlig, B. (2015a): An Bildern Sinn entwickeln. Sinnkonstituierende Lernprozesse aus der Perspektive der Bilddidaktik. In: Gebhard, U. (Hrsg.): Sinn im Dialog. Zur Möglichkeit sinnkonstituierender Lernprozesse im Fachunterricht (S. 253–270). Wiesbaden: Springer VS.
Uhlig, B. (2015b): Zeichnenwollen und Zeichnenkönnen. Zeichendidaktische Notate. In: Glas, A., Heinen, U., Krautz, J., Miller, M., Sowa, H. & Uhlig, B.: Kunstunterricht verstehen. Schritte zu einer systematischen Theorie und Didaktik der Kunstpädagogik. Schriftenreihe IMAGO – Forschungsverbund Kunstpädagogik (1, S. 339–364). München: kopaed.
Uhlig, B. (2016): Vom Anfang der Bilder. Bildgespräche mit Kindern. In: Glas, A. et. al. (Hrsg.): Sprechende Bilder – Besprochene Bilder. Bild, Begriff und Sprachhandeln in der deiktisch-imaginativen Verständigungspraxis. Schriftenreihe Kunst.Pädagogik.Didaktik. München: kopaed, S. 271–292.
Uhlig, B., Fortuna, F., Gonser, L., Graham, S. & Leibbrand, M. (2017): Kunstunterricht planen. Handout zur Planung von Kunstunterricht. Planen mit dem »Hildesheimer Modell«. IMAGO Praxis (1). München: kopaed.
Vetter, N. R. (2010): Emotion zwischen Affekt und Kognition: Zur emotionalen Dimension in der Kunstpädagogik. Köln: Kölner Wiss.-Verl.
Vitruv (2013): Zehn Bücher über die Architektur. Übersetzt von Curt Fensterbusch. 13. Aufl. Darmstadt.
Volkelt, H. (1931/1968): Die Prinzipien der Raumdarstellung des Kindes. Aus dem Nachlass herausgegeben von Gertrud Volkelt. Bietigheim: Privatdruck.
Volkelt, J. (1911): Kunst und Volkserziehung. Betrachtungen über Kulturfragen der Gegenwart. München: Beck.
Volkmann, L. (1925): Grundfragen der Kunstbetrachtung (neue, vereinigte und erweiterte Ausgabe). Leipzig: Hiersemann.
Vygotsky, L. S. (1980): Mind in Society: The Development of Higher Psychological Processes: Harvard University Press.
Vygotzkij, L. S. (2002): Denken und Sprechen. Psychologische Untersuchungen. Hrsg. und aus dem Russischen übers. von Lompscher, J. & Rückriem, G. Mit einem Nachwort von Métraux, A. Weinheim/Basel: Beltz.
Weber, T. (2014): Voll auf Ton. Kinderarbeiten aus der Tonwerkstatt der Kunstschule Labyrinth in Ludwigsburg. Höhr-Grenzhausen: Neue Keramik.
Weinmann, C. (2017): Tierbild – Tiermodell – Tierplastik. Modifikation von grafischen und plastischen Vorstellungsbildern in mimetischen Resonanzfeldern. In: Sowa, H., Miller, M. & Fröhlich, S. (Hrsg.): Bildung der Imagination (3): Verkörperte Raumvorstellung – Grundlagen. Oberhausen: Athena, S. 429–452.
Wendt, A. (2010): Schrift und Gestaltung. Kunst+Unterricht (343/344).
Wendt, A. (2016) (Hrsg.): Informieren und Präsentieren. Kunst+Unterricht (401/402).
Wölfflin, H. (1915): Kunstgeschichtliche Grundbegriffe. Das Problem der Stilentwicklung in der Neueren Kunst. München: Bruckmann.

Wulf, C. (2014): Bilder des Menschen. Imaginäre und performative Grundlagen der Kultur. Bielefeld: transcript.
Wulf, C. (2017): Mimesis. Eine anthropologische Bedingung des Menschen. In: IMAGO. Zeitschrift für Kunstpädagogik (4), S. 14–26.
Zdraga, I. (2017): Additive und integrale Gestaltvorstellung im plastischen Modellieren. Eine Untersuchung zum Unterricht in der fünften Klasse. In: Sowa, H & Fröhlich, S. (Hrsg.): Bildung der Imagination (4): Verkörperte Raumvorstellung – gestaltungsdidaktische Praxis und Forschung. Oberhausen: Athena, S. 283–304.
Ziegler, M. (Hrsg.) (2005): Architektur. Kunst+Unterricht (293/2005).

Bildbeiträge

Der Band enthält Abbildungen aus dem Unterricht von:

Tanja Amado	Laura Lindau
Daniel Artner	Manuel Lorenz
Eva Bellebaum	Rosa Makstadt
Maria Berkel	Hanna Melnychuk
Nele Bier	Monika Miller
Olga Bonath	Daria Mingels
Alexander Glas	Anja Morawietz
Barbara Butz-Glas	Nina Naumann
Marisa Caccavale	Emma Nienstedt
Christian Franke	Marleen Salzer
Emma Frevert	Corinna Scharnowski
Anette Frey	Thomas Scharrenbroich
Andreas Fries	Diemut Schilling
Lisa Gonser	Brigitte Schira
Christiane Guse	Alexander Schneider
Bastian Haase	Alexa Smolka
Ina Kohlmeyer	Hubert Sowa
Lucas König	Sarah Starosky
Evelin Kosucha	Katia Tangian
Sabrina Kraemer	Momo Trommer
Henning Krauspe	Vanessa Vo
Jochen Krautz	Severin Zebhauser
Brigitte Limper	Martin Zülch

Stichwortverzeichnis

A

Aktuelle Kunst 70
Angewandte Gestaltung 13, 132, 158, 168, 176
Anschauung 41, 42, 84, 99, 211
Anthropologie 14, 46, 71
Aufgabe 225, 237, 253, 259
Aufgabenkonstruktion 232, 233
Aufgabenstellung 29, 64
Ausstellung 252, 267, 268

B

Begabung 72
Begeisterung 237
Betrachten 25, 37, 39, 56, 210, 254
Betrachtungskunst 42, 44
Beurteilen 217, 252, 256, 258, 261, 262
Beziehung 25, 37, 40, 60, 65
Bild 14–17, 76
Bildakt 195
Bildende Kunst 13
Bildkultur 71
Bildung 13, 15, 17, 21, 24, 26, 27, 60, 63, 212, 267

C

Curriculum 36, 50, 69

D

Darstellung 14, 37, 40, 43, 56
Darstellungsformel 22, 26, 40, 82, 97
Deixis, Zeigen 28, 46, 254
Design 70, 168, 176
Diagnose 236, 240, 250, 253, 254
didaktische Reduktion 226, 229
didaktische Schemata 234, 235
Didaktische Schemata (HGI, WVD) 28, 42, 43
Digitale Medien 16

Digitalisierung 17, 71, 78, 132, 141, 172
Domänen(theorie) 72

E

Empfänglichkeit 48, 214
Enthusiasmus 46, 47
Entwicklung 13–15, 17, 21, 23, 82, 101, 254
Entwurf 86, 158, 170, 189, 221, 223, 232
Erfahrung 15, 23, 162
Erfinden 171, 227, 229, 231
Erziehung 34, 59, 241
Ethik 56, 206, 213
Existenzialität 18, 21, 62, 135, 198, 235, 239, 260

F

Fächerverbindender Unterricht 196, 241
Fachprofil 13, 17, 21
Fachtradition 72
Förderung 236, 240, 253, 254
Form 264

G

Gebrauch 38, 56, 159, 195, 210
Gefühl 15, 46, 48, 57, 106, 168, 213, 214
Gespräch 42, 216, 253, 255, 258, 261
Gestaltung 14, 40, 57, 68, 81, 260
Gestaltungspraxis 13, 15–17, 21

H

Handwerk 158, 260
Historie 37, 70, 210
homo pictor 14, 71

I

Imagination   15, 40, 239
Inhalt   13, 14, 16, 27, 42, 43, 56, 233, 236, 252, 260
Inspiration   38, 39, 47

K

Kommunikation   15–17, 20, 154, 177, 204
Kompetenz   25, 27, 222, 255, 276
Können   15, 36, 50, 51, 255, 276
Konzept   77
Körper   74, 83, 118
Kraft   38
Kraft, Attraktions- und Wirkkraft   37, 47
Kreativität   13, 26, 42, 48, 170, 222, 225
Kritik   37, 168, 178, 210, 213
Kultur   13, 20, 25, 178, 188, 195, 243
Kunstdidaktik   24, 80, 276
Kunstgeschichte, Kunstwissenschaft   211
Kunstkönnen   34
Kunstlehre   24, 170, 211, 275
Kunstlehre, künstlerische Lehre   34
Kunstpraxis   13
Kunstunterricht   18, 22
Kunstwerk   37
Kunstwissenschaft   13

L

Lehren   13, 24, 34, 36, 46, 223
Lehrkunst   13, 275
Leiblichkeit   162
Lernen   16, 27, 33, 34, 36, 39, 42, 44, 46, 47, 50, 84, 86, 99, 108, 127, 148, 162, 197, 214, 216, 223, 229, 245, 246, 253, 255, 260, 276

M

Medien   13, 15, 132, 142, 150, 176
Medienpädagogik   18, 147
Mimesis   22, 28, 42, 46, 162, 253
Mitteilung   43, 82, 171
Motivation   13, 27, 222, 235
Musen   21, 39, 47, 48, 51
Museum   243, 246

N

Narration   14, 141, 144, 197

O

Offenheit   222, 225, 237, 240, 250, 252, 276
Öffentlichkeit   17, 211, 267

P

Planung   49, 219, 222–224
Poiesis   46, 158, 221
Poiesis, Herstellen, Machen   35
Projekt   64, 204, 237, 241
proprium, Fachprorium   35

R

Relationalität   22, 26, 27, 60, 132, 133
Resonanz   37, 38, 83, 162, 253

S

Sachanalyse   226
Schema   82, 84, 86, 88, 96, 97, 99–101, 103, 136, 146, 228, 263
Sinn   14, 21, 25, 27, 62, 63, 187, 214, 215, 276
Sprache   216, 241

T

Techne   34, 38
Thema   57
Transkulturalität   19, 62, 177, 214, 246

U

Üben   36, 45, 50, 86, 223, 262, 276
Unterrichtsmethoden   28, 222, 249
Urteil   171, 212, 256–261

V

Verantwortung   26, 133, 171
Verkörperung   26, 75, 179, 197
Verstehen   26, 84, 224, 253
Vorstellung   84

W

Wagenhebereffekt   39
Wahrnehmung   26, 40
Weltbezug   26, 134

Weltzugang   14, 15, 213, 239
Werk   52, 71, 204, 259
Werkstatt   36, 211, 240, 252, 254, 255
Wirkung   212, 214, 260
Wissen   36, 215, 255

Z

Zeichenunterricht   34
Zerlegung, Analysis, didaktische Zerlegung
– s. a. Zusammensetzung   36
Zerlegung, didaktische Zerlegung   34
Ziele   224, 237, 240
Zusammensetzung, Synthesis, didaktische Rekonstruktion
– s. a. Zerlegung   34, 36